工程经济与管理系列丛书

PPP 项目
第三方监管实务指南

主编：国福旺　李和军

主审：尹贻林　王　翔

主编单位：天津泰达工程管理咨询有限公司

天津理工大学·公共项目与工程造价研究所 (IPPCE)

中国建筑工业出版社

图书在版编目(CIP)数据

PPP项目第三方监管实务指南/国福旺,李和军主编.
北京:中国建筑工业出版社,2018.10
(工程经济与管理系列丛书)
ISBN 978-7-112-22677-1

Ⅰ.①P⋯ Ⅱ.①国⋯②李⋯ Ⅲ.①政府投资-合作-社
会资本-监管机制-中国-指南 Ⅳ.①F832.48-62②F124.7-62

中国版本图书馆CIP数据核字(2018)第206342号

本书创新性地提出了适宜于现阶段我国PPP项目实际需求的第三方监管体系,并从监管主客体、监管内容、监管方式、监管流程及监管工具等角度进行全方位解析,是对传统上我国PPP项目行政监管、履约监管、公众监督等机制与既有体系的补充与完善。本书共五章,包括:我国PPP项目监管的需求分析、PPP项目第三方监管体系构建、PPP项目第三方监管内容详解、PPP项目第三方监管工具一览、PPP项目第三方监管业务案例。

本书作为一本实用的PPP参考书和工具书,将进一步规范和指导实际需求的第三方监管体系,为推动我国PPP事业健康规范可持续发展做出积极贡献。

责任编辑:朱晓瑜 王华月
责任校对:李美娜

工程经济与管理系列丛书
PPP项目第三方监管实务指南
主编:国福旺 李和军
主审:尹贻林 王 翔
主编单位:天津泰达工程管理咨询有限公司
天津理工大学·公共项目与工程造价研究所(IPPCE)

*

中国建筑工业出版社出版、发行(北京海淀三里河路9号)
各地新华书店、建筑书店经销
北京红光制版公司制版
河北鹏润印刷有限公司印刷

*

开本:787×1092毫米 1/16 印张:16 字数:348千字
2018年11月第一版 2018年11月第一次印刷
定价:**49.00**元
ISBN 978-7-112-22677-1
(32788)

本书编审人员

主　　编　国福旺（天津泰达工程管理咨询有限公司）

　　　　　李和军（天津泰达工程管理咨询有限公司）

副 主 编　李保华（天津泰达工程管理咨询有限公司）

　　　　　杨修第（天津泰达工程管理咨询有限公司）

　　　　　吕艳华（天津泰达工程管理咨询有限公司）

　　　　　韩忠祥（天津泰达工程管理咨询有限公司）

　　　　　李　坤（天津泰达工程管理咨询有限公司）

　　　　　刘　欢（天津泰达工程管理咨询有限公司）

　　　　　张连珩（天津泰达工程管理咨询有限公司）

　　　　　邓明正（天津泰达工程管理咨询有限公司）

主　　审　尹贻林（天津理工大学）

　　　　　王　翔（天津大学）

编写人员　（以姓氏笔画为序）：

　　　　　于晓田　王　超　王　越　王纪雯　井志伟　牛关平　方　秦　成　琳

　　　　　刘　贺　许　琨　孙新艳　李　冉　李向芹　李淑敏　杨先贺　吴晓坤

　　　　　邱家宽　宋冬菊　宋文明　宋海波　张　杰　陈　蒲　周　花　周晓杰

　　　　　顾晓娜　倪平平　梁振杰　董　然　韩少泽　程　露　蔡　鹏　穆昭荣

前　言

　　自 2013 年底政府和社会资本合作（PPP）模式，在我国全面铺开以来，就承载着国家治理体系和治理能力现代化改革的历史使命。但在多年的实践与科研过程中，发现了诸如兜底承诺、蓄意伪造、政企共谋与核心信息隐匿等 PPP 项目缺陷，这或导致公共资源错配、人民利益受损。究其原因，PPP 项目不规范、绩效低下等问题与现有的 PPP 项目监管机制失调关系密切。注意到 PPP 项目所接受的履约、行政和公众监管机制交叉混用，实践中表现为监管主体冗繁、监管权责扯皮、监管清单识别不清、监管深度浅与效率低等问题。

　　围绕上述问题，本书探索建立全生命周期视角下的 PPP 项目第三方监管体系，以作为新的监管力量对现况进行补位和完善。既有研究表明，第三方监管（Third-Party Supervision，简称 TPS）的介入能够为 PPP 项目核心利益相关者提供信息救济、提升项目绩效，同时降低以信息搜集和学习成本为主要表现形式的交易成本、降低道德风险发生的概率。本书所指之"PPP 项目第三方监管"是区别于项目直接缔约各主体的独立机构，实践中表现为人民政府或相关部门新设独立的 PPP 项目监管机构或直接委托市场化运作的专业服务机构开展独立监管业务。基于以上立意，本书具体的内容如下：

　　（1）我国 PPP 项目切实需要第三方监管的介入。基于公共利益理论，政府方应是公众利益的代表，政府主导的监管是弥补市场失灵的有效途径。同时在项目治理理论的视角下，合理的项目治理结构能够提升项目管理绩效并对项目绩效产生提振作用，而监管作为项目治理中不可或缺的重要一环，是项目治理结构合理化的必要前提。则在分析已有研究的基础上对 PPP 项目治理结构进行重构，厘清监管在 PPP 项目治理中不可或缺的重要作用，并从交易成本和信息不对称的角度分析，可知第三方监管机构能够通过尽职调查、信息披露等手段以降低信息搜集等成本且弥合项目直接缔约各主体间的信息落差，且从监管能力提升的角度以促进 PPP 项目绩效的稳定与提升。

　　（2）PPP 项目需要面向全生命周期的第三方监管体系。本书识别出我国 PPP 项目第三方监管的业务需求，并将其具体化为包含准入、质量、价格和退出监管的 PPP 项目第三方监管体系。进一步地，将传统的 PPP 项目监管内容与访谈所识别的 PPP 项目第三方监管业务需求进行对比分析，发掘目前我国 PPP 项目全生命周期中的监管漏洞与薄弱环节，并以此为基础进行补足和完善，从监管主客体、监管内容、监管方式和流程等方面出发，建立全生命周期视角下的 PPP 项目第三方监管机制与体系。

（3）第三方监管的实施需匹配可辐射 PPP 项目全生命周期的监管工具。信息获取与披露是 PPP 项目第三方监管的重要环节，研究表明 BIM 技术与尽职调查方法的应用是 PPP 项目全生命周期信息获取、处理分析、披露与应用的重要工具。具体而言，尽职调查的应用可按照新建项目、存量项目和社会资本调查等三方面分别进行。而 BIM 技术的应用主要在于构建全生命周期视角下的 PPP 项目第三方监管平台，以实现监管信息实时获取、及时分析、准确反馈、合理披露与应用。

（4）规范化实施是 PPP 项目的主旋律，无论执行或监管均应在规范化的视角下进行。本书从 PPP 项目的全生命周期角度，识别 PPP 项目规范化实施要点若干，期望能够为 PPP 项目的各利益相关者提供些许裨益。

综上，从 PPP 模式的实践角度看，本书创新性地提出了适宜于现阶段我国 PPP 项目实际需求的第三方监管体系，并从监管主客体、监管内容、监管方式、监管流程及监管工具等角度进行全方位解析，是对传统上我国 PPP 项目行政监管、履约监管、公众监督等机制与既有体系的补充与完善。本书由国福旺、李和军担任主编，各章节内容的编撰分工如下：第一章由孙新艳编撰，第二章由于晓田编撰，第三章由李淑敏编撰，第四章由杨先贺编撰，第五章由周晓杰编撰。通过本书，以期能够补足和完善我国的 PPP 项目监管机制和体系，促进我国优质 PPP 项目的实际落地实施和 PPP 项目绩效的稳定与提升。

由于编者水平所限，本书内容仍有留待商榷之处，还望各位读者不吝指教！

天津泰达工程管理咨询有限公司

2018 年 7 月

目 录｜CONTENTS

第一章

我国 PPP 项目监管的需求分析

第一节 我国 PPP 项目发展历程回顾｜1

第二节 我国 PPP 项目常规监管方式｜16

第三节 我国 PPP 项目监管现状分析｜17

一、PPP 模式兴起，PPP 项目在全国各地迅猛发展开来｜17

二、PPP 项目在发展进程中由于监管不力而问题频发、乱象丛生｜18

三、多部委联合加强 PPP 项目监管，PPP 项目监管问题成热点话题｜31

四、相关领域在类似背景下往往运用第三方监管作为机制补充的一种手段｜32

第四节 国外 PPP 项目监管方式综述｜33

一、学术角度研究综述｜33

二、实践角度研究综述｜33

第五节 PPP 项目的第三方监管需求｜35

一、PPP 项目治理结构的重构研究｜36

二、实施 PPP 项目第三方监管的紧迫性｜43

第二章

PPP 项目第三方监管体系构建

第一节 项目监管的相关理论综述｜45

一、传统公共项目监管综述｜45

二、监管理论概述｜49

第二节 PPP 项目第三方监管机制｜61

一、PPP 项目第三方监管的定位｜61

二、PPP 项目第三方监管的目标｜62

三、PPP 项目第三方监管的原则｜62

四、PPP 项目第三方监管机制框架｜63

第三章

PPP项目第三方监管内容详解

第一节　项目决策和识别阶段的监管内容 | 72

　　一、监管内容识别与分析 | 72

　　二、本阶段关键监管点精析 | 77

第二节　项目准备阶段的监管内容 | 93

　　一、监管内容识别与分析 | 93

　　二、本阶段关键监管点精析 | 99

第三节　项目采购阶段的监管内容 | 115

　　一、监管内容识别与分析 | 115

　　二、本阶段关键监管点精析 | 125

第四节　项目执行阶段的监管内容 | 155

　　一、监管内容识别与分析 | 155

　　二、本阶段关键监管点精析 | 168

第五节　项目移交阶段的监管内容 | 196

　　一、监管内容识别与分析 | 196

　　二、本阶段关键监管点精析 | 200

第四章

PPP项目第三方监管工具一览

第一节　基于信息纰漏的监管工具匹配 | 213

　　一、综述监管的工具 | 213

　　二、监管工具 | 213

第二节　尽职调查在第三方监管中的应用 | 215

　　一、尽职调查方式选取 | 215

　　二、新建项目尽职调查 | 216

　　三、存量项目尽职调查 | 219

　　四、社会资本尽职调查 | 219

第三节　BIM技术在第三方监管中的应用 | 221

　　一、BIM技术在监管中的应用 | 221

　　二、基于BIM技术的监管平台 | 223

第一节　案例一：AA 区 2017 年农村生活污水处理和旱厕改造

　　　　　 PPP 项目监管 | 226

　　一、建设内容及规模 | 226

　　二、项目建设模式 | 226

　　三、咨询服务范围及内容 | 226

第二节　案例二：九园公路（梅丰公路—宝新公路）改建工程

　　　　　 PPP 项目监管 | 231

　　一、项目建设内容及投资 | 231

　　二、项目建设模式 | 231

　　三、项目监管服务范围 | 232

第五章

PPP 项目第
三方监管业
务案例

参考文献 | 237

第一章 我国 PPP 项目监管的需求分析

第一节 我国 PPP 项目发展历程回顾

PPP（Public-Private Partnership）最早由英国政府于 1982 年提出[1]。我国 PPP 模式在经历了 20 世纪末至 2002 年的开创阶段，2003 年至 2013 年的现代意义发展阶段之后，2014 年它的研究和应用被推向高潮。2013 年末，财政部部长在全国财政工作会上专门要求召开了 PPP 专题会议，从体制机制创新的角度，对发展 PPP 模式作出了全面、系统的工作部署。为了响应国家号召，各省市积极推动 PPP 模式的实践和应用，努力贯彻落实国家颁布的相关政策文件。PPP 模式在我国的广泛推广运用，具有强大的国家驱动力，是中国经济发展的新动力[2]。

为促进项目管理、信息公开和交易对接，规范我国 PPP 发展，促进政府实施监管，财政部和国家发展改革委员会相继成立了 PPP 项目库。财政部政府和社会资本合作中心定期发布季报，对入库项目相关情况进行统计并披露。本书对截至 2018 年 6 月 28 日已公布的共 10 期季报（来源于财政部 PPP 中心及"道 PPP"微信公众号）进行分析。通过分析，对我国 PPP 的发展历程进行回顾并预测其未来走势。

一、全国 PPP 综合信息平台项目库季报第 1 期

截至 2016 年 1 月 31 日，按照《关于规范政府和社会资本合作综合信息平台运行的通知》（财金〔2015〕166 号）要求，经各省级财政部门对全国上报的 9283 个项目进行审核，6997 个纳入财政部 PPP 综合信息平台项目库，总投资需求 81322 亿元。

项目库按地域统计，贵州、山东、四川、河南、新疆居项目数前 5 名，合计 4243 个，占入库项目总数的 60.6%；贵州、云南、河南、江苏、辽宁居投资需求前 5 名，合计 3.16 万亿元，占入库项目总投资需求的 51.3%。按行业统计，市政工程、生态建设和环境保护、交通运输、片区开发等四个行业项目数居前 4 名，合计 4034 个，超过入库项目总数的 50%，其投资需求合计 5.79 万亿元，占入库项目总投资需求的 71.2%。按回报机制统计，使用者付费项目 3338 个，投资需求 3.4 万亿元，分别占入库项目总数和总投资需求的 47.7% 和 42.3%；政府付费项目 2000 个，投资需求 1.8 万亿元，分别占 28.6% 和 21.9%；可行性缺口补助项目 1659 个，投资需求 2.9 万亿元，分别占 23.7% 和 35.8%。

财政部发布的两批示范项目已全部入库，已进入执行阶段的财政部示范项目 66 个，约占财政部示范项目总数的 30%，处于采购阶段的财政部示范项目 38 个，约占财政部示

范项目总数的 16％。

二、全国 PPP 综合信息平台项目库季报第 2 期

截至 2016 年 3 月末，全国 PPP 综合信息平台项目库入库项目 7721 个，总投资 87802.47 亿元，比 1 月末分别增加 724 个、6480.47 亿元。其中，执行库（即处于采购、执行和移交阶段）项目 646 个，占入库总数的 8.4％，比 1 月末增加 96 个；储备库 7075 个，占 91.6％，增加 628 个。以执行阶段项目数与准备、采购、执行等 3 个阶段项目数总和的比值计，入库项目的落地率为 21.7％，比 1 月末落地率高出 2 个百分点。

财政部示范项目，纳入执行库 116 个，占示范项目总数的 49.8％，比 1 月末增加 13 个；其中，已执行示范项目 73 个，占 31.3％，增加 10 个；落地率为 35.1％，比 1 月末落地率高出 2.5 个百分点。

按地域统计，贵州、山东（含青岛）、四川、河南、新疆居项目数前 5 名，合计 4383 个占入库总数的 56.8％；山东（含青岛）、贵州、云南、河南、四川、江苏居投资前 6 名，合计 4.56 万亿元，占入库项目总投资的 51.9％。按行业统计，市政工程、交通运输、片区开发等三个行业项目数和投资均居前 3 名，项目合计 4070 个，占入库总数的 52.7％，投资合计 5.73 万亿元，占入库项目总投资的 65.2％。按回报机制统计，使用者付费项目 3671 个，投资 3.63 万亿元，分别占入库项目总数和总投资的 47.5％和 41.3％；政府付费项目 2211 个，投资 1.94 万亿元，分别占 28.6％和 22.2％；可行性缺口补助项目 1839 个，投资 3.21 万亿元，分别占 23.8％和 36.5％。

三、全国 PPP 综合信息平台项目库季报第 3 期

截至 2016 年 6 月 30 日，财政部两批示范项目 232 个，总投资额 8025.4 亿元，其中执行阶段项目 105 个，总投资额 3078 亿元，落地率达 48.4％，与 3 月末相比，项目落地呈加速趋势。基于已录入的项目信息，对 53 个示范项目分析表明，平均落地周期为 13.5 个月；对 82 个示范项目分析表明，非国企参与率超四成；行业方面，市政工程类项目落地独占鳌头。

从全国情况来看，地方 PPP 项目需求不断加大，2017 年 6 月末全部入库项目 9285 个，总投资额 10.6 万亿元，其中执行阶段项目 619 个，总投资额已达 1 万亿元，规模可观，落地率 23.8％，与 3 月末相比，入库项目正在加速落地，落地率稳步提升。分析表明，入库项目的地区和行业集中度均较高，贵州、山东（含青岛）、新疆、四川、河南居项目数前 5 位，合计超过入库项目的一半；市政工程、交通运输、片区开发 3 个行业项目居前 3 位，合计超过入库项目的一半。项目回报机制方面，使用者付费项目 4315 个，投资额 4.2 万亿元，分别占入库项目总数和总投资额的 46％和 40％；政府付费项目 2743 个，投资额 2.4 万亿元，分别占 30％和 22％；可行性缺口补助项目 2227 个，投资额 4 万亿元，分别占 24％和 38％，政府付费类和可行性缺口补助类项目的比重比 3 月末略有

提高。

四、全国 PPP 综合信息平台项目库第 4 期季报

截至 2016 年 9 月末，财政部两批示范项目 232 个，总投资额 7866.3 亿元，其中执行阶段项目 128 个，总投资额 3456 亿元，落地率达 58.2%。与 6 月末相比，第一批示范项目落地率没有变化，第二批示范项目落地呈加速趋势。

从全国情况来看，地方 PPP 项目需求继续增长，9 月末全部入库项目 10471 个，总投资额 12.46 万亿元，其中已进入执行阶段项目 946 个，总投资额 1.56 万亿元，规模可观，落地率 26%，与 6 月末相比，入库项目正在加速落地，落地率稳步提升。分析表明，入库项目的地区和行业集中度均较高，贵州、山东（含青岛）、新疆、四川、内蒙古居前 5位，合计占入库项目的近一半；市政工程、交通运输、片区开发 3 个行业项目居前 3 位，合计超过入库项目的一半。项目回报机制方面，使用者付费项目 4518 个，投资额 4.3 万亿元，分别占入库项目总数和总投资额的 43% 和 35%；政府付费项目 3214 个，投资额 3万亿元，分别占 31% 和 24%；可行性缺口补助项目 2739 个，投资额 5.1 万亿元，分别占26% 和 41%，政府付费类和可行性缺口补助类项目的比重比 6 月末增加 5 个百分点，结合 6 月末该比重比 3 月末略有提高可见，需要政府付费和政府补贴的项目比重正逐渐提高。

五、全国 PPP 综合信息平台项目库第 5 期季报

国家示范项目，截至 2016 年 12 月末，共计 743 个，投资额 1.86 万亿元。其中，已签约落地 363 个，投资额 9380 亿元；落地率 49.7%，第一、二、三批示范落地率分别为100%、62.4%、42.9%，全国落地示范项目呈逐月稳步增长态势。行业方面，市政工程类落地数居第 1，交通运输类、环境保护和生态建设类分居 2、3 位；地区方面，山东落地数居第 1，河南、河北分居 2、3 位；项目平均落地周期为 12.8 个月，比 6 月末缩短0.7 个月，第三批示范项目平均落地周期 11 个月，比前二批少 4 个月；民营社会资本参与率 39%，比 6 月末提高 3 个百分点。

全国入库项目，截至 2016 年 12 月末，共计 11260 个，投资额 13.5 万亿元。其中，已签约落地 1351 个，投资额 2.2 万亿元，落地率 31.6%。全国入库项目和落地项目均呈逐月持续稳步上升态势。行业方面，市政工程、交通运输、城镇综合开发 3 类入库项目数居前 3 名，合计占入库总数的 54%；地区方面，贵州、山东（含青岛）、新疆、四川、内蒙古位居项目数前 5 名，合计占入库项目总数的 48.0%，山东（含青岛）已落地项目占全国落地总数的 16.4%，列各地之首，新疆、浙江分列 2、3 位。项目回报机制方面，使用者付费项目 4687 个，投资 4.60 万亿元，分别占入库项目总数和总投资的 42% 和 34%；政府付费项目 3591 个，投资 3.37 万亿元，分别占 32% 和 25%；可行性缺口补助项目2982 个，投资 5.52 万亿元，分别占 26% 和 41%，全年政府付费和可行性缺口补助两类

项目比重逐步提高。

PPP 改革助力贯彻落实新发展理念,推动经济结构绿色低碳化,城市间交通基础设施发展和经济提质增效,公共服务共建共享,提高供给效率和质量。截至 12 月末,全国入库项目中绿色低碳项目占 58.7%,其中签约落地项目 792 个,投资额 8296 亿元;交通运输领域签约落地项目 186 个,投资额 7429 亿元;三四线城市教育医疗养老三个领域签约落地项目 115 个,投资额 806 亿元。

六、全国 PPP 综合信息平台项目库第 6 期季报

截至 2017 年 3 月末,全国入库项目:共计 12287 个,累计投资额 14.6 万亿元,覆盖 31 个省(自治区、直辖市)及新疆生产建设兵团和 19 个行业领域。其中,已签约落地项目 1729 个,投资额 2.9 万亿元,覆盖除天津、西藏以外的 29 个省(自治区、直辖市)及新疆生产建设兵团和 19 个领域,落地率 34.5%(落地率指执行和移交两个阶段项目数之和与准备、采购、执行、移交 4 个阶段项目数总和的比值,不考虑识别阶段项目),比上月增加 1.4 个百分点。3 月(以下简称当月)净增入库项目 503 个,投资额 6114 亿元;净增落地项目 207 个,投资额 4387 亿元。地区方面,入库项目数前 3 位是贵州、山东、新疆,项目数合计占入库项目总数的 32.4%;入库项目数当月净增前 3 位是新疆、内蒙古、江苏,合计占当月净增量的 49.7%。落地项目数前 3 位是山东、新疆、河南,合计占落地项目总数的 32.7%;落地项目数当月净增前 3 位是河南、四川、湖南,合计占当月净增量的 28.5%。行业领域方面,入库项目数前 3 位是市政工程、交通运输、旅游,合计占入库项目总数的 53.7%;入库项目数当月净增前 3 位是市政工程、交通运输、生态建设和环境保护,合计占当月增量的 59.6%;落地项目数前 3 位是市政工程、交通运输、生态建设和环境保护,合计占落地项目总数的 63.9%;落地项目数当月净增前 3 位同样是市政工程、交通运输、生态建设和环境保护,合计占当月增量的 63.8%。回报机制方面,截至 3 月末,使用者付费项目 4833 个,投资 4.8 万亿元,分别占入库项目总数和总投资额的 39.3% 和 33.1%;政府付费项目 4053 个,投资 3.7 万亿元,分别占入库项目总数和总投资额的 33.0% 和 25.8%;可行性缺口补助(即政府市场混合付费)项目 3401 个,投资 6.0 万亿元,分别占入库项目总数和总投资额的 27.7% 和 41.1%。绿色低碳方面,当月绿色低碳项目合计 7220 个,投资额 5.9 万亿元,分别占入库项目的 58.8% 和 40.7%,此比重与上月基本相同。其中,落地项目 1012 个、投资额 11922 亿元;当月净增入库项目 274 个,投资额 2153 亿元;当月净增落地项目 124 个,投资额 2521 亿元。

国家示范项目:按照《财政部等关于联合公布第三批政府和社会资本合作示范项目加快推动示范项目建设的通知》(财金〔2016〕91 号)要求,逾期未完成采购的 43 个第二批示范项目调出示范项目名单。受此影响,截至 3 月末,库内国家示范项目共计 700 个,累计投资额 1.7 万亿元,覆盖除西藏以外的 30 个省(自治区、直辖市)及新疆生产建设兵团和 18 个领域。其中,已签约落地项目 464 个,投资额 11900 亿元,覆盖除天津、西

藏以外的 29 个省（自治区、直辖市）及新疆生产建设兵团和 16 个领域，落地率 66.6%，比上月增加 10.8 个百分点；当月新增落地项目 56 个，投资额 1739 亿元。其中，第一批 22 个、第二批 162 个示范项目已 100% 落地；第三批示范项目落地 280 个，落地率为 54.6%，第二、三批示范项目当月新增落地项目分别为 30 和 26 个。行业方面，市政工程、交通运输、生态建设和环境保护落地项目数居前 3 位，合计占落地示范项目的 64.7%；市政工程当月新增落地项目 18 个位居增量榜首，文化新增落地项目 7 个居次，交通运输、生态建设和环境保护、医疗卫生各新增落地项目 5 个，五类合计占当月增量的 71.4%。地区方面，河南、山东、云南落地项目数居前 3 位，合计占落地示范项目的 26.1%；河南、云南当月新增落地项目分别为 19 个和 8 个，福建和湖北当月新增落地项目均为 4 个，四省合计占新增落地示范项目的 62.5%。民企参与方面，455 个示范项目的签约社会资本共 716 家，其中民企占 36.6%，比上月统计结果减少 1.3 个百分点；民企参与示范项目 215 个，占 47.3%，比上月统计结果减少 0.3 个百分点，覆盖 15 个领域。

七、全国 PPP 综合信息平台项目库第 7 期季报

截至 2017 年 6 月末，全国入库项目：共计 13554 个，累计投资额 16.3 万亿元，覆盖 31 个省（自治区、直辖市）及新疆生产建设兵团和 19 个行业领域。其中，已签约落地项目 2021 个、投资额 3.3 万亿元，覆盖除天津、西藏以外的 29 个省（自治区、直辖市）及新疆生产建设兵团和 19 个领域，落地率 34.2%（落地率指执行和移交两个阶段项目数之和与准备、采购、执行、移交 4 个阶段项目数总和的比值，不考虑识别阶段项目），比上月落地率提高 0.2 个百分点。6 月（以下简称当月）净增入库项目 422 个、投资额 5164 亿元；净增落地项目 93 个、投资额 1483 亿元。地区分布，入库项目数前 3 位是贵州、新疆、内蒙古，项目数合计占入库项目总数的 31.7%；入库项目数当月净增前 3 位是四川、河北、陕西，合计占当月净增量的 53.1%。落地项目数前 3 位是山东、新疆、安徽，合计占落地项目总数的 30.4%；落地项目数当月净增前 3 位是内蒙古、安徽、福建，合计占当月净增量的 45.2%。行业分布，入库项目数前 3 位是市政工程、交通运输、旅游，合计占入库项目总数的 54.1%；入库项目数当月净增前 3 位是市政工程、交通运输、生态建设和环境保护，合计占当月增量的 60.4%；落地项目数前 3 位是市政工程、交通运输、生态建设和环境保护，合计占落地项目总数的 64.3%；落地项目数当月净增前 3 位是市政工程、交通运输、生态建设和环境保护，合计占当月增量的 61.3%。回报机制，使用者付费项目 4929 个，投资 5.0 万亿元，分别占入库项目总数和总投资额的 36.4% 和 30.5%；政府付费项目 4659 个，投资 4.3 万亿元，分别占入库项目总数和总投资额的 34.4% 和 26.5%；可行性缺口补助（即政府市场混合付费）项目 3966 个，投资 7.0 万亿元，分别占入库项目总数和总投资额的 29.2% 和 43.0%。区域分布，从入库项目数及投资额看，东部占全国的 25% 左右，中部占近 20%，西部占 50% 左右，东北占 5% 左右；从落地项目数及投资额看，东部占全国的 40% 左右，中部占 20% 左右，西部占 35% 左

右，东北占近 5%。西部地区对 PPP 模式需求更大。绿色低碳，当月绿色低碳项目合计 7826 个、投资额 6.4 万亿元，分别占入库项目的 57.7% 和 39.3%。其中，落地项目 1176 个、投资额 1.4 万亿元；当月净增入库项目 205 个、投资额 1740 亿元；当月净增落地项目 54 个、投资额 520 亿元。幸福产业，旅游、文化、体育、健康、养老、教育 "幸福产业" 项目数 3012 个、投资额 2.2 万亿元，分别占入库项目的 22.2% 和 13.2%。其中，落地项目数 318 个、投资额 2838 亿元；当月净增入库项目 97 个、投资额 1013 亿元；当月净增落地项目 23 个、投资额 115 亿元。

PPP 落地项目投资额与固定资产投资比较：2016 年全年和 2017 年 1~4 月，当年累计 PPP 落地项目投资额占同期固定资产投资之比分别为 3.7% 和 5.4%，比重上升。2017 年 1~4 月，东部地区 PPP 落地项目投资额 0.4 万亿元，地区固定资产投资额 6.7 万亿元，占比 5.2%；中部地区 PPP 落地项目投资额 0.2 万亿元，地区固定资产投资额 3.8 万亿元，占比 5.0%；西部地区 PPP 落地项目投资额 0.2 万亿元，地区固定资产投资额 3.4 万亿元，占比 5.7%；东北地区 PPP 落地项目投资额 437 亿元，地区固定资产投资额 0.3 万亿元，占比 13.6%。

国家示范项目：共计 700 个，累计投资额 1.7 万亿元，覆盖除西藏以外的 30 个省（自治区、直辖市）及新疆生产建设兵团和 18 个领域。其中，已签约落地项目 495 个、投资额 1.2 万亿元，覆盖除天津、西藏以外的 29 个省（自治区、直辖市）及新疆生产建设兵团和 16 个领域，落地率 71.0%，比上月增加 2.2 个百分点；当月新增落地项目 15 个、投资额 134 亿元。其中，第一批 22 个示范项目自去年末以来、第二批 162 个示范项目自今年 3 月末以来已 100% 落地；第三批 516 个示范项目，落地率 60.6%，当月新增 15 个落地项目。地区分布，河南、山东、安徽落地项目数居前 3 位，合计占落地示范项目的 25.9%；内蒙古当月新增落地项目 4 个，安徽当月新增落地项目 3 个，河北、福建当月各新增落地项目 2 个，广东、陕西、青海、甘肃各新增 1 个落地项目。行业分布，市政工程、交通运输、生态建设和环境保护类落地项目数居前 3 位，合计占落地示范项目的 64.0%；市政工程和教育当月各新增 3 个落地项目，生态建设和环境保护、医疗卫生、体育各新增 2 个落地项目，交通运输、城镇综合开发、文化各新增 1 个落地项目。民企参与，495 个落地示范项目的签约社会资本共 785 家，其中民企占 37.1%，比上月统计结果提高 0.9 个百分点；民企参与的示范项目 240 个，占 48.5%，比上月统计结果增加 1.2 个百分点。

八、全国 PPP 综合信息平台项目库第 8 期季报

截至 2017 年 9 月末，全国入库项目：合计 14220 个，累计投资额 17.8 万亿元，覆盖 31 个省（自治区、直辖市）及新疆生产建设兵团和 19 个行业领域。其中，6778 个项目处于准备、采购、执行和移交阶段，均已完成物有所值评价和财政承受能力论证的审核，纳入管理库，投资额 10.1 万亿元；7442 个项目处于识别阶段，尚未完成物有所值评价和财

政承受能力论证的审核，是地方政府部门有意愿采用 PPP 模式的储备项目，纳入储备库，投资额 7.7 万亿元。

管理库项目：处于准备和采购阶段项目共 4390 个，占 64.8%，投资额 6.0 万亿元；处于执行和移交阶段的项目（已落地项目）2388 个（目前移交阶段项目 0 个），落地率 35.2%（即已落地项目数与管理库项目数的比值），投资额 4.1 万亿元，覆盖除天津、西藏以外的 29 个省（自治区、直辖市）及新疆生产建设兵团和 19 个领域。已开工项目 914 个，占落地项目的 38.3%。与上季度末同口径数据相比（以下简称"环比"），管理库净增项目 862 个、投资额 13036 亿元；其中，净增落地项目 367 个、投资额 7958 亿元。落地率提高 1.1 个百分点。地区分布，项目数前 3 位是山东（含青岛）、河南、内蒙古，合计占管理库的 27.2%；环比净增前 3 位是湖南、新疆、湖北，合计占全国环比净增数的 27.8%。落地项目数前 3 位是山东（含青岛）、新疆、安徽，合计占落地项目总数的 29.7%；新疆、安徽居落地项目数环比净增数前两位，山东（含青岛）、河南并列第 3，合计占全国环比净增数的 33.8%。行业分布，项目数前 3 位是市政工程、交通运输、生态建设和环境保护，合计占管理库的 58.6%；环比净增前 3 位是市政工程、交通运输、生态建设和环境保护，合计占全国环比净增数的 57.4%；落地项目数前 3 位是市政工程、交通运输、生态建设和环境保护，合计占落地项目总数的 63.5%；落地项目数环比净增前 3 位是市政工程、交通运输、生态建设和环境保护，合计占全国环比净增数的 59.4%。回报机制，使用者付费项目 1384 个，投资 1.6 万亿元，分别占管理库的 20.4% 和 16.3%；政府市场混合付费项目 2715 个，投资 5.5 万亿元，分别占 40.1% 和 54.3%；政府付费项目 2679 个，投资 3.0 万亿元，分别占 39.5% 和 29.4%。区域分布，东部项目数占管理库的 28.8%，中部占 27.6%，西部占 39.7%，东北占 4.0%；东部落地项目数占全国的 38.4%，中部占 23.7%，西部占 33.3%，东北占 4.6%。西部地区对 PPP 模式需求较大。绿色低碳项目合计 3829 个、投资额 3.9 万亿元，分别占管理库的 56.5% 和 38.4%；环比净增项目 466 个、投资额 4676 亿元。其中，落地项目 1373 个、投资额 1.6 万亿元，环比净增落地项目 197 个、投资额 2333 亿元。文化、教育、医疗、养老、体育和旅游等 6 个基本公共服务领域项目数 1321 个、投资额 1.1 万亿元，分别占管理库的 19.5% 和 10.8%；环比净增项目数 172 个、投资额 1648 亿元。其中，落地项目数 389 个，投资额 3329 亿元，环比净增落地项目 71 个、投资额 491 亿元。

PPP 落地项目投资额与固定资产投资比较：2017 年 1～8 月，当年累计 PPP 落地项目投资额占同期固定资产投资之比为 3.9%。其中，东部地区 PPP 落地项目投资额 0.6 万亿元，地区固定资产投资额 16.8 万亿元，占比 3.4%；中部地区 PPP 落地项目投资额 0.4 万亿元，地区固定资产投资额 10.1 万亿元，占比 3.8%；西部地区 PPP 落地项目投资额 0.5 万亿元，地区固定资产投资额 10.4 万亿元，占比 4.6%；东北地区 PPP 落地项目投资额 0.1 万亿元，地区固定资产投资额 1.9 万亿元，占比 6.6%。

国家示范项目：共计 697 个，累计投资额 1.8 万亿元，覆盖除西藏以外的 30 个省

（自治区、直辖市）及新疆生产建设兵团和 18 个领域。其中已落地示范项目 572 个、投资额 1.5 万亿元，覆盖除天津、西藏以外的 29 个省（自治区、直辖市）及新疆生产建设兵团和 18 个领域，落地率 82.1％，环比增加 11.0 个百分点；新增落地项目 77 个、投资额 2351 亿元。第一批 22 个示范项目自去年末以来、第二批 162 个示范项目自今年 3 月末以来已 100％落地；第三批 513 个示范项目，已落地 388 个，落地率 75.6％。已开工示范项目 243 个，占落地示范项目的 42.5％。地区分布，河南、云南、山东（含青岛）落地项目数居前 3 位，合计占落地示范项目的 25.0％；环比增幅前 3 分别为云南 17 个、湖北 14 个、湖南 7 个，合计占新增落地示范项目总数的 49.4％。行业分布，市政工程、交通运输、生态建设和环境保护类落地项目数居前 3 位，合计占落地示范项目的 64.3％；环比增幅前 3 分别为市政工程、交通运输和生态建设和环境保护，分别新增 31 个、12 个和 8 个，合计占新增落地项目总数的 66.2％。民企参与，572 个落地示范项目的签约社会资本共 944 家，其中民企占 34.7％，环比降低 2.3 个百分点；民企参与的示范项目 270 个，占 47.2％，环比降低 1.3 个百分点。

九、全国 PPP 综合信息平台项目库第 9 期季报

截至 2017 年 12 月末，全国政府和社会资本合作（PPP）综合信息平台收录管理库和储备清单 PPP 项目共 14424 个，总投资额 18.2 万亿元，同比 2016 年度末分别增加 3164 个、4.7 万亿元，增幅分别为 28.1％、34.8％；其中，管理库项目 7137 个，储备清单项目 7287 个。

2017 年 10 月，为进一步优化管理，全国 PPP 综合信息平台项目库划分为管理库和储备清单。其中，管理库项目指处于准备、采购、执行和移交阶段的项目，已通过物有所值评价和财政承受能力论证的审核。截至 12 月末，管理库项目共计 7137 个，累计投资额 10.8 万亿元，覆盖 31 个省（自治区、直辖市）及新疆生产建设兵团和 19 个行业领域；季度环比净增项目 359 个、投资额 6376 亿元；年度同比净增项目 2864 个、投资额 4.0 万亿元。其中，处于执行和移交阶段的项目（已落地项目）2729 个（目前移交阶段项目 0 个），投资额 4.6 万亿元，落地率 38.2％（即已落地项目数与管理库项目数的比值），覆盖除西藏以外的 30 个省（自治区、直辖市）及新疆生产建设兵团和 19 个领域。落地项目中已开工项目占 42.5％，季度环比净增 245 个。回报机制，使用者付费项目 1323 个、投资额 1.6 万亿元，分别占管理库的 18.5％和 14.7％；政府付费项目 2884 个，投资额 3.3 万亿元，分别占管理库的 40.4％和 30.6％；可行性缺口补助项目 2930 个、投资额 5.9 万亿元，分别占管理库的 41.1％和 54.7％。

PPP 模式加快基础设施建设，推动地方经济转型发展和供给侧结构性改革。按地区，山东（含青岛）、河南、湖南项目数居前 3 位，合计占管理库的 26.1％；贵州、湖南、河南项目投资额列前 3 位，合计占管理库的 22.8％。落地项目数前 3 位是山东（含青岛）、新疆、安徽，合计占落地项目数的 29.3％；落地项目投资额前 3 位是云南、山东（含青

岛）、贵州，合计占落地项目投资额的 24.5%。按行业，PPP 项目覆盖 19 个一级行业领域。市政工程、交通运输、生态建设和环境保护项目数居前 3 位，合计占管理库的 59.2%；市政工程、交通运输、城镇综合开发项目投资额列前 3 位，合计占管理库的 71.6%。落地项目数前 3 位是市政工程、交通运输、生态建设和环境保护，合计占落地项目数的 63.5%；落地项目投资额前 3 位是市政工程、交通运输、城镇综合开发，合计占落地项目投资额的 74.3%。对比固定资产投资额，2017 年当年 PPP 落地项目投资额占同期固定资产投资之比为 3.8%。其中，东部地区该占比为 3.2%，中部地区 3.2%，西部地区 4.5%，东北地区 8.3%。

PPP 模式提高公共服务供给质量和效益，满足人民对美好生活向往。基本公共服务领域（文化、体育、医疗、养老、教育、旅游 6 个领域）共有项目 1350 个，投资额 1.1 万亿元，分别占管理库的 18.9% 和 10.4%，分别比去年末增长 63.2% 和 69.4%。项目数前 3 位是教育 343 个、旅游 310 个、医疗卫生 261 个；投资额前 3 位是旅游 4261 亿元、教育 1753 亿元、医疗卫生 1599 亿。污染防治与绿色低碳领域共有项目 3979 个，投资额 4.1 万亿元，分别占管理库的 55.8%、38.0%，年度同比净增项目 1507 个、投资额 1.4 万亿元。其中，落地项目 1556 个、投资额 1.9 万亿元，年度同比净增项目 764 个、投资额 1.0 万亿元。

近半数贫困县利用 PPP 模式开展扶贫脱贫项目，利用市场力量开展长效扶贫脱贫。全国 832 个贫困县中有 394 个（占 47.4%）已探索运用 PPP 模式开展脱贫攻坚，纳入管理库项目共 1272 个，投资额 1.1 万亿元。其中，落地项目 350 个，投资额 2847 亿元。按省份统计，贵州、内蒙古、湖南的贫困县 PPP 项目数排名前三，分别为 290 个、143 个、124 个；安徽、内蒙古、湖南有 PPP 项目的贫困县个数占当地贫困县总数的比例排名前 3，分别为 100%、87.1%、80%。

PPP 示范项目落地率超八成，地区行业分布广泛，示范引领作用明显。截至 12 月末，国家示范项目共计 697 个，累计投资额 1.8 万亿元，覆盖除西藏以外的 30 个省（自治区、直辖市）及新疆生产建设兵团和 18 个领域。其中，落地项目 597 个，投资额 1.5 万亿元，覆盖除西藏以外的 30 个省（自治区、直辖市）及新疆生产建设兵团和 18 个领域，落地率 85.7%，继续保持增长态势。其中，第一批 22 个示范项目自去年末以来、第二批 162 个示范项目自今年 3 月末以来已 100% 落地；第三批 513 个示范项目中 413 个项目落地，落地率为 80.5%。地区分布，落地项目数前三位是河南、云南、山东（含青岛），合计占全国落地项目的 24.8%。行业领域，落地项目数前 3 位是市政工程、交通运输、生态建设和环境保护，合计占全国落地项目的 64.0%。民企参与，597 个示范项目的签约社会资本共 981 家，其中民企占 34.7%；民企参与的示范项目 280 个，占 46.9%。开工示范项目 271 个，占落地项目总数的 45.4%。开工示范项目前 3 位是山东（含青岛）、安徽、云南，分别为 33 个、32 个和 23 个。

十、全国 PPP 综合信息平台项目库第 10 期季报（2018 年第 1 期）

截至 2018 年 3 月末，全国政府和社会资本合作（PPP）综合信息平台项目管理库信息摘要如下：

管理库清理进展情况：2017 年 11 月 16 日《关于规范政府和社会资本合作（PPP）综合信息平台项目库管理的通知》（财办金〔2017〕92 号）发布后，至 2018 年 3 月末，综合信息平台已累计清退管理库项目 1160 个，累计清减投资额 1.2 万亿元。地区方面，退库项目数前 3 位是新疆、山东（含青岛）、内蒙古，合计占退库项目总数的 50.0%；退库项目投资额前 3 位是山东（含青岛）、新疆、内蒙古，合计占退库项目投资额的 37.1%。行业方面，退库项目数前 3 位是市政工程、交通运输、城镇综合开发，合计占退库项目总数的 51.9%。退库项目投资额前 3 位是交通运输、市政工程、城镇综合开发，合计占退库项目投资额的 67.6%。交通运输行业退库项目单位体量最大，单个退库项目平均投资额达 27 亿元。

示范项目执行情况：截至 2018 年 3 月末，四批示范项目共计 1009 个，投资额 2.3 万亿元。落地示范项目，2018 年一季度新增落地项目 246 个、投资额 4731 亿元，其中 3 月新增落地项目 42 个、投资额 758 亿元。3 月末落地率比上个月环比上升 10.2 个百分点。落地示范项目 3 月末累计 843 个、投资额 2.0 万亿元，落地率 83.5%，其中累计已开工示范项目总数 394 个，开工率 46.7%。地区方面，示范项目数前 3 位的是云南、山东（含青岛）、河南，分别为 86 个、84 个和 82 个，投资额前 3 位的是云南、河北、北京，分别为 3053 亿元、2147 亿元和 1730 亿元。行业方面，示范项目数前 3 位的是市政工程、交通运输、生态建设和环境保护，分别为 435 个、106 个和 89 个，投资额前 3 位的是市政工程、交通运输、城镇综合开发，分别为 8721 亿元、6982 亿元和 2340 亿元。民企参与方面，在 843 个落地示范项目中，签约社会资本共 1449 家，其中民企占 39.1%，环比上升 0.2 个百分点；民企参与的示范项目 438 个，占 52.0%，环比上升 0.3 个百分点。

管理库项目执行情况：2018 年一季度新增管理库项目 283 个、投资额 7472 亿元，其中 3 月净减项目 171 个、投资额 4567 亿元；截至 3 月末累计项目总数 7420 个、投资额 11.5 万亿元。落地项目，2018 年一季度新增落地项目 595 个、投资额 9044 亿元，其中 3 月新增落地项目 333 个、投资额 1362 亿元。落地率环比增加 5.4 个百分点。3 月末累计落地项目总数 3324 个、投资额 5.5 万亿元，落地率 44.8%。2018 年一季度新增已开工项目 216 个，其中 3 月新增 123 个；3 月末累计已开工项目总数 1375 个，开工率 41.4%。地区方面，2018 年一季度管理库新增项目数前 3 位的是安徽、河南、浙江，分别为 97 个、88 个、57 个；一季度项目新增投资额前 3 位的是贵州、安徽、广东，分别为 1297 亿元、1194 亿元和 1116 亿元。3 月管理库新增项目数前 3 位的是山西、河南、江苏；新增投资额前 3 位的是贵州、广西、河北。3 月末累计项目总数前 3 位的是河南、山东（含青岛）、湖南，分别为 734 个、609 个和 563 个，累计投资额前 3 位的是贵州、湖南、河南，分别为 9749 亿元、8876 亿元和 8763 亿元。行业方面，2018 年一季度管理库新增项目数前 3 位的是市政工程、交通运输、生态建设和环境保护，分别为 116 个、98 个和 54 个；项目新增投资额前 3 位的是城镇综合开发、交通运输、市政工程，分别为 2842 亿元、2032 亿元和 1298 亿元。3 月末累计项目总数前三位的是市政工程、交通运输、生态建设和环境保护，合计占管理库项目总数的 60.5%，累计投资额前三位的是市政工程、交通运输、城镇综合开发，合计占管理库总投资额的 72.3%。基本公共服务领域（文化、体育、医疗、养老、教育、旅游等 6 个领域）项目一季度项目数比上季度末下降 1 个，新增投资额 875 亿元。3 月末累计项目总数 1349 个、投资额 12084 亿元。回报机制，一季度使用者付费类项目净减项目 424 个、投资额 3567 亿元；可行性缺口补助类项目新增项目 493 个、投资额 9328 亿元；政府付费类项目新增项目 214 个、投资额 1710 亿元。3 月末累计使用者付费类项目 899 个、投资额 1.2 万亿元；累计可行性缺口补助类项目 3423 个、投资额 6.8 万亿元；累计政府付费类项目 3098 个、投资额 3.5 万亿元。污染防治与绿色低碳项目一季度新增项目 23 个、投资额 443 亿元。3 月末累计项目总数 4002 个、投资额 4.1 万亿元。

储备清单项目情况：截至 3 月末，综合信息平台有储备清单项目 5721 个，投资额 6.1 万亿元。

十一、分析与小结

PPP 并非新鲜词，早在 20 世纪 80 年代我国就引入了 BOT 模式。深圳沙角 B 电厂 BOT 项目被认为是中国第一个具有现代意义的 PPP 项目，自此以后，PPP 模式在中国逐步发展起来[3]。通过对改革开放以来我国在政府和私人企业合作领域的实践进行梳理可知，PPP 模式在我国已经历了五个阶段和三波高潮，具体如下：

第一阶段：探索阶段（1984 年～1992 年）。改革开放以来，外资大规模进入中国，一部分外资尝试进入公用事业和基础设施领域。地方政府开始与投资者签订协议，合作进行基础设施建设，本质上就是 PPP。但当时尚未引起国家层面的关注，无相应政策和规章，地方政府与投资者都是在探索中前进。这一阶段代表性的项目有深圳沙角 B 电厂 BOT 项目、广州白天鹅饭店和北京国际饭店等，其中深圳沙角 B 电厂 BOT 项目被认为是我国真正意义上的第一个 BOT 项目。其中深圳沙角 B 电厂引进香港财团采取 BOT 方式进行运作，1995 年该电厂就开始进行移交，并在 1999 年顺利实现了移交[4]。

第二阶段：小规模试点阶段（1993 年～2002 年）。与探索阶段无政府部门牵头状况不同的是，该阶段试点工作由国家计委（现"国家发展改革委"）有组织地推进，也掀起了第一波 PPP 高潮。1993 年，国家计委开始推进投融资体制改革，1994 年选择广西来宾 B 电厂项目、成都第六水厂项目、广东电白高速公路项目、武汉军山长江大桥项目和长沙望城电厂项目 5 个试点项目推广。其中来宾 B 电厂项目也被认为是我国第一个 PPP 试点项目。1995 年，国家计委联合电力部、交通部下发《关于试办外商投资特许权项目审批管理有关问题的通知》，使试点项目有法可依。与此同时，伴随分税制改革的实施，地方政府也相继推出一批试点项目，如上海黄浦江大桥 BOT 项目、北京第十水厂 BOT 项目、北京西红门经济适用房 PPP 项目、北京肖家河污水项目等。外商资本是这轮 PPP 的主力，改革开放以来越来越多外资将目光投向中国，并且探索投资中国基础设施建设领域[5]。

第三阶段：推广试点阶段（2003 年～2008 年）。2002 年十六大提出在更大程度上发挥市场在资源配置中的基础性作用，2003 年十六届三中全会提出让民营资本进入公共领域，2004 年建设部出台《市政公用事业特许经营管理办法》（建设部令第 126 号），为 PPP 项目开展确立法律法规依据。政策东风下，各地推出大批 PPP 试点项目，掀起了 PPP 第二波高潮。从中央到地方也推出了一批试点项目，主要有安徽合肥王小郢污水处理项目、兰州自来水股权转让项目、北京地铁 4 号线项目等。该阶段外企、民企、国企等社会资本均积极参与，污水处理项目较多，也有自来水、地铁、新城、开发区、燃气、路桥项目。这一阶段，还有一个重要案例就是国家体育场"鸟巢"的建设和运营也采用了 PPP 模式。

第四阶段：短暂停滞阶段（2009 年～2012 年）。随着 4 万亿经济刺激政策的推出，地方政府基础设施建设投资高速增长，城镇化程度大幅提高，但 PPP 模式在此阶段却停滞不前，主要原因在于地方政府融资平台发展壮大，平台贷款、城投债等规模激增为地方政府提供了充足的资金，PPP 发展进入短暂的停滞阶段。

第五阶段：发展新阶段（2013 年至今）。十八大提出"让市场在资源配置中发挥决定性作用"，2013 年财政部部长楼继伟就 PPP 作专题报告，肯定 PPP 模式在改善国家治理、转变政府职能、促进城镇化等方面的重要作用。2014 年 5 月，财政部政府和社会资本合作（PPP）工作领导小组正式设立；国家发展改革委推出 80 个鼓励社会资本参与建设营运的示范项目，范围涉及传统基础设施、信息基础设施、清洁能源、油气、煤化工、石化产业，且项目模式不局限于特许经营。14 年以来，从中央到地方均推出大量 PPP 项目，PPP 进入了发展的新阶段，并掀起第三波高潮。以前的广义 PPP 模式更多以 BT、BOT 等为主，政府仍是主要的投资者和风险收益主体，此轮则强调社会资本与政府共享利益、共担风险，PPP 立法有望很快推出，制度配套上也更为完善。

自 2013 年以来，中国政府出台了一系列政策文件鼓励在基础设施和公共服务领域采用 PPP 模式，然而 2017 年 11 月 10 日《财政部办公厅关于规范政府和社会资本合作（PPP）综合信息平台项目库管理的通知》（财办金〔2017〕92 号）将 PPP 模式的规范化发展提上日程，PPP 模式由高速发展转向高质量发展。清华大学的 PPP 项目专家王守清教授曾指出："因为财政部 2017 年 92 号文要求各地在 2018 年 3 月底将信息平台库中的 PPP 项目整改完毕，各方预期，2018 年上半年特别是一季度 PPP 项目签约数量会大幅下降，待各方完全理解中央特别是财政部的相关政策后，下半年 PPP 项目签约数会开始回升，但会更趋于理性和规范，越来越强调真股投资、重视运营、强调绩效考核与监管，分行业的绩效考核标准和监管体系会逐步出台和进一步完善[6]。"

通过对上述十期季报相关数据分析，绘制出PPP项目相关数据的图表（图1-1），主要对PPP项目入库数量的发展趋势、不同回报机制的发展趋势、采用PPP模式的主要行业、参与PPP项目的社会资本类型等信息进行分析，具体分析如下：

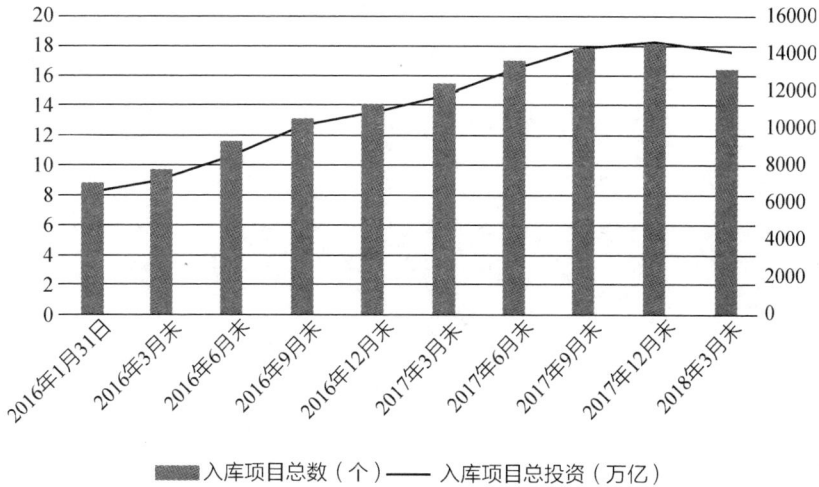

图1-1　各季度PPP项目入库数量及总投资额走势图

数据来源：财政部政府和社会资本合作中心 http://www.cpppc.org

根据图1-1可以看出，2017年年底之前，财政部PPP项目库入库项目的数量和投资额一直呈现增长趋势，受《财政部办公厅关于规范政府和社会资本合作（PPP）综合信息平台项目库管理的通知》（财办金〔2017〕92号）的影响，因部分项目被清理出库，自2018年开始入库项目数量和投资额均有所下降。

根据图1-2财政部管理库不同地区入库项目数量分析发现，山东、河南、四川、贵州、湖南地区的入库项目数量居前5位，上海、西藏、天津地区的入库项目较少。

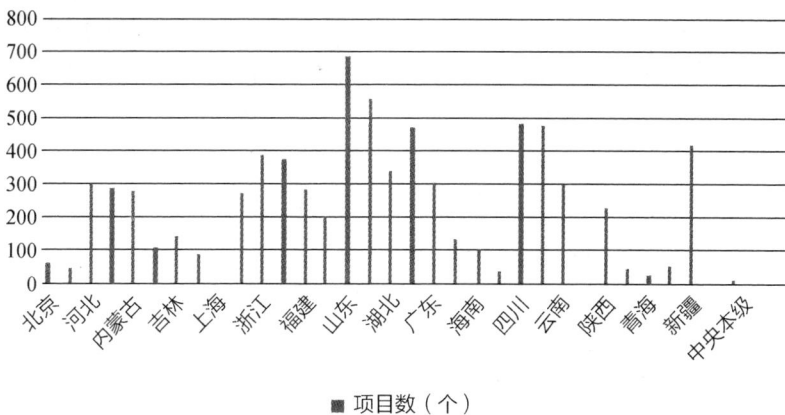

图1-2　2018年7月管理库各地区入库项目数

数据来源：财政部政府和社会资本合作中心 http://www.cpppc.org

根据图1-3关于不同回报机制入库项目数占比分析可以发现，使用者付费类项目占比逐年下降，政府付费类和可行性缺口补助类项目占比逐年增长。

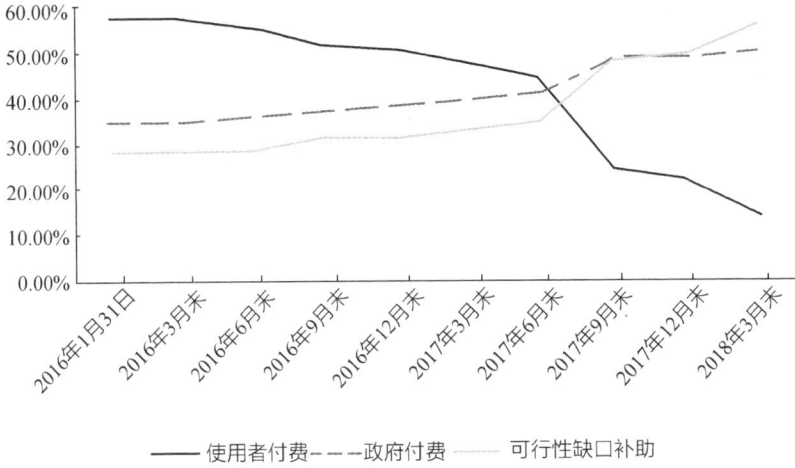

使用者付费 ———— 政府付费 ······ 可行性缺口补助

图 1-3　入库项目数按回报机制占比统计图

数据来源：财政部政府和社会资本合作中心 http://www.cpppc.org

根据图1-4对不同类型社会资本 PPP 成交数量分析可以发现，建筑承包商类的社会资本占比最高，运营商类社会资本次之，金融机构类社会资本最少。

根据图1-5对不同所有制社会资本 PPP 成交数量分析发现，国有企业的社会资本占比较高，民营企业相对较低，但2017年国资委发布的《加强中央企业 PPP 业务风险管控的通知》（国资发财管〔2017〕192号）对央企参与 PPP 进行约束，今后民营企业参与 PPP 项目的数量和金额可能会有所增加。

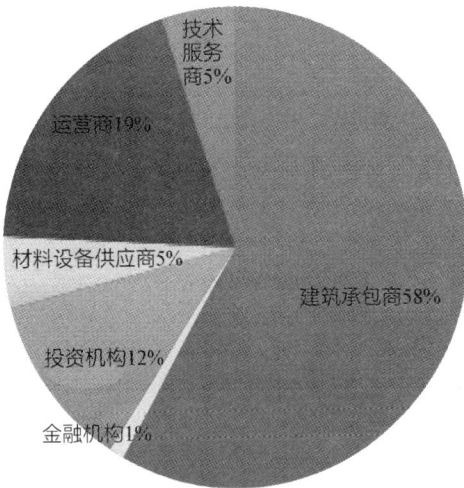

图 1-4　截至 2018 年 7 月不同类型
社会资本 PPP 成交数量

数据来源：明树数据 www.bridata.com

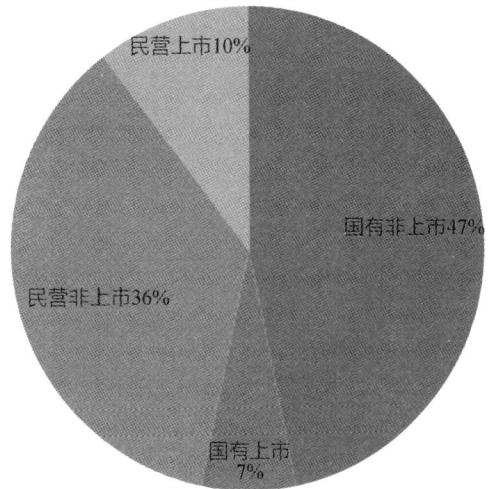

图 1-5　截至 2018 年 7 月不同所有制
社会资本 PPP 成交数量

数据来源：明树数据 www.bridata.com

根据图 1-6 分析，管理库入库 PPP 项目中市政工程、交通运输、生态建设和环境保护类项目居前 3 位。2018 年 6 月《中共中央国务院关于全面加强生态环境保护 坚决打好污染防治攻坚战的意见》颁布，生态环保类 PPP 项目将迎政策利好，生态环保类 PPP 项目涉及污水处理、供水工程、垃圾填埋场、垃圾焚烧发电、水库改造等领域，推进速度会较快。

根据图 1-7 分析，市政工程、交通运输、城镇综合开发类项目退库的数量和投资额均较多。退库的原因有不宜采用 PPP 模式，前期准备工作不到位，未按规定开展两个论证，不符合规范运作要求等，也

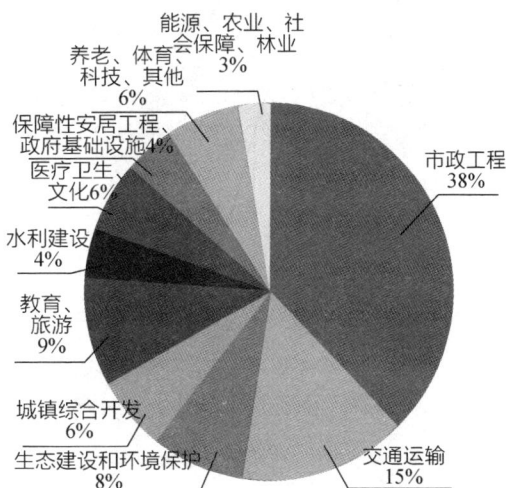

图 1-6　2018 年第一季度管理库项目数行业分布
数据来源：财政部政府和社会资本
合作中心 http://www.cpppc.org

提醒我们今后 PPP 项目要注重前期的充分论证，加强监管，保证项目合法合规。

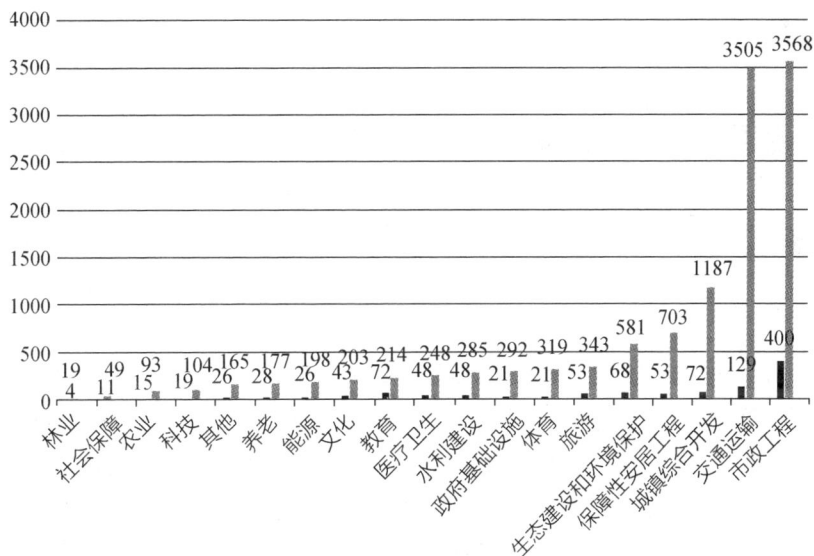

图 1-7　2017 年 12 月～2018 年 3 月末退库项目数和投资额行业分布情况
数据来源：财政部政府和社会资本合作中心 http://www.cpppc.org

综上所述，PPP 模式在我国的发展经历了过去的高速发展转向现在的高质量规范发展，经过一段时间的过渡，未来将进入平稳发展的阶段，PPP 模式的发展符合技术成熟度曲线（The Hype Cycle），如图 1-8 所示。技术成熟度曲线是由 Gartner 公司在 1995 年首次提出该概念，其发布的"2017 年新兴科技技术成熟度曲线"整体上描述了 2017 年各新兴技术成熟发展的轨迹[7]。根据技术成熟度曲线，新生事物的发展分为技术萌芽期、期

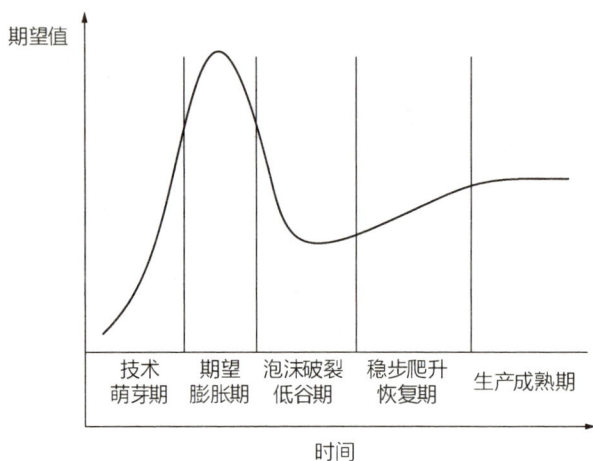

图 1-8　技术成熟度曲线

望膨胀期、泡沫破裂低谷期、稳步爬升恢复期和生产成熟期。我国的 PPP 模式发展已经历了萌芽期、膨胀期，目前正处于低谷期，未来经过一段时间的恢复期，将进入成熟期，即在中国长期稳定的发展下去。目前我国 PPP 项目的常规监管方式包括履约管理、行政监管和公众监督，但是目前 PPP 项目中仍然存在监管法律法规不健全、监管主体职责不清、监管缺位和监管越位、缺乏专业性的监管队伍等问题，导致政府腐败、寻租现象频发，项目效率低，社会公众满意度下降。因此，对 PPP 项目的监管进行深入研究尤为重要，通过完善其监管体系，使 PPP 项目更好更规范的发展，行稳致远。

第二节　我国 PPP 项目常规监管方式

根据《关于印发政府和社会资本合作模式操作指南（试行）的通知》（财金〔2014〕113 号）第三章第十一条第六款"监管架构"指出，监管方式主要包括履约管理、行政监管和公众监督等。

一般情况下，履约管理最主要的方式就是合同控制，因此为保证社会资本方（项目公司）严格按照 PPP 项目合同中约定的经营权的范围履约，政府方可根据合同内容对社会资本方的融资、建设、运营、维护和移交等进行义务定期监测。对项目产出的绩效指标编制季报和年报，并报财政部门备案。履约管理在合同控制中主要体现为履约条款及履约担保，即在 PPP 项目合同生效后，由项目公司向政府方出具可接受格式的履约保函，以保证项目公司履行协议项下建设、运营维护项目设施等的义务。项目公司在 PPP 项目合作期内应保持保函数额的固定性及保函的有效性。政府方应按照 PPP 合同中的约定履行权利和相应的义务。

行政监管即行政机关对 PPP 项目执行活动的监管，是 PPP 项目执行活动的重要组成部分。依法规范和监管市场行为，维护国家利益、社会公共利益和使用者的合法权益，是市场经济条件下政府的重要职能。行政机关对 PPP 项目执行情况实施监管时，应当遵循职权法定、合理行政、程序正当和高效便民等原则。各地人民政府应当按照规定的职责分工对 PPP 项目的建设与运营维护活动实施监管。由相关部门进行行业监管，绩效评价标准与可用性检测；由建设行政主管部门负责项目的日常监管工作；由财政部门依据绩效评价结果，负责项目补贴费用的拨付工作。

行政监管是政府对其辖区内某些事物的控制。行政监管主要分为两个阶段，一是项目采购方式的监管；二是项目建设运营移交时期的绩效监管（包括质量、价格、服务水平和财务等方面的监管）。

项目采购实施阶段要严格按照《政府采购法》以及财政部《政府和社会资本合作模式操作指南（试行）》等相关规定，按照"公开""公平""规范"的原则实施 PPP 项目社会资本方的选择。

项目建设阶段会同行业主管部门、项目实施主体对 PPP 项目建设的质量、进度等进行监管，保证项目建设达到质量标准和工期要求。

项目运营阶段会同行业主管部门、项目实施主体对 PPP 项目进行中期评估，重点分析项目运行的合规性、适应性、合理性，科学评估风险，制定应对措施。

项目移交阶段会同行业主管部门、项目实施主体按合同规定对 PPP 项目进行整体移交，做好资产评估、性能测试及资金补偿工作，妥善办理过户及管理权移交手续。

为保障公众知情权，接受社会监督，PPP 项目合同中通常还会明确约定项目公司依法公开披露相关信息的义务。公众监督是指实施机构应及时将服务质量，检测、评估结果和调整情况向社会公布，社会公众作为公众监督主体对项目公司提供的服务进行监督，并有权向实施机构进行投诉或提出建议。

关于信息披露和公开的范围，一般的原则是，除法律明文规定可以不予公开的信息外（如涉及国家安全和利益的国家秘密），其他的信息均可依据项目公司和政府方的合同约定予以公开披露。实践中，项目公司在运营期间需要公开披露的信息主要包括项目产出标准、运营绩效等，如医疗收费价格、水质报告。

第三节　我国 PPP 项目监管现状分析

一、PPP 模式兴起，PPP 项目在全国各地迅猛发展开来

新型城镇化建设是我国实现现代化的根本要求之一，同时也是目前实施"稳增长、促改革、转方式、调结构"方针的重要手段。自 20 世纪 90 年代以来，我国加快城镇化改革的路径，已基本形成"投融资主体多元化，投融资模式多样化、项目建设方式市场化"的格局。我国城镇化率每提高 1%，城镇人口将增加 1000 多万人[8]，而人口的增长相伴而来的是公共基础设施和公用事业的需求的增大。各级政府部门资金短缺及债务问题使得公共项目投资严重不足。PPP 模式能解决公共项目投资不足问题，促进基础设施和公用事

业有效竞争，促进生产率提高。因此为加快新型城镇化建设的进程，国家大力推广 PPP 模式。

自 2013 年，党的十八届三中全会提出"允许社会资本通过特许经营方式参与城市基础设施投资和运营"，国务院及各部委也纷纷出台一系列政策文件鼓励和支持 PPP 模式的发展，PPP 模式已受到人大、国务院、财政部、发展改革委等的重视。

2015 年国务院下发《关于在公共服务领域推广政府和社会资本合作模式指导意见的通知》（国办发〔2015〕42 号）文件，鼓励在能源、交通运输、水利、环境保护、农业、林业、科技、保障性安居工程、医疗、卫生、养老、教育、文化等公共服务领域，采用政府和社会资本合作模式，吸引社会资本参与。这一举措，预示着 PPP 模式在全国范围内推广起来。

财政部和发展改革委积极响应国务院号召，相继发布文件支持、引导 PPP 模式的实施和落地。在政策文件、组织机构构建、信息平台搭建等各方面积极推进 PPP 模式的实施，经过几年的大力推进和发展，PPP 在全国遍地生花，取得较大的成果。根据全国 PPP 综合信息平台项目库第 10 期季报显示，截至 2018 年 3 月末，全国入库项目合计 13，141 个，累计投资额 17.6 万亿元，覆盖 31 个省（自治区、直辖市）及新疆生产建设兵团，涉及 19 个领域。PPP 模式在全国范围内开展起来，并取得显著的成果。

二、PPP 项目在发展进程中由于监管不力而问题频发、乱象丛生

在 PPP 项目的发展进程中，不合规不合理的现象频发，而现有监管体系监管不力造成项目前期设计失控、论证工作失实、采购社会资本失衡、建设期间失信，或将造成运营和移交阶段项目的失败。在 PPP 项目开展初期，项目识别阶段，部分参与 PPP 项目的政府方仍然习惯性遵循传统的项目开发思路，诸如明股实债、固定回报、兜底协议等现象频发，且将一些不适宜采用 PPP 模式的项目进行"强行包装上马"。项目准备阶段，PPP 项目的实施方案内容粗糙单一、物有所值（VFM）评价和财政承受能力论证细度和深度不足，导致"两评一案"流于形式。更有甚者，在部分 PPP 项目"两评一案"的评审环节，仍然不严谨求真，对专家提出的意见不做修改反而通过更换专家来达到评审通过目的，导致项目可运营性丧失殆尽，依靠财政补贴才能勉强满足财务生存能力。项目采购阶段，社会资本围标串标，采用不正当方式获取投标资格，中标后反过来与政府方进行再谈判，修改投标文件的实质性条款，导致逆向选择的发生，为项目失败埋下隐患。项目执行阶段，建设期内项目公司在项目建设过程中偷工减料、哄抬价格、不顾工程质量等现象也有发生。运营期间，运营不达标，绩效损害，严重威胁损害公众利益和公共安全。这一系列的行为极易造成项目移交阶段资产移交的标准不合格、资产虚化，致使国有资产大量流失，严重违背 PPP 项目的初衷，违反相关政策规章的精神实质，造成不平衡不充分的发展现况，背离人民群众对于美好生活的向往。

（一）监管缺位，导致政府腐败与寻租问题丛生

1. PPP 项目问题频发，规范化 PPP 亟需推进

自 2014 年我国在公共基础设施领域推广采用 PPP 模式以来，PPP 项目成交数量和金额呈不断上升趋势。但根据全国 PPP 综合信息平台项目库第 10 期季报显示，至 2018 年 3 月末，综合信息平台已累计清退管理库项目 1160 个，累计清减投资额 1.2 万亿元。在 PPP 项目数量不断增加的同时，退库数量也在不断增加。一方面，采用 PPP 模式可以平滑政府财政支出，引入社会资本可以提高项目运营效率；另一方面，由于项目前期手续不全或不符合 PPP 项目操作流程、征地受阻等原因，致使项目停滞，造成前期投入资源的浪费。此外，在 PPP 项目的推进过程中，还出现了大量"包装 PPP"、招标信息隐瞒、评审专家不专业等违规行为带来的不公平竞争和社会资源浪费等问题。为保障我国 PPP 项目的持续健康发展，自 2017 年下半年以来，财政部多次发文从项目流程、投融资、项目监管等各方面规范 PPP 项目的发展。

2. 规制 PPP 项目寻租行为是实现规范化 PPP 的重要举措

实现 PPP 项目的规范化发展，还有一个拓展空间，即规制 PPP 项目中存在的寻租问题。在发展相对成熟的建筑工程领域中存在大量的寻租行为，纵观我国 PPP 模式，其法律法规不健全、监管机制不完善、信息不透明以及对寻租行为的重视程度不足的现状下，更是容易产生寻租行为。

从我国 PPP 项目的实践来看，目前仍缺乏较为完善的 PPP 监管体系，监管所依据的法律监管机制不健全[9]，且各部门之间的合作程序杂乱，职能交叉，监管质量差，不能真正达到监管的目的，为寻租行为提供了发展的土壤。此外，项目信息不透明的存在，给政府部门留下了极大的寻租空间去决定项目的开展、PPP 项目特许经营权的授予以及定价等[10]，造成了 PPP 项目竞争的不充分和不公平，甚至会损害公共利益，造成社会资源的浪费。

3. 寻租行为干扰并影响社会经济发展

寻租行为具有负外部性，寻租将社会资本的注意力从生产创新、管理创新转移到了获取租金上，导致社会创新停滞，扰乱市场秩序[11]，同时，由于寻租行为的存在，扭曲了社会资源配置，影响市场效率，造成不平等竞争。此外，寻租行为若不及时制止，则导致腐败成风，党和政府的形象也会受到影响。因此，寻租活动严重影响社会的健康、可持续发展，规制寻租行为势在必行。

（二）监管缺位，导致两标并一标项目效率低下

1. 中国情境下市场结构发生变化，施工企业积极转型成功投身 PPP

近年来，基于中国经济的高速发展，中国建筑业也发生了巨大变化。新型城镇化、新农村建设、"高铁"经济、"走出去"战略不断推进，为我国施工企业的发展提供了稳定增

长的空间。基于上述背景，为了落实全面依法治国，发挥市场在资源配置中的决定性作用并推进国家治理体系和治理能力现代化，基础设施及公共服务领域进行了供给市场化和社会化综合性改革，这是供给结构性改革的一部分。PPP 的改革影响着中国经济及市场结构，原有的市场供需动态平衡被打破：失去土地财政的支撑，城投公司融资受限，传统 BT 项目被迫停止，工程承包市场结构也被改变。

在中国城镇化道路的进程中，大量基础设施还需建设，公共服务水平还需提高。PPP 已成为解决财政困境、提高投融资效率、提供基础设施和服务的重要工具。面对这样的市场环境，作为城镇化建设的重要参与者——施工企业必须积极转型，投身 PPP 项目。PPP 项目的主要参与方包括政府、社会资本方、融资方、承包商和分包商、原料供应商、专业运营商、保险公司及专业机构等。施工企业除了维持原有的角色，作为承包商参与基础设施的建设，也可以变被动为主动，作为社会资本方参与 PPP 项目的融资、建设、运营等一系列工作。

根据明树数据统计的市场交易情况，截至 2018 年 7 月，社会资本累计中标金额排行榜见表 1-1（注：本榜单统计的是社会资本作为牵头人中标的 PPP 项目金额和个数，非牵头人身份中标的项目未统计在内）。从榜单中可以看出，中国建筑集团有限公司、中国交通建设股份有限公司、中国铁建股份有限公司等大型建筑企业纷纷投身于 PPP 项目中，占据榜单前列。在这前 15 名的排行榜中，施工企业明显占据了大半江山。

PPP 项目社会资本累计中标金额排行榜　　　　　　　　　　表 1-1

序号	社会资本名称	累计中标金额（亿元）	企业类型
1	中国建筑集团有限公司	11335.1	建筑承包商
2	中国交通建设股份有限公司	8599.1	建筑承包商
3	中国铁建股份有限公司	5324.4	建筑承包商
4	中国中铁股份有限公司	4793.0	建筑承包商
5	华夏幸福基业股份有限公司	4671.1	运营商
6	中国冶金集团	4407.7	建筑承包商
7	中国电建集团	3266.3	建筑承包商
8	中国葛洲坝集团股份有限公司	2209.7	建筑承包商
9	云南省交通投资建设集团有限公司	1876.1	投资经营
10	北京东方园林环境股份有限公司	1407.0	运营商
11	云南建工集团有限公司	1035.7	建筑承包商
12	河南省收费还贷高速公路管理有限公司	988.7	投资经营管理
13	中建国际投资（中国）有限公司	978.2	建筑承包商
14	北控水务（中国）投资有限公司	905.0	投资、咨询
15	北京碧水源科技股份有限公司	725.2	运营商

施工企业积极转型投身 PPP 项目，凭借其自身优势取得了很好的成果。目前施工企业不仅占据 PPP 项目社会资本累计中标金额排行榜的大半江山，而且通过明树数据统计，在 PPP 成交额和 PPP 成交项目数量方面，施工企业也占据最大比例。如图 1-9、图 1-10 所示。

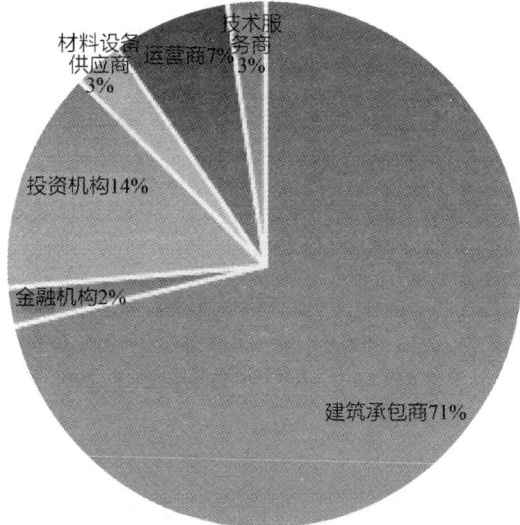

<table>
<tr><td>图 1-9　不同类型社会资本 PPP 成交额</td><td>图 1-10　不同类型社会资本 PPP 成交项目数</td></tr>
</table>

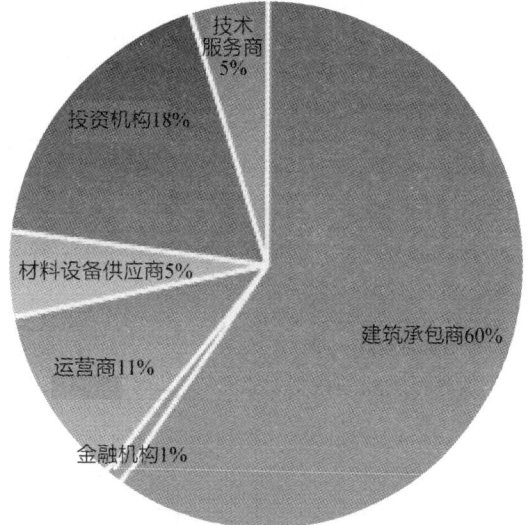

2. 中国情境下施工企业参与 PPP 项目采购，普遍省略二次施工招标

基于中国积极推动 PPP 模式，市场迅速发展壮大，施工企业积极参与的形势下，我国 PPP 项目实践中逐渐出现了操作不规范、项目条件不符合、信息不完善等现象。随着我国 PPP 项目大量快速落地，PPP 模式推广初期忽略的问题和弊端也逐渐显现。对于施工企业来说，参与 PPP 项目普遍面临的一个问题就是：中标成为 PPP 项目社会资本后，是否可以不再进行二次施工招标。《中华人民共和国招标投标法实施条例》（以下简称《招标投标法实施条例》）第九条第（三）项规定：已通过招标方式选定的特许经营项目投资人依法能够自行建设、生产或者提供的，可以不进行招标。PPP 项目实操中大多依据上述规定认为可不必再二次招标。

为了说明我国目前实践现状，从财政部 PPP 综合信息平台的项目管理库中选择了山东省 16 个已到执行阶段的国家示范项目为例，见表 1-2。通过统计信息发现，在这 16 个项目当中，有 6 个项目在资格预审文件或采购文件中对社会资本设立了具有施工资质的条件；9 个项目的中标社会资本满足自行建设条件，其中 7 个项目在项目实施方案，或采购文件，或 PPP 项目合同中写明不再二次招施工标，另外 2 个项目虽无明确说明，但也未搜索到二次施工招标信息。因此，从该统计中可以看出若中标社会资本具有自行建设资质，多数 PPP 项目不再二次招施工标。

序号	项目名称	成交时间	采购方式	是否有施工资质要求	中标社会资本	施工招标情况	
						来源	说明
1	山东省济宁市汶上县中都怡养苑医养结合项目	2016 年 8 月	竞争性磋商	否	济宁嘉旭资产管理有限公司	竞争性磋商文件	本次竞争性磋商只招社会资本方，工程承包方由政府方和中标社会资本方组建的项目公司通过二次招标确定
2	山东省枣庄市高新区新建道路工程	2016 年 5 月	竞争性磋商	是	浙江交通建设工程集团有限公司	竞争性磋商文件	本项目通过一次采购（采购方式：竞争性磋商）的方式选择具备相应施工资质以及市政道路项目经验的社会资本方，社会资本方除与枣庄聚源高新技术投资建设有限公司合资设立项目公司外，还有权为项目公司提供施工总承包服务，由项目公司与中标人直接签署施工总承包合同，无需再进行施工总承包的二次招标
3	山东省日照市奎山综合客运站及配套工程	2016 年 6 月	竞争性磋商	是	中国建筑第八工程局有限公司、广发合信产业投资管理有限公司	成交公告	在合作期限内，项目公司负责本项目的投资、融资、设计、建设及运营维护等 PPP 项目涉及的全部工作内容，包括但不限于：建筑工程、安装工程及其他附属工程的建设，项目建成后的运营维护工作
4	山东省德州市禹城市城乡教育综合发展 PPP 项目	2015 年 9 月	竞争性磋商	是	山东省禹城市外资机械施工有限公司、禹城市鲁泰建筑有限公司联合体	竞争性磋商公告	供应商资格要求：3. 具有现行有效的建设行政主管部门颁发的房屋建筑工程施工总承包贰级（含贰级）及以上施工资质
5	山东省临沂市郯城县高科技电子产业园区建设项目	2015 年 11 月	竞争性磋商	否	临沂市城市资产经营开发有限公司	PPP 项目合同	18.2 项目建设责任项目公司负责根据第 18.1 款规定的时间完成项目的建设并开始运营

序号	项目名称	成交时间	采购方式	是否有施工资质要求	中标社会资本	施工招标情况	
						来源	说明
6	山东省临沂市沂河河湾和袁家口子水源工程PPP项目	2016年2月	竞争性磋商	是	山东新汇建设集团有限公司、山东临沂水利工程总公司	实施方案	PPP项目招引社会资本投资人后，对于PPP项目中的工程建设项目，在社会资本投资人具备相关施工资质的前提下，可以不再进行二次招标（两标并一标）
7	山东省东营市东营港疏港铁路PPP项目	2017年6月	公开招标	是	中国中铁股份有限公司	特许经营协议	7.5.1项目工程的建设应采用施工总承包的形式进行。如[中标人名称]具有相关资质，乙方可将相应的施工任务直接委托给[中标人名称]
8	山东省菏泽市鄄城县管道燃气工程PPP项目	2015年12月	竞争性磋商	否	鄄城鸿奥燃气有限公司	实施方案	本项目各方面机制较为成熟，将社会投资人和承包商一并进行招选（也被称为"两标并一标"）在实践上具有可行性。这可以提高社会资本参与PPP项目的积极性，而且从PPP项目全生命周期成本降低、项目管理效率提高的角度讲，二次招标也不必要
9	山东省泰安市岱岳区城乡环卫一体化项目	2015年12月	竞争性磋商	否	北京桑德新环卫投资	PPP项目合同	甲方协调项目审批，乙方通过公开招标选择有相应资质的工程监理单位、设计单位、勘察单位、施工单位、服务设备出售或出租单位等关联合同单位，并承担相关费用和其他风险，招标方案和关联单位资质应经甲方书面同意
10	山东省威海荣成市固废综合处理与应用产业园PPP项目	2015年9月	竞争性磋商	否	荣成市长青供热有限公司	无	无

序号	项目名称	成交时间	采购方式	是否有施工资质要求	中标社会资本	施工招标情况	
						来源	说明
11	山东省泰安市宁阳县引汶工程项目	2014年9月	单一来源采购	否	山东鲁珠集团有限公司	PPP项目合同	本项目具体由项目公司组织实施，项目公司可通过公开招标等法定程序确定本项目的施工总承包单位，根据法律规定，中标社会资本方能自行进行建设的，可不另行进行招标，由项目公司与乙方直接签署施工合同，合同签署前，应经过甲方审核备案
12	山东省菏泽市牡丹区枫叶正红医养一体化养老项目	2015年11月	竞争性磋商	否	菏泽市大田房地产开发有限公司	无	无
13	山东省泰安市宁阳县工矿棚户区改造项目	2016年4月	竞争性磋商	是	中交第一公路工程局有限公司	PPP项目合同	4.4.1乙方自行负责进行本项目全部投资、建设、运营和维护，自行承担相关费用、责任和风险
14	山东省临沂市中心城区水环境综合整治工程PPP项目	2016年1月	竞争性磋商	否	北京首创股份有限公司	实施方案	四、PPP采购与工程招标合并的说明：PPP项目招引社会资本投资人后，对于PPP项目中的工程建设项目，在社会资本投资人具备相关施工资质的前提下，可以不再进行二次招标（两标并一标）
15	山东省菏泽市郓城县彭湖湿地生态区PPP项目	2015年8月	竞争性磋商	否	山东东盛园林工程股份有限公司	实施方案	本项目中，我们通过一次招标的方式确定具备相应施工总承包资质、能力及经验的社会资本方负责本项目投融资、建设、运营维护等，由项目公司和具备相应施工总承包资质、能力及经验的社会资本直接签署施工总承包合同

序号	项目名称	成交时间	采购方式	是否有施工资质要求	中标社会资本	施工招标情况	
						来源	说明
16	山东省济宁市金乡县城乡供水一体化建设工程	2016年4月	竞争性磋商	否	山东圣都水务发展集团有限公司	PPP项目合同	4.4.2乙方应按照适用法律以及经相关政府部门审批的本项目初步设计文件、施工图设计文件的要求，按进度计划组织管理工程建设，并承担相关的一切费用、责任和风险

之后，本研究又通过调研咨询山东、贵州、四川等多家咨询单位，均得到"具有施工资质企业中标成为PPP项目社会资本后，都不再招施工标"的答复。由此可以看出，PPP项目依据《招标投标法实施条例》第九条第（三）项规定采购施工企业作为社会资本，二次施工不再招标现象普遍存在。《招标投标法实施条例》的规定增加了施工企业参与PPP项目获得施工权的保障，但是由于规制不明，该条规定的适用性以及竞争性采购方式是否可以依据该规定不再招施工标等问题在业界都备受争议。比如，虽然从法律角度认为竞争性磋商不是招标方式，不符合《招标投标法实施条例》的规定，必须二次施工招标，但从表1-2的统计结果中可以看出，经过层层专家评审的国家示范项目采用竞争性磋商后也大多存在不再招施工标的现象。虽然对此法律规定不明，业界存在质疑，但作为中国特色情景下PPP发展所普遍存在的行为，有必要研究其存在的意义和未来规范发展的路径。

施工企业参与PPP项目最重要的目的是获取施工权及其利益，两标并一标保障了施工企业目标的实现，对施工企业参与PPP项目的积极性具有激励作用。但同时，由于施工企业参与PPP项目采购与传统施工招标规则的不同，以及施工企业在PPP项目中角色的转变，打破了传统规制，实践中出现了规制失灵的现象。因此，发现规制失灵产生的问题，并针对问题重构规制措施，以更好地发挥两标并一标的激励作用，提高施工企业运作PPP项目的效率成为亟待解决的现实问题。

（三）监管缺位，导致邻避设施PPP项目由于公众反对而失败

1. 数据分析表明PPP项目失败情况难以避免

PPP作为一种创新的公共产品与公共服务市场化、社会化供给方式，通过放宽市场准入，发挥着财政杠杆作用，在释放社会创新活力，激励社会资本公平竞争，增加优化公共产品与公共服务供给，提高公共服务质量效率，不断满足人民日益增长的多样化公共服务需求方面起着重要作用。PPP项目的特点是涉及利益相关方众多、项目全生命周期长、合同关系和层次复杂，因此决定了项目很难有始有终，提前终止的情况也时常发生。从世界银行的PPP项目库中可以看到，截至目前中国PPP项目的总数为1458个（1993年～

2017 年上半年），其中项目期满后顺利移交的项目有 7 个，占比 0.48%；提前终止项目数为 35 个，占比 2.40%[12]，如图 1-11 所示。

而提前中止的 35 个 PPP 项目的合作期开始年份为 1994 年～2005 年，同期 PPP 项目总数为 621 个，占比 5.64%，如图 1-12 所示。从发展中国家的情况来看，发展中国家在 1984 年～2010 年启动的 4847 个 PPP 项目中，有 334 个因提前终止而失败，占比 6.85%[13]。从韩国 BOT 模式的发展经验来看，项目再谈判也无法解决的问题便会促使项目直接走向失败[14]。

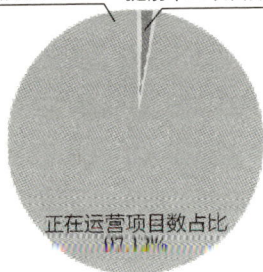

图 1-11 1993 年～2017 年启动的
中国 PPP 项目运营状态统计图

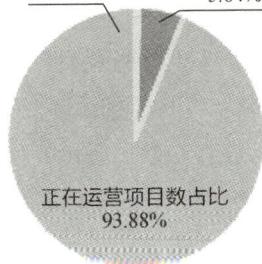

图 1-12 1994～2005 年启动的
中国 PPP 项目运营状态统计图

世界银行关于我国的 PPP 项目数据并不全面，实际上提前终止的 PPP 项目数量要远大于此，例如众所周知的鸟巢、福建泉州刺桐大桥、北京六里屯垃圾焚烧发电厂等 PPP 项目，均未包含在世界银行的 PPP 项目数据库中。但诸如此类的数据表明，PPP 项目的实施效果差强人意，识别并有效管理导致 PPP 项目失败的因素是必要的。

2. 公众反对风险是 PPP 项目失败的常见风险

观察国内外对 PPP 项目失败原因的研究得知，张红平采用案例分析在失败的 PPP 项目中寻找规律，发现项目的失败是多个因素共同作用的连锁反应。王守清、宋金波、亓霞等意识到了公众反对形成的政治压力会造成政府违约。余群舟、王秋菲、Belassi 等意识到 PPP 项目直接损害一部分公众的利益时，利益公众的反对情绪最大。从国内知名 PPP 学者对提前终止或失败的 PPP 项目案例研究中可以看到，公众反对是导致 PPP 项目失败的主要原因之一。

PPP 项目失败的主要风险见表 1-3。

PPP 项目失败的主要风险
表 1-3

序号	作者	内容
1	宋金波[15]	造成项目提前终止的因素主要有三：①非过失终止：公众反对以及政策法规变动。②项目公司过失终止：项目公司违规/违法行为以及建设工期延误。③政府过失：政府征用项目、政府履约不力、违反唯一性条款

序号	作者	内容
2	亓霞[16]	对国内早期的 16 个失败 PPP 项目进行分析，识别了导致 PPP 项目失败的 13 个关键风险，并指出风险之间具有关联性，其中的政治反对风险与政府信用风险是出现频率较高的两类因素。政治反对风险主要是指由于各种原因导致公众利益得不到保护或受损，从而引起政治甚至公众反对项目建设所造成的风险。政府信用风险是指由公众反对施加给政府的压力而产生的政府不得不违约情形
3	王守清[17]	在采用 PPP 模式"走出去"的过程中，公众反对是引发政治风险的重要因素。企业应格外注意维持与当地百姓、NGO 的良好关系，因为如果当地老百姓反对，不论 PPP 合同签订得完善与否，当地政府也会因 NGO 和公众的反对而阻碍了项目顺利实施
4	王秋菲[18]	公众反对风险多发生在与公众利益密切相关的项目中，尤其是环保项目
5	张红平[19]	影响 PPP 项目提前终止的环境风险包括金融危机、政治暴动、恐怖袭击等社会现象不可抗力及文化或节能环保意识增强导致的公众反对因素
6	余群舟[20]	对秦皇岛西部发电厂的研究发现该项目因环评涉嫌造假而被群众举报，因此省环保厅撤销了该项目的环评批复，最终导致该 BOT 项目提前终止。项目涉及的问题存在政企合作不规范，且公众反对引发的舆论压力是造成项目失败的直接导火索
7	Belassi[21]	PPP 项目提前终止的主要原因是项目的预期收入不达标、需求量变化、项目管理不当、技术水平不达标、唯一性风险、项目成本失控、项目范围或质量的重大变更、项目的利益相关者反对等

3. 邻避设施类的 PPP 项目容易招致公众反对

通过对以往学者有关 PPP 项目提前终止（包括 2014 年以前的 BOT 项目）的研究发现，提前终止的 PPP 项目具有共同特征，且集中于能源、交通、污水处理、固废处理等行业。世界银行 PPP 项目库中在 1993 年~2017 年时间段内提前终止的 35 个 PPP 项目中，交通类项目有 9 个，污水处理类 16 个，能源类 10 个，见表 1-4 所示。

世界银行 PPP 项目库中 1993 年~2007 年中国境内失败的 PPP 项目　　　表 1-4

拨款年份	项目名称	运作方式	项目状态	停止日期	项目领域	项目类型
1994	Houjie Power Plant	BOT	取消		能源	发电厂
1994	Jieyang Highway Network	BOT + ROT	取消	2001 年 6 月 1 日	交通	高速公路
1994	Qinglan Electric Power Plant	BOT	取消		能源	发电厂
1994	Shenzhen Meilin-Guanlan Expressway	BOT	取消	1999 年 3 月 1 日	交通	高速公路
1994	Wuhan Bridge Development	BOT + ROT	取消	2003 年 12 月 1 日	交通	桥梁
1995	Shenyang No. 8 Water Plant	BOT + ROT	取消		水环境治理	污水处理厂
1996	Da Chang Water Treatment Plant	BOT	取消	2004 年 7 月 1 日	水环境治理	污水处理厂
1996	Guangzhou Three Bridges	BOT	取消	2001 年 1 月 1 日	交通	桥梁
1996	Nanhai Road Network	ROT	取消	2002 年 6 月 1 日	交通	高速公路

拨款年份	项目名称	运作方式	项目状态	停止日期	项目领域	项目类型
1996	Tangshan Sithe Thermal Power Co. Ltd.	BOT	取消		能源	发电厂
1996	Zaija Water (Shenyang No. 9)	BOT	取消	2001 年 6 月 1 日	水环境治理	污水处理厂
1997	Nanyang General Light Electric Co. Ltd.	BOT	取消		能源	发电厂
1997	National Roadway No. 105 (Lianping County North section)	ROT	取消	2000 年 11 月 1 日	交通	高速公路
1997	Sichuan Expressway Company Limited	Partial	取消	2001 年 6 月 1 日	交通	高速公路
1997	Xian South Water Works	BOT	取消		水环境治理	污水处理厂
1998	Binzhou Cathay Water Plant	ROT	取消	2002 年 6 月 1 日	水环境治理	污水处理厂
1998	Binzhou Dongjiao Water	ROT	取消	2002 年 6 月 1 日	水环境治理	污水处理厂
1998	Guiyang Water	ROT	取消	2001 年 6 月 1 日	水环境治理	污水处理厂
1998	Jinan Water	BOT	取消	2002 年 6 月 1 日	水环境治理	污水处理厂
1998	Jinan Water (Dayang Plant)	BOT	取消	2002 年 6 月 1 日	水环境治理	污水处理厂
1998	Jincheng-Jiaozuo Expressway	BOT	取消	2002 年 12 月 1 日	交通	高速公路
1998	Yueyang Kai Yuan Water Supply Company Limited	ROT	取消	2003 年 8 月 1 日	水环境治理	污水处理厂
1999	Provincial Highway Huanggu Route Xiaodian Fenhe Bridge	ROT	取消	2002 年 12 月 1 日	交通	高速公路、桥梁
1999	Shenyang Public Utility	Partial	取消	2002 年 6 月 1 日	水环境治理	污水处理厂
1999	Zhejiang Wenzhou Telluride Power Generating Company	BOO	取消		能源	发电厂
2000	Changchun Wastewater Project	BOO	取消	2004 年 2 月 1 日	水环境治理	污水处理厂
2001	Funing Wah Sang Gas Project	BOT	取消		能源	天然气供应
2001	Liuyang Wah Sang Gas Project	BOT	取消	2004 年 6 月 1 日	能源	天然气供应
2001	Shanghai Fengxian Saur Water	ROT	取消	2006 年 8 月 1 日	水环境治理	污水处理厂
2001	Xiao Shun Jiang Water Project	BOO	取消		水环境治理	污水处理厂
2002	Anji Xinao Gas Company Limited	BOT	取消	2003 年 6 月 1 日	能源	天然气供应
2002	Feng County Wah Sang Gas Project	BOT	取消		能源	天然气供应
2002	Suining Wah Sang Gas Project	BOT	取消	2004 年 6 月 1 日	能源	天然气供应
2003	Xianyang Water Treatment Plant	BOT	取消	2006 年 6 月 1 日	水环境治理	污水处理厂
2005	Zhuozhou Sewage Treatment Plants	BOT	取消	2006 年 7 月 1 日	水环境治理	污水处理厂
项目总数合计		35			100%	
其中	能源类	10			28%	
	交通类	9			26%	
	水环境治理类	16			46%	

以上项目中的能源与水环境治理类设施都属于"邻避设施"。常见的邻避设施诸如环境市政设施（污水处理厂、垃圾焚烧场、垃圾中转站、垃圾填埋场等）、能源设施（发电厂、天然气制造和供应厂等）和部分交通设施（高铁、高速公路等）为城市正常运转和居民日常生活提供了重要的保障，但由于其对周围环境会产生较强的负面影响而遭到居民的反对和抵制，这种现象被称为"邻避效应"（Not-in-my-backyard，NIMBY），这些具有强邻避效应的公共设施被称为"邻避设施"。

总结 PPP 项目失败或提前终止的案例研究文献，发现因公众反对而提前终止的 PPP 项目大致可分为两类，一类是邻避设施类 PPP 项目（以垃圾焚烧项目为代表），一类为使用者付费类 PPP 项目（以收费公路为代表）。邻避设施类 PPP 项目由于产业本身的工艺问题，易导致周围环境的污染从而使其选址问题成为一大难点，容易遭到公众的反对和抵制[22]。

据不完全统计显示，仅 2016 年上半年，规模较大的环保类群体性事件至少有 52 起，其中千人以上规模的就有 12 起。涉及垃圾类的有 19 起，涉及工业污染的 19 起，涉及变电站的 6 起，涉及污水处理的 1 起[23]。

4."两个强制"类 PPP 项目是邻避设施

在财政部的政府与社会资本合作中心 PPP 项目管理库中查询目前我国纳入 PPP 项目库中的项目类型，截至 2017 年 12 月底，市政公用事业比重最大，为 44.7%，具体分布如图 1-13 所示。

不同行业PPP项目成交个数(个)

■ 不同行业PPP项目成交个数(个)

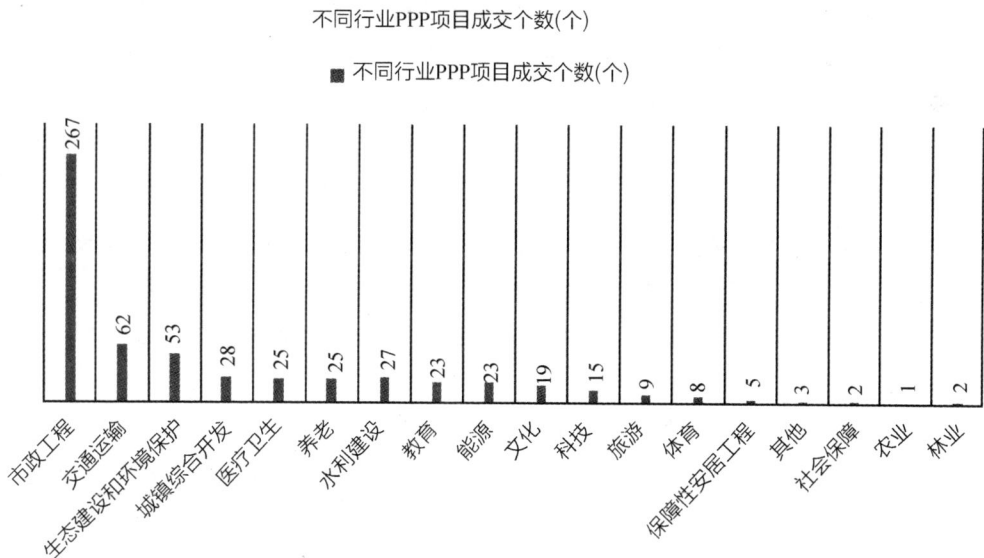

图 1-13　不同行业 PPP 项目成交个数统计

2016 年财政部发布的《关于在公共服务领域深入推进政府和社会资本合作工作的通知》（财金〔2016〕90 号）中明确规定，为了进一步加大 PPP 模式推广的应用力度，要探索在垃圾处理、污水处理两个公共服务邻避开展强制试点，新建的污水与垃圾处理项目强制实施 PPP 模式。而按照世界各国的实践经验来看，污水处理与垃圾处理虽然为城市生活的运转提供了重要保障，但由于其对周围环境的负面影响，一直属于具有较强"邻避效应"的基础设施[24,25]。邻避效应的困境在于：城市化建设的必然需求与居民权利之间的矛盾不可调和。我国目前正处于快速城市化进程中，人们向往更加便利、舒适的生活。邻避设施作为一类重要的城市基础设施，是城市居民生产生活所必需的，因此大规模新建邻避设施是城市化的必然要求[26]。纵观国外历史，"邻避"现象几乎是伴随着工业化和城市化的进展而同时出现的。可以预计，PPP 项目中的市政设施类邻避冲突将是我国未来城市建设和发展过程中必须面临的重大挑战。

5. 公众反对会导致政府违约事件

政府是人民意志的体现，代表人民的利益。一旦引发公众反对事件，政府迫于民众压力便不得不终止项目。因此邻避效应发生时，政府违约可以说是必然事件。以上学者的研究都表明，造成 PPP 项目提前终止的一大原因就是公众反对，尽管不同学者对其表述不同，或在公众反对的影响下又触发了一系列连锁反应，但各种表现形式下的公众反对风险对 PPP 项目提前终止的影响是不容忽视的，因此亟待以消除邻避设施的选址决策困境为目标化解 PPP 项目的公众反对风险。

（四）监管缺位，导致 PPP 项目绩效审计不合理

1. PPP 项目推进过程中遇到难点与瓶颈

PPP 项目投资大、数量多，而且涵盖与百姓息息相关的各个领域，但是因为对 PPP 的理解不深、经验不足以及仓促实施导致各种问题的发生，因此也有人称 PPP 为"骗骗骗"。PPP 项目在推进过程中，存在下列问题：由于政府部门工作人员对 PPP 模式理解不到位，经常导致项目发起不规范；由于社会资本的利益驱使使得其更多关注盈利，在项目的推进中损害政府和公众的利益；PPP 项目往往在可研阶段介入，PPP 项目"两评一案"决策数据多为预测，有些数据甚至没有依据，虽然使用了科学的预测和计算方法，但是仍然不能完全规避测算与实际的偏差。虽然政府正在加强对 PPP 项目的监管，项目推进过程的一些不合规问题也有所改善，但是由于监管制度缺失、监管力度不足，PPP 项目仍然遭遇难点与瓶颈。

2. 我国 PPP 项目法律法规体系不完善，制度缺失

目前，我国 PPP 项目虽然众多，但却没有完善的法律规范指导 PPP 项目的实行。国家针对 PPP 项目的立法落后于 PPP 项目的实践，虽然自 2014 年以来政府部门颁布一系列文件，但是不同政府部门所处位置的不同导致未建立统一的 PPP 模式法律法规。地方政府配套的可行性政策也未跟上，从而导致 PPP 规则构建的缺失。目前我国尚未针对 PPP 模式进行立法，用以指导 PPP 模式的法律和政策依据多为鼓励性政策以及财政部、发展改革委等部委颁布的系列部门规章，存在着法律法规指导性不强、部门规章效力不高的问题。由于法律法规体系的滞后，导致 PPP 项目在推进中无法可循，经常受到政治权力的

干预，改变项目原有的初衷。为 PPP 项目营造一个公正公平的法律环境，促进 PPP 项目的规范性，亟需建立一套完善的制度体系。

3. PPP 监管机构独立性缺失，干扰因素众多

由于立法的缺失，我国 PPP 项目监管机构的独立性欠缺。政府监管部门的监管权力通常具有主观性，经常受到干预，不能独立自主的行使监管权力，导致监管效力下降。其次，监管部门的监管内容和范围不能从全局进行把握，部分行业的监管过于片面或者部门之间无法建立统一的监管机制。PPP 项目涉及的专业众多且项目周期长，针对 PPP 项目监管工作需要综合素质过高的监管人员对项目进行监管，而目前的审计人员的专业素养往往不能胜任 PPP 项目的监管。目前，我国尚未建立对 PPP 项目的监管机制，各部门之间职能交叉，存在多重监管或者相互推诿的问题，导致监管工作受挫。

在 PPP 项目实施的过程中因操作不规范、监管不力导致的问题层出不穷。政府和社会资本介入不规范，权利、责任、义务划分不合理，导致 PPP 项目违规操作；PPP 项目前期批复文件不完善，违规操作，后期包装补充文件的事件不绝于耳；PPP 项目方案设计中交易结构、回报机制设计不合理，无法真正指导项目的实施；PPP 项目测算数据难以把握准确性，导致 PPP 项目合同中的收益回报条款、收益分享条款、定价调价条款、绩效监管与评价条款的确定不合理。PPP 模式获得成功，需要尽量规避上述问题，政府与社会资本之间建立优势互补的合作关系。

政府和社会资本所处角度不同，目标函数不一致，只靠履约条款设计和激励无法完全解决以上问题，需要建立一套完善的政府监督机制，对社会资本的逆向选择和道德风险行为进行监管。由于政府在进行 PPP 改革前并未进行系统全面的改革框架设计，尤其是政府监管体系的建设，在这种政府缺乏经验而"摸着石头过河"的情况下，PPP 的推行很容易出现政策不配套、设计考虑不周的弊病，并导致所有权、监管、政策、腐败等显著的制度风险，从而导致 PPP 关系的不可持续，损害公共利益或者社会资本的利益。因此，为了规范的发展 PPP，必须建立一套完善的政府监督机制，因此需结合我国的经济和制度环境特点，以绩效审计为切入点，对 PPP 项目绩效审计机制进行研究，为 PPP 项目的监管工作提供实践指导。

三、多部委联合加强 PPP 项目监管，PPP 项目监管问题成热点话题

PPP 项目暴露出的诸多问题呼吁着 PPP 项目的规范化发展，加强监管无疑是最直接有效的手段。近日，多部委纷纷出台政策文件加强地方监管。2017 年 5 月初，财政部、发展改革委、司法部、人民银行、银监会、证监会联合下发《关于进一步规范地方政府举债融资行为的通知》（财预〔2017〕50 号），要求"规范政府与社会资本方的合作行为"，主要是禁止违规行为，包括：违法违规变相举债、承诺回购社会资本方的投资本金、承诺最低收益等。2017 年 6 月初，财政部下发《关于坚决制止地方以政府购买服务名义违法违规融资的通知》（财预〔2017〕87 号），主要规范政府购买服务。2017 年 11 月中旬，财

政部下发《关于规范政府和社会资本合作（PPP）综合信息平台项目库管理的通知》（财办金〔2017〕92号），规范存量PPP项目以及新增PPP项目入库的标准。紧随其后，国资委下发《关于加强中央企业PPP业务风险管控的通知》（国资发财管〔2017〕192号），规范央企作为社会资本参与PPP项目的债务风险。国家各部委不断规范PPP项目的实施，加强对PPP项目风险防范和监管工作，纠错揭弊，使监管逐渐成为PPP项目发展的重点工作。

在学术界，工程或项目的监管一直是热度话题。自2013年底PPP模式兴起与推广之后，学界对于PPP项目的监管或治理问题的研究热度与日俱增。图1-14显示了中国知网（CNKI）学术平台中以"PPP项目治理""PPP项目监管""项目监管""工程监管"为研究主题的文献数量趋势。可见，随着PPP模式如火如荼的开展，PPP项目的监管问题引起越来越多的学者关注。文献研究趋势图如图1-14所示。

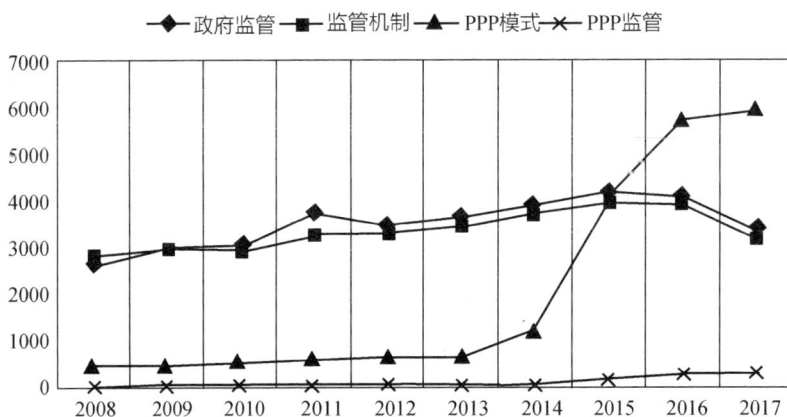

图1-14　文献研究趋势图

无论从实务界还是学术界，对PPP项目的监管都逐渐成为热门话题。但是目前出台的监管文件对监管的规定都是局限于某一方面，并不系统全面，目前对PPP项目的全生命周期监管还比较薄弱，需要建立健全监管机制以弥补政府监管的不足。

四、相关领域在类似背景下往往运用第三方监管作为机制补充的一种手段

在食品安全、社保基金、医疗卫生等公共服务领域，第三方监管曾作为改善监管服务、提升监管效力的一种补救措施。食品安全领域曾因监管不力，食品掺假中毒事件频发，引入第三方监管后，第三方通过专业监管手段减少了生产者与消费者、政府与企业、政府监管体系中主体和客体之间的信息不对称性，促成食品安全监督机制的建立和完善。

在社保基金领域，政府通过引入第三方监管减轻该领域过分依赖政府行政监管的情形，一方面转变既当运动员又当裁判员的角色，另一方面在客观上减少权力寻租的发生。通过建立第三方监管，国家根据实际的经济发展情况和社保基金的存余情况，制定合适的

社保基金保值增值方案，确保社会保障基金的安全性，从而提高社会公开的力度，有利于提升监管的有效性和科学性。

医疗质量监管引入第三方监管，完善医疗监管的准入管理、过程管理、结果管理及社会管理，建立医疗质量监管评价体系，促使行政管理工作与医疗事业运作相分离，提高行政部门效率和医疗单位的自主权，加强对医疗行业监管力度，确保医疗卫生事业健康有序发展。

我国 PPP 项目也会涉及社保基金、医疗卫生等公共服务领域，他们在传统模式中曾采用第三方监管来提升监管能力改善项目管理绩效，在 PPP 模式下也可借鉴采用第三方监管来提升监管能力，改善项目管理绩效。

第四节　国外 PPP 项目监管方式综述

一、学术角度研究综述

国外在政府监管方面的研究成果相对国内来说更为成熟，政府管制创始人之一乔治·斯蒂（GeorgeJ. Stigler）在《经济规制论》运用经济学方法阐述了政府监管的产生、具体原因及机理[27]。政府监管的研究者逐渐增多。Breyer 首先提出公共利益理论[28]。在 20 世纪 70 年代，西方发达国家出现了"放松规制"的呼声，随后政府规制失灵理论、X 效率理论、可竞争市场理论开始不断深入的研究。政府监管的理论得到不断发展。

有效的政府监管促进 PPP 项目的顺利运作。通过实证研究，Lohmann 表明政府的有效监管是防范私人机会主义行为的有效途径[29]。Mota 等指出决定 PPP 项目成功与否的重要因素包含监管依据即法律法规的完善程度、市场竞争水平以及政府的监管水平等[30]。

Dong 等在研究中国和美国的 PPP 模式中，表明政府和政府监管在 PPP 项目的实施过程中起着重要作用，尤其是政府监管的作用明显[31]。Sanni[32]、Liu 等[33]、Yun 等[34] 运用实证分析方法对 PPP 项目能够顺利实施的主导因素进行分析，其中政府的监管力度居于重要地位。

在监管的相关体制机制构建方面，学者有所研究。在法律法规及监管体系构建方面，Robinson 提出公众投票是决定 PPP 项目的收入分配方案及社保制度制定的有效方式[35]，监管机制的完善和政府规制的重构都是必不可少的。Laffont 和 Tirole 在政府采购和监管中，通过博弈论和机制设计工具设置最优的信息监管机制，剖析双方的最优权衡[36]。

二、实践角度研究综述

国外 PPP 实施与监管体制是以 PPP 中心（PPPUnit）为核心进行符合自身国情条件的制度设计[37]。根据 PPP 监管机构的中央与地方权力分配关系进行划分，从理论上可将国外 PPP 实施与监管模式概括为三种模式[37]：地方自主模式，以美国、澳大利亚等国为代表；中央主导模式，以韩国、英国等国为代表[39]；平行混合模式，以德国、法国等国为代表[40]。具体如图 1-15 所示。

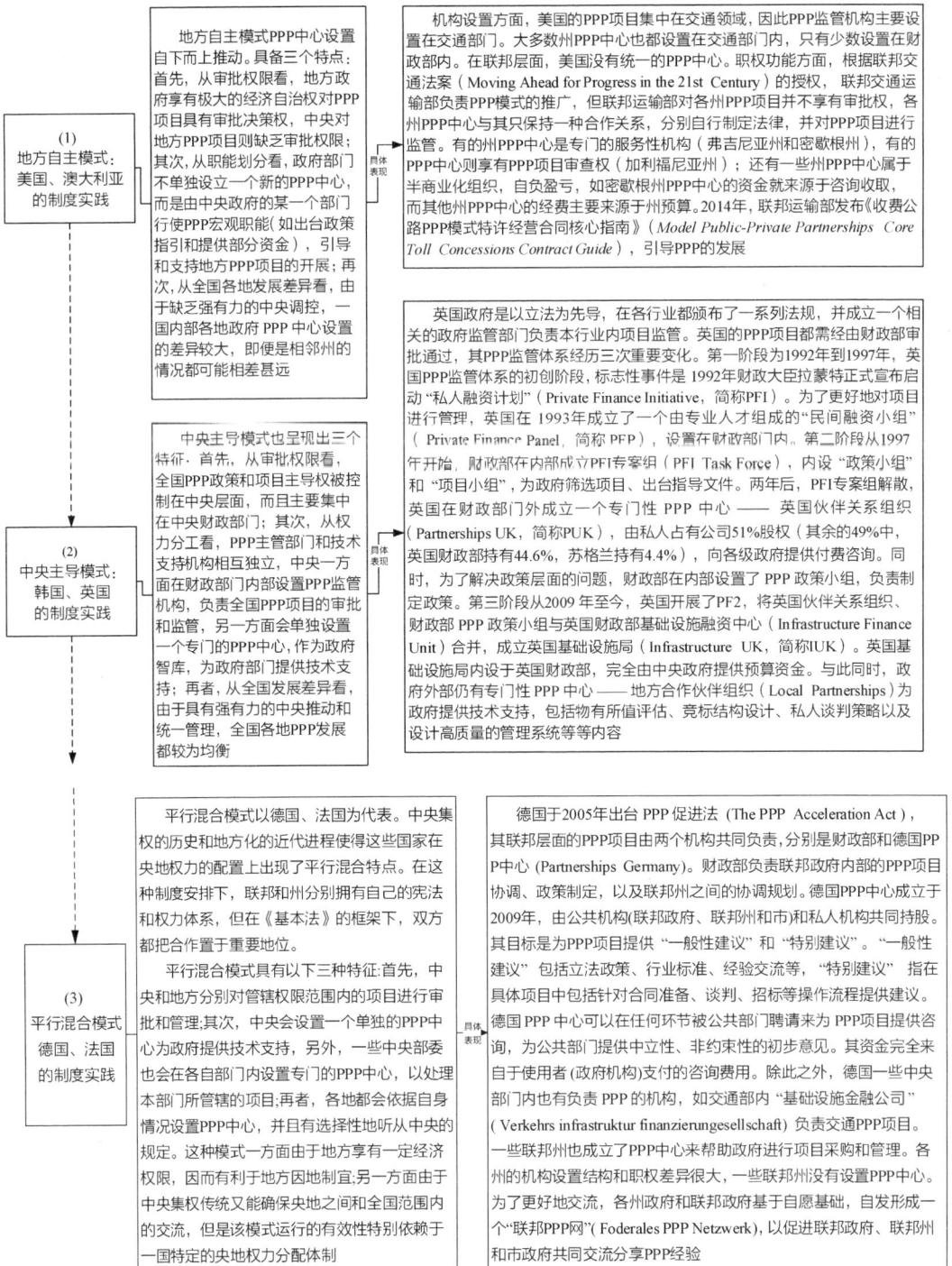

(1) 地方自主模式：美国、澳大利亚的制度实践

地方自主模式 PPP 中心设置自下而上推动。具备三个特点：首先，从审批权限看，地方政府享有极大的经济自治权对 PPP 项目具有审批决策权，中央对地方 PPP 项目则缺乏审批权限；其次，从职能划分看，政府部门不单独设立一个新的 PPP 中心，而是由中央政府的某一个部门行使 PPP 宏观职能（如出台政策指引和提供部分资金），引导和支持地方 PPP 项目的开展；再次，从全国各地发展差异看，由于缺乏强有力的中央调控，一国内部各地政府 PPP 中心设置的差异较大，即便是相邻州的情况都可能相差甚远

→ 具体表现 →

机构设置方面，美国的 PPP 项目集中在交通领域，因此 PPP 监管机构主要设置在交通部门。大多数州 PPP 中心也都设置在交通部门内，只有少数设置在财政部内。在联邦层面，美国没有统一的 PPP 中心。职权功能方面，根据联邦交通法案（Moving Ahead for Progress in the 21st Century）的授权，联邦交通运输部负责 PPP 模式的推广，但联邦运输部对各州 PPP 项目并不享有审批权，各州 PPP 中心与其只保持一种合作关系，分别自行制定法律，并对 PPP 项目进行监管。有的州 PPP 中心是专门的服务性机构（弗吉尼亚州和密歇根州），有的 PPP 中心则享有项目审查权（加利福尼亚州）；还有一些州 PPP 中心属于半商业化组织，自负盈亏，如密歇根州 PPP 中心的资金就来源于咨询收取，而其他州 PPP 中心的经费主要来源于州预算。2014年，联邦运输部发布《收费公路 PPP 模式特许经营合同核心指南》（Model Public-Private Partnerships Core Toll Concessions Contract Guide），引导 PPP 的发展

(2) 中央主导模式：韩国、英国的制度实践

中央主导模式也呈现出三个特点：首先，从审批权限看，全国 PPP 政策和项目主导权被控制在中央层面，而且主要集中在中央财政部门；其次，从权力分工看，PPP 主管部门和技术支持机构相互独立，中央一方面在财政部门内部设置 PPP 监管机构，负责全国 PPP 项目的审批和监管，另一方面会单独设置一个专门的 PPP 中心，作为政府智库，为政府部门提供技术支持；再者，从全国发展差异看，由于具有强有力的中央推动和统一管理，全国各地 PPP 发展都较为均衡

→ 具体表现 →

英国政府是以立法为先导，在各行业都颁布了一系列法规，并成立一个相关的政府监管部门负责本行业内项目监管。英国的 PPP 项目都需经由财政部审批通过，其 PPP 监管体系经历三次重要变化。第一阶段是1992年到1997年，英国 PPP 监管体系的初创阶段，标志性事件是 1992年财政大臣拉蒙特正式宣布启动"私人融资计划"（Private Finance Initiative，简称 PFI）。为了更好地对项目进行管理，英国在 1993年成立了一个由专业人才组成的"民间融资小组"（Private Finance Panel，简称 PFP），设置在财政部门内。第二阶段从1997年开始，财政部在内部成立 PFI 专家组（PFI Task Force），内设"政策小组"和"项目小组"，为政府筛选项目、出台指导文件。两年后，PFI 专家组解散，英国在财政部门外成立一个专门性 PPP 中心——英国伙伴关系组织（Partnerships UK，简称 PUK），由私人占有公司51%股权（其余的49%中，英国财政部持有44.6%，苏格兰持有4.4%），向各级政府提供付费咨询。同时，为了解决政策层面的问题，财政部内部设置了 PPP 政策小组，负责制定政策。第三阶段从2009年至今，英国开展了 PF2，将英国伙伴关系组织、财政部 PPP 政策小组与英国财政部基础设施融资中心（Infrastructure Finance Unit）合并，成立英国基础设施局（Infrastructure UK，简称 IUK）。英国基础设施局内设于英国财政部，完全由中央政府提供预算资金。与此同时，政府外部仍有专门性 PPP 中心——地方合作伙伴组织（Local Partnerships）为政府提供技术支持，包括物有所值评估、竞标结构设计、私人谈判策略以及设计高质量的管理系统等等内容

(3) 平行混合模式德国、法国的制度实践

平行混合模式以德国、法国为代表。中央集权的历史和地方化的近代进程使得这些国家在央地权力的配置上出现了平行混合特点。在这种制度安排下，联邦和州分别拥有自己的宪法和权力体系，但在《基本法》的框架下，双方都把合作置于重要地位。

平行混合模式具有以下三种特征：首先，中央和地方分别对管辖权限范围内的项目进行审批和管理；其次，中央会设置一个单独的 PPP 中心为政府提供技术支持，另外，一些中央部委也会在各自部门内设置专门的 PPP 中心，以处理本部门所管辖的项目；再者，各地都会依据自身情况设置 PPP 中心，并且有选择性地听从中央的规定。这种模式一方面由于地方享有一定经济权限，因而有利于地方因地制宜；另一方面由于中央集权传统又能确保央地之间和全国范围内的交流，但是该模式运行的有效性特别依赖于一国特定的央地权力分配体制

→ 具体表现 →

德国于2005年出台 PPP 促进法（The PPP Acceleration Act），其联邦层面的 PPP 项目由两个机构共同负责，分别是财政部和德国 PPP 中心（Partnerships Germany）。财政部负责联邦政府内部的 PPP 项目协调、政策制定，以及联邦州之间的协调规划。德国 PPP 中心成立于2009年，由公共机构（联邦政府、联邦州和市）和私人机构共同持股。其目标是为 PPP 项目提供"一般性建议"和"特别建议"。"一般性建议"包括立法政策、行业标准、经验交流等，"特别建议"指在具体项目中包括针对合同准备、谈判、招标等操作流程提供建议。德国 PPP 中心可以在任何环节被公共部门聘请来为 PPP 项目提供咨询，为公共部门提供中立性、非约束性的初步意见。其资金完全来自于使用者（政府机构）支付的咨询费用。除此之外，德国一些中央部门内也有负责 PPP 的机构，如交通部内"基础设施金融公司"（Verkehrs infrastruktur finanzierungesellschaft）负责交通 PPP 项目。一些联邦州也成立了 PPP 中心来帮助政府进行项目采购和管理。各州的机构设置结构和职权差异很大，一些联邦州并没有设置 PPP 中心。为了更好地交流，各州政府和联邦政府基于自愿基础，自发形成一个"联邦 PPP 网"（Foderales PPP Netzwerk），以促进联邦政府、联邦州和市政府共同交流分享 PPP 经验

图 1-15　国外 PPP 项目监管概览

分析图 15 可知，监管机构和监管体系的形成与国家的政治制度和国家制度等很多因素相关，因此监管体系和监管制度的设置要契合国家组织形式和自身历史因素及中央地方关系。总结国外 PPP 项目监管经验，其监管共同性可归纳为：

一是完善的法律是有效监管的前提保障。不同国家监管模式虽有不同，但都立足于立法，都从国情出发。美国、英国、德国的 PPP 项目监管实施前都依法颁布了各行业有关的法律法规，保证政府监管权的有效性。

二是监管机构具有独立性。地方主导模式中虽然由地方自下而上推动 PPP 模式，但监管机构设置相对独立。采用中央主导模式的 PPP 项目监管国家中，在中央层面设置独立的行业监管机构，实现监管的独立性、客观性和公平性。平行混合模式中中央和地方多为合作关系，监管机构也是相对独立的。

三是监管坚持严格、开放、透明的原则，建立相应的监督机制。另外，建立第三方监督机制，并进行监管政策的制定，保障公众利益。

因此，总结外国经验，应用到我国 PPP 项目监管体系中，应完善立法，健全法律法规体系，为监管的实施提供依据。设置独立的综合监管部门进行监管，并辅之以专业、过硬的团队保障监管的有效与得当。

第五节　PPP 项目的第三方监管需求

基于前面几节分析，本书认为存在第三方监管的需求：

首先从我国政府投资项目发展经历所伴随的监管历程看，我国政府投资项目经历政企合一的全面监管到市场化的放松监管，到深化改革的加强监管阶段，再到 PPP 模式下乱象丛生的强化监管阶段。无论从实务界的实践还是学术界的研究都表明，我国政府投资项目发展经历了较为悠久的历史。以古为镜，可以知兴替；追溯我国政府投资的公共项目监管的历程，结合我国目前学者对 PPP 项目监管的研究情况，启迪我们在乱象丛生的 PPP 项目中加强对 PPP 项目的监管是促进项目落地实施的重要举措，且须探索适用我国 PPP 项目的完善监管机制。

借鉴国外发达国家 PPP 项目监管的模式和机制经验，一是监管有依据。完善的法律法规保障是有效监管的前提。不同国家监管模式虽有不同，但都立足于立法，美国、英国、德国在公用事业市场改革前，依法颁布了各行业有关的法律法规，保证政府的监管权具有有效性。二是监管机构相对独立。地方主导模式中虽然由地方自下而上推动 PPP 模式，但监管机构设置相对独立。采用中央主导模式的 PPP 项目监管国家中，在中央层面设置独立的行业监管机构，实现监管的独立性、客观性和公平性。平行混合模式中中央和地方多为合作关系，监管机构也是相对独立的。三是监管需要专业性和技术共存，建立第三方监督机制，并进行监管政策的制定，保障公众利益。因此对我国 PPP 项目监管机制的设置需要完善的法律法规体系，需要设置独立的监管机构进行监管，需要专业的第三方技术团队进行监管。

反观我国PPP项目监管中学者研究热点和监管现状，国内学者对PPP项目监管从监管立法、监管机制设计、独立监管机构设置、第三方监管等方面有一定研究。而实践中我国PPP项目监管依据尚不足，监管体系还不完善；目前PPP项目仍是采用传统政府投资项目的审批和监管的程序，监管部门繁多，并没有设置独立的专门的PPP监管机构，监管能力和手段单一，缺乏专业的机构提供监管，导致PPP项目操作不规范的行为因得不到及时的监督与修正反而助长PPP项目的乱象。

基于以上研究和启示总结，我国PPP项目亟需建立独立的全新的监管机构。在项目全生命周期的角度去把握监管的重点和要点，从监管依据的建立、独立监管机制的设置、监管方法的优化、监管工具的完善等视角来提升监管机制的效率和效力，提升项目绩效。既有研究均要求PPP项目的第三方监管介入，这也是其他涉及国计民生类事业（食品安全、社会保障、医疗卫生等）的监管方式，我国PPP项目需要建立独立的专业第三方的监管机制。

一、PPP项目治理结构的重构研究

（一）公共项目治理结构为PPP项目治理结构提供框架

PPP项目蕴含治理的意味，PPP项目注重全生命周期的价值，囊括项目所有参与相关方和各种组织类型。PPP项目具有明显的代理问题，或（所有者、管理者和消费者）之间的利益冲突问题，和不完全合约的特点，哈特认为公司治理之所以成为必要，正是这两个原因的存在。因此PPP项目也存在治理问题，而PPP项目的复杂性决定了PPP项目治理又不完全同于公共项目治理，但公共项目治理的结构为PPP项目治理结构提供思路与启发。

严玲，尹贻林[42]等学者提出公共项目治理的概念，并构建包括内部监控、外部市场监控和政府监控机制的公共项目治理模式的一般框架模型。具体如图1-16所示。而这里的"政府监督"是政府对于公共项目在受到项目投资人、项目管理公司等相关主体的影响和作用下处于大的社会文化环境中对于各个主体的行为起到规范和引导作用，与本研究的"监管"内涵相同，因此以下统一采用"监管"一词。

由以上治理结构图可知，政府监督是公共项目治理框架中的重要一环和不可或缺的因素。

王华，尹贻林[42]将公共项目治理结构从治理范围上划分为内部治理和外部治理两个层次，工程项目治理结构具体如图1-17所示，而政府的监管是外部治理结构中的主要活动。其中内部治理就是体现投资主体与其他工程项目直接利益群体之间的内部决策过程和各利益相关者参与项目治理的方法和途径。外部治理则是以工程项目其他利益相关者所构成的外部市场环境来约束工程项目直接利益主体。当工程项目直接利益相关方无意愿或无能力实现有效的内部治理时通过制定法律法规政策和市场竞争等途径实现外部治理是有效降低交易成本的治理方式。

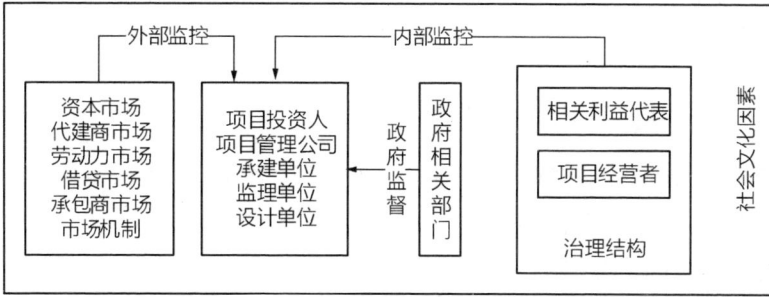

图 1-16　公共项目治理模式的一般架构

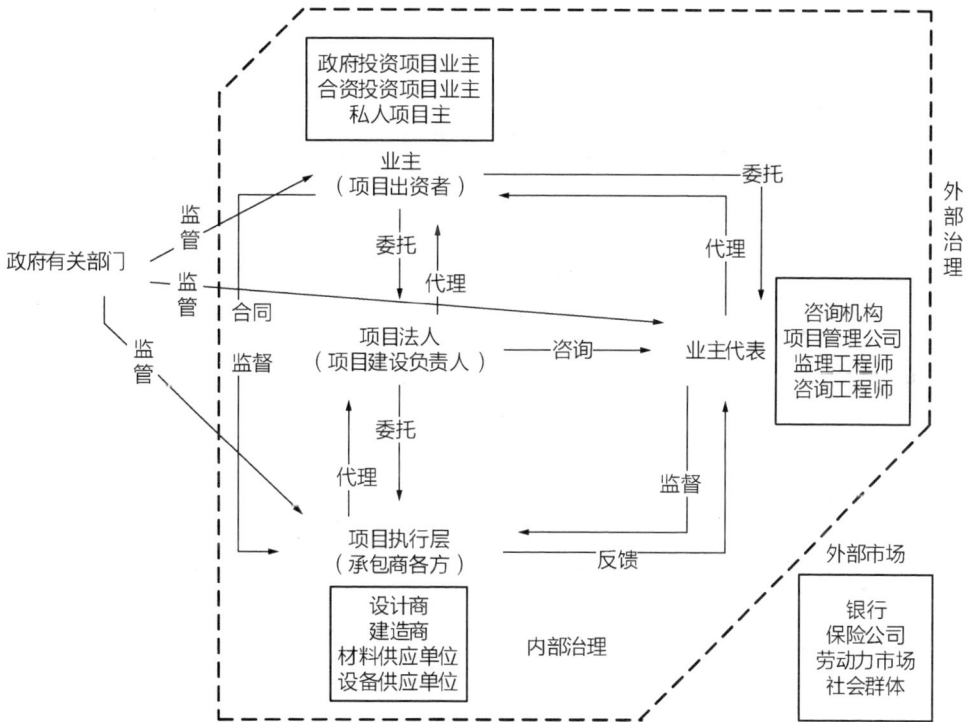

图 1-17　工程项目治理结构示意图

政府监管在项目治理结构中处于项目治理的外部结构，且处于不可缺少的关键环节。而有研究表明合理的项目治理结构能够提升项目绩效和项目管理绩效。因此政府监管间接对项目绩效和项目管理绩效提升起到积极作用。

国内外对项目治理的研究仍处于丛林状态，以概念辨析与治理框架的建立为主，对项目治理研究的热度一直不减。在考虑公共项目治理结构时，监管问题是需要解决的必不可少的问题。而研究 PPP 项目监管问题，需要在 PPP 项目治理结构中进行研究与探讨，因而有必要在现有研究基础上对 PPP 项目的治理结构图进行重新梳理和绘制。对于 PPP 项目的项目治理结构图，可以借鉴公共项目治理结构图的框架，进行结构的划分，将政府监管置于外部治理结构中，政府及相关主管部门作为 PPP 项目的非直接利益相关方，对政府进行监督和管理。

（二）PPP 项目治理结构的研究与发展

伴随着 PPP 模式的兴起与繁荣，学术界对于 PPP 项目治理的研究也不断增多，不同学者从不同的角度对 PPP 项目治理结构进行探索。

1. 基于契约视角的 PPP 项目治理结构

陈帆[43] 从契约的角度对 PPP 项目治理的总体思路进行了论证，并以 PPP 项目治理结构为框架，以契约治理为纽带，设计出 PPP 项目治理水平评价指标体系。契约本身也是一个有效的治理工具，可以通过契约治理来理解项目治理。陈帆建立基于所有权和控制权分配的 PPP 项目治理结构，如图 1-18 所示。

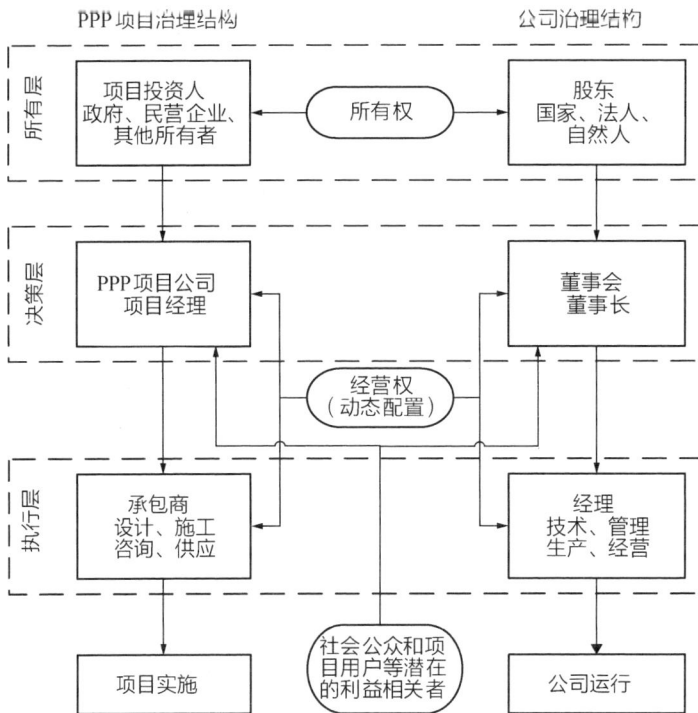

图 1-18　PPP 项目治理结构图与公司治理结构图的对比

陈帆建立的 PPP 项目治理结构图按照 PPP 项目参与主体的划分，从所有层、决策层、执行层等层次进行 PPP 项目治理层次的搭建。本研究借鉴其关于主体划分方法，以项目利益相关者的视角去进行结构层次的划分。

陈菡[44]也曾从正式契约和关系契约的视角分析中国情境下的 PPP 项目治理机制。他认为 PPP 项目不仅需要通过正式契约的设计考虑项目的控制权配置、融资结构设计和风险收益分配机制等核心要素，还需要关注在中国情境下"信任"和"承诺"等关系契约的建立对项目治理的作用，以减少合作过程的机会主义行为，降低合作风险。

2. 基于产权结构的 PPP 项目治理结构

何寿奎建立了 PPP 模式下经营性和准经营性项目治理结构的一般框架，如图 1-19 所示[45]。项目治理结构充分看出政府职能的转变，政府由投资者转变为参与者，政府一方面对项目公司进行支持与承诺，另一方面也对项目公司的服务质量评价及运行中环境影响评价、对项目公司的外来风险进行评估和预判，并采取一定措施预防危险，避免项目公司因经营不善导致服务中断影响社会生产生活。项目公司作为独立法人承担项目投资回收责任，同时由于公共项目的公益性，项目公司要承担社会责任，要保证服务质量和安全，接受政府监督，社会监理和社会公众的评价，公共项目服务的垄断性要求收费定价需要听证，并报有关部门审核。

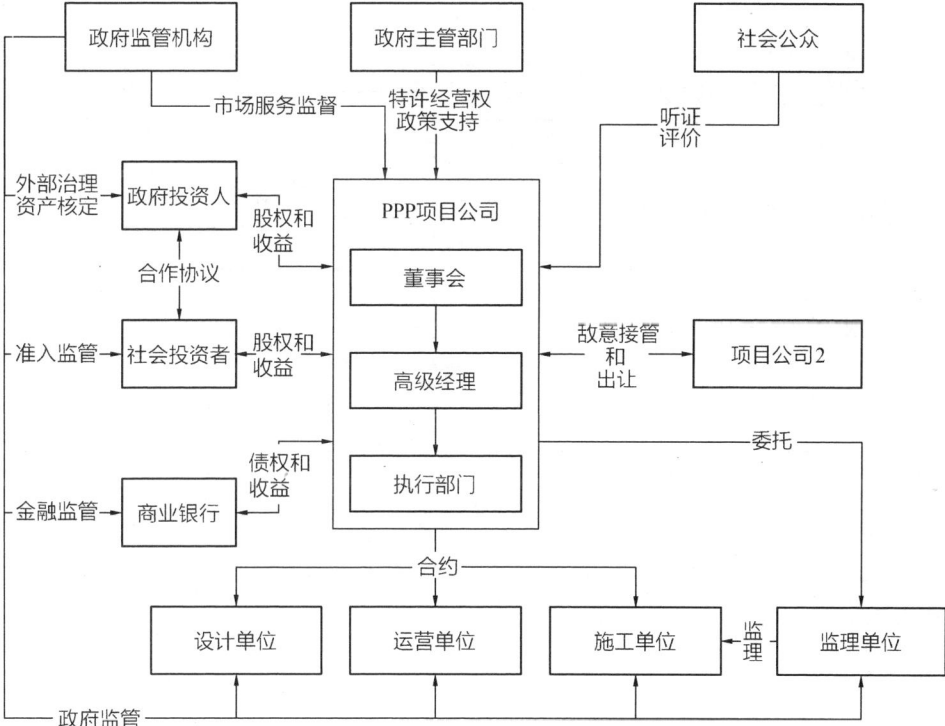

图 1-19　PPP 模式项目治理结构的一般框架

何寿奎以产权视角，以 PPP 项目参与各方的组织和运作模式的关系绘制出 PPP 模式下经营性和准经营性项目治理结构。明确 PPP 项目各个参与主体及各方的组织关系，且较为清晰细致的绘制出监管的相关内容，包含政府监管以及具体的监管内容如市场服务监管、准入监管、金融监管等。本研究借鉴其运作模式的结构组织形式，进行基础图形的绘制。

3. 基于网络化视角的 PPP 项目治理

王凯等[46]引入网络化治理视角对 PPP 项目治理结构进行透视分析。网络化治理是由营利和非营利公司参与的以公私合作方式提供的全新治理模式，兼具主体多元化、机制网络化、责任分散化的特点。PPP 项目的治理背景与网络化治理中的多元主体治理背景相似。遂引入网络化治理视角对 PPP 项目治理结构分析，为我国 PPP 项目公私多主体产权分配以及协同合作提供理论创新和实践指导。

他以"政府—市场—社会"三元结构为背景，在内外部网络治理基础上，通过内、外部组成的合作机制起作用，主要方式有正式和非正式机制，绘制出网络化视角的 PPP 项目治理结构图，如图 1-20 所示。

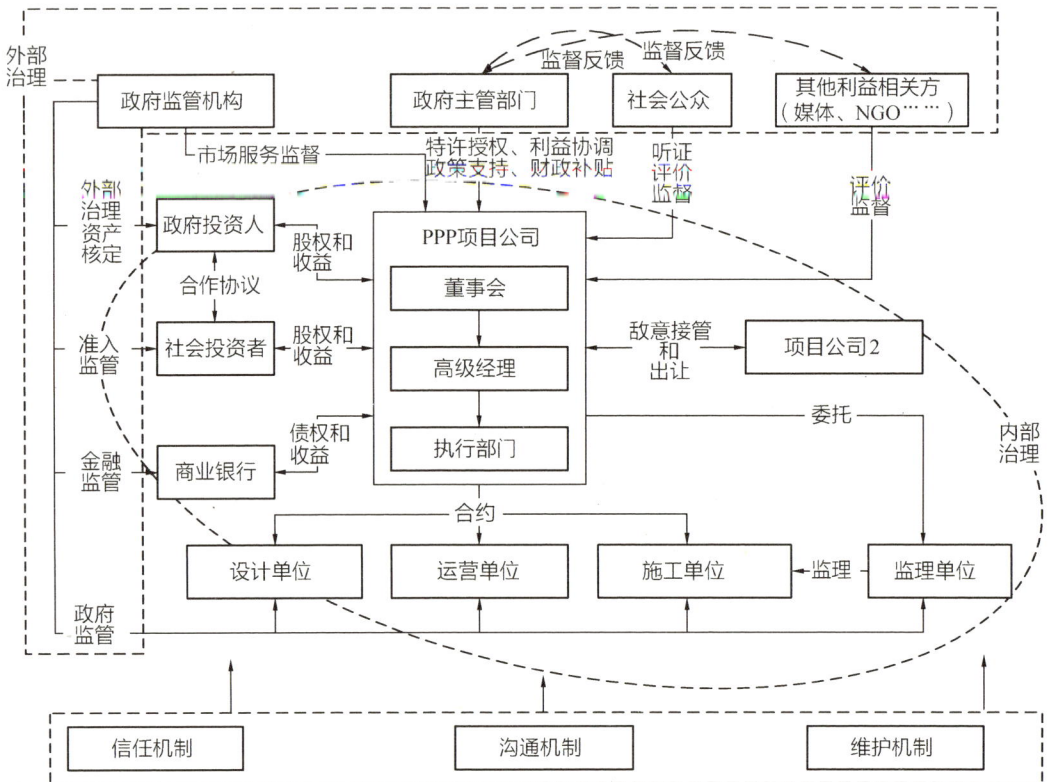

图 1-20　PPP 项目网络化治理结构一般框架图

在 PPP 项目网络化治理结构中，政府担当多个角色，包括投资人、参与者、政策支持和付费人；主管部门和监管部门与项目公司缔结协议，约束和监管项目公司的行为。

政府投资人和社会投资人签订合作投资协议，确定 PPP 项目公司经营管理人选；项目公司作为独立法人承担项目投资回收责任，接受相关部门监督；股权持有人以其出资额承担部分责任，对项目公司具备宏观监管权；项目实施单位有设计、施工、运营方，以上单位在接收行政和行业监管的同时承担着相应的风险。社会监督评价包括社会监理单位和社会公众（客户、媒体等）等，社会监理对项目实施单位进行监督，社会公众主要对项目建设阶段进行监督，给予政府反馈，使项目透明化，同时对服务质量进行监督评价，保证消费者权益以及维护社会效益。

（三） PPP 项目治理结构的重构与分析

本研究分析并综合上述不同视角的 PPP 项目治理结构，绘制出全新的基于强化监管视角的 PPP 项目治理结构图。PPP 项目治理结构图如图 1-21 所示。

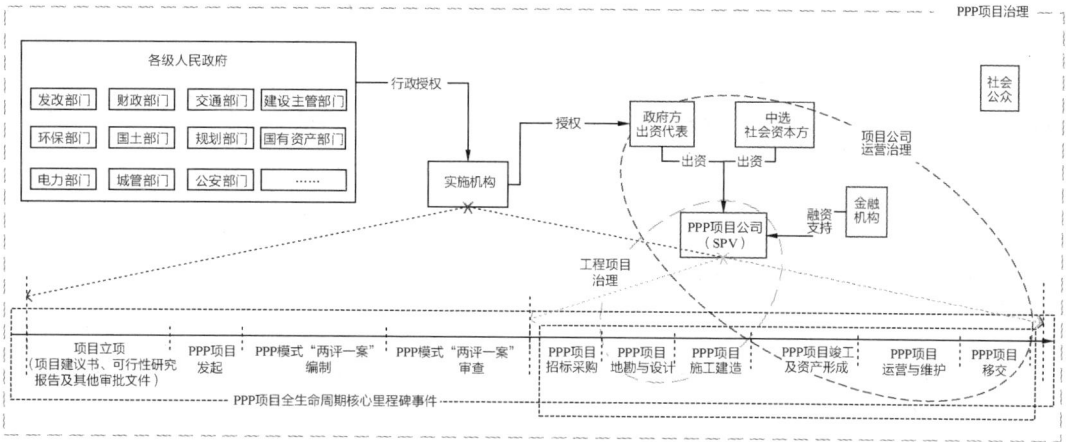

注：——表示 PPP 项目治理层；<——>表示项目公司治理层；——表示工程项目治理层；——→表示实施机构的介入范围；——→表示项目公司的介入范围

图 1-21 PPP 项目治理结构图

在 PPP 项目治理结构图中可知，PPP 项目治理结构划分三个治理层次：PPP 项目治理层、项目公司（SPV）治理层、工程项目治理层。

PPP 项目治理层次囊括 PPP 项目利益相关方的各个主体、涵盖 PPP 项目全生命周期。关键主体包括政府方［这里的政府方包含和项目最直接关系的项目实施机构、政府出资（入股）方的政府出资代表、行业行政主管部门、财政局、发展改革委、资产管理局等］，社会资本方［这里的社会资本方采用财政部《关于规范政府和社会资本合作合同管理工作的通知》（财金〔2014〕156 号）附件 PPP 项目合同指南中社会资本方的定义，即社会资本和项目公司］。

项目公司治理层次从主体上包含与项目公司相关的各个主体，从时间跨度上是指自项目公司成立到项目的移交。项目公司治理层次包含项目公司的内部公司治理和对项目的治理。项目公司内部治理遵照公司治理结构和方法展开。项目公司对项目的治理包含对项目建设期的工程项目治理层次和运营期的绩效管理，项目公司对项目运营及绩效情况进行监管，并根据绩效考核情况进行付费，监管项目移交阶段的资产评估，防止资产虚化和国有资产的无形流失。

工程项目治理层从主体上包括与工程项目建设相关的所有主体，包含工程项目的业主（项目公司），设计方，承包商"两标并一标"（《中华人民共和国招标投标法实施条例》第九条第（三）项规定：已通过招标方式选定的特许经营项目投资人依法能够自行建设、生产或者提供的，可以不进行招标。这种合并招标的行为，简称"两标并一标"。）的情况下为社会资本，非"两标并一标"为符合资质的中选承包商]，供应商等。时间跨度上是从项目开工建设到项目竣工验收达到可用性标准。

在重构的 PPP 项目治理结构图中，将现有的 PPP 项目行政监管、履约监管、公众监督等三个主要监管方式进行嵌套，得到如图 1-22 所示。

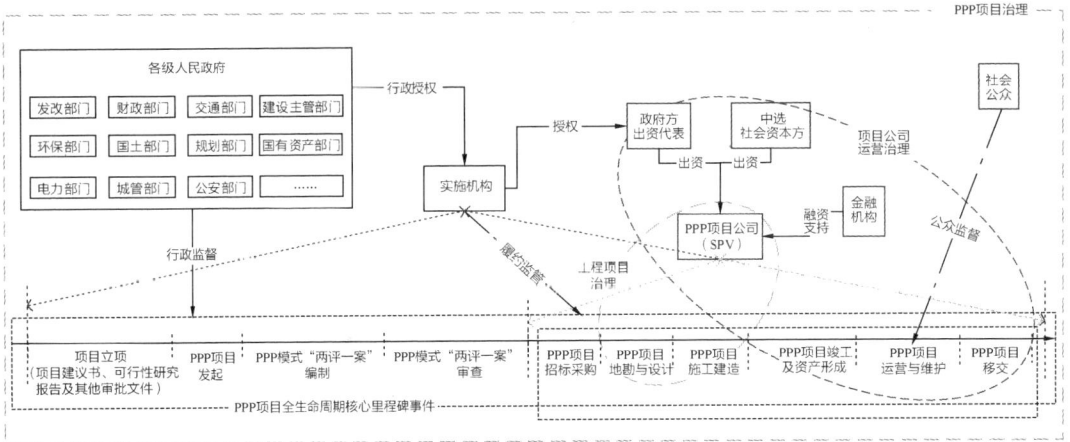

注：⸺表示 PPP 项目治理层；⸬表示项目公司治理层；⸪表示工程项目治理层；⤏表示实施机构的介入范围；
⤏ 表示项目公司的介入范围

图 1-22 PPP 项目治理结构与传统监管机制图

由图 1-22 可看出，政府方主导的监管尤其是政府的行政监管被隔离在工程项目治理和项目公司运营治理层次之外。从时间跨度看，自项目公司成立到项目的移交阶段，政府的行政监管被阻挡在项目公司治理层次和工程项目治理层次之外，即政府方对项目的监管"形同虚设"。而根据项目治理理论，有效的监管能提升项目绩效，则在 PPP 项目治理结构重构的基础上对 PPP 项目的监管模式进行梳理是尤为重要的。在此阶段有必要引入新的监管方式来弥补政府监管的不足。

（四） 实施机构监管的弊端

现有 PPP 项目监管中，实施机构和行业主管部门往往充当监管的主要角色，但如学者所言，"政府 PPP 实施机构与 PPP 项目公司存在着千丝万缕的利益联系，由其负责监管不可能真正落实竞争政策，保障社会公众利益[47]。"具备"厂商保护主义"倾向的 PPP 项目实施机构，既担当项目的实施者，又担任 PPP 项目监管者的角色，角色冲突的同时容易受利益驱使，丧失监管中立性的原则。明确区分政府的参与者和监管者的角色定位是确保监管公正性的体现。同样的，监管机构的人员不得担任项目公司的职务，不得干预PPP 的财务利益[48]。由此可见实施机构若作为监管主体进行监管存在一定的缺陷。

二、实施 PPP 项目第三方监管的紧迫性

PPP 项目第三方监管的引入将是对传统监管方式的改善和补足，在实践中和政策上第三方监管获得大力支持和鼓励。

（一）PPP 模式实践的现实需求

实践中，在很多领域都有引入第三方机构的实例，如在证据取证、广告监管、医疗纠纷、环境评价、工程招投标等领域，已经在国内一些地区建立第三方的评价机制。政府通过建立第三方监管评价机制来转变职能，促进各项事业得到客观公平的监督。

（二）政策导向和法规指引

国务院及各部委在推进 PPP 项目的运作过程中，纷纷下发指导性文件，其中不乏引入第三方专业机构，进行第三方监管的迹象。表 1-5 为摘录的国务院、财政部、发展改革委发布的政策文件中引入第三方的相关条款。

PPP 项目引入第三方的政策文件   表 1-5

序号	发布者	文件名称	工作内容	文件内容
1	财政部	关于《推广运用政府和社会资本合作模式有关问题》的通知（财金〔2014〕76 号）	项目评估合同编制项目采购预算管理收费定价调整机制绩效评价	三（二）扎实做好项目前期论证工作。除传统的项目评估论证外，还要积极借鉴物有所值（Value for Money, VFM）评价理念和方法，对拟采用政府和社会资本合作模式的项目进行筛选，必要时可委托专业机构进行项目评估论证 （四）在订立具体合同时，地方各级财政部门要会同行业主管部门、专业技术机构，因地制宜地研究完善合同条款，确保合同内容全面、规范、有效
2	财政部	关于印发《政府和社会资本合作模式操作指南（试行）的通知》（财金〔2014〕113 号）	全面统筹政府和社会资本合作管理工作	第四条　财政部门应本着社会主义市场经济基本原则，以制度创新、合作契约精神，加强与政府相关部门的协调，积极发挥第三方专业机构作用，全面统筹政府和社会资本合作管理工作
3	财政部	关于《规范政府和社会资本合作合同管理工作》的通知（财金〔2014〕156 号）	PPP 项目合同管理	（二）合同管理全过程中，要充分借助、积极运用法律、投资、财务、保险等专业咨询顾问机构的力量，提升 PPP 项目合同的科学性、规范性和操作性，充分识别、合理防控项目风险

序号	发布者	文件名称	工作内容	文件内容
4	国务院	关于《国有企业发展混合所有制经济》的意见（国发〔2015〕54号）	清产核资、财务审计、资产定价、股权托管	（二十一）充分发挥第三方机构在清产核资、财务审计、资产定价、股权托管等方面的作用。加强企业职工内部监督。进一步做好信息公开，自觉接受社会监督

虽然 PPP 项目监管的法律法规仍不健全，但目前的很多政策法规中特别强调了"第三方机构"对于 PPP 项目监管的重要作用，足见政策导向和法规文件中对于第三方监管的支持和鼓励。

在 PPP 项目中，基于目前现有 PPP 项目政府监管部门的局限性，第三方监管在理论上的支持性，采用第三方监管现实中的推动性以及引入第三方机构在政策上的引导性，PPP 项目第三方监管的构想应该从理论变为现实，从政策引导到具体实施。如何建立 PPP 项目第三方机构以及构建怎样的第三方监管机制值得我们研究。

第二章 PPP项目第三方监管体系构建

第一节 项目监管的相关理论综述

一、传统公共项目监管综述

一般来说工程项目可分为公共项目和私人项目，这是按照项目资金的来源以及项目对社会公众的影响程度予以分类的。我国的发展改革部门和建设行政主管部门在2006年联合发布的《建设项目经济评价方法与参数（第三版）》中明确指出了公共项目的范畴。从其含义上来看，公共项目与人民大众的利益关系最为密切，一般是政府主导实施的；而私人项目一般不对公众利益和社会稳定安全产生巨大影响，多以私人供给方式为主。整体而言，公共项目是为满足人民群众对于物质文化生活的需要和美好生活的向往，由政府方推进实施和运行维护的公共物品（或服务），它以市场或非市场化机制运作，具备公共物品的属性，同时以全社会福利的维持和增加为基本立意。我国的PPP项目多为基础设施和公共服务领域，同样具备公共物品属性，因此推定，我国目前的PPP项目大多属于公共项目范畴。

（一）监管的含义

著名经济学家萨缪尔森认为，监管是由政府而引起企业改变其经营行为的各种规定集合，监管的基本内容是制定政府条例和设计市场激励机制，以控制厂商的价格、销售或生产决策[49]。不同的研究范式下关于"政府监管"的定义侧重于不同的方面。具体来看，政府有关部门通过颁布规章、监督执行、处罚惩戒等方式对生产经营中的民事、商事等活动进行管理，这是从行政的角度对"政府监管"进行界定。经济学的解释更为简练，普遍将"政府监管"视为政府方对市场活动的限定或规管，一般表现为物价管理、质量管理等。对于政府监管的概念界定，不同的学者又有不同的见解，详见表2-1。

政府监管的概念 表2-1

序号	学 者	内 容
1	植草益（日本）	政府监管是社会公共机构从经济目标出发，对企业或个人行为的限制以及直接的管制[50]
2	丹尼尔·F·史普博（美国）	政府监管是指政府部门依据行政机构设定的规则，限制并改变企业和消费者供需决策，以及对市场的直接干预行为[51]

序号	学　者	内　容
3	张维迎（中国）	政府监管就是使企业按照某种规则行事[52]
4	王俊豪（中国）	政府监管是指相对独立的政府监管机构，按照一定的法律法规对被监管者的行政管理与监督行为[53]

纵观国内外学者从不同角度的研究对监管的定义，却有共通之处，即政府监管是指政府依据法律法规运用行政、经济等手段对行为主体进行规范与制约，实现政府作为公共利益维护者的监管目标，保障项目稳定运行和维护市场秩序，表现为政府通过制定政策、行政干预、合同约定等方式来干预经济参与主体，在准入、价格、质量、普遍服务、退出等方面进行监督管理。

（二）政府监管的必要性

1. 政府监管是解决市场失灵维护公众利益的直接途径

我国公共项目本身具有自然垄断性，而在利用社会资本投资发展时，很多国家在公共项目建设的一些领域出现了国有企业的垄断，同时又出现了过度的市场竞争，使市场配置资源失去了效率，分配不公平，也就是所谓的"市场失灵"。市场调节俨然已不能发挥其资源优化配置的作用。政府监管能够弥补市场机制不能正常运行的缺陷。政府通过加强干预来兼顾效率和公平，解决公共项目的市场失灵问题，减少社会资本的不完全竞争、逆向选择、道德风险、信息不对称等情况的发生，以期发挥最大的社会经济效益，实现社会资源的优化配置，保障公共设施和公共服务的质量，维护公共利益。

2. 政府监管是防范社会资本逐利本性保持项目效益的有效手段

在PPP项目中社会资本的根本出发点是获取利润，这与政府满足公众需求、创造社会效益的目的相矛盾。在项目建设或运营过程中，难免会发生社会资本为获取自身利润而侵害公众利益的情况。例如，对于某些准入门槛高的PPP项目，项目公司比较容易实现垄断经营，进而通过提高产品或服务的定价、限制产品质量或服务水平等，从而获取不恰当利润。政府如何平衡参与项目建设的政府部门与社会资本的不同利益及要求，既能调动社会资本积极性使其实现盈利而不暴利，又能保证社会公众的利益，兼顾效率与社会公平。政府加强完善对PPP项目公司的有效监管，对于寻求政府与社会资本的平衡，保证项目公众利益和项目投资收益平衡是十分必要的。

3. 国外发达国家的实践证明政府监管对PPP项目收益贡献率越发明显

在对国外一些PPP项目的监管研究发现，政府有效监管对PPP项目收益具有显著作用。从1985年至2010年的日本、美国、俄罗斯三个国家看，政府监管对于PPP项目收益的贡献率总体呈上升趋势，如图2-1所示。

由图2-1可知，总体上监管对于PPP项目最终收益贡献是显著且呈上升趋势，PPP项目监管也逐渐成为关注热点。在各个国家的政府监管对PPP项目收益贡献率的情况可

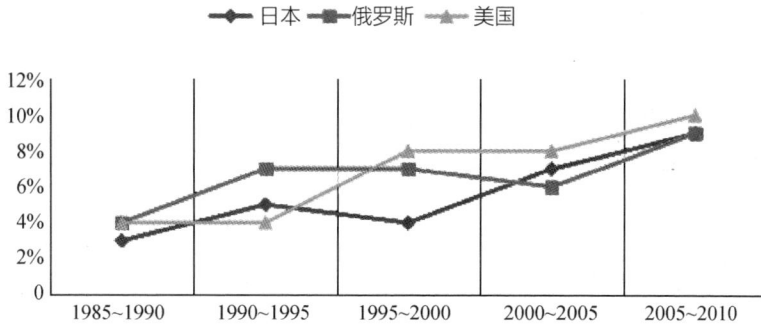

图 2-1 国外政府监管对 PPP 项目收益贡献率变化图

知，虽在某些年份略微有平缓和下降，而这一现象的发生是对国家的经济发展状况、政策策略、政府监管方法的一种反映。综上所述，在 PPP 模式下适当程度和合理形式的政府监管能够促进项目收益贡献率的提高。

（三）我国公共项目政府监管历程

1. 我国公共项目的发展历程

新中国成立以来，以基础设施和公用事业为代表的基本建设项目（或公共项目）经历了 3 大发展步骤。首先是国企或政府相关部门直接供给，这一过程中伴随着不可避免的垄断和寡头。第二步是政府相关机构主导的公共设施市场化运作和供给。2002 年～2005 年，我国出台了一些相关政策推动我国基础设施和公用事业民营化的进程。《关于加快市政公用事业市场化进程的意见》、《市政公用事业特许经营管理办法》和《关于加强市政公用事业监管的意见》的出台，试图改善效率低下、服务质量差、管理粗放等现象。第三步是全面的政府和社会资本合作阶段，即吸引社会资本或社会投资人进入公共物品的供给领域，并由其主导基础设施和公用事业的供给。在这一阶段，社会资本方是基础设施和公用事业的供给主体，负责筹划设计、固定资产生成、运营维护并提供公共服务。政府和社会资本合作（PPP）模式的实施也是国家治理体系和治理能力现代化的一次有益尝试。

2. 我国的公共项目政府监管的演变

我国的公共项目监管，经历了三个层次的发展与演变，即从政企合一的全面监管到市场化改革的放松监管，再到可持续发展的强化监管的转变[54,55]，具体如表 2-2 所示。

我国公共项目建设政府监管的演变 表 2-2

阶段	时间	具体内容	标志性事件
全面监管	20 世纪 70 年代到 80 年代末	① 计划经济体制下，政府决定国有资本的方向，发挥控制、协调、监督的职责作用。 ② 政府部门是监管的主体，主要采取强制的行政监管方式，政府和国企法律地位不平等，政企关系不对等	我国公共项目按照计划经济的一套理论进行行政管理，政府控制国有企业或行业的垄断，由政府主导投资和绝对控制

阶段	时间	具体内容	标志性事件
放松监管阶段	20世纪80年代末期至90年代末期	① 政府为解决公共项目投资资金短缺引起的供给不足、投资规模小等问题，逐渐进行市场化改革。 ② 社会资本允许参与公共项目的投资建设。在公共项目建设领域，市场逐渐被放开，放松公共项目建设的市场准入条件。 ③ 公共项目建设的主导作用由政府转向市场，政府下发行政权力，市场成为资源配置的主要方式	① 1984年深圳沙角B电厂以BOT模式进入基础设施建设领域。 ② 1993年11月十四届三中全会，为适应市场需求将国有企业改制，强调充分发挥市场的资源配置作用。 ③ 2001年我国加入世贸组织（WTO），加快社会的市场化改革进程
加强监管	20世纪90年代末期至今	伴随PPP项目逐渐显现的问题，住建部强调对社会资本严格把关，完善法律法规，健全监管机构，依法实施监管	2005年，建设部出台了《关于加强市政公用事业监管的意见》等文件，为该领域市场化改革提供法律依据。文件规定要严格对私营部门的准入，在建设成本、产品和服务质量等方面加强监管

伴随公共项目发展历程，公共项目的政府监管也是表现出与之相对应的特点与需求。PPP项目也属于公共项目范畴，因此PPP项目也需要政府监管。

通过分析不同研究学者对公共项目的不同管理模式下的监管模式也有不同的探索，从传统政府投资项目到项目代建制再到现在的PPP模式，研究学者们从不同视角探索对应的不同监管模式。

3. 我国的公共项目政府监管研究现状

政府投资项目的管理模式不断变化，研究学者对监管的研究深度和内容也不断加深与拓展。表2-3为政府投资项目不同发展历程中的监管的相关研究。

政府投资项目发展历程中监管研究　　　　　　　　　表2-3

领域	学者	视角/贡献	观点/内容
传统政府投资项目监管	严玲[56]	建立了中国公共项目政府宏观监督体系	中国政府宏观监督体系从计划、财政、市场、审计监管这四个方面构建
代建项目监管	严玲，尹贻林[57]	从分权和制衡角度阐述了代建项目监管	政府投资项目的计划监管、资金监管、市场监管、审计监管等机制
	兰定筠[58]	建立了代建项目全生命周期的国家监督模式	国家应对代建项目的项目前期阶段、项目实施阶段、项目使用阶段实施监督。代建制中国家监督模式包括两个层次，即人大对政府监督和政府监督

领域	学者	视角/贡献	观点/内容
PPP 项目监管	何寿奎[59]	给出了 PPP 项目政府监管与规制方法	建立 PPP 模式下公共项目价格形成机制，以及基于服务质量和成本激励机制设计模型，分析政府价格管制政策的社会效率；从而提出 PPP 模式政府监管途径，以及推行 PPP 模式应该建立的相关制度保障体系
	申宽宽[60]	针对 PPP 项目政府监管，提出了完善 PPP 项目监管框架的建议	从市场准入与退出、项目实施、产品或服务的定价等几个方面进行监管机制的设计，运用委托代理理论设计定价机制，包括运用信息甄别方法解决 PPP 项目中存在的逆向选择问题，采取激励合同解决 PPP 项目中存在的道德风险问题
	马广驰[61]	讨论政府投资项目第三方管理模式	政府投资项目第三方管理模式框架、运作流程、合同管理程序及与之适应的相关制度建设

我国公共项目发展经历了较为悠久的历程，基础设施和公用事业的发展经历从政企合一阶段到市场化改革阶段再到可持续发展阶段，公共项目的建设模式经历政府自行建设到代建制建设再到政府和社会资本合作（PPP）模式，政府对公共项目的监管也经历从全面监管到市场化放松监管再到加强监管的过程。以古为镜，可以知兴替；追溯我国公共项目监管的历程，结合我国目前研究学者对 PPP 项目监管的研究情况，探究属于我国现状的 PPP 项目的完善监管机制。

二、监管理论概述

PPP 项目所提供的公共产品或服务与社会公共利益密切相关，为保障 PPP 项目在全生命周期内的有序运转且提供的产品和服务符合公众利益，则需要完善的监管制度，而其理论依据如下：

（一）规制理论

政府监管在西方也称为政府规制，最初的政府监管的研究是属于公共部门经济学和政府公共经济政策研究的范畴。规制最早起源于与人们交换相关的正式或非正式规则，区别于政府的宏观经济调控行为，规制对微观经济主体行为进行调节时利用的是国家强制权力，因此它表示规定或法规条例的管理及制约[62]。

维斯卡西等学者也提出同样的观点，认为政府规制是政府利用制裁手段，对个人或组织自由决策的一种强制性限制。因此总结来看，规制是通过强制力这个资源实现限制经济主体决策的目的。而植草益在界定政府规制时将其框定在限制行为上，提出规制是规制机构按照制定的规则对企业活动行为的限制。史普博也对规制进行了解释，他认为政府规制是规制机构制定且执行的一般规则或特殊行为，而这种规则或行为直接或间接的改变了市场机制以及企业和消费者的供需状况。萨缪尔森在对政府规制进行研究时，将规制对象界定为产业行为。斯蒂格利茨扩大了规制对象的范围，他提出了政府微观规制的范畴，即政府对产业的保护、扶助以及合理化和转换。

规制在市场经济由古典类型向现代类型转变的过程中越来越重要，它经历了一个动态演化，即从规制、放松规制到再规制、放松规制。西方学者在规制理论方面有很大的研究，开始是在微观经济学和产业组织理论中，一直到 20 世纪 70 年代，学者们用经济学的供求分析来对政府产业规制进行研究，逐步的将规制经济学分离成独立学科。从其发展历程总结，主要为公共利益规制理论、利益集团规制理论和激励性规制理论三个阶段，如图2-2 所示。

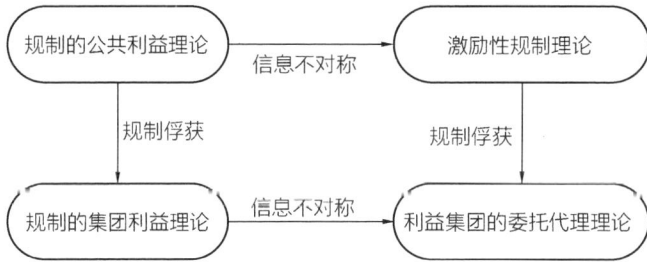

图 2-2　规制理论演进

1. 公共利益理论

在规范分析的框架中，以市场失灵和福利经济学为基础建立了公共利益理论，也是因为市场出现失灵，政府才需要规制。以公众利益为代表的政府会纠正市场失灵的缺陷，即在存在市场失灵的行业中，政府直接干预失灵行业中的微观经济主体行为，以实现社会福利最大化。

卡恩在《规制经济学：原理与制度》中说明了 20 世纪 70 年代之前经济学界对电力、交通等特殊行业的价格规制和进入规制，这些关于传统经济规制理论的研究成果体现出早期公共利益理论主要研究的是公用事业如何规制等方面。20 世纪 70 年代以后，该理论的研究范围逐渐扩大，对政府为什么规制、规制方式及应用等进行了研究。欧文和布劳第根认为，规制是为了公共需要所提供的一种降低市场运作风险的方式，这体现了规制的公共利益性质。理查德·波斯纳[63]总结了公共利益理论的前提条件："一方面，自由放任的市场运行特别脆弱且运作无效率；另一方面，政府规制根本不花费成本。"植草益在《微观规制经济学》中指出，政府干预经济的客观基础是市场失灵，微观规制理论就是以政府克服市场失灵为主题，即政府依据法律及其权利限制企业活动。

综上所述，公共利益理论的主要观点是：因为现实存在的公共物品、不确定性以及信息不对称等市场失灵，以公众利益为代表的政府需要对其进行纠正干预，以弥补市场缺陷。规制反映了公众追求，能够增加社会福利，究其原因是由于公众对潜在社会净福利的追求而产生的。

2. 利益集团规制理论

利益集团规制理论源于对公共利益规制理论下规制动因的质疑。1887 年，州际商业委会员在对铁路运价规制的回顾中发现，规制与市场失灵并不完全相关。20 世纪 60 年代，施蒂格勒和弗里兰德在《规制者能规制什么——电力部门实例》中通过实证检验了 1912 年到 1937 年美国电力公司的电费规制效果，结果显示在多方面都未发现规制带来的显著效果。这样的结果说明政府没有有效限制企业获利的不正当性，也没有实现维护公共利益的目标。因此，人们对公共利益规制理论下的规制动因——市场失灵产生了质疑，并开始寻找其他原因。

1971 年，施蒂格勒在《经济规制理论》中首次采用经济学和标准分析法对规制产生的原因和规制俘虏问题进行分析研究。施蒂格勒认为，规制其实是为产业利益而产生和运作的，政府在规制过程中并不是客观仁慈的，规制者会备受规制者的产业集团控制，利用政治配置实现受损企业向受益企业的利益转移。同时他还指出，规制经济学应该站在规制供求双方的相互作用的角度，将规制制度从以前的产业组织分析外生变量内化，从而说明规制得益者、受损者、规制形式和对资源配置的影响等问题[64]。

经过对规制绩效文献的广泛验证，乔丹认为规制并没有增加社会福利，增加的是产业利益，因为规制不仅不能有效抑制垄断势力，还可能促进了卡特尔的形成[65]。波斯纳又提出规制的动因并不是市场失灵，其实是利益集团出于对利益保护的追求[66]。基于施蒂格勒的研究，贝克尔建立了更正式的规制俘获理论模型，该模型考虑的相关因素更加全面。佩尔兹曼研究认为，规制者并不总取悦某个利益集团，而是在不同的组织中进行选择，各个利益集团都会对规制的均衡造成影响[67]。贝克尔则认为，利益集团间的相对影响力会决定规制政策的方向，规制结果趋向于增加影响力更大的利益集团的福利[68,69]。

综上所述，利益集团的主要观点是：规制者并不总是能理性的代表并保护公众利益，因为规制者是理性经济人，所以他们会尽可能选择自身利益最大化的行为。因此，规制带来的不一定是社会福利的增加，利益集团会对规制的政策产生重大影响，规制的结果一般是特殊利益集团"寻租"的结果。

3. 激励性规制理论

在公共利益理论和利益集团理论及实践中，由于忽略了信息不对称和规制中的委托代理关系而影响了规制的结果。在传统规制理论下，规制并没有彻底解决效率低、成本高的市场缺陷，就是因为政府无法完全掌握被规制企业的全部信息，这些不为政府所挖掘的企业信息为政府规制增加了障碍。在这样的规制中，政府同样"失灵"。20 世纪 80 年代，英国开始实践激励性规制，并在 20 世纪 90 年代广泛应用于西方国家，规制理论在实践的变化下得到了发展。在委托代理理论、信息经济学以及博弈论的发展下，激励理论、博弈论以及机制设计理论被引入到传统的规制理论中，建立了一种新的理论——激励性规制理论。该理论在信息不对称的基础上，解释规制原因，又在委托代理理论的基础上，解决如何规制。

乔斯科和施马兰西从价格角度提出激励性规制是以激励为基础的任何规制[70]。而植草益提出了更广泛的定义，他认为激励性规制是利用竞争刺激企业提高效率，效率提升带来的利益作为企业所受益，从而提高企业内部效率。Adonis Yatchew 则是从绩效的角度解释激励性规制，他认为激励性规制的目标是通过弱化信息不对称使企业最小化成本，通过保证合理回报维护企业在交易过程中的公平感[71]。马克·赫斯切着重强调规制目标，把对规制者和受规制行业的利润与客观的、产出导向的绩效指标联系在一起，允许行业以新的和独特的方法去满足规制者、被规制者和公众的共赢[72]。

国内学者对激励性规制理论也提出了见解。学者于良春提出，激励性规制是通过让渡决策权使企业有一定自主权利。该理论基于委托代理理论，以解决规制者与被规制者在信息不对称下的激励框架设计为重点，促进企业提高效率、降低成本，使其与公众利益目标接近一致。学者谢地认为，激励性规制在降低政府规制成本的基础上，以业绩为基本，刺激企业主动提高管理效率、创新技术方法，从而降低成本；同时，利用制度安排，把企业效率提升所带来的利益转移给消费者，实现生产和分配两者效率统一提高。陈富良更简单的总结了激励性规制理论，即给了企业提高内部效率的诱导和刺激的方法。

激励性规制理论的应用已经不仅仅局限于自然垄断等行业领域的问题研究，它正在不断被引入到建筑及 PPP 等竞争性领域的行为约束与体制建设中。李健结合公共利益、规制俘获、激励、放松规制理论等分析了经济转型下中国建筑市场规制的必要性，以及激励不足和约束不够情境下经济性规制和社会性规制主要手段。秦慧洁基于激励性价格规制作用机制的理论分析，设计了 PPP 特许经营项目的激励性规制。

综上所述，激励性规制理论主要是应用于自然垄断和信息不对称领域，但已逐步扩展到 PPP 问题的研究上。激励性规制的目标是弥补市场失灵缺陷，提高企业效率，维护公众利益，而其实现的手段就是激励受规制企业主动依照政府的利益目标进行经济活动。

（二）委托代理理论

委托代理理论起源于 20 世纪 30 年代，1933 年，美国学者伯利（Berle）和米恩斯（Means）在其撰写的《现代公司与私有财产》书中，对美国 200 家大公司进行了研究分析，发现在这些公司其中占总数量的 44％、占总资产的 58％的企业实际上是由并未握有公司股权的经理人员控制的。由此他们提出了著名的"所有权与控制权分离"的命题。公司实际上已经为由职业经理组成的"控制者集团"所控制。委托代理关系是随着企业所有权和控制权（经营权）的逐步分离而产生的。实际上，最早提出该问题的是亚当斯密，他在《国富论》就有讲到要想股份公司的董事能够像私人合伙公司那样监视钱财用途是很难做到的。而伯利和米恩斯提出的"所有权与控制权分离"这一命题，正是发散了亚当斯密的思想[73]。

进入 20 世纪 70 年代，委托代理理论获得快速发展。Ross[74] 最先提出了委托代理问题，他认为在当事人双方中其中一方委托另一方行使某些决策权时，当事人双方之间的委托代理关系就随之产生。Mirrlees[75]首次提出了将委托人代理人之间的委托代理关系模型化的方法。他认为为了使代理人选择有利于委托人的行为，在契约设计中必须让代理人和委托人共同承担契约结果的不确定性风险，并且从这种风险承担中获得相应的补偿。进入20世纪80年代，西方学者将动态博弈理论引入其中，论证了多重委托代理关系下的竞争、声誉等隐性激励机制[76]。

委托代理理论以缔结契约的双方之间信息的不对称和其之间固有的目标不同为前提，试图解决委托人对代理人的激励问题。委托人通过构造一系列的激励条款和体系以激发代理人的"正常履约"或"完美履约"行为，以此增大委托人的核心利益。这些条款或体系本身可以解释很多市场经济关系矛盾[77]。

根据新制度主义经济学家的相关观点，委托代理现象是一种非常普遍的现象，在现实生活中无处不在。詹森和麦克林认为，委托代理关系是一种合同关系，这种合同关系可能表现为显性或者隐形，在这种合同关系下，个人或者组织（委托人）因为某些原因需要指定或者雇佣另外的个人或者组织（代理人）为其提供产品或者服务，并给予代理人一定的权利，委托人最后根据代理人完成产品或服务的情况，为其提供相应的报酬[78]。委托代理理论也是新制度经济学中的一个重要理论模型。这个假设和分析框架普遍地用于描述在所有权、控制权两权分离和利益分割的状况下，委托人和代理人之间的关系模式以及行为动机与规则等问题。委托代理关系是一种基于信息不对称的契约关系，委托代理关系产生于管理学，它可分为委托人和代理人，委托人与代理人是两个相对的概念。委托代理关系主要指的是授权代理人一定的权利，在一定的权利范围内，以委托人的名义从事相应的活动，处理好以契约为基准的权责利关系，并以此获得回报。

委托代理关系的产生得益于两大前提，即所有权、控制权的分离以及信息的不对称。委托代理理论的基本思想包括以下方面：委托人于代理人之间存在信息不对称，代理方能够更加的熟悉项目的进展过程而掌握项目更为完整全面的信息，与委托相比具有信息优势，更容易产生机会主义与道德风险；委托方无法全面的对代理方进行监管，只能对代理方进行督促和激励，也就是代理方有隐藏行为；委托人预期效用的实现，依赖于代理人的行动，同时也取决于委托人在契约中的制度供给、彼此的承诺、相互信任、激励与补偿机制与监督制度的安排等；由于委托方和代理方双方目标函数的不一致，造成了代理行为结果的不确定性。代理方可能从自身的利益出发，使自身效用最大化并降低自身所承担的风险和损失，由此导致的代理结果也就具有不确定性。

PPP项目的公私双方之间存在信息不对称的情况，私人部门比公共部门掌握更多的项目质量和成本信息。因此需要运用委托代理理论，设计合理的监管机制，建立有效的激励与约束，为私人部门提供努力工作的激励。公共部门的激励性监管机制主要包括市场准入与退出、项目实施、产品或服务的定价等方面，其中价格规制是PPP模式监管机制的核心。因此，有必要完善PPP项目的监管框架，建立有效的监管机制，改善信息不对称的情况，提高PPP项目的效率，实现对PPP项目的治理。

PPP 项目中所存在的委托代理关系主要表现为四个层次：

第一层委托代理关系是公众将项目决策权委托各级人民代表大会代行；

第二层委托代理关系是人大将公共项目决策权委托给发展改革部门、实施机构；

第三层委托代理关系是实施机构将 PPP 项目委托给政府出资代表与社会资本组建的项目公司，由其负责实施公共项目；

第四层委托代理关系是 PPP 项目公司委托设计、施工及运营单位实施建设、运维。

监管机制的设计要根据不同的时段满足不同的委托代理关系，因此监管机制的设计要体现委托代理关系。

（三） 项目治理理论

项目管理理论已成为一门成熟的科学，基于此，项目管理绩效的改善在项目管理技术层面取得了一系列的成果。但仍有大批公共项目在管理实践中无法完全实现项目管理理论的预期效果。随着项目管理理论的进一步发展，项目治理理论应运而生，解决了项目管理理论所不能及的制度层面的问题。这也使得在过去的十余年里人们对项目治理的兴趣愈发浓厚[79]。

APM（Association for Project Management）将项目治理类比于公司治理，项目治理目的是确保项目目标与组织目标一致，保证项目实施过程的有效性和可持续性[80]。

项目治理是一种制度框架，它联系并规范着项目各利益主体之间的责权利关系，以实现项目投资人以及各利益相关方对项目价值的期望的价值创造活动[81]。

项目治理能够提供确定项目目标的结构、实现目标和进行绩效监控的途径方法，其实质是一种利益相关方的治理机制（Rodney Tuerner）[82]。项目治理是围绕保证项目有效地交付并使用的一系列过程、结构和系统，最终能够使效用和利益完全地实现（Keith Lambert）[83]，项目治理要保证项目服务于组织目标，实现内外部利益相关者本身的利益，其内容包括价值体系、职责、程序和政策（Ralf Muller）[84]。Bekker 认为项目治理是通过一套管理系统、规则、协议、关系和结构，提供一种项目开发和执行的框架[85]。De Man、Roi jakkers、Osipova 和 Eriksson 提出项目治理机制是用以消除组织和环境的不确定性和复杂性[86,87]。

Ahola 等通过文献综述，将项目治理分为外部治理和内部治理两个方面。其中，内部治理来源于项目所有者，确定项目目标并提供相应资源；内部治理面向项目的利益相关方，目的在于通过设定各个利益相关方在项目中需要遵循的"游戏规则"来保证目标和期望的实现[88]。

我国对项目治理的相关研究起步较早，发展至今已渐成"百家争鸣"之态。21 世纪初，杨飞雪、尹贻林等把项目治理分为内部治理、外部治理和环境治理[89]。严玲等的研究表明项目治理"结构"是一种制度框架，在这个框架下的项目主要利益相关者通过责、权、利关系的制度安排来决定一个完整的项目交易，并基于此提出公共项目治理结构图[90]。

严玲、赵黎明在上述研究的基础上进一步完善了"项目治理结构"的概念，认为项目治理结构是指项目内部组织结构及控制权的配置；他们的研究构建了一个包括内部治理结构、外部市场约束和政府监控的公共项目治理模式的概念框架[91]。

汤伟刚提出了代建制下的政府投资项目治理框架[92]。

杜亚灵则对"项目治理"进行了提炼和抽象，她的研究表明"项目治理"是为了"协调利益相关者之间的关系，化解利益相关者之间的利益冲突而进行的一系列制度层面的活动"[93]。

丁荣贵集成了其团队多年来围绕"项目治理"的相关研究成果，并指出："项目治理的目的则在于建立和维护项目利益相关方之间的规制关系，而这些规制关系将能够提高项目目标及其实现方式的界定、项目执行过程的风险控制和项目绩效管理等治理工作的效率和可靠性"。并提出理解项目治理的三个要点：第一，项目中存在多个利益相关方且利益诉求不同，而这些不同的利益诉求需要治理；第二，项目的利益相关者通过契约联系，各方的权责利是契约关系的具体体现；第三，项目治理能够协调各种关系实现利益平衡，并根据需要进行相应的制度设计[94]。

成虎及其研究团队基于项目治理理论并围绕 PPP 项目的治理问题展开讨论，其认为对于"项目治理"的研究，已呈现出从股权至上逻辑下的单边治理，到利益相关者合作逻辑下的共同治理，再到协同竞争逻辑下的网络治理的研究范式转变过程，而这一范式转变的完成则恰能够为 PPP 项目三大主体（政府、市场、社会）的利益诉求平衡、期望目标整合提供良好的支撑。因此在其研究中以项目治理为视角，剖析了 PPP 项目的治理结构，并跳出具体的工程项目层面描绘了 PPP 项目的治理层次和内外部结构关系，为实现 PPP 项目的"善治（Good Governance）"提供了系统的研究思路即 PPP"善治"的关键在于三方主体通过良性互动实现社会资源的优化配置，解决公共需求中的双重失灵问题[95]。

王磊分析认为项目治理包括外部项目治理与内部项目治理，外部项目治理中治理主体与其他利益相关方间主要通过契约关系来进行激励和约束，而内部项目治理中主要通过权威关系进行激励和约束，且后者中利益相关方间较为熟悉。外部治理和内部治理中均需要确定项目目标、实现方式，不同之处在于外部治理中各相关利益间通过"群决策""博弈"过程来确定项目目标；而内部治理中项目目标的确定主要与公司的战略相关[96]。

综上，项目治理包含监管和激励两条路径，从完善 PPP 项目治理的目的出发，在监管这条路径的下探讨第三方监管对治理的作用机制。

（四） 交易成本理论

1. 交易成本理论发展

作为新制度经济学重要的组成部分之一的交易成本理论是研究在产权既定的条件下，交易如何达成的理论，即交易采取何种组织形式，为何选择这种形式，以及影响选择的因素等。

在科斯之前，有许多思想家和经济学家研究过交易问题，这些研究构成了科斯交易成本范畴和理论的思想渊源。

亚里士多德是最早使用"交易"概念并对它的功能及其分类加以分析，他将交易视为三种"致富技术"，实际是将其分为商业交易、货币交易和劳动力交易三类，且这三类活动都能带来财富[97]。

康芒斯将"交易"概念一般化为基本分析单位。在康芒斯看来，"交易"不仅仅是简单的物品或劳务的双边转移，而是人与人之间的关系。在对"交易"进行分析时所采用的主要是哲学、法学、社会学和心理学的方法，而不是经济学的方法，所以并没有对"交易"进行成本收益分析，没有顾及人们的交易活动需要付出代价[98]。1934年，他在《制度经济学》中提出了"交易是制度经济学分析的最小单位"后，"交易"这个概念开始引起人们的广泛关注和研究。

诺贝尔经济学奖得主、美国芝加哥大学罗纳德·科斯（Coase）是在对新古典经济学反思的基础上"发现"交易成本的，新古典经济学以完全竞争的自由市场经济作为现实背景，对其而言，市场价格机制运作是无成本、无摩擦的，即对于市场交易而言是不存在交易障碍的[99]。

科斯在1937年写的《企业的性质》一书中，首次提出了交易成本的概念。在这篇文章中，科斯并没有使用"交易成本"这个词，但却首次提出了交易存在成本的问题，并将其引入经济分析中。在《社会成本问题》中，科斯首次明确使用了交易成本概念，并对其内容继续补充。他认为建立企业的原因在于使用价格机制存在一个成本即交易成本。科斯不仅提出交易成本，并把它引入经济学的研究，用此概念分析企业这个长期被忽视了交易形式对市场交易形式的替代功能。随后，科斯和诺思又将其进一步扩展："交易成本从根本上影响着一个经济体系的运行。交易成本是一个经济体系中最重要的价格集合"[100]。

关于交易成本的内容，国内外主要学者给出了各的看法。

首先，科斯认为，交易成本包含了获得准确的市场信息所需要付出的成本、谈判和经常性契约的成本、发现交易对象和交易价格的成本、讨价还价的成本、订立交易合同的成本、执行交易的成本、维护交易秩序的成本等。在《企业的性质》一文中，科斯认为交易成本至少包括以下三个项目。

第一，发现相对价格的工作。进行市场交易并不是如完全竞争理论那样：价格信息是既定的并为当事人所掌握。相反，价格是不确定的、未知的，要将其转化为已知信息，进行交易的当事人必须付出代价。

第二，谈判和签约的费用。解决纠纷冲突所进行的讨价还价，签订和履行合同，甚至诉诸法律，这些都要花费一定的费用。

第三，其他方面的不利因素。例如，如果用长期合同替代一系列短期合同，虽然能够节省较多短期合同的成本，但是长期的不确定性也会带来费用[101]。

自科斯提出交易成本的思想之后，交易成本问题正式进入经济学的视野。作为交易成本理论的集大成者威廉姆森沿着科斯开创的思路发展交易成本理论，他认为科斯的理论知识应得到优先应用，但对市场交易费用的决定因素缺乏分析，他赋予交易成本理论新的含义，威廉姆森将交易成本区分为"事前"和"事后"交易成本。"事前"交易成本是指草拟合同成本，就合同内容进行谈判以及确保合同得以履行所付出的成本。"事后"交易成本主要有：由于交易行为偏离合作方向而带来的双方不适应成本；讨价还价成本；为解决合同纠纷而建立的治理结构成本；为保证各种承诺得以兑现所付出的成本。威廉姆森认为不同治理结构应该与不同的交易类型相匹配以期交易成本最小化，他运用交易费用工具来研究各种经济组织中的问题，尤其是企业、市场以及企业和市场的契约关系问题。威廉姆森通过著作来赋予交易成本的分析方法，主要体现在《资本主义经济制度》和《市场和等级制》中，使交易成本可操作化，并使交易成本成为组织分析的重要理论。威廉姆森形象的将交易成本比喻为"经济世界的摩擦力"，是经济系统进行运作时所需花费的成本[102]。

后来的经济学家对交易成本理论的研究也在不断进行并提出自己对交易成本的理解。巴泽尔（Barzel）关于交易成本概念有别于科斯，他以"正交易成本"作为其理论前提进行产权研究，他认为交易成本是"与转让、获取和保护产权有关的成本"。

肯尼斯·阿罗（Kenneth Arrow）把交易成本定义为"经济制度运行的成本"，上升到人类社会的制度范畴。Thrainn Eggertsson 认为："在通常的术语中，交易成本就是那些发生在个体之间交换经济资产所有权的权利、并且执行这些排他性权利过程中的费用"[103]。

蒋影明认为交易成本和交易费用区别很大，交易成本分置为交易费用。在论述两者区别时，以交易成本中的搜索交易信息的成本，讨价还价的成本，监督交易执行的成本进行例证[104,105]。明示监督交易执行的成本属于交易成本的范畴。

马修斯认为交易成本包括事前准备合同和事后监督及强制合同执行的成本。交易成本是一种机会成本，很多行为会导致交易成本的出现，这些行为包括：寻找价格，潜在买者和卖者及有关他们的环境和信息；为弄清买者和卖者实际地位而进行的谈判；订立合同；对合同对方的监督；对方违约后寻求赔偿；保护产权不受侵犯[106]。

综上可知，交易成本还无准确一致的定义，而监督交易执行的成本是交易成本的范畴。在 PPP 项目中，若政府对项目公司、对社会资本的监督存在缺位或者重复混乱的情况势必影响 PPP 项目的监管的交易成本。此理论可支持第三方监管费用纳入交易成本的说法。

2. 在 PPP 项目第三方监管中应用

交易成本理论在工程管理领域的应用，常见于对发承包双方委托代理关系及其衍生问题的分析，亦常见于解释第三方咨询机构存在的经济学理性，在这一方面的相关研究者有王超、万礼峰、王翔等人，其中王翔认为工程项目各参与方聘请咨询服务公司的经济学理性根植于信息不对称买方市场背景下交易各方获得信息救济的诉求与降低交易成本的意愿[107]。

基于此若在政府方对 PPP 项目监管的过程中引入第三方咨询机构，并令其辅佐政府方的监管行动，亦可实现对以信息搜集成本和学习成本为代表的交易成本的综合降低或抑制。

（五） 信息不对称理论

1. 信息不对称理论的信息经济学根源

信息经济学思想萌芽最早起源于索尔斯坦·凡勃伦（Thprstein Veblen）的著作《资本的性质》，其目的是论述知识增长是构成财富的主要来源[108]；哈耶克、马尔萨克、阿罗、西蒙等著名学者从市场信息与统计管理决策角度分别对信息经济学思想的发展做出了贡献，马尔萨克（Marschak）于 1959 年发表《信息经济学评论》，标志着西方信息经济学从此产生[109]；在此基础上，施蒂格勒（George J. Stigler）《信息经济学》、希尔（H. Theil）《经济学与信息论》等分别在信息搜索和信息传播方面为信息经济学研究做出贡献[120]；进入到 20 世纪 70 年代，美国经济学家乔治·阿克尔洛夫（GeorgeAkerlof）提出旧汽车市场分析的"柠檬"理论，标志着信息经济学真正进入发展阶段；赫什雷弗（Hirshleifer）、拉德纳、迈克尔·斯彭斯（Michael A. Spence）、詹姆斯·莫里斯（James Mirrlees）在信息经济学领域分别提出了"信息市场理论""团队的经济理论""信号理论"以及"委托代理理论"等，丰富和发展信息经济学应用领域与研究范式[111]。

20 世纪末期信息经济学被划分为微观信息经济学和宏观信息经济学，其中微观信息经济学主要是研究在不确定、不对称信息情境下，创建或优化契约和制度安排来规范市场主体经济行为，因此又称为不对称信息经济学或契约理论；1996 年和 2001 年诺贝尔经济学奖两度垂青信息经济学研究领域，表彰詹姆斯·莫里斯教授（James A. Mirrlees）、乔治·阿克尔洛夫（George A. Akerlof）等在不对称信息条件下的激励理论研究和不对称信息市场的应用分析中所做的贡献，从而使信息经济学成为 21 世纪初期学术研究的热点，也为信息不对称理论的发展奠定了基础。

2. 信息不对称理论的国际与国内研究

乔治·阿克尔洛夫（George A. Akerlof）于 1970 年在哈佛大学《经济学季刊》上发表《次品市场：质量、不确定性和市场机制》标志着信息不对称理论的正式产生，开创了劣币驱逐良币的"逆向选择"理论先河；阿罗（Kenneth Arrow）在信息不对称理论方面则重点研究了非对称信息与市场失灵、非完全信息下的风险转移等内容，对微观信息经济学的发展做出了贡献；威廉·维克里（William Vickrey）通过研究发现第二拍卖制度和英式拍卖制度能够促使交易人披露私人信息，在市场交易中是有效率的，为信息不对称理论的信息披露机制设置提供了参考；约瑟夫·斯蒂格利茨（Joseph E. Stiglitz）主要研究保险、信贷、金融等市场信息不对称的现状和竞争效率；而 1996 年和 2001 年诺贝尔经济学奖两度颁发给专注于信息不对称理论研究的学者，使得信息不对称理论成为新世纪初国际上分析和解决市场竞争问题的重要支撑。

近期，我国研究学者逐渐将信息不对称理论引入各自领域的问题分析与矛盾解决中。向鹏成分析了建筑工程项目管理中信息不对称诱发机会主义行为的逆向选择和道德风险表现，并结合项目风险管理凝练出信息不对称情境下发承包方之间的博弈均衡机制。黄民礼基于信息不对称理论分别研究企业、政府与民众对于环境规制与污染治理的行为表现，分析环境监控与规制遵从均衡的必要机制。李锦丽以信息经济学和制度经济学为基础，详细分析了发包人与承包人及监理人，承包人与监理人及供货商之间在工程项目管理中的信息不对称情况。黄琪分析了信息不对称与市场效率之间的内在联系，通过代理人基模型（agent-based-model，ABM）证明了中性信息与偏好信息不对称对市场效率的影响。陆伽分析了建设工程实施过程中发承包人信息不对称的行为表现和博弈均衡关系，并尝试用维克理论和 Partnering 管理模式来优化信息不对称情境下发承包之间的关系治理。

3. 信息不对称的基本概念与表现形式

信息不对称在社会经济活动中存在已久，但是真正得到市场交易主体和研究学者的关注却是 19 世纪中期，信息不对称是指市场交易双方对合同标的物的信息掌握上存在数量、质量和完备性的差别，不能够同时掌握彼此了解的信息内容，在行为决策时存在有限理性的特点。

市场交易的信息不对称主要表现在信息本身存在的形态差异和不完备特征，以及信息在相对方中表现的数量、质量和传播速度上差异，并由此形成"信息位势差"，对完全交易市场的竞争造成了不良影响。信息不对称的历史根源与经济后果如下。

（1）信息不对称的历史根源

信息不对称现象广泛分布于市场交易和社会生活的诸多方面，然而其产生的历史根源则需要进行深入挖掘。早期曾国安、路小红、辛琳、盛芳等在研究中将其归因于资源有限性、专业化分工、主观能力有限和客观分工细化等方面，后期黄民礼则认为信息不对称存在的原因不仅仅是社会劳动的分工，还包括高昂的信息搜索成本和信息垄断带来的优势。

梁志勇从马克思主义哲学角度分析认为，时间专用性和人的求生欲导致了生产劳动分工的出现，在漫长的经济发展过程中，劳动分工催生并增进了技术专业化，由此必然使信息不对称现象广布于社会生产与经济生活中。分工越发达、专业技术水平越高，投入信息协调成本数额越高昂，社会资源与市场效率遭受的负面影响越大。但是，分工导致的生产水平提高和社会福利增长远远大于分工引致信息不对称导致的交易成本增加，即收益大于成本。

综上所述劳动分工细化和技术专业化是社会生产横向拓展和竖向延伸的两个必然趋势，同样也是信息不对称存在的客观条件。在此基础上，信息的价值和人的主观能动性则导致了信息垄断和传递成本的存在，进而在不同交易主体之间形成了信息位势差异，为讨价还价增加了优势。

（2）信息不对称的经济后果

信息不对称是不完全竞争市场存在的重要原因之一，对市场经济参与主体同样会造成不良的影响。

信息不完备不对称造成的经济危害可以分为三个层次：微观的经济效益损失，包括交易成本增加、交易风险变化、不确定性等；宏观的消极外部性，包括市场价格、工资黏性诱致的市场机制失灵、社会福利损失、非自愿失业、资源浪费等；政府干预经济活动导致的外部性包括市场经济实体寻租、规制机构寻租和腐败、社会公平丧失等现象。而具体的市场表现则包括劣币驱逐良币、信用危机和道德风险等情况，不利于市场经济的正常有序发展。

基于信息不对称理论，引入专业知识较强的第三方监管方加入到公共项目管理中，为政府提供服务，对社会资本进行监督管理，以减少损失和信息费用，防范社会资本的逆向选择和道德风险问题。

（六） 监管俘获理论

监管俘获理论又叫管制俘获理论，最早应用于经济领域，是由诺贝尔经济学奖获得者乔治·施蒂格勒在 1971 年发表的《经济管制理论》一文首次提出。1976 年，另一位芝加哥学派的经济学家佩尔特兹曼对此理论进行了进一步补充和发展。

该理论认为：政府监管是为满足产业对监管的需要而产生的，被监管者与监管者长期共存中，监管机构逐渐被监管对象通过各种手段和方法所俘获，最终会被产业所控制，为少数利益集团谋求超额利润，使真正的守法者损失利益，结果使被监管行业更加不公平，降低整体效率[112]。也即被监管企业，针对监管机构的自利动机进行寻租活动，俘获监管机构并参与共同分享垄断利润。该理论是建立在三个假设条件基础上的，需要加以检验；

第一，政府监管机构、企业和消费者都被假定为纯粹的经济人，都是追求个人利最大化。第二，所有的利益相关者都被假定为有合理的预期。即假设它们各自运用各种可能的信息，通过谈判达成交易，从垄断利润中取得合理的收入。但正如前面所分析的，由于存在信息不对称问题，监管机构往往难像监管对象一样掌握大量详细的信息。因此也就不可能有合理的预期。第三，忽视政府监管成本对效率的影响[113]。

监管的"生命周期理论"则提出监管机构并不是从一开始就会被"俘虏"的。新监管机构往往是在社会公众的压力和各利益集团的妥协之下成立的，成立之初会表现出相当的朝气和信心，具有较强的独立性。但随着时间的推移，公众对监管机构的注意力会逐步淡化，监管机构对环境也逐步适应，监管者与被监管者之间的合作开始多于冲突。到了成熟期和老化期，监管者与被监管者的相互利用关系会趋于明显，监管机构最终会将被监管者的利益置于公共利益之上（Chatov，1978）。

佩尔茨曼（1976）则强调了监管俘虏的竞争，即各产业利益集团"俘虏"监管机构不仅是为争取监管收益的增量，更重要的是在监管收益的分配中获得更大的份额。诺尔（1989）将其归纳为在不同层次上都存在一个"监管俘虏竞价市场"，"俘虏价格"出价最高者将赢得对其最有利的监管。

被监管的利益集团的"俘虏竞价"能力则取决于它的特性和它所拥有的资源。斯蒂格勒指出规模越大、人均收入越高、产业集中度越高的利益集团拥有的"俘虏"资源（主要是选票和金钱）越多，竞价能力越强。梅尔（1985）进行了补充，提出利益集团地理分布的广度、集团的凝聚程度、集团的同质程度、集体意愿的强度、运用资源的机动程度、支持联盟的跨度、集团的社会声誉度等与利益集团的竞价能力是正相关的。利益集团的竞价能力越强，它在监管子系统中的地位越高，从监管俘虏中获得的收益也越多[114]。

政府监管俘获理论以利益集团与政府监管关系为逻辑起点，利益集团对监管的特殊影响与监管机构公共选择的动机相结合，最终导致政府被俘获。

政府在监管初期，立法机构和监管机构代表公共利益，独立运用权力进行公平监管。由于立法机构和监管机构也追求自身利益最大化，在与被监管者长期共存的过程中，立法机构和监管机构逐渐被监管者通过贿赂等各种方式和手段所收买或者俘获，双方相互勾结，被俘获的立法机构和监管机构为被监管者提供对他们有利的监管政策，使得少数利益集团获得超额利润。

政府管制俘获理论反映了政府监管的局限性，由于政府内部真正严格监管的只是少数人，而且在一定利益集团的影响下，其监管决策会受到某些阶层或集团的偏好和利益的影响。所以为了避免政府受到因自身利益束缚以及集团利益冲突等方面的特殊影响，防止政府监管人员参与共同利益的取得，必须加强政府的监督管理[115]。

参与 PPP 项目建设的社会资本往往实力较为雄厚，有能力也有动机进行寻租。如果监管者被俘获，由于监管不公平，会导致低效率甚至无效率，损害公众利益。

第二节　PPP 项目第三方监管机制

一、PPP 项目第三方监管的定位

PPP 模式在我国几经波折，且自 2013 年底在我国全面铺开以来，政府和社会资本合作（PPP）模式即承载着国家治理体系和治理能力现代化改革的历史使命。但在多年的实践与科研过程中，发现了诸如兜底承诺、蓄意伪造、政企共谋与核心信息隐匿等 PPP 项目缺陷，这或导致公共资源错配、人民利益受损。究其原因，PPP 项目不规范、绩效低下等问题与现有的 PPP 项目监管机制失调关系密切。注意到 PPP 项目所接受的履约、行政和公众监管机制交叉混用，实践中表现为监管主体冗繁、监管权责扯皮、监管清单识别不清、监管深度浅与效率低等问题。

围绕上述问题，本书探索并建立全生命周期视角下的 PPP 项目第三方监管体系，以作为新的监管力量对现况进行补位和完善。既有研究表明，第三方监管（Third-Party Supervision，简称 TPS）的介入能够为 PPP 项目核心利益相关者提供信息救济、提升项目绩效，同时降低以信息搜集和学习成本为主要表现形式的交易成本、降低道德风险发生的概率。本书所指之"PPP 项目第三方监管"是区别于项目关键利益相关者、直接缔约各主体的独立机构，实践中表现为政府相关部门新设的 PPP 项目独立监管机构或政府方直接委托市场化运作的专业服务机构开展独立的 PPP 项目监管业务。

也就是说，PPP项目第三方监管是指以满足公众社会的需要、促使基础设施的功能和资源配置最大化利用为目标，在PPP项目各参与方之间搭起的一座桥梁负责专门的监管工作，并对PPP项目进行全过程的监督管理，使PPP项目各参与方合规的运作项目。通过引进第三方监管提升并完善监管能力，提高项目管理绩效。

二、PPP项目第三方监管的目标

明确PPP项目第三方监管的目标是监管活动开展和成功实施的前提。根据PPP项目的相关特性和监管的相关理论，将PPP项目第三方监管的目标概况归纳为以下几个方面。

（一）保障项目社会效益和公众利益

PPP模式下的大多数项目尤其是非经营性项目和准经营性项目是提供基础设施和公共服务为成果，而PPP项目第三方监管的立场和出发点应以公众的利益和社会的福利为目的，要做到维护社会公平，保障公共利益最大化。

（二）解决市场失灵和公共产品的服务质量

由于公共项目产品自然垄断和公共物品性质的存在，在PPP项目实施的过程中会出现市场失灵，减弱了市场资源配置的效率，因而引入PPP项目第三方监管的主要目标是解决城市基础设施领域的市场失灵和公共产品的服务质量两个重要问题，其并非只是替代市场，而是要仿效市场，利用市场的机理和力量来补救市场失灵。

（三）兼顾项目建设效率与公平共存

PPP项目是政府和社会资本合作的典型模式，而政府和社会资本双方有着不同的利益诉求，政府在弥补市场失灵保障公众利益同时，还要做到充分吸引社会资本，让利与社会资本以鼓励其通过提高劳动生产率和引进先进技术和丰富的管理经验来提升公共服务的质量和效率，提升项目的持续健康运营的能力，兼顾效率与公平的关系，妥善处理双方关系。

（四）提升项目绩效以实现多方共赢

PPP项目最终目标是通过政府方和社会资本方的合作，政府可充分发挥社会资本的竞争性而自身集中精力办大事，通过合理的风险分配和优势互补实现项目绩效和项目管理绩效的提升，通过项目自身的提升来改善公共服务和产品的质量，来实现政府方、社会资本方、社会公众与参与各方的共赢。PPP项目第三方监管的最终目标是为了实现PPP项目的最终目标，因此PPP项目第三方监管要以提升项目绩效实现多方共赢为目标。

三、PPP项目第三方监管的原则

PPP项目第三方监管原则体现了第三方监管机构在PPP项目监管过程中的立场。监管原则明确会促进监管效率的提升。

（一） 依法监管的原则

监管职责须以法律的明确授权为依据，依法执行监管程序。健全且完善的监管立法是监管的前提和基础。

（二） 流程透明的原则

信息公开，程序透明是确保监管能够持久有效的良药。监管要充分利用有限的工具和方法提升监管的透明度。

（三） 激励与约束相结合的原则

PPP模式让社会资本介入到基础设施可以减轻政府身上的担子，带来先进的经营管理经验。所以需要采取激励的方式让社会资本收回成本并获得利润，提高他们的积极性。与此同时，在公共用品的服务质量上要严格控制，约束社会资本的行为，让他们注重社会效益。而且对于市场准入的标准和建设质量也要严格把关。

（四） 高效的原则

PPP项目第三方监管应当秉承着高效的原则，因为基础设施项目的程序繁多，如果每个环节耗费很多的时间，则会影响整个项目的进度，从而影响社会效益的发挥。政府监管应该是促进基础设施项目更好更快地完成，而不是成为项目进度的负担。

（五） 独立专业的原则

从监管的独立性而言，行业政策的走向与项目利益息息相关，为避免PPP项目第三方监管受到被监管方的牵制与控制，要求PPP项目第三方监管的绝对独立，政策制定与第三方监管机构互不干扰，第三方监管机构要独立于项目密切参与主体。保证监管机构的独立性，充分发挥政府部门的监管效果。

从专业性角度，PPP项目包含十九大领域上百余种行业，项目周期比较长，参与主体众多，契约关系复杂，对于PPP项目第三方监管的前提是对项目的正确合理操作方式了如指掌并能够准确的发现不规范的行为提出纠正，有针对性的预防并解决，因此对第三方监管机构的专业性要求很高。

四、PPP项目第三方监管机制框架

PPP项目第三方监管机制是PPP项目的第三方监管机构为了实现监管目的而采用的一种模式，并进一步对监管体系进行组建，进而产生一套健全的PPP项目第三方监督管理体系，监管主体与被监管人双方之间的博弈行为，使得资源得到更加有效率的分配。

通过对 PPP 项目监管机制的文献进行整理见表 2-4。

PPP 项目监管机制研究　　　　　　　　　　　　　　　表 2-4

序号	作者	视角	主要观点
1	王东[116]	监管主体	PPP 项目作为典型的公共项目,对 PPP 中各主体间的关系从本质角色定位与行为机制框架进行研究
2	刘力、杨婼涵[117]		PPP 模式监管主体面临现实困境,即同时充当运动员和裁判员角色的矛盾
3	何寿奎	监管方式	政府应根据项目的不同性质建立监管与规制方法,确立科学的监管途径
4	赵新博[118]		在我国 PPP 项目监管体系及机构设置的基础上,提出了我国 PPP 项目绩效评价的主体构想,并结合绩效评价的实践建立了相应的 PPP 项目绩效评价实施流程
5	Koen, Verhoest, Helby[119]	监管框架	基于大量文献综述界定 PPP 政府支持指数的要素包括关于 PPP 的政策和政治承诺、法律和监管框架,以及精心设计的 PPP 支持安排
6	陈晓[120]		英国、澳大利亚,乃至印度都对 PPP 模式建立了一套相对完善的运用和监管的体制经济法对经济关系的调整和规范角度阐述建立 PPP 模式法律框架的必要性

引入社会资本参与公共项目建设投资,政府从公用事业的垄断经营者转变为竞争性经营的组织者与监督者。政府监管作为公私合作及市场化改革的重要组成部分,关键是要健全利益分配制度和监管机制。而且政府监管一方面要保证企业可以回收成本并有合理的利润,保证企业生产和经营的可持续性;另一方面要保护公众的利益不受损害。政府在进行监管时首先要制定良好的监管框架,制定监管框架要咨询和 PPP 项目有关的利益各方,只有各利益方都进入监管过程,才能形成有效的监管模式;其次,要保证监管活动的顺畅进行,政府的管理不是人治,而是法治,因而需制定和实施有效的法规[121]。

基于以上 PPP 项目监管机制的研究分析,构建 PPP 项目第三方监管机制主要包含监管主体、客体、内容、方式和工具。首先要建立完善的相关立法作为监管依据,完善 PPP 项目监管立法,要实现监管活动的法制化,依法监管。然后要明确监管主体,建立相对独立的监管机构,监管部门职权科学划分,监督部门权力要合理分配,监管部门之间要合理分工并建立协调机制,对职权进行科学重组,保证政府监管权力的有效实施。另外准确识别监管客体,对监管客体进行把握。识别监管内容,准确掌握监管的核心内容。配备监管方式和监管工具,保证监管的有效性。本节只简单叙述监管主体、监管客体、监管方式。第三章是监管体系分析,将详细阐述包括监管主体、监管客体、监管内容和监管方式的监管体系。

(一) PPP 项目第三方监管主体

建立一个良好的第三方监管机构是 PPP 模式下第三方监管机制中很重要的一部分,只有一个完善的第三方监管机构才能协调好各部门之间的工作,提高监管的效率,明确监管的边界。但是在设置监管机构的时候还要考虑权利配置的问题。

各国基础设施的权利分配主要有三种，一个是有统领性总的监管机构，它对多个行业都有监管的权利；二是专一性的监管机构，监管主体是监管机制设计中的重要内容，它主要负责单一的行业的监管；三是不设立任何形式的监管机构[122]。具体如表 2-5、表 2-6。

各国监管机制的设置 表 2-5

序号	国家	监管机制的设置
1	美国	联邦政府针对特定产业成立独立监管机构，权利由国会授予，可同时行使立法权、行政权和司法权，州政府则设立综合性产业监管机构对多个领域进行监管
2	英国	在综合行政部门中设立相对独立的监管机构
3	新加坡	设立分行业设立法定机构，同时行使行业监管和提供服务的双重职能
4	德国、法国	采取的则是在纵向分权或协调机制下不单设监管机构

几个国家/地区 PPP 监管体系比较 表 2-6

国家	澳大利亚	香港	南非	英国
PPP 主管部门	国民基础设施部/地方财政部	政务司效率促进组	国民财政部 PPP 小组/地方政府部门	财政部/国家审计署和公用事业管理委员会
组织、类型	中央部门/地方部门	中央专项小组	中央专项小组/地方	中央部门/下属机构
职能	发布政策和指导文件/发布地方管理办法和实施监管	发布指导文件协助政府其他部门	发布政策、指导文件/政府实施监管	发布政策、指导文件，并实施监管
政策体系	中央政策、指导文件+地方特殊要求	中央政策、指导文件	指导文件	中央政策、指导文件

通过分析英国对 PPP 模式采用财政部＋财政部专设协助机构的管理模式，由财政部负责所有 PFI 项目政策的制定，与此同时，国家审计署（The National Audit Office）和公共事业管理委员会（The Public Accounts Committee）负责对重要的 PFI 政策方面进行调查研究并提出意见。财政部下属合营机关（Partnerships UK plc）为所有的公共管理部门提供 PFI 专业管理，尤其是采购方面的知识。财政部下属公私合营机构合作署（Public Private Partnership Programmer）通过建议及指南对地方政府提供 PPP 项目支持[123]。

澳大利亚基础设施委员会（The Australian Council for Infrastructure Development，Aus-CID）性质上属于法定议事协调组织，受联邦基础设施、交通、地区发展和地方政府部部长（Minister for Infrastructure，Transport，Regional Development and Local Government）领导，首要职责是向部长、联邦、各州以及地方政府，基础设施投资者、所有者等提供有关基础设施发展的当前和长远需求，具有国家战略意义的重大基础设施项目的优先顺序；基础设施政策、定价和监管；全国性基础设施网络有效利用的障碍；监管体制等在内的各项改革；投资管理机制等方面的意见建议[124]。

不设立监管机构容易造成市场失灵。在我国本来监管机构过于分散导致权利不集中而且存在相互推脱监管责任的现象，如果设立特定产业机构各自管各自的，会造成监管的不协调产生监管漏洞。所以我国不适合设立各自独立的监管机构，从 PPP 项目的本质特征和我国 PPP 项目监管现状，我国的 PPP 项目应当采用独立的第三方监管机构进行监管，对监管区域内所有 PPP 项目进行统一监管。

本研究提出设立"独立第三方监管机构",即PPP项目监管委员会或其委托的第三方咨询机构,作为第三方监管的监管主体。

"第三方监管机构"是国务院国有资产委员会下辖的独立的综合的政府监管部门(本研究暂且称作PPP项目监管委员会),或由该部门委托的非政府部门的专业机构,如PPP咨询公司、造价咨询公司等。

第三方监管路径及监管活动如图2-3所示。第三方监管业务包括PPP监管委员会监管机构自行监管和业务委托两种,具体内容如图2-3所示。

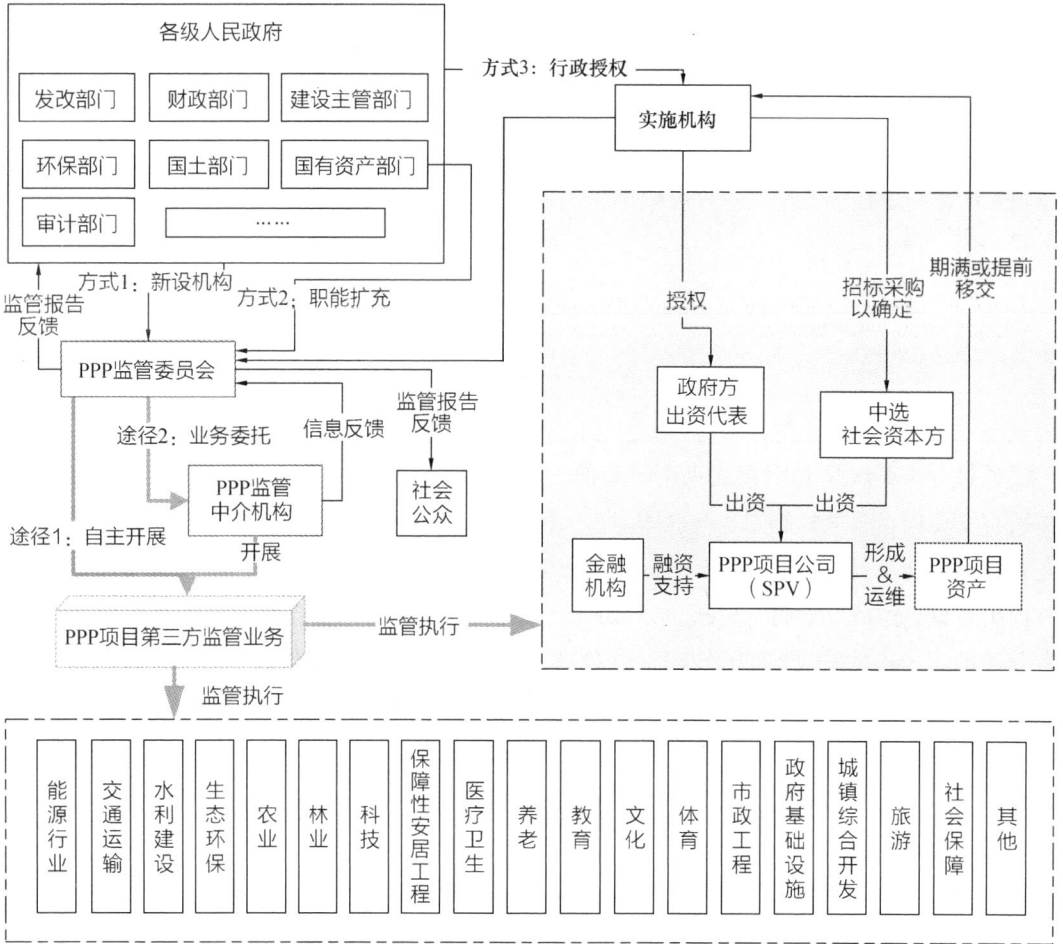

图2-3 PPP项目第三方监管示意图

(二)PPP项目第三方监管客体

PPP项目第三方监管客体是多元的,既包括政府部门,也包括社会资本;既包括项目公司本身,也包括与公司有联系的设计单位、施工单位等等,涉及项目各个阶段的所有参与者各自的事项及各单位之间的一系列事项。

PPP模式下监管对象的特殊性,在PPP模式下,有关部门履行监管职能的对象为

PPP 项目。该项目一般为公益性、政府与社会资本合作开发的项目，与社会公共利益密切相关的项目[125]。

PPP 项目第三方监管对象的特殊性主要表现在以下三方面：

第一，所有权与经营权分离。一般而言，PPP 项目由于其自身的公共属性，其所有权当然的应归属于国家，由政府及其相关部门履行监督管理职责。而这些项目大多属于资金密集型或者技术密集型的项目，其要求资金、技术等市场要素的大量投入与合理配置。从这一意义上说，私人资本或者企业的技术研发力量，无疑成为政府配置市场资源的有益补充。因而，将 PPP 项目的经营管理权授予社会、私人，将有助于项目的顺利进行，更好地满足群众的需求。

第二，项目开发更加突出社会公共利益。与一般的工程项目追求经济利益不同，PPP 模式监管对象项目由于其涉及领域的特殊性，即市政基础设施、政府性投资项目等社会公共领域。

第三，PPP 项目参与主体的特殊性。PPP 项目的参与主体不仅包括参与项目建设、运营的政府与私人资本，还应包括监管主体，即第三方监管机构与公众。参与主体的特殊性主要体现在目的上的特殊性。政府是采取创新的方式履行其提供社会公共服务职能；社会资本除协助政府向社会提供社会公共服务职能外，还追求其经济效益；而第三方监管机构的目的是为了社会公共服务的质量。PPP 项目的所有参与主体的目标性具有一定的共通性，均是围绕为社会提供公共服务而展开的。

（三）PPP 项目第三方监管方式

按 OECD（2003）的定义，监管是政府依据法律制度对政府自身、公民、企业三者的一种约束方式，主要包括行政性、社会性、经济性三部分监管。其中，行政性监管着眼于政府内部的规范运行，社会性监管关注社会公众利益，经济性监管则是对市场和企业的干预与限制[126]。

根据财金〔2014〕113 号文得知 PPP 项目监管方式主要包括履约管理、行政监管和公众监督等。针对上述监管方式结合实际可以进一步细化第三方监管方式如下：

1. 现场实地调查监管

现阶段，政府及其相关部门对 PPP 项目的监管依据，主要是参照综合大检查或者安全大检查过程中，项目部提供的工程建设过程中形成的书面资料，而欠缺对现场的实地勘察走访使得监管机构或者审计机构仅能通过书面的静态资料进行监管。而这一类资料由于存在人为因素，因而可信度存在疑问。为了有效杜绝这一资料对监管工作造成的不良误导，在下一步立法中，应将监管的依据予以扩大，将实地勘察后形成调查书面材料作为监管工作开展的重要依据，以确保监管所依据资料的真实性。同时，为了有效配合这一监管方式的开展，第三方监管机构在对 PPP 项目或者其提供的公共服务进行监管时，委托专业人士参与监管，一方面审查工程资料的真实性，另一方面也为了提高监管的实效性。

2. 逐步实现对 PPP 项目全生命周期监管

我国对于 PPP 项目的监管较为注重事后总结式监管，即政府及其监管部门对于项目移交后发生的问题记性总结后，方采取相应的应对措施。但是，由于项目造成的某些不良后果具有不可逆性，对社会公众往往会造成难以估量的损失。相反的，将第三方监管重心适当前移，从项目的启动之初即开始监管，则会收到较好的社会效果与经济效果。在这一点上，美国的监管实践给我国的监管工作的优化提供了较好的参照借鉴版本。美国在启动PPP项目之初，就分别在项目规划、立项以及设计阶段，通过不同的监管方式与内容，对项目的启动进行监管。例如，在规划阶段，美国法律规定必须组织公众参加听证会，来对项目的可行性进行监督；在立项阶段，监管部门严格依据其国内的招投标法律规范，对运营企业的资质、履约能力等方面进行监管；在设计阶段，监管部门常按照项目进度对PPP项目的安全质量进行监管。这一监管方式较为量化，可操作性较强，符合建设项目的特点，能够有效将项目的安全质量情况进行较为准确地掌握。

总而言之，第三方监管是事前或是事中控制，而评价是事后评价，针对项目的不可逆性，特别对纯政府付费项目或大比例可行性缺口补贴项目加强第三方监管而不仅仅依赖于绩效评价。

3. 采用经济手段、法律手段等多种监管手段

由于市场经济的固有缺陷的存在，使得我们必须通过经济以及必要的法律等手段的充分运用，来有效减轻对市场经济秩序造成的损害程度。在对运用PPP模式进行运营的项目进行第三方监管时，也不能脱离上述原则。

经济手段主要是采用间接调控的方式影响PPP项目相关参与方的行为活动来实现第三方监管目的。例如，可将PPP项目运营企业提供的社会公共服务的质量与建设方的资质、诚信度等关乎企业在市场经济条件下生存的重要指标相关联。质量较好的运营企业，政府可将其列入PPP项目合作企业库，在以后PPP项目开发中优先考虑；对于提供的服务存在质量问题的，监管机构应及时汇报政府有关部门，并将其列入黑名单。对于存在严重质量瑕疵的企业，监管机构应向住建部等部门汇报，将其资质予以相应降低或者取消其资质。

法律手段主要是第三方监管机构依照相关法律规范规定，对政府以及社会资本方的市场交易行为进行规范性的监管。例如，对运营企业的定价的形成及其变动幅度，依据《价格法》等法律规范予以审视，对违反该规范的行为，处以相应的处罚。

第三方监管方式的选择应该体现监管机制的基本原则：以PPP项目合同为中心和其他一系列合同协议进行合同约束；第三方监管方式要体现有效和信息平台公开；另外要体现适当激励机制。新加坡的合同监管、激励监管、多方监管、内部监管与外部监管等方式值得借鉴。其中研究较多则是激励性监管的方法，主要是在政府监管中运用博弈论、信息经济学和机制设计等工具，把监管问题看成是一个最优机制设计问题，分析监管双方的最优行为。可以采用多方联审机制，采取信息披露的方式。

基于PPP项目在项目治理理论的重构，而在公共项目治理中引入第三方是卓有成效的，在PPP项目治理结构中引入第三方，引入第三方的治理结构图如图2-4所示。

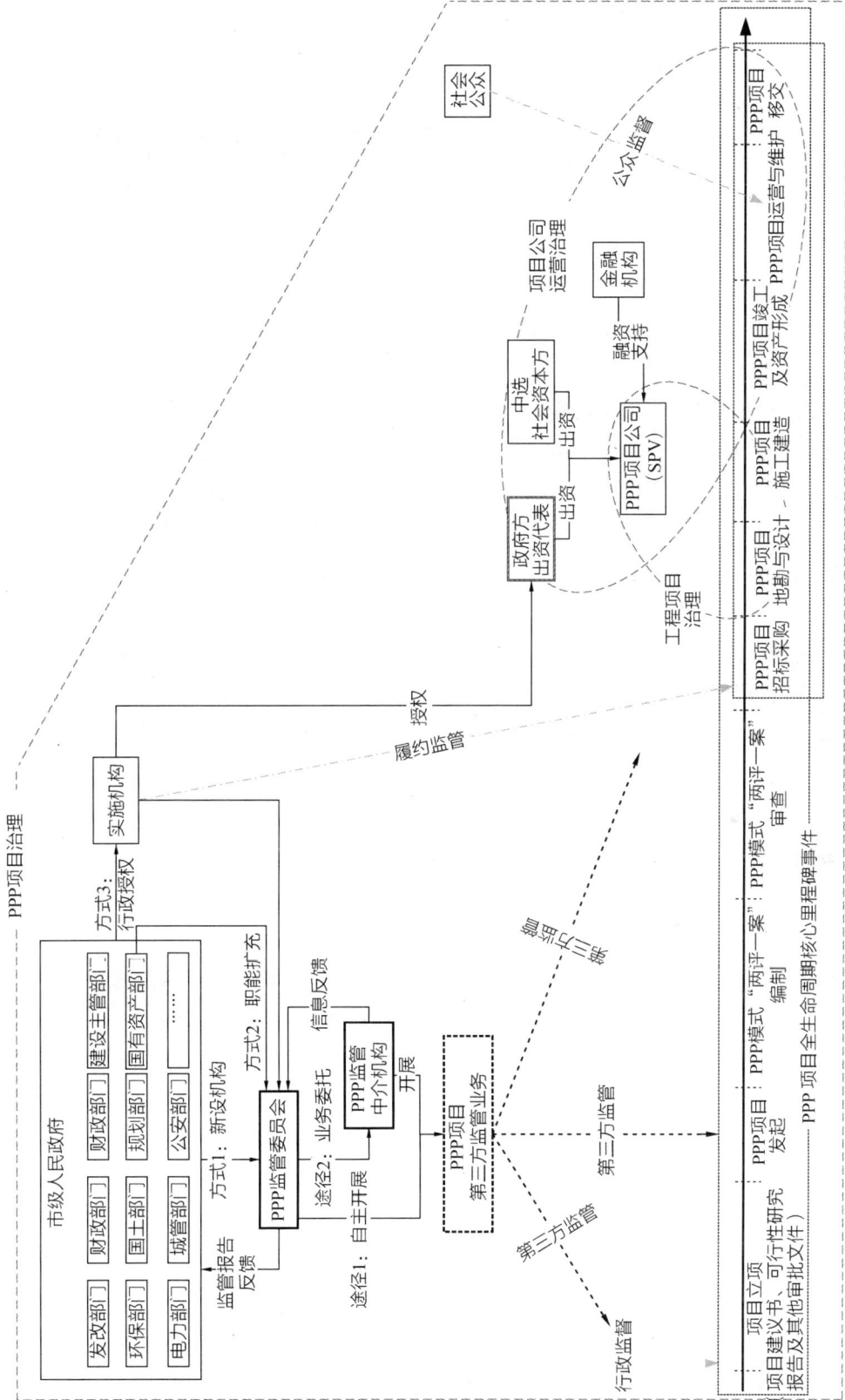

图 2-4　嵌入第三方监管的 PPP 项目监管

第三章 PPP项目第三方监管内容详解

PPP模式要求政府方实现从公共物品的"经营者"到"监管者"的角色转变，作为基础设施和公用事业的责任主体，政府应该对PPP项目进行监管，政府方需要在传统的PPP项目履约、行政和公众监督的基础上增设第三方监管机构并执行PPP项目从立项决策到项目移交全过程的监管业务。

在现阶段的PPP项目运作过程中，某些核心内容被多个行政主管部门交叉监管，形成多头监管和重复监管的情况；而有些监管内容或因处于监管薄弱区或程序交叉的模糊地带，便陷入了无监管的尴尬境地。全面识别和分析PPP项目目前的监管现状和现有问题，并将第三方监管业务穿插入既有的PPP项目推进流程之中，且辅之以具有创新性的监管工具和方法，能够切实推进PPP项目监管体系的完善，促进PPP项目落地实施，这也是PPP项目第三方监管体系在我国能够稳定建立和落地实施的必由之路。

根据所建立的PPP项目第三方监管体系和机制，在接下来将重点对PPP项目第三方监管所需的具体监管主客体、监管内容、监管方法进行探讨，以期在PPP项目全生命周期中形成一套逻辑清晰的第三方监管体系机制。

本研究以PPP项目全生命周期视角，将PPP项目划分为项目决策与识别阶段、项目准备阶段、项目采购阶段、项目执行阶段（包含建设期和运营期）、项目移交阶段。在每个阶段政府监管的侧重和关注点各有不同，通过分析整理每个阶段监管要点和内容，寻找出监管不当和监管盲区，进而将这些现存问题交由第三方监管机构并通过第三方监管业务去予以完善。

根据前述关于PPP项目第三方监管机制框架的构建，本章节主要从监管主客体、监管内容、监管方式等几个方面展开对PPP项目第三方监管机制的讨论。

基于PPP项目全生命周期监管的视角，根据《财政部关于印发〈政府和社会资本合作项目财政管理暂行办法〉的通知》（财金〔2016〕92号）文件规定，并结合发展改革委《传统基础设施领域实施政府和社会资本合作项目工作导则》（发改投资〔2016〕2231号）中关于PPP项目的具体操作流程和内容的规定，绘制PPP项目在全生命周期不同阶段的流程图，具体内容如图3-1所示。

根据我国现行PPP项目监管相关的法律法规文件，对各个阶段PPP项目的具体监管内容进行整理可知，项目决策和识别阶段的监管内容包括项目建议书监管、项目选址土地环评等审批监管、可行性研究报告监管、PPP项目发起和筛选环节的PPP项目建议书和初步实施方案监管。项目准备阶段的监管内容包括PPP项目实施方案监管、PPP项目物有所值评价监管、PPP项目财政承受能力论证监管。项目采购阶段的监管内容包括PPP

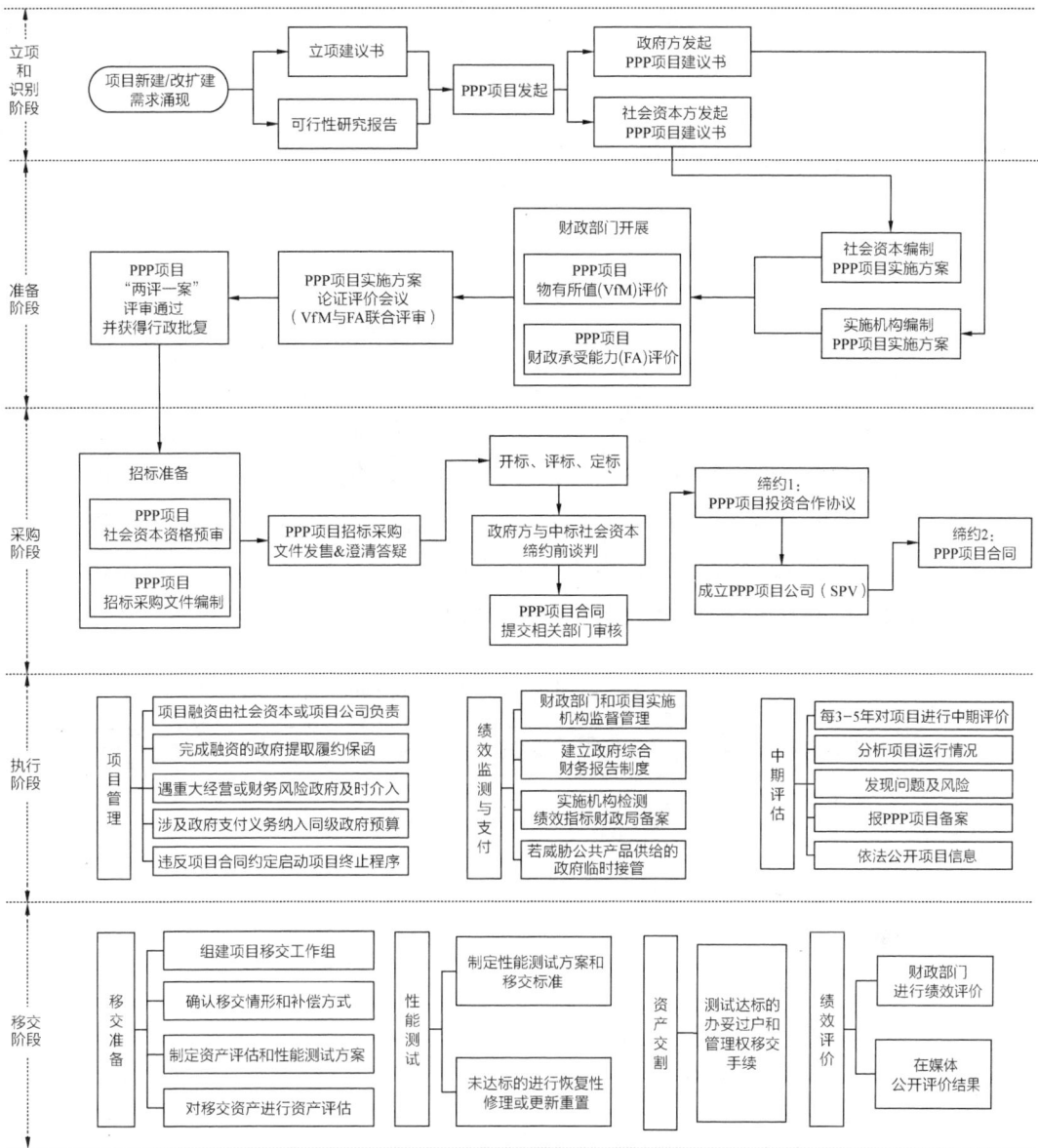

图 3-1　PPP 项目全流程示意图

项目资格审查监管、PPP 项目采购文件监管、PPP 项目开标评标定标监管、PPP 项目合同监管、项目公司成立监管。项目执行阶段监管内容包括 PPP 项目融资监管、PPP 项目建设期工程质量监管和工程造价监管、PPP 项目运营期服务价格监管、运维和绩效监管、中期评估监管及临时接管监管。项目移交阶段监管内容包括性能测试监管、资产清算和评估监管、项目后评价监管。

通过对我国现有的 PPP 项目监管内容的整理，将 PPP 项目第三方监管内容与现行监管进行对比分析，在此基础上拟合适应我国国情的 PPP 项目第三方监管的内容，并以第三方监管内容为出发点，建立包含监管主客体、监管内容、监管方式的 PPP 项目第三方监管体系。

第一节　项目决策和识别阶段的监管内容

一、监管内容识别与分析

项目决策和识别阶段分别是项目和项目采用 PPP 模式的发起环节，因都为发起环节遂将这两个阶段合并共同研究。项目决策阶段是项目的第一个阶段，在这个阶段，项目经立项审批实现从无到有的过程。此阶段项目的标志性事件为项目立项和可行性论证。在这个阶段，政府的监管主要以行政监管为主，监管的重点为项目建议书监管和可行性研究报告的论证监管。PPP 项目的识别阶段是项目采用 PPP 模式的发起阶段，主要流程包含项目的发起和项目筛选，监管的主要内容为 PPP 项目建议书和 PPP 项目初步实施方案。项目决策和识别阶段的业务流程及监管体系如图 3-2 所示。

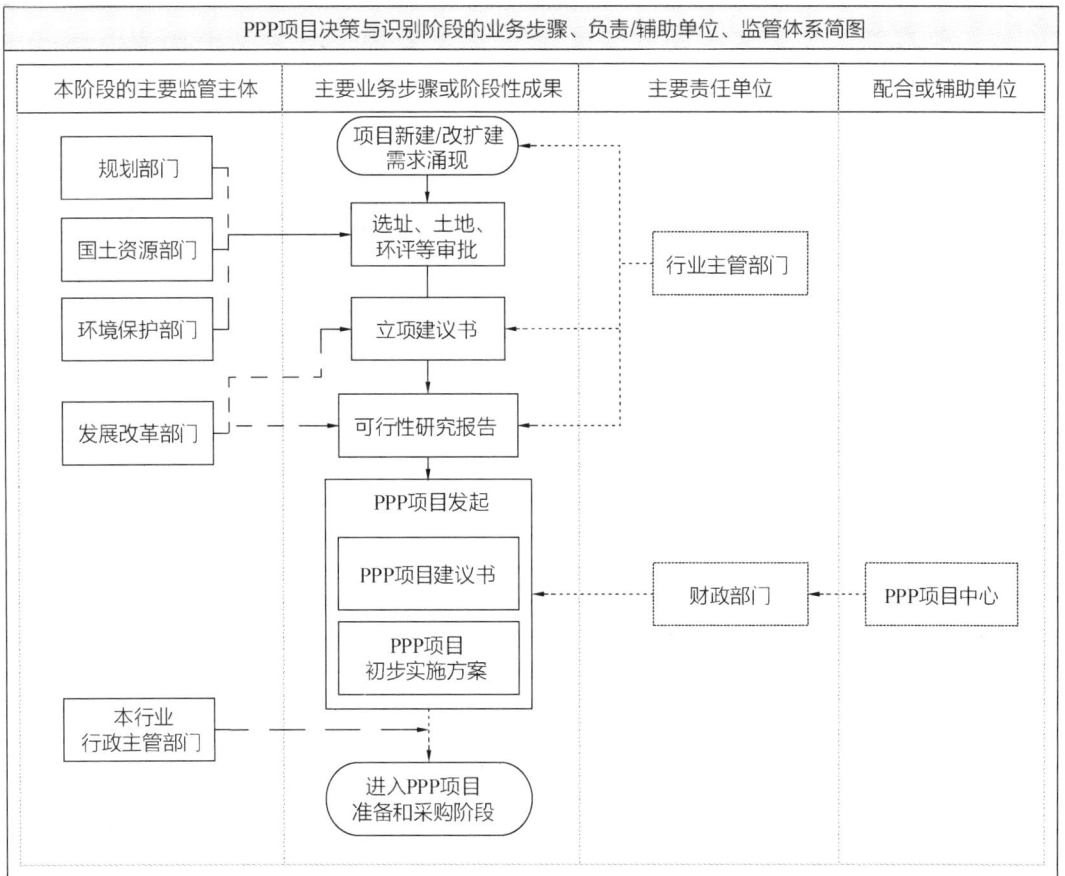

图 3-2　PPP 项目决策和识别阶段的业务流程及监管体系

项目立项的报批方式包括审批制、核准制和备案制。伴随国务院深化企业投资项目改革的进程加速，根据《国务院关于投资体制改革的决定》（国发〔2004〕20号）的规定，政府投资项目实行审批制。对于企业使用政府补助、转贷、贴息投资建设的项目，政府只审批资金申请报告。PPP项目多为政府投资项目，因此项目报批方式多为审批制。对于立项阶段的监管的主要内容为项目建议书监管、选址土地环评监管、可行性研究报告监管。

（一） 项目建议书监管

一个工程项目的基本建设，从计划到竣工投产要经过许多程序和步骤，而编制项目建议书是全部程序中的首要工作，是项目可行性论证的前提和基础。项目建议书应写明项目建议的理由、政策依据、项目内容、实施方法等情况。政府投资项目，项目的首要程序是根据国民经济和社会发展长远规划，结合行业和地区发展规划的要求，提出项目建议书。

1. 传统项目监管分析

项目建议书是立项的开始，但批准的项目建议书不是项目的最终决策。在项目立项之初，由项目的行业主管部门主要负责项目的建议书的工作。对于属于政府投资项目的PPP项目在项目建议书的监管主要为发改部门对于项目建议书的行政审批方式进行的监管，审批通过后出具批复文件。

项目建议书监管内容主要为审核项目建设单位向发改部门报送的项目建议书的真实性和可行性。具体审核项目建设的依据是否充分，建设内容、规模和资金是否得当，相关配套设施是否合理，重大工程是否有专业评估意见以及相关特殊建筑的特殊规定等。

2. PPP项目第三方监管分析

根据研究分析可知，PPP项目在此阶段的监管方式较为合理，不需要第三方监管机构的介入和叠加监督。若第三方监管机构强制性介入，反而会造成监管机构冗杂、监管效率降低、监管结果权威性受损、监管力度和落实程度低下等问题。

（二） 选址土地环评等监管

1. 传统监管方式分析

在项目建议书的审批获准后，项目需要通过向建设规划、国土资源、环境保护、地震部门办理规划选址、土地资源利用许可、环境影响评价、地震安全性评价，接受此类行政部门监督。由相关审批单位颁发相应的批复文件或证书。因此监管主体均为与之对应的行业主管部门，监管客体为项目的建议书的可行性。

监管的内容以下：

项目选址需要审批以下文件：选址意见书和选址通知书、项目建议书批复（按控规核发项目地块相关设计指标）。

用地预审审核用地农转用手续相关资料、在用地现场公示，相关街道、村居出具证明。

环评报告审批环评报告书、环评公众调查表、环评报告项目现场程序公示资料、环评批复等。

规划方案审查由规划部门组织相关10多个单位进行评审，出具会议纪要；规划中图纸要到审查中心做日照分析，如有不合规定，重新调整到满足为止。

交通影响评价分析编制评价报告，由公安的交警部门来会审并提出修改意见。

2. PPP项目第三方监管分析

根据上述研究分析可知，PPP项目在此阶段的监管方式较为合理、监管主客体较为明确、监管内容较为全面，不需要增加第三方监管机构进行介入和叠加监督。若第三方监管机构强制性介入，反而会造成监管机构冗杂、监管效率降低、监管结果权威性受损、监管力度和落实程度低下等问题。

（三）可行性研究报告监管

1. 传统监管方式分析

立项申请批准后，建设单位委托有相应资质的咨询机构编制可行性研究报告。在基本建设程序中，可行性研究处于项目建议书之后，是在项目建议书被批准后，通过对项目的技术和经济两个大方面进行分析和评估，从而得出评价结论的过程，项目可行性研究是项目投资前期至关重要的环节。

具体来讲，可行性研究就是指建设项目投资决策和拟建前期，根据市场需求和国民经济的长期发展规划、地区及行业发展规划的要求，通过对与项目有关的市场、资源、工程技术、经济和社会等方面的条件和情况进行全面系统的调查研究，对各种可能拟定的技术方案和建设方案进行认真的技术经济分析和对比论证，对项目建成后的经济效益和社会效益进行科学的预测和评价，考察项目技术上的先进性、适用性，经济上的合理性，财务上的盈利性，建设的可行性，继而确定项目是否可行并选择出最佳实施方案的科学分析方法[127]。

监管主体为发展部门，国家层面是中华人民共和国国家发展和改革委员会，地方层面是发展改革委和发改局。监管客体为本项目的可行性研究报告，主要目的是论证项目的是否具备足够的可行性。

对于可行性研究报告的监管包括对项目建设的必要性、内容及规模、地段和面积、总投资及资金筹措方式等；重点关注：（1）项目概况（包括项目名称、实施单位、主管部门、拟建地区和地点、承担可行性研究工作的单位和法人代表、研究工作依据、研究工作概况、项目建设的必要性、项目开展及可行性研究工作概况）；（2）可行性研究结论（包括市场预测和项目规模、原材料和动力供应、地址、工程技术方案、环境保护、企业组织架构及劳动定员、建设进度、投资估算和资金筹措、财务和经济评价、综合评价结论）；（3）主要技术经济指标表（主要技术经济指标表供审批和决策者综合了解项目）；（4）存在的问题及建议（包括对可行性研究中提出的主要问题进行说明并提出解决方案的建议）。

政府投资项目的可行性研究报告一般都要经过符合资质的中介咨询机构的评估论证，特别重大的项目还应实行专家评审制度。同时，国家逐步实行政府投资项目公示制度，以广泛听取发放的意见和建议。

2. PPP 项目第三方监管分析

根据上述研究分析可知，PPP 项目在此阶段的监管方式较为合理、监管主客体较为明确、监管内容较为全面。则暂时不需增加第三方监管机构的介入和叠加监督。若第三方监管机构强制性介入，反而会造成监管机构冗杂、监管效率降低、监管结果权威性受损、监管力度和落实程度低下等问题。

（四）PPP 项目发起和筛选监管

1. 传统监管方式分析

（1）既有监管体系分析

按照财政部《政府和社会资本合作模式操作指南（试行）》的规定，PPP 模式全生命周期包括项目的识别、准备、采购、执行、移交等五个操作流程。PPP 项目的发起和筛选环节处于 PPP 模式的初端，是启动 PPP 模式的关键点，严格把握 PPP 项目的发起和筛选是保证 PPP 项目质量效益和顺利实施的关键。

PPP 项目发起方式包括政府发起和社会资本发起方式。

PPP 项目政府发起，行业主管部门（交通、住建、环保、能源、教育、医疗、体育健身和文化设施等）提出项目建议书，由县级人民政府授权的实施机构编制实施方案，并提请财政部门开展物有所值评价和财政承受能力论证。

PPP 项目社会资本发起，由社会资本向行业主管部门提交项目建议书，经行业主管部门审核同意后，由社会资本编制项目实施方案，由县级人民政府授权的实施机构提请同级财政部门开展物有所值和财政。

PPP 项目建议书由发起单位编制，政府发起 PPP 项目的由行业主管部门（或其委托的专业第三方机构）编制项目建议书；社会资本发起的 PPP 项目由社会资本编制项目建议书。

项目发起阶段，通常还会编制 PPP 项目初步实施方案，对项目采用 PPP 模式进行初步的方案制定，主要针对方案中的基本情况、项目产出说明、项目融资安排、项目前期工作及项目进度、项目可行性分析、项目初步实施安排、项目的财务测算情况要点进行审查和监督。

（2）既有监管问题分析

基于上述可知目前 PPP 项目的发起和筛选阶段，在 PPP 项目建议书、PPP 项目初步实施方案的成果的认定方面缺乏相关的监管机构进行监管，目前处于无人监管状态，导致部分不属于基础设施和公共服务领域不适应采用 PPP 模式的项目打入 PPP 的行列。从源头上进行监管，源头上将不适宜采用 PPP 模式的项目清除出队伍，将是监管首要任务，因此对于项目发起和筛选阶段的此处监管是必不可少的。

2. PPP 项目第三方监管体系构建

（1）监管主客体

PPP 项目监管委员会对项目 PPP 项目建议书和初步实施方案进行监管。监管客体为项目实施机构及行业主管部门，PPP 项目建议书和初步实施方案。

（2）监管内容

针对监管实施机构和行业主管部门的内容，主要审查其在 PPP 项目筛选过程中是否存在违规操作、寻租等行为。

PPP 项目建议书和 PPP 初步实施方案重点关注项目采用 PPP 模式实施对项目的融资安排、项目在不同阶段的具体筹划安排、项目在工程、技术、财务等方面的可行性，以及政府和社会资本在项目中的风险分配情况。重点可总结为项目的可行性分析、项目的初步实施安排、以及财务测算几部分。

监管哪些领域和哪些项目适宜采用 PPP 模式和哪些领域项目不适宜采用 PPP 模式将是这个阶段监管的重点。

PPP 模式适用领域包括传统基础设施领域和公共服务领域。传统基础设施领域中包括能源、交通、水利、环境保护、农业、林业、重大市政工程；公共服务领域包含能源、交通、市政工程、农林水利、环境保护、保障性安居工程、医疗卫生养老教育、科技文化体育旅游、城镇化发展。

对于某些不适宜采用 PPP 模式的项目清除队伍：不属于公共服务领域，政府不负有提供义务的，如商业地产开发、招商引资项目等；因涉及国家安全或重大公共利益等，不适宜由社会资本承担的；仅涉及工程建设，无运营内容的；以及其他不适宜采用 PPP 模式实施的情形。

（3）监管方式

采用实地调查访谈等方式监管与项目相关的信息的真实性，通过专家评审联审等方式出具评审意见来监管方案质量的合格性。

（五）小结

基于上述分析可给出在项目决策与识别阶段的 PPP 项目决策与识别阶段的第三方监管，具体如图 3-3 所示。

综上可知，在 PPP 项目决策和识别阶段的监管内容主要包括流程型监管和成果文件型监管。流程型监管包括项目选址、土地、环评等与项目立项相关的监管，对实施机构及行业主管部门的筛选项目的合规性监管。成果文件型监管包括项目立项所需的项目建议书、可行性研究报告，PPP 项目发起所需要的 PPP 项目建议书，PPP 项目初步实施方案。立项中的项目建议书、可行性研究报告目前处于发展改革委体系下统筹监管，建立了比较

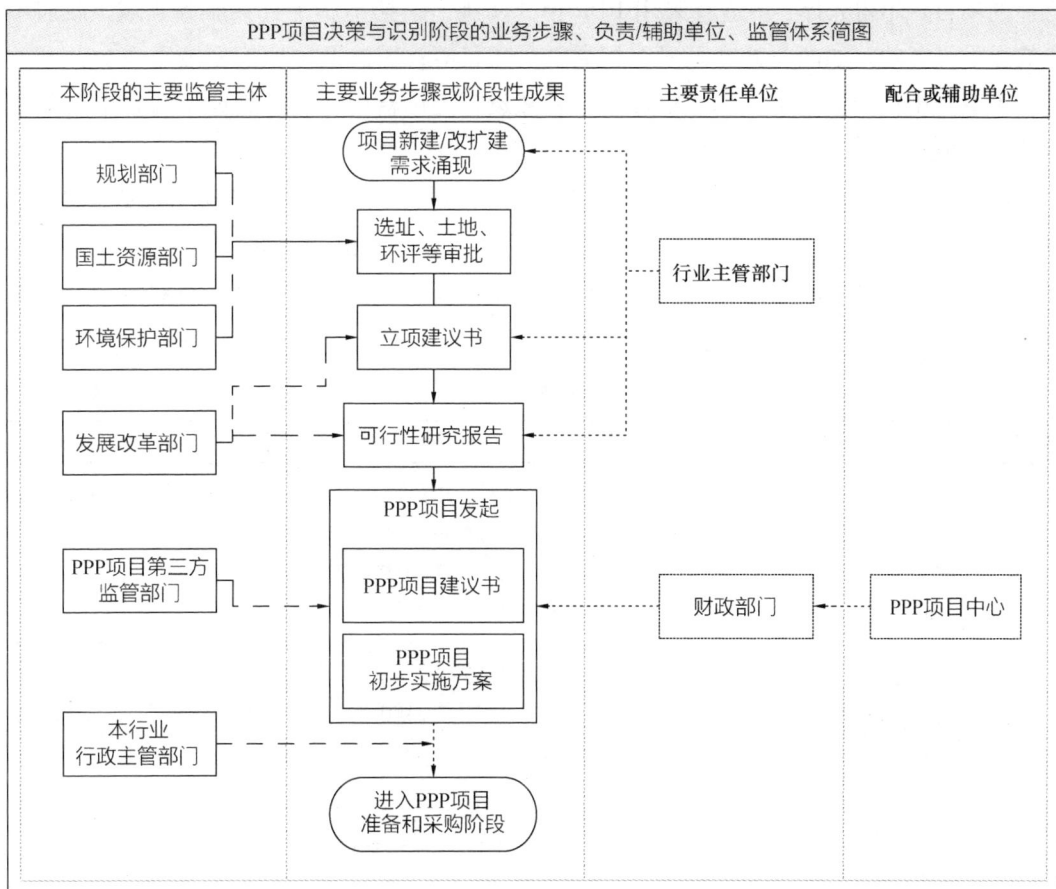

图 3-3 PPP项目决策与识别阶段的第三方监管

完善的监管体系。因此本阶段中 PPP 项目建议书、PPP 项目初步实施处于无系统监管状态，需要建立第三方监管体系进行统筹监管。PPP 项目建议书和实施方案的第三方监管内容要根据项目的行业进行具体分析，可采用实地调查和评审的方式进行监管。

二、本阶段关键监管点精析

（一）监管点一： 项目采用 PPP 模式的适用性监管[128, 129]

PPP 项目的基本特征之一，就是要通过政府与社会资本合作取得 $1+1>2$ 的效果，双方要优势互补，其中社会资本的相对优势主要体现在资本、技术、管理等方面，而且往往体现为综合优势。如果项目内容属于简单辅助性内容（如环卫保洁）或者虽然专业性较强但内容单一且已相对标准化（如工程设计，或工程建设），则直接采取传统方式或通过政府采购方式实施可能更有效率。根据《关于规范政府和社会资本合作（PPP）综合信息平台项目库管理的通知》（财办金〔2017〕92 号），严格新项目入库标准，存在下列情形之一的项目，不得入库：不适宜采用 PPP 模式实施。包括不属于公共服务领域，政府不负有提供义务的，如商业地产开发、招商引资项目等；因涉及国家安全或重大公共利益等，不适宜由社会资本承担的；仅涉及工程建设，无运营内容的；其他不适宜采用 PPP 模式实施的情形。

因此，在决策阶段，一定要对项目做好机会研究和可行性分析，考虑项目是否属于公共服务领域、政府是否负有提供义务、是否包含运营内容、前期准备工作是否到位等。

根据相关文件中的规定，PPP 项目的适用范围在于基础设施、公用事业和公共服务领域，具体见表 3-1。

相关政策规定　　　　　　　　　　　　　　　　　表 3-1

序号	文　件	内　容
1	《中共中央 国务院关于深化投融资体制改革的意见》（中发〔2016〕18 号）	鼓励政府和社会资本合作。各地区各部门可以根据需要和财力状况，通过特许经营、政府购买服务等方式，在交通、环保、医疗、养老等领域采取单个项目、组合项目、连片开发等多种形式，扩大公共产品和服务供给
2	《国务院关于加强地方政府性债务管理的意见》（国发〔2014〕43 号）	推广使用政府与社会资本合作模式。鼓励社会资本通过特许经营等方式，参与城市基础设施等有一定收益的公益性事业投资和运营
3	《国务院关于深化预算管理制度改革的决定》（国发〔2014〕45 号）	推广使用政府与社会资本合作模式，鼓励社会资本通过特许经营等方式参与城市基础设施等有一定收益的公益性事业投资和运营
4	《国务院关于创新重点领域投融资机制鼓励社会投资的指导意见》（国发〔2014〕60 号）	推广政府和社会资本合作（PPP）模式。认真总结经验，加强政策引导，在公共服务、资源环境、生态保护、基础设施等领域，积极推广 PPP 模式，规范选择项目合作伙伴，引入社会资本，增强公共产品供给能力
5	《国务院关于进一步做好城镇棚户区和城乡危房改造及配套基础设施建设有关工作的意见》	推广政府与社会资本合作模式。在城市基础设施建设运营中积极推广特许经营等各种政府与社会资本合作（PPP）模式
6	《国务院关于国有企业发展混合所有制经济的意见》（国发〔2015〕54 号）	鼓励社会资本投资或参股基础设施、公用事业、公共服务等领域项目，使投资者在平等竞争中获取合理收益。加强信息公开和项目储备，建立综合信息服务平台
7	《国务院关于深入推进新型城镇化建设的若干意见》（国发〔2016〕8 号）	深化政府和社会资本合作。进一步放宽准入条件，健全价格调整机制和政府补贴、监管机制，广泛吸引社会资本参与城市基础设施和市政公用设施建设和运营。根据经营性、准经营性和非经营性项目不同特点，采取更具针对性的政府和 社会资本合作模式，加快城市基础设施和公共服务设施建设

序号	文　件	内　容
8	《关于在公共服务领域推广政府和社会资本合作模式的指导意见》（国办发〔2015〕42号）	广泛采用政府和社会资本合作模式提供公共服务。在能源、交通运输、水利、环境保护、农业、林业、科技、保障性安居工程、医疗、卫生、养老、教育、文化等公共服务领域，鼓励采用政府和社会资本合作模式，吸引社会资本参与
9	《关于进一步激发民间有效投资活力促进经济持续健康发展的指导意见》（国办发〔2017〕79号）	鼓励民间资本参与政府和社会资本合作（PPP）项目，促进基础设施和公用事业建设。加大基础设施和公用事业领域开放力度，禁止排斥、限制或歧视民间资本的行为，为民营企业创造平等竞争机会，支持民间资本股权占比高的社会资本方参与PPP项目，调动民间资本积极性

（二）　监管点二：　PPP项目前期立项审批的合规性监管[130]

根据《关于规范政府和社会资本合作（PPP）综合信息平台项目库管理的通知》（财办金〔2017〕92号），严格新项目入库标准，存在下列情形之一的项目，不得入库：

前期准备工作不到位。包括新建、改扩建项目未按规定履行相关立项审批手续的；涉及国有资产权益转移的存量项目未按规定履行相关国有资产审批、评估手续的；未通过物有所值评价和财政承受能力论证的。

依据国务院于2004年7月16日所出台的《关于投资体制改革的决定》（国发〔2004〕20号）（简称《决定》）中，规定投资体制应落实"谁投资、谁决策、谁收益、谁承担风险"的基本原则，并根据此原则将投资项目政府的管理职能区分为三部分，分别是审批制、核准制与备案制，具体内容说明如下：

1. 审批制

（1）政府投资项目采取全部审批制

政府投资项目可以区分为直接投资和资本金注入方式两种，从投资决策角度，《决定》要求审批项目建议书和可行性研究报告，除特殊情况外不再审批开工报告，同时应严格政府投资项目的初步设计、概算审批工作。本书称此部分审批为全部审批制。

（2）企业使用政府补助、转贷、贴息投资建设的项目采取部分审批制

政府对于项目采用投资补助、转贷和贷款贴息方式的，《决定》要求只审批资金申请报告。具体的权限划分和审批程序由国务院投资主管部门会同有关方面研究制定，报国务院批准后颁布实施。由于类项目的文件审批范围比较少，本书称此为部分审批制。

2. 核准制

对于《政府核准的投资项目目录》内的企业投资项目，政府仅对重大项目和限制类项目从维护社会公共利益角度进行核准，对于企业投资建设实行核准制的项目，仅需向政府

提交项目申请报告，不再经过批准项目建议书、可行性研究报告和开工报告的程序。政府对企业提交的项目申请报告，主要从维护经济安全、合理开发利用资源、保护生态环境、优化重大布局、保障公共利益、防止出现垄断等方面进行核准。

3. 备案制

企业投资建设项目，除实行核准制的项目外，其他项目无论规模大小，均采用备案制。除国家另有规定外，由企业按照属地原则向地方政府投资主管部门备案。备案制的具体实施办法由省级人民政府自行制定。国务院投资主管部门要对备案工作加强指导和监督，防止以备案的名义变相审批。

（三）监管点三：PPP 项目土地获取规范性监管 [131~135]

根据《关于联合公布第三批政府和社会资本合作示范项目加快推动示范项目建设的通知》（财金〔2016〕91 号）：

PPP 项目用地应当符合土地利用总体规划和年度计划，依法办理建设用地审批手续。在实施建设用地供应时，不得直接以 PPP 项目为单位打包或成片供应土地，应当依据区域控制性详细规划确定的各宗地范围、用途和规划建设条件，分别确定各宗地的供应方式：

（1）符合《划拨用地目录》的，可以划拨方式供应；

（2）不符合《划拨用地目录》的，除公共租赁住房和政府投资建设不以盈利为目的、具有公益性质的农产品批发市场用地可以作价出资方式供应外，其余土地均应以出让或租赁方式供应，及时足额收取土地有偿使用收入；

（3）依法需要以招标拍卖挂牌方式供应土地使用权的宗地或地块，在市、县国土资源主管部门编制供地方案、签订宗地出让（出租）合同、开展用地供后监管的前提下，可将通过竞争方式确定项目投资方和用地者的环节合并实施。

PPP 项目主体或其他社会资本，除通过规范的土地市场取得合法土地权益外，不得违规取得未供应的土地使用权或变相取得土地收益，不得作为项目主体参与土地收储和前期开发等工作，不得借未供应的土地进行融资；PPP 项目的资金来源与未来收益及清偿责任，不得与土地出让收入挂钩。

我国实行的是土地的社会主义公有制，即全民所有和劳动群众集体所有制。全民所有，即国家所有土地的所有权由国务院代为行使。《土地管理法》第八条规定："城市市区的土地属于国家所有""农村和城市郊区的土地，除由法律规定属于国家所有的以外，属于农民集体所有；宅基地和自留地、自留山属于农民集体所有。"因此，我国土地所有权性质分国家土地所有权和集体土地所有权。《国土资源部关于印发试行〈土地分类〉的通知》（国土资发〔2001〕255 号）中给出了土地分类一览表，将土地划分为 3 级地类。

根据土地分类一览表，并结合土地权属，得出土地分类权属一览表，见表 3-2。

序号	土地一级分类	土地二级分类	所有权
1	农用地	耕地	农民集体所有
2		林地	
3		园地	
4		牧草地	
5		其他农用地	
6	建设用地	商服用地	国家所有
7		工矿仓储用地	
8		公用设施用地	国家所有和集体所有
9		公共建筑用地	
10		住宅用地	
11		交通运输用地	
12		水利设施用地	
13		特殊用地	国家所有
14	未利用地	四荒地	国家所有和集体所有
15		盐碱地	
16		沼泽地	
17		……	

1. 国有土地获取方式

（1）划拨

县级以上人民政府依法批准，在土地使用者缴纳补偿、安置等费用后将该幅土地交付其使用，或者将土地使用权无偿交付给土地使用者使用的行为。以划拨方式取得土地使用权的，除法律、行政法规另有规定外，没有使用期限的限制，并不得转让、出租、抵押。

（2）出让

国家将国有土地使用权在一定年限内出让给土地使用者，由土地使用者向国家支付土地使用权出让金的行为。土地使用者在足额交纳了土地出让金后，有权取得该土地在一定年限内的使用权利，并可以将该土地使用权在符合规定条件的前提下转让、出租或抵押。

（3）租赁

某一土地的所有者所有权与土地使用者使用权在一定时期内相分离，土地使用者在使用土地期间向土地所有者支付租金，期满后，土地使用者将土地归还。

（4）作价入股

国家以一定年期的国有土地使用权作价，作为出资投入改组后的新设企业，该土地使用权由新设企业持有，可以依照土地管理法律、法规关于出让土地使用权的规定转让、出租、抵押。

2. 集体所有土地获取方式

（1）农村集体经济组织内部的家庭承包

集体组织将集体所有或国家所有归其使用的土地等生产资料发包给本组织的社员、农户、专业队（组），承包经营者对所承包的生产资料享有占有权、使用权、收益权以及国家政策和本组织章程所允许的处分权、独立行使经营自主权。

（2）农业用地的流转

农业用地在土地承包期限内，农业经济主体可以通过转让、转包、租赁、入股、合作、互换等方式出售承包权，以获得收益的经济行为。

（3）农村集体建设用地的流转

通过土地使用权的合作、入股、联营、转换等方式，鼓励集体建设用地向城镇和工业园区集中。在不改变家庭承包经营基本制度的基础上，把股份制引入土地制度建设，建立以土地为主要内容的农村股份合作制，把农民承包的土地从实物形态变为价值形态。

（4）农村未利用地的出让

不宜采取家庭承包方式的荒山、荒沟、荒丘、荒滩等农村土地，可以采取招标、拍卖、公开协商等方式承包。

PPP项目应根据项目所属行业以及项目的具体情况，选择合法的方式来获取项目用地。

（四）监管点四：PPP项目物有所值评价及财政承受能力论证开展规范性监管[136,137]

根据《关于规范政府和社会资本合作（PPP）综合信息平台项目库管理的通知》（财办金〔2017〕92号），集中清理已入库项目。

（1）未按规定开展"两个论证"。包括已进入采购阶段但未开展物有所值评价或财政承受能力论证的（2015年4月7日前进入采购阶段但未开展财政承受能力论证以及2015年12月18日前进入采购阶段但未开展物有所值评价的项目除外）；虽已开展物有所值评价和财政承受能力论证，但评价方法和程序不符合规定的。

（2）不宜继续采用PPP模式实施。包括入库之日起一年内无任何实质性进展的；尚未进入采购阶段但所属本级政府当前及以后年度财政承受能力已超过10%上限的；项目发起人或实施机构已书面确认不再采用PPP模式实施的。

物有所值（Value For Money，简称VFM），是指某个项目采用PPP模式的全生命周期成本，与传统模式下公共部门相比较后可以得到的价值增值。物有所值评价则是用物有所值（VFM）作为评判指标，以判断是否采用PPP模式代替政府传统投资、建设和运营方式提供公共服务项目的一种评价方法。在项目识别阶段进行物有所值评价的目的主要是为判断是否采用PPP模式、采用何种PPP运作方式等项目决策提供参考依据，同时也为项目全生命周期内风险分配、成本测算和数据收集等提供参考依据。

财政承受能力论证是指识别、测算政府和社会资本合作项目的各项财政支出责任，科学评估项目实施对当前及今后年度财政支出的影响，为 PPP 项目财政管理提供依据。

在 PPP 项目识别阶段，要严格监管项目规范开展物有所值评价和财政承受能力论证，守好 10% 的红线，严控地方政府债务风险。

物有所值评价和财政承受能力论证的监管要点如下：

1. 物有所值定性评价指标选取、权重设置是否合理

根据《PPP 物有所值评价指引（试行）》（财金〔2015〕167 号），定性评价指标包括全生命周期整合程度、风险识别与分配、绩效导向与鼓励创新、潜在竞争程度、政府机构能力、可融资性等六项基本评价指标；项目规模大小、预期使用寿命长短、主要固定资产种类、全生命周期成本测算准确性、运营收入增长潜力、行业示范性等补充评价指标。在各项评价指标中，六项基本评价指标权重为 80%，其中任一指标权重一般不超过 20%；补充评价指标权重为 20%，其中任一指标权重一般不超过 10%。基本评价指标为项目物有所值定性评价的必选指标，补充评价指标由项目本级财政部门（或 PPP 中心）会同行业主管部门根据项目具体情况设置。

2. 物有所值定量评价相关指标的测算是否合理

物有所值定量评价需要测算项目全生命周期内政府方净成本的现值（PPP 值）与公共部门比较值（PSC 值），这两个指标在测算是需要用到项目的收入、成本、折现率以及合理利润率等数据，在确定相关数据时，要进行充分的调研论证，保证数据的准确可靠。

3. 物有所值定性评价论证会专家选取是否合理

根据《PPP 物有所值评价指引（试行）》（财金〔2015〕167 号），物有所值定性评价专家组包括财政、资产评估、会计、金融等经济方面专家，以及行业、工程技术、项目管理和法律方面专家等；《关于组织开展第四批政府和社会资本合作示范项目申报筛选工作的通知》（财金〔2017〕76 号）评审专家组成，每个评审组由 7 名评审专家组成，包括行业专家 2 名，政策、财务、法律、咨询、学术专家各 1 名。评审专家采取 PPP 专家库随机抽取的方式，于集中封闭评审开始前 2 日确定。各行业部委和财政部对口司局可各指派 1 名负责相关业务的处级干部，作为观察员身份参与项目评审，提供政策指导。因此在项目物有所值定性评价时要考虑评价专家的行业以及数量。

4. 财政承受能力论证相关指标选取是否合理

PPP 项目中政府的财政支出责任包括：股权投资，运营补贴、风险承担和配套投入。《政府和社会资本合作项目财政承受能力论证指引》（财金〔2015〕21 号）中对各项支出的计算方法有详细的规定，在计算时要注意相关数据的合理性。

5. 当地一般公共预算支出的预测是否合理

财政支出能力评估，是根据 PPP 项目预算支出责任，评估 PPP 项目实施对当前及今后年度财政支出的影响，根据《政府和社会资本合作项目财政承受能力论证指引》（财金〔2015〕21 号），在进行财政支出能力评估时，未来年度一般公共预算支出数额可参照前

五年相关数额的平均值及平均增长率计算，并根据实际情况进行适当调整。政府在预测未来年度一般公共预算支出时，要防止高估或过度低估，保证其合理性，将政府债务控制在合理水平。

6. 财政承受能力论证是否全面考虑当地已实施和拟实施的 PPP 项目

财政承受能力论证是要统筹处理好当期与长远关系，严格控制 PPP 项目财政支出规模，要坚持合理预测、公开透明、从严把关，保证全面考虑当地已实施和拟实施的 PPP 项目，防止政府隐性债务过高。

（五）监管点五：PPP 项目盈利点策划监管[137~145]

纯政府付费项目的策划

从相关的政策文件可以看出，政府付费类 PPP 项目将不再是主流。对于纯公共项目，可建议政府将纯公共项目与营利性项目联合打包，用营利性项目的收益现金流弥补纯公共项目的投入。根据《关于规范政府和社会资本合作（PPP）综合信息平台项目库管理的通知》（财办金〔2017〕92 号）提到"各级财政部门应认真落实相关法律法规及政策要求，对新申请纳入项目管理库的项目进行严格把关，优先支持存量项目，审慎开展政府付费类项目，确保入库项目质量"。本书以市政道路为例，可以采用以下几种方法挖掘项目的赢利点：

1. "无中生有"：增补开发权利

政府可以给予社会资本以优先开发沿线土地的资源权利，例如沿线商业的开发，停车场的开发等。对于存量市政道路而言，社会资本可以将其捆绑沿线土地采用 TOD 开发模式（TOD 模式即以公共交通为导向的发展模式，指的是以城市轨道交通和公交、巴士干线的站点为中心，以 400~800m 为半径建立广场或其他公共设施，实现工作、商业、文化、居住等为一体的发展模式）。

该种模式的大致思路是，政府将存量社会资本通过 TOT 的方式转让给社会资本；同时允许社会资本在市政公路的沿线土地进行综合开发，通过沿线土地综合开发的收益用以平衡社会资本方的投资与合理回报，实现公益性项目捆绑经营性项目的目标。

2. "趁火打劫"：拓展盈利链条

社会资本可以通过延长价值链创建现金流，例如广告、绿化等来实现对社会资本的补偿。该类模式社会资本方的现金流一方面来自于社会采购方，另一方面可来自于政府采购。对于存量市政道路项目而言，市政道路沿线公交站台、指路牌、环保设施等公共基础设施经营的广告收入，绿化及其养护费用均可以作为社会资本方的盈利点。

3. "移花接木"：扩充盈利来源

政府可将纯公共项目与营利性项目联合打包，保证社会资本有对盈利项目的运营能力，用营利性项目的收益现金流弥补纯公共项目的投入。对于存量市政道路而言，可以将纯公共项目（市政道路）与营利性项目进行打包（如城市地下综合管廊、产业园区、停车场等），形成市政道路＋城市地下综合管廊、市政道路＋园区建设等捆绑打包模式，从而弥补市政道路项目运营财务上的不可行。

4."瞒天过海"：集成融资模式

对于存量市政道路捆绑打包项目，虽然存在现金流，但是并不能完全覆盖社会资本的全部投资。针对这一问题，可将项目进行有效分割并组合，形成一种 TOT＋BOT 的集成融资模式。例如，可以以 BOT 方式负责具有盈利能力的地下综合管廊、停车场、产业园区的建设，以 TOT 方式负责无盈利能力的存量市政道路运营。

5."暗度陈仓"：提高声誉吸引

政府可以将公共项目以社会资本的名称加以冠名，以提高企业知名度等无形资本为手段弥补社会资本无法获得的有形收益资本。对于存量市政道路而言，可以将市政道路的冠名权授予社会资本。对于政府方而言，采用此种方式可以增加社会资本方的吸引力；对于社会资本而言，通过得到了道路的冠名权，可以收获巨大的隐性声誉收益，弥补了项目收益现金流的空缺。

政府付费型 PPP 项目为主流的时代已经终结，在决策阶段考虑项目的赢利点，仔细分析项目特点，必然能找到项目的赢利点，从而实现项目的"可行性缺口补助"。

（1）邻避设施选址的策划

2016 年财政部发布的《关于在公共服务邻避深入推进政府和社会资本合作工作的通知》（财金〔2016〕90 号）中明确规定"为了进一步加大 PPP 模式推广的应用力度，要探索开展垃圾处理、污水处理两个公共服务邻避开展强制试点，新建的污水与垃圾处理项目经强制实施 PPP 模式"。

环境市政设施（污水处理厂、垃圾焚烧场、垃圾中转站、垃圾填埋场等）为城市正常运转和居民日常生活提供了重要的保障，但由于其对周围环境会产生较强的负面影响而遭到居民的反对和抵制，这种现象被称为"邻避效应"（not-in-my-backyard，NIMBY），相关的具有污染威胁的公共设施被称为"邻避设施"。污水处理与垃圾处理虽然为城市生活的运转提供重要保障，但由于其对周围环境的负面影响，一直属于具有较强"邻避效应"（not-in-my-backyard，NIMBY）的基础设施。邻避效应的困境在于：首先，城市化建设的必然需求与居民权利之间的矛盾不可调和。我国目前正处于快速城市化进程中，人们向往更加便利、舒适的生活。邻避设施作为一类重要的城市基础设施，是城市居民生产生活所必需的，因此大规模新建邻避设施是城市化的必然要求。但是邻避设施类 PPP 项目由于产业本身的工艺问题，易导致周围环境的污染从而使其选址问题成为一大难点，容易遭到公众的反对和抵制。因此，PPP 项目中邻避设施选址决策对于项目顺利实施意义重大。

（2）邻避冲突的处理原则

邻避冲突事件中并没有赢家。也许可以说民众用短短几天时间让规划建设少则 1 年多则几年的项目成了钢筋废铁，他们用切身行动捍卫了权利不受侵犯，赢得了尊重。但是从长远来看，项目无法落地的负外部性却需要所有人共同负担，例如垃圾处理厂无法建成，则全体居民都要面临垃圾围城的后果。在邻避设施周围居民的情况变得更差的情况下让全社会的状况变得更好，从经济学原理来讲这并不是一个帕累托改进，却是不得不作出的选择。

Gregory 等（1991）认为缓解和补偿是解决邻避冲突的两种主要工具，缓解包括工程性缓解和制度性缓解两类，前者是通过强化管理以降低设施的不利影响和风险，后者是通过决策模式的改变或赋权公众参与设施选址，公众参与特别有助于克服选址过程内的猜疑。补偿方案强调分享成本、重新分配收益和解决公平公正的问题，常用的补偿措施包括直接金钱补偿、应急基金、好处保证和经济友好奖励等。

李永展[146]在对台湾环保抗争进行深入研究的基础上，提出了三项措施，分别是风险减轻方案、补偿回馈方案和公众参与方案，具体的实行手段与方式如表3-3所示。

风险对策表 表3-3

对策种类	意涵	实行手段	实施方式
风险减轻方案	防止邻避效果之发生；降低邻避设施之邻避效果	安全保证与环保标准；环境监测；环保协定	订立可接受的安全保证与环保标准；订立缓解区；准备应变设计；环境资讯的提供；签订具时效性的环保协定
经济诱因（补偿回馈方案）	对于已造成的邻避效果给予补偿回馈；对于风险及其他无法量化的损失给予补偿回馈	金钱补偿回馈；实务补偿回馈	直接的金钱给付；赋税减免；公共设施的设置；对房屋实施保证价格；订定最低保险额；医疗保健服务；提供就业机会
民众参与	借着双方沟通的机会表达其观点，进而影响决策的过程	资讯提供；问卷调查或民意访谈；举办公听会；协商	各种资讯的充分沟通；随时注意与民众充分沟通

一些学者主张完善"公众参与公共决策的阶梯"，一些主张通过密集的沟通来加深人们对邻避设施风险与效益的正确认识，而这两种策略的作用有限，因此促使了人们转向在谈判和赔偿问题上寻求解决方案。

6. 补偿机制

（1）补偿机制是解决不公平感的首要机制

补偿机制即重视邻避项目建设中对周边公众的补偿工作，减轻公众的损失以期解决公众心中的不公平感，以降低公众的抗争。国外学者认为产生邻避冲突的首要问题就是补偿措施是否有效。

（2）制定补偿政策，但补偿额度会使企业因建设项目而导致的债务压力雪上加霜

没有任何国家制定标准的"邻避"设施补偿制度，应该将信息不对称作为突破口，分析垃圾处理设施中"邻避"问题的原因并提出建议。

政府可以采取一定的补偿措施来弥补多出的损失，即需要一定的补贴来降低居民的心理损失效价，弥补居民的心理落差。欧美等发达国家已有专门的补贴制度，或者是规定协商制度来确定补贴的额度方式。然而我国在垃圾焚烧产业中现今并没有一个明确的关于居民补贴的政策。项目本身好与坏在"邻避"冲突中显得不那么重要，因为补贴可以弥补其中的不均衡，但是不信任让不均衡的程度加深。

政府通过 PPP 方式实施的邻避设施项目，承接项目的企业已经被项目本身的经营压力缠身，并没有足够的经济能力再负担大额的补贴。给居民的补贴也是有上限的，至少不能超过他们搬迁至其他地区的成本，否则补贴将没有意义。以上种种原因导致邻避设施给周遭居民带来了损害，而无人为他们买单，最终从经济学的角度解释了邻避现象的成因。

7. 缓解机制

缓解机制即技术性缓解，即改进技术如提高环保能力、加强排放监管等，或者项目变迁别处。

8. 公民参与机制

公民参与机制即制度性缓解，即注重公众这一博弈主体，通过制度设计赋予公众参与项目的权利。有效的公民参与突出了公众对邻避设施决策的影响力，或者说公众对设施风险的控制，并决定风险的可接受程度。

可以将中外处理"邻避"问题方式的不同解释为文化的原因、制度的原因、所处阶段的原因，但如果在前期解决沟通问题，消除信息不对称，让利益相关者的诉求都有表达的机会，则可以使邻避效应得到有效控制。

邻避设施的选址依据：

从 PPP 社会资本方的利益来看，他们建设邻避设施要符合以下几个条件：

（1）项目落地地区有很强的区位优势或者丰富的材料资源，具有开发价值可以获得较高利润。

（2）地方政府提供较为优惠的引进政策，例如税收减免、项目补贴或"三通一平"等基础设施建设。

（3）地方政府提供成本较低的工业用地或建设用地，或当地有廉价的劳动力。

（4）项目建设过程中的拆迁补偿工作由政府完成。

在政府参与的项目中，邻避设施的建设地点大多是由成本效益分析所选择的，通过比较项目的全部成本和效益来评估项目价值。

许多研究人员提出了各种评估与定量分析的方法来选择邻避设施的最佳地点，包括简单的地理信息系统（GIS）选择、空间多标准分析、层次分析法、模糊逻辑分析和脆弱性

方法等等。在考虑选择建设邻避设施的所有因素中，环境地质和水文地质因素被认为是最传统的，大多数的评估都是基于这些因素。另一方面，政治和社会学因素通常不包括在定量评估过程中，但只有在选定地点的最终批准时，决策者才会考虑这些因素[147]。然而，这种方法在过去造成了许多困难，许多选择的网站都遭到了当地社区的强烈反对。公众的反对通常伴随着人为的抗议，这种抗议将政治和社会压力放在决策制定者身上，而决策制定者往往是政府部门，这对提高政府公信力有害而无利，常常使政府进一步陷入"塔西佗陷阱"的危机。随着公众环境意识的提高，在没有得到利益相关者的支持的情况下，实现一个项目变得越来越困难。因此，在邻避设施地址选择过程中，应开发包括社会学因素在内的新方法。

一个显而易见的事实是，距离邻避设施越远，公众对其排斥的程度也就越小，直至完全消失。邻避设施对其周边居民的影响距离呈现负相关，因此存在一个范围使得邻避效应只作用在这个区域之内。

9. 容许率法

考虑居民的综合接受程度，杭正芳[148]在研究垃圾处理设施的地点选择时提出了容许率模型，将民众能够接受的垃圾处理设施与自家地点之间的距离最小值称为"容许距离"，设施坐落在某一距离时民众能够接受这一距离的比率称为"容许率"。若设容许距离为 w，w 的值因人而异。此时由于 $w \geqslant 0$，容许距离 w 与概率密度函数 $f(w)$ 的关系如图 3-4，$f(w)$ 满足下式。

$$\int_0^\infty f(w)\mathrm{d}w = 1 \tag{3-1}$$

式中：$f(w)$ ——容许距离 w 的概率密度函数。

由上可知，当设施坐落在离居民居住点 X 的地点时，$X \geqslant w$ 容许距离，居住在那里的居民就会同意设施的地点选择。此时的容许率为 $P(X)$，相当于图上部 $f(w)$ 图中阴影部分，$f(w)$ 是从 0 累积到 X 的值。$P(X)$ 可通过式（3-2）来求，与 $f(w)$ 的关系如图所示。

$$p(x) = \int_0^x f(w)\mathrm{d}w \tag{3-2}$$

到设施的距离 X 与容许设施区位选择的人数比率 $P(X)$ 之间的关系如图 3-4 的 $P(X)$ 图所示。到设施的距离越远容许率会越高，反之，到设施的距离越近容许率就越低。当距离设施为 0 时容许率为 0，反之当到设施的距离无限远时，容许率接近 100%。

对容许距离分布的假定式（3-2）计算居民容许比率的函数形状。对 $f(w)$ 函数的

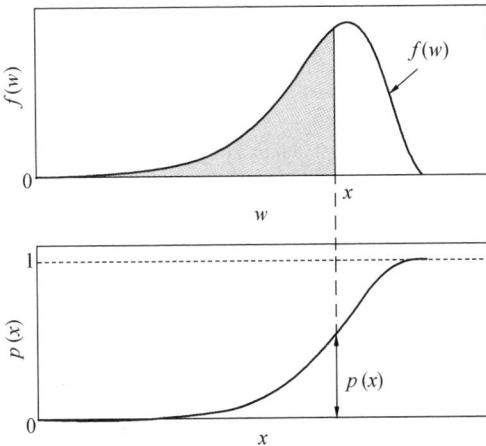

图 3-4　容许率与距离的关系

假定按照以下条件进行：（1）容许距离 w 的概率密度函数 $f(w)$ 如上图所示具有最大值。（2）采用的函数形式必须是能使用实际数据加以校正的。将满足以上条件的函数假定为式（3-3）所示的威布尔分布函数。

$$f(w) = \frac{m}{a} w^{m-1} e^{-\frac{w^m}{a}} \tag{3-3}$$

参数 a，$m > 0$。

将威布尔分布函数式（3-3）代入表示容许距离分布函数的式（3-2），得到式（3-4）

$$p(x) = \int_0^x \frac{m}{a} w^{m-1} e^{-\frac{w^m}{a}} \mathrm{d}w = 1 - e^{-\frac{x^m}{a}} \tag{3-4}$$

在式（3-4）两边取对数可得式（3-5），

$$\log_e(1 - p(x)) = -\frac{x^m}{a} \tag{3-5}$$

对公式（3-5）再度取对数，得到式（3-6）

$$\log_e\left[-\log_e(1 - p(x))\right] = m \log_e x + \log_e\left[\frac{1}{a}\right] \tag{3-6}$$

使用式（3-6）计算参数 a 和 m，通过居民意识得到容许距离 w 及容许率分布 $f(w)$；可设定适当距离 X_i（$i = 1，2，3\cdots$）算出容许距离 w 比 X_i 短的人的比率，使用以上数据就能运用回归分析法计算参数 a 和 m。

杭正芳用这一方法以西安市的居民为例，推算出居民对垃圾处理设施的容许距离：垃圾压缩站 27km 以上、垃圾填埋场 68km 以上、垃圾焚烧发电厂 67km 以上。

除了上述方法外，柏原土郎、石崎广文通过对下水处理设施以及垃圾焚烧厂周边居民进行问卷调查分析了厌恶感与距离之间的关系，设施的影响圈在 $400 \sim 500$m 范围内[40] Smith&Desvousges 就有害废弃物处理设施带来的风险使用 CVM（Contingent Valuation Method）进行了意识调查，过半数的人可接受的设施距离约为 10 英里（16km），到设施的距离相当于 $330 \sim 495$ 美元/1 年 1 英里的消费者剩余。Lober&GreenJi 通过调查居民对设施赞成与否制作了随着距离的增加反对率减少的模型。通过现有的研究来看，邻避设施的影响范围有以下特征：（1）距离与反对情绪成反比。（2）邻避效应的影响范围随着地形、建筑物密度等因素的改变而有所区别。

10. 成本收益法

Portney[149] 为对邻避设施的成本收益分配的不均衡进行分析，可假设如下：（1）邻避设施必须在某一特定区域设置，在全社会平均设置该设施既不可行，也不合理；（2）邻避设施的服务对象是全社会，与所处位置无关（place-independent），且具有非排他性，假定当地居民在工作条件、税收优惠等方面的收益增加远小于其成本支出；（3）邻避设施被假定对当地居民是有害的，且居民的成本与远离设施的距离成反比。基于上述假设，Portney 提出了居民赞同或拒绝设施的成本收益计算公式，见式（3-7）。

$$\mathrm{ENC} = \sum_{i=1}^n P_i C_i - \sum_{j=1}^q p_j B_j \tag{3-7}$$

其中，ENC（Expected Net Costs）是指居民期望的净成本，P_i 是指损失 i 发生的预计概率，C_i 是指损失 i 的期望成本，P_j 是指收益 j 的预计概率，B_j 是指收益 j 的期望价值，n 是指居民预计损失的数量，q 是居民预计收益的数量。邻避设施决策时居民个体的成本收益分析如图所示，期望成本随着距离的增加而降低，期望收益呈一条直线，二者相交之处可视为居民赞同或反对的临界点。处于 A 区域的人因为成本高于收益而反对，处于 B 区域的人则更倾向于选择 C 区域，因为那样净收益会更高。

邻避设施决策中居民的成本收益分析示意图如图 3-5 所示。

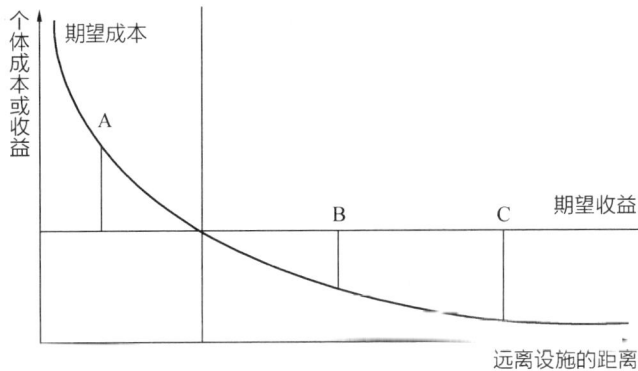

图 3-5 邻避设施决策中居民的成本收益分析示意图

Hannon（1994）认为距离也不一定是指直线距离。对于居民个体来说，期望收益与期望成本也各不相同，因此每个人赞同、反对的临界点也不一致。邻避设施具有时间维度的折扣（temporal discounting）、空间维度折扣（spatial discounting）的特征。空间折扣甚至可以准确地计算，如污染物质达到下游时的残余浓度等。Mitchel land Carson 对核电设施、危险性废物处理设施（HWF）、热电厂、大型工厂、10 层建筑物等 5 种不同设施的选址情况进行了研究，描绘出了 3 种区别明显的居民接受曲线，核电设施或垃圾废物处理厂在 50 英里内的斜率较小，29% 的人不管距离多远均反对；对于工业设施来说，这一比例是 9%。

Simsek C[150]通过基于 GIS 的定量评价技术，综合考虑垃圾处理厂的气味、可见性和距离作为邻避效应影响因素来计算每个候选地点的公众反对强度，这一方向被应用在土耳其伊兹密尔市的垃圾填埋场地点选择中，在技术上合适的 20 个候选站点中，经计算只有 5 个站点对邻避效应不那么敏感，而剩下的 15 个站点都可能会引起强烈的公众反对。这种分析结果帮助决策人员直接进入一个最不可能受到公众反对的地点选择阶段，帮助决策者在邻避设施的选址中做出风险最小的判断。

邻避设施补偿机制：

基于成本效益分析、采用封闭式决策的 DAD 式选址模式往往为了避免冲突，往往将设施落址在抵抗能力最薄弱贫穷的居民地区，这显然是不符合公平要求的，也是爆发邻避冲突的必然。在邻避冲突爆发后，单纯通过区位转移、将可能的环境污染和安全风险同步转移至其他地区，只是将邻避设施的选址从城市一端转移到另一端而已，并未化解邻避冲突，邻避设施的负外部性没有消解，人们对邻避设施风险的疑虑没有减少，邻避设施所带来的不均衡的成本收益分配格局也没有根本改变，将邻避设施的内在矛盾从一个地区转移至另一个地区，反而会对其他地区居民的抵制行为产生示范效应。因此，要消除邻避效应的实质负外部性，应在经济学理论的指导下，尝试基于市场规则来完成选址。根据外部性理论与侵权理论，要降低邻避设施引起公众反对的程度就需要提供给候选地址周边居民一个"利益包裹"，弥补和抵偿邻避设施带给他们的负外部性影响和对环境权益、资产权益的损害。"利益包裹"的确定需要运用公平科学的方式进行评估，即使邻避设施类 PPP 项目"物有所值"，又避免损害设施周边公众的利益，让项目顺利开展。美国一家智库"卡图研究院"提出补偿方案的"3R 原则"，第一是补偿原则，对于邻避设施由政府支付津贴作为补偿，用于提升当地社区的公益、环保、福利设施和服务；第二是多点原则，即邻避设施应具有多个选择点；第三是拍卖原则，就是将该项目加上津贴款项，在多个选定的地点中拍卖。

在实践中，各国确定邻避项目负外部性、确定经济补偿额度的方式，归纳起来有市场谈判、市场拍卖两种方式。

（1）市场谈判方式。邻避项目选址中通过谈判方式确定经济补偿在日本应用得非常广泛。

（2）市场拍卖方式。在这种方式下，政府鼓励社区自愿参加邻避项目的选址，提出承担邻避项目所需要的利益补偿。可能是直接的经济补偿，也可能是创造就业机会、推动产业发展、建设公共设施等方面的要求。卡图研究院[151]曾设计过"反向抬价拍卖模型"来治理邻避冲突的方案，按照这种模式，邻避项目的建设方和运营商根据参选社区的"标书"选择"报价"最低的社区。邻避项目的选址决策均基于公众自愿，把决策权交给社区公众，因此也就能避免"政府决策—项目上马—邻避冲突—项目下马"的命运。但采用这种方法有局限性，一是需要公众有较强的参与意识和理性，社区居民的组织化程度较高；二是需要地方政府和邻避项目的兴建企业是诚信的，其公布的有关邻避项目的危害等信息是真实可靠的；三是政府的立场必须是中立的、公正的。侯光辉[152]调研阿功卫垃圾焚烧厂和芜湖核电站时发现，面对邻避设施，周边的农民不反对搬迁，而是反对自己未被划入搬迁范围。搬迁意味着高额的经济诱因，宁愿让他们接受垃圾焚烧厂或核电站的风险，说明在合适的经济补偿体制下，他们是具有风险偏好的。因此用市场拍卖方式进行地点选择，在作用于这类社区居民时具有良好效果。

纽约州提供了一个自愿选址的成功例子。20 世纪 90 年代初，纽约州为所辖县市提供了一个建设固废填埋场的机会，一个拥有 1300 名居民的社区在自愿选址中积极回应。这个社区在建立新的填埋场时会得到 100 万～200 万美元的利益。所以，大部分居民感到建设固废填埋场比维持现状获得了改善 。志愿和竞争设场程序只是作为设场程序上的一种改进，它能够最大限度地实现较为广泛的公众参与，但实际上促使人们接受设施的还是项目自身所带来的利益。

当邻避设施在某地建成之后，便面临该区域环境补偿问题。

公众对风险认知程度越高的设施，补偿方式就越重要。常见的补偿类型包括按人口补偿、按房屋面积补偿和按照邻避设施运营量来补偿。

侯光辉调研阿功卫垃圾焚烧厂和芜湖核电站时发现，面对邻避设施，周边的农民不反对搬迁，而是反对自己未被划入搬迁范围。搬迁意味着高额的经济诱因，宁愿让他们接受垃圾焚烧厂或核电站的风险，说明在合适的经济补偿体制下，他们是具有风险偏好的。因此用市场拍卖方式进行地点选择，在作用于这类社区居民时具有良好效果。

（六）监管点六：编制项目物有所值评价报告和财政承受能力论证报告
监管[153~157]

物有所值，是指某个项目采用 PPP 模式的全生命周期成本，与传统模式下公共部门建设、运营下的总成本相比较后可以得到的价值增值。

物有所值评价则是用物有所值（VFM）作为评判指标，以判断是否采用 PPP 模式代替政府传统投资、建设和运营方式提供公共服务项目的一种评价方法。

项目识别阶段，物有所值评价方法包括定性评价法和定量评价法。

物有所值定性评价，一般采用专家评判法，按评价准备、组成专家组、设置评价指标、拟定评分标准、制作评价会议材料、召开专家组会议、形成定性评价结论等步骤实施。

物有所值定量评价是在假定采用 PPP 模式与政府传统模式产出绩效相同的前提下，对政府方净成本的现值（PPP 值）和公共部门比较值（PSC 值）进行比较，形成物有所值量值、物有所值指数。判断 PPP 模式能否降低项目全生命周期成本，认定通过或者未通过的定量评价方法。

在项目识别阶段进行物有所值评价的目的主要是为判断是否采用 PPP 模式、采用何种 PPP 运作方式等项目决策提供参考依据，同时也为项目全生命周期内风险分配、成本测算和数据收集等提供参考依据。

定性分析重点关注 PPP 项目采用 PPP 模式与采用政府传统模式相比能否增加公共供给、优化风险分配、提高效率、促进创新和公平竞争等，从项目规模、项目资产寿命、项目收益、项目融资可行性角度分析，项目采用 PPP 模式实施是否可行。

定量分析则主要对采用 PPP 模式与政府传统模式的资产负债率以及市场价值评估对比，判断项目全生命周期对政府资产负债的影响值以及 PPP 项目的付费机制与政府方的区间值。对项目全生命周期内可研方案报价与市场绩效值（影子报价）PPP 值的对比，判断采用 PPP 模式的关键控制绩效指标和选择社会资本方的评价指标，建立全生命周期成本管理的程序与结构。

财政承受能力论证：

咨询企业在执行财政支出能力论证之前，通常需要收集论证所需的相关资料。财政支出能力论证所需的相关资料主要包括：政府与社会资本合作相关法律法规、规章制度及政策；论证当地前五年一般公共预算收支情况，当年拟用于 PPP 项目预算支出情况；项目物有所值评价报告；其他相关项目的财政承受能力论证报告；财政部门（政府和社会资本合作中心）、相关行业主管部门以及项目实施机构与项目相关的申请文件及批复，以及相关会议纪要；其他相关资料。

依据 PPP 项目合同、PPP 项目实施方案等对政府支出责任进行合理识别。

各支出测算参考公式见表 3-4。

各支出测算参考公式 表 3-4

政府支出测算	公　式
股权投资支出	＝项目资本金×政府占项目公司股权比例
运营补贴支出	政府付费模式项目： 当年运营补贴支出数额＝$\dfrac{项目全部建设成本×（1＋合理利润率）×（1＋年度折现率）^n}{财政运营补贴周期（年）}$＋年度运营成本×（1＋合理利润率） 可行性缺口补助模式的项目： 当年运营补贴支出数额＝$\dfrac{项目全部建设成本×（1＋合理利润率）×（1＋年度折现率）^n}{财政运营补贴周期（年）}$＋年度运营成本×（1＋合理利润率）－当年使用者付费数额
风险承担支出	＝基本情景下财政支出数额×基本情景出现的概率＋不利情景下财政支出数额×不利情景出现的概率＋最坏情境下财政支出数额×最坏情景出现的概率
配套投入支出	＝政府拟提供的其他投入总成本－社会资本方支付的费用

根据 PPP 项目预算支出责任，评估 PPP 项目实施对当前及今后年度财政支出的影响；每一年度全部 PPP 项目需要从预算中安排的支出责任，占一般公共预算支出比例不超过 10％时，项目通过财政承受能力论证。

第二节　项目准备阶段的监管内容

一、监管内容识别与分析

PPP 项目准备阶段是指 PPP 项目发起之后到采购社会资本之前的阶段，主要从物有所值和财政承受的角度论证项目是否适合采用 PPP 模式以及 PPP 项目的实施策划情况。

在 PPP 项目准备阶段，项目实施机构组织编制项目实施方案，根据实施方案的内容，提请财政部门开展项目的物有所值评价和财政承受能力论证工作。因此本阶段的主要业务流程为俗称的"两评一案"：PPP 项目物有所值评价、财政承受能力论证、PPP 项目实施方案，以及"两评一案"的论证工作。目前看，项目准备阶段的业务流程及其监管体系如图 3-6 所示。

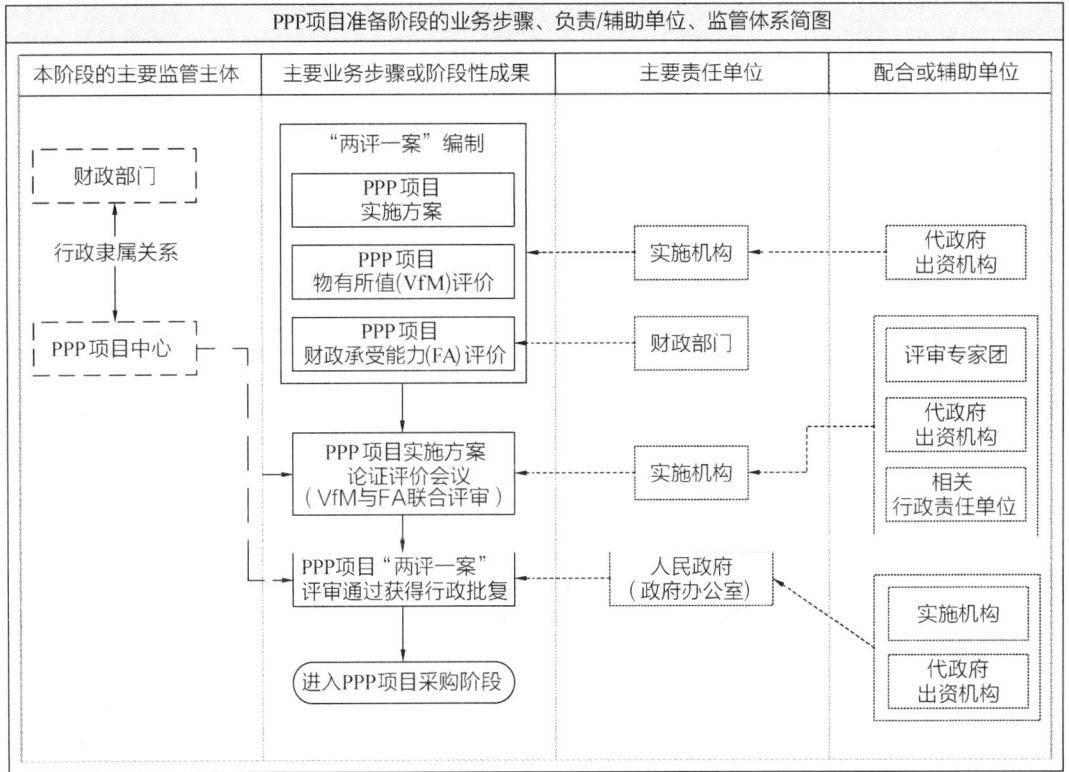

图 3-6 PPP 项目准备阶段业务流程和监管体系

基于图 3-6，结合 PPP 项目准备阶段情形，监管的重点为三个工作的成果性文件的审核和论证，具体为 PPP 项目实施方案、PPP 物有所值评价、PPP 财政承受能力论证的内容监管和论证程序的监管。

（一）PPP 项目实施方案监管

1. 传统监管方式的分析

（1）既有监管分析

PPP 项目实施方案通常包括以下内容：①项目概况；②风险分配基本框架；③项目运作方式；④交易结构；⑤合同体系；⑥监管架构；⑦采购方式选择；⑧财务测算。项目实施方案需要以项目立项阶段的项目建议书、可行性研究报告和初步实施方案为基础进行编制。对实施方案的监管方式为专家评审制，通过召开评审会邀请专家评审，评审应对项目实施方案进行物有所值和财政承受能力验证，通过验证的，由项目实施机构报政府审核；未能通过审核的项目，可在实施方案调整后重新审核；经重新验证仍不能通过的，不再采用 PPP 模式。地方政府或授权的实施机构可邀请相关部门和行业专家、法律专家、财务专家对实施方案进行审核，并按照要求对实施方案进行公示。

（2）既有监管问题分析

从交易成本角度分析，项目的复杂性增加信息的搜集成本、学习成本，而 PPP 项目多是跨领域、多部门的项目，尤其对于大型复杂的区域开发或者特色小镇类型的项目，面临产业和行业的复杂交织，为项目的论证带来困难，导致信息不对称情形更严重和交易成本的增加。

从项目治理的角度，由于 PPP 项目实施方案是对项目实施 PPP 模式的总体规划，从 PPP 项目治理层次看，方案制定的内容不仅包含项目前期且会对项目后期的实施影响重大，因此项目实施方案的内容跨越治理的多层次，涉及多个参与主体，而监管作为治理的手段，需在方案中做如实详尽的安排，复杂的项目治理层次要求方案评审人员具备专业性素养和多方面的知识领域，因此评审团规模的适度增加将有利于为项目提供专业的意见。

2. PPP 项目第三方监管分析

对于 PPP 实施方案的监督要在专家评审的基础上，扩大评审团的范围和规模，以确保方案的可实施性。要增加论证会议参与主体，不仅要邀请工程、技术、法律、金融、行业内相关专家对项目进行论证，还要邀请行业主管部门参与。鼓励地方政府建立 PPP 项目实施方案联审机制。按照"多评合一，统一评审"的要求，项目实施机构和有关行业主管部门，会同项目涉及的财政、发改、规划、国土、价格、公共资源交易管理、审计、法制等政府相关部门，对 PPP 项目实施方案进行联合评审。但是联合评审的各行业领域的主管与专家都是从各自的职权范围及各自的专业领域出发，而对方案的总体把控及全生命周期视角的把控上，仍然缺乏专业的监督者。

在各行政主管部门联合评审之前，可先组织相关专家进行评议或委托第三方专业机构出具评估意见，或在联合评审的过程中，增加第三方监管的发言及讨论环节。在此过程中，第三方监管机构对项目实施方案的监管，需要格外关注如下内容，如图 3-7 所示。

（二） PPP 项目物有所值评价监管

1. 传统监管方式的分析

（1）既有监管体系分析

物有所值评价包括定性和定量评价两种方式，评价的工作由财政部门（政府和社会资本合作中心）会同行业主管部门负责实施。

物有所值定性评价，一般采用专家评分法，主要流程为：首先进行评价准备工作，针对评价目的设置评价指标，拟定评价指标对应的评分标准，制作会议资料，邀请专家组成专家组；其次召开专家组会议，会上专家对此项目的评价指标进行打分。最后根据专家意见形成定性评价结论。物有所值定性评价重点关注项目采用 PPP 模式与传统采购模式相比能否增加供给、优化风险分配、提高运营效率、促进创新和公平竞争。

物有所值定量评价是在政府采用传统模式和采用 PPP 模式产出绩效相同的假设前提下，

PPP项目实施方案的监管要点

项目概况
(1) 项目各参与方身份以及项目所涉及的领域的预期要求是否符合国家和地方有关法律法规和规范性文件的要求
(2) 项目是否能够体现采用PPP模式的优势
(3) 项目是否技术可行、经济合理、社会效益良好
(4) 是否按照要求开展物有所值评价及财政承受能力论证,物有所值评价中价及财政承受能力论证所依据的关键数据及参数与实施方案项目资料数据及参数是否一致
(5) 项目公司股权结构的设置是否合理
(6) 注册资本金比例是否符合行业要求
(7) 融资贷款利率等是否符合当前实际利率水平

风险分配基本框架
(1) 是否全部指出PPP项目全生命周期的主要风险
(2) 项目风险是否按照风险分配优化、风险收益对等和风险可控等原则,在政府和社会资本间合理分配

采购方式选择
(1) 是否根据项目实际情况及特点选择恰当的采购方式
(2) 是否符合相关法律法规

财务测算
(1) 财务测算方法是否合理
(2) 参数选择是否正确
(3) 预测是否符合逻辑与客观事实
(4) 预测基础数据是否真实可靠
(5) 财务分析方法是否合适
(6) 计算是否错误等。还需要关注财务测算、财务安排、绩效付费所对应的财务安排体系,是否有利于社会资本发挥自身创造性,使其实际利润水平与经营水平直接相关,而非完全取决政府的付费安排

交易结构
(1) 是否设置中期调价机制
(2) 是否对调价触发条件进行了详细的说明
(3) 是否明确了调价机制运作的整个过程
(4) 调价机制是否存在免除社会资本风险的可能性
(5) 是否建立了合理的绩效考核机制及绩效指标
(6) 项目建设的配套条件、土地、水电、交通等是否具备、归属不具备,是否考虑了恰当的安排并明确了相关配套责任

监管架构
(1) 监管架构的设置是否合理
(2) 监管机制是否可行
(3) 是否考虑了公众的知情权
(4) 对涉及重大公共利益的产品或服务价格是否考虑了适当的监管
(5) 是否考虑对可能危害重大公共利益情形的监管及发生此时的处置预案

合同体系
(1) 项目合同体系的建立是否完整
(2) 交易条件边界、履约保障承诺、调整保障边界等安排是否明确
(3) 是否设置融资条件,回购保底承诺、回购安排等违约责任
(4) 对于涉及公共安全和公共利益的重大事项,政府是否拥有一票决权或由全体股东一致决议,是否合理限制了社会资本股权退出机制

项目动作方式
(1) 项目运作方式的选择是否合理、依据是否充分
(2) 项目方案各环节是否能够体现项目运行方式主要特点

图 3-7 PPP 项目实施监管要点

运用科学的计算方法，判定 PPP 模式能否降低项目全生命周期成本的评价方法。主要通过对比 PPP 模式下政府方净成本现值（PPP 值）和传统模式下公共项目比较值（PSC 值）的大小，以物有所值量值和物有所值指数两个判断指标反映出来。定量评价重点关注项目在采用 PPP 模式下比传统模式降低项目全生命周期成本的程度。

物有所值评价往往不只在项目准备阶段进行，如果条件具备，项目识别阶段也进行物有所值评价，而在项目采购、执行阶段也可进行物有所值评价工作。

PPP 物有所值评价报告的审核即是此阶段对其的监管，在这个过程中由各级财政部门会同同级行业主管部门根据实施方案审核物有所值评价报告，未通过的可调整实施方案再次审核。通常召开论证会议，专家对方案进行定性分析打分，并提出相应的意见。

（2）既有监管问题分析

基于信息不对称理论，政府监管者和被监管获取到的信息存在误差，监管者处于信息的劣势地位，导致目前我国有一部分 PPP 项目物有所值评价工作由于基础数据采集不真实而导致物有所值评价工作不充分、评价结果失实。而对物有所值评价的监管工作同样也因专业知识和经验的缺乏而并未将此类项目甄别出 PPP 项目的行列，反而为项目后期埋下隐含。

2. PPP 项目第三方监管体系分析

PPP 项目在此阶段引入第三方监管进行改进：

① 监管主客体：主体为 PPP 监管委员会和其委托的专业第三方机构。客体为物有所值评价报告。

② 监管内容：物有所值评价的真实性、可信度。审查项目是否进行定性评价和定量评价，评价方法是否科学合理，评价结果是否真实可信，评价方案是否可实施，评价的依据数据是否真实。

③ 监管方式：平行监督和监管。通过引入第三方监管机构进行专业监管，由第三方监管机构与 PPP 项目物有所值编制单位共同测算，实现平行监督和监管。在监管过程中主要关注点为物有所值评价的真实性、可靠性和科学性，主要监管物有所值能否真正实现，不流于形式。重点关注物有所值编写者能力和专业技能，以此来改善物有所值评价工作的质量。通过市场遴选机制，在选取的标准设置上，不仅能够基于项目实施方案出具物有所值评价报告，而且能够具备全过程咨询的能力，将物有所值评价一以贯之，识别阶段判定项目采用 PPP 模式的可行性，在准备阶段、采购阶段和执行阶段不断根据实际情况对物有所值评价进行调整和修改，使之适应 PPP 项目的实际情况，获取项目一线数据，达到真正意义上的物有所值，做到全过程、一揽子服务。

（三）PPP 项目财政承受能力论证监管

1. 传统监管方式的分析

（1）既有监管体系分析

财政部门根据《政府和社会资本合作项目财政承受能力论证指引》(财金〔2015〕21号)要求对 PPP 项目进行财政承受能力论证。财政承受能力论证的主要内容包括责任识别、支出测算、能力评估、报告编制及信息披露几个方面,主要目的是对部分政府付费或政府补贴的项目,识别测算全生命周期内的财政支出和政府或有债务,保证政府财政支出不得超过当年财政一般公共预算支出的一定比例(10%)。监管重点在于财政支出责任识别的全面性;股权投资支出、运营补贴支出、风险承担支出、配套投入支出责任计算方法的准确性;能力评估的均衡性以及信息披露的公开性。

财政承受能力论证报告的审核,是由财政部门出具财政承受能力论证报告的审核意见。

(2)既有监管问题分析

目前财政承受能力论证存在形式化和数字虚假性。财政承受能力论证的主要判别标准为每一年度所有 PPP 项目不能超过一般公共预算支出的 10%。但实际操作中,由于不同项目的财政承受能力论证工作都是分别由不同的实施机构和不同的第三方咨询单位进行测算,测算方法不同,每一年度的金额甚至都不相同,而在此基数不同的预测基础上得出的论证结果也不真实可信,这样导致财政承受能力论证形同虚设。

2. PPP 项目第三方监管分析

为解决财政承受能力论证中的问题,引入第三方专业监管。

(1)监管主客体

财政承受能力论证的监管主体为 PPP 监管委员会。监管客体为财政承受能力论证报告。

(2)监管内容和监管方式

财政承受能力论证的真实性、科学合理性,政府财政支出测算方法是否科学合理,测算的基数是否正确,支出责任是否超出标准。建立财政支出可视化动态监测平台,由专业第三方监管部门运用专业的知识技能,为当地财政部门进行合理论证,建立统一的财政支出测算标准和方法,根据当地的经济发展水平、产业政策、发展潜力以及接受转移支付的历史数据等因素统一构建本级政府所在区域内的一般公共预算支出模型,实现基数统一口径,增加财政支出预测的统一性、客观性及可信度。任何 PPP 项目政府支出责任纳入财政中长期预算管理,数据一旦录入,未来相应期限内的财政支出责任总额、财政可用余额立即能够呈现出来,这样便于监管机构实时掌握各级政府的财政承受能力状况,同时也促使政府更加谨慎识别 PPP 项目,及时清理和剔除一些假 PPP 项目。

(四) 小结

基于上述分析,可给出 PPP 项目准备阶段的第三方监管,具体如图 3-8 所示。

综上可知,在 PPP 项目准备阶段的监管内容主要包括成果文件型监管,成果文件型监管内容包括 PPP 项目实施方案、PPP 项目物有所值评价报告、PPP 项目财政承受能力

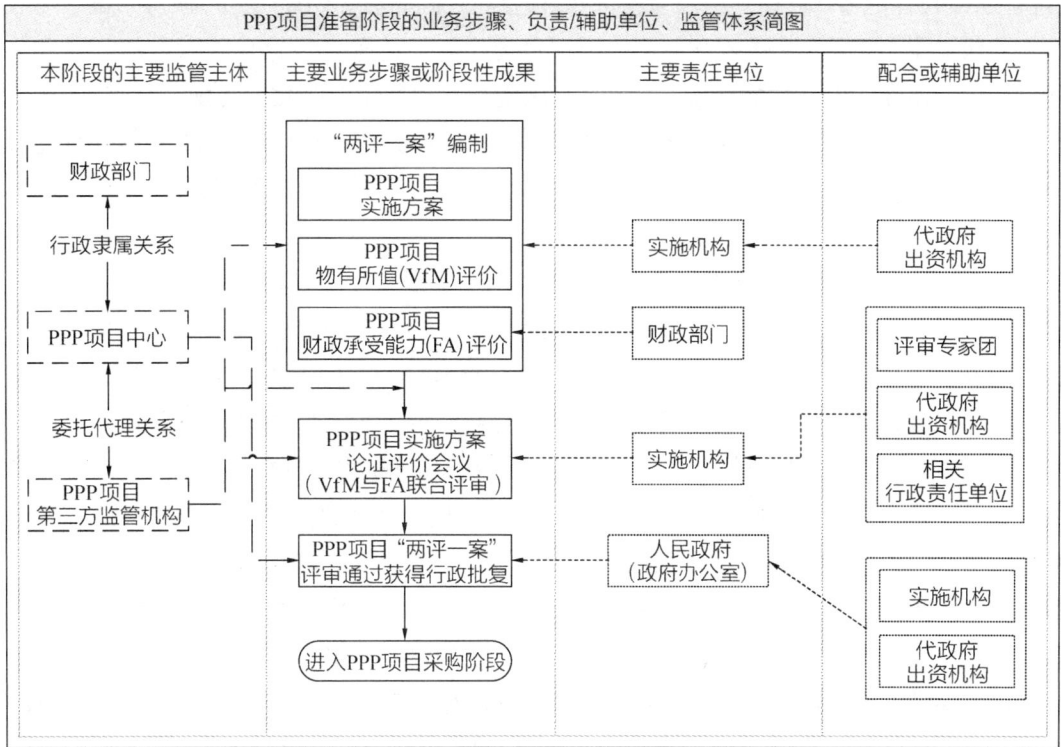

图 3-8 PPP项目准备阶段第三方监管

论证报告。

基于交易成本和信息不对称理论分析，PPP项目多是跨领域、多部门的项目，尤其对于大型复杂的区域开发或者特色小镇类型的项目，面临产业和行业的复杂交织，为项目的论证带来困难，导致信息不对称情形更严重和交易成本的增加，而这三个报告的监管工作如果都交由政府，势必造成交易成本陡增，且信息不对称的存在，可能还会造成逆向选择和道德风险，因此需要引入第三方监管，建立第三方监管体系，能够有效解决此阶段所暴露的信息失真、交易成本陡增、监管主体缺位等问题。

本阶段中第三方监管体系包含 PPP 项目实施方案、PPP 项目物有所值评价报告、PPP 项目财政承受能力论证报告。监管主体方面主要为 PPP 第三方监管机构，监管内容皆与 PPP 项目落地密切相关。在此阶段建立的第三方监管将弥补现有 PPP 项目监管的不足，完善我国 PPP 项目监管的体系。

二、本阶段关键监管点精析

（一）监管点一：实施机构的选择合规性监管[158～160]

实施机构是在 PPP 项目中代表政府方的主体，是公权力的代表，应该由具有公权力代表资格的政府机构出任。由于长期以来我国基础设施和公用事业供给领域形成的政企混合治理的局面得不到迅速的改善，政府和国有企业之间的边界模糊问题，使得大量基建项目的前期工作由国有企业承担和完成。当项目运作方式转换成 PPP 模式时，部分地方政府可能仍习惯性认为下属企业及国有企业应该变相参与其中并受政府支配，并把 PPP 项目简单视为任务的分配（主审），交由原先负责项目前期工作的国有企业或下属企业继续负责，后者自然"顺理成章"成为实施机构。然而，将国有平台公司或其他国有企业，定位为项目实施机构，是一种不规范的项目结构设计。

实施机构在 PPP 项目的整个实施过程中扮演十分重要的角色，监管框架之中除了建立协调机制外，还要设立项目实施机构，项目实施机构主要负责项目准备、项目采购、项目监管以及项目移交等。在项目准备阶段，项目实施机构主要负责编制项目实施方案或项目可行性研究报告，具体包括项目概况、风险分担与收益共享、项目运作方式、交易结构、合同体系以及监管架构。在项目采购阶段，项目实施机构要选择适当的采购方式、成立采购结果确认谈判工作组、对采购文件的澄清和修改、依据发布资格预审文件等。项目实施机构要对项目前期以及运营期进行监督管理和介入，以保证项目的执行以及质量。项目移交通常是指在项目合作期限结束或者项目合同提前终止后，项目公司将全部项目设施及相关权益以合同约定的条件和程序移交给政府或者政府指定的其他机构。在 PPP 项目移交前，通常需要对项目的资产状况进行评估并对项目状况能否达到合同约定的移交条件和标准进行测试。实践中，上述评估和测试工作通常由政府委托的独立专家或者由政府和项目公司共同组成的移交实施机构负责。因此，关于实施机构的选择一定要保证合理、合法合规。表3-5 是对相关政策文件中关于实施机构主体的相关规定。

相关政策文件中关于实施机构主体的相关规定　　　　　　　　　　表 3-5

文　　件	具体内容
《财政部关于印发政府和社会资本合作模式操作指南（试行）的通知》（财金〔2014〕113号）	第 10 条："县级（含）以上地方人民政府可建立专门协调机制，主要负责项目评审、组织协调和检查督导等工作，实现简化审批流程、提高工作效率的目的。政府或其指定的有关职能部门或事业单位可作为项目实施机构，负责项目准备、采购、监管和移交等工作"
《国家发改委关于开展政府和社会资本合作的指导意见》（发改投资〔2014〕2724号）	"按照地方政府的相关要求，明确相应的行业管理部门、事业单位、行业运营公司或其他相关机构，作为政府授权的项目实施机构，在授权范围内负责 PPP 项目的前期评估论证、实施方案编制、合作伙伴选择、项目合同签订、项目组织实施以及合作期满移交等工作"
《基础设施和公用事业特许经营管理办法》	第 14 条："县级以上人民政府应当授权有关部门或单位作为实施机构负责特许经营项目有关实施工作，并明确具体授权范围"
《关于组织开展第三批政府和社会资本合作示范项目申报筛选工作的通知》	附件 1：有下列情形之一的，不再列为备选项目：政府方：国有企业或融资平台公司作为政府方签署 PPP 项目合同的

（二）监管点二：实施方案的编制监管 [161~163]

根据《政府和社会资本合作模式操作指南（试行）》（财金〔2014〕113号文），实施方案通常应包括以下内容：项目概况、风险分配基本框架、项目运作方式、交易结构、合同体系、监管架构、采购方式选择等。实施方案体现PPP项目的核心条件，是政府审批决策的依据，也是PPP合作关系展开的基石。相比于识别阶段的初步实施方案，准备阶段的实施方案要求更高，不仅仅在于篇幅和章节的数量，而是在于以下几方面：

（1）初步实施方案，业主方或者实施机构在制作（或委托咨询机构制作）的过程中，仅仅针对项目本身进行考虑。而一个完善的实施方案需要将政府与潜在社会资本的意志相结合，满足双方的诉求，这样的方案才有落地实施的可能性；

（2）在财务分析方面，初步实施方案的数据来源和结论往往缺乏准确的依据，经不起推敲；但实施方案必须综合考虑具有法律效力的《项目建议书》和《可研》，并根据调研的情况对相关数据进行修正，以确保方案符合客观实际；

（3）初步实施方案的通过意味着项目进入了准备阶段，实施方案的通过则意味着项目进入了采购阶段，直接面对的就是选择投资人、商谈条件。因此实施方案的体系应当是比较完善的，综合考虑到了风险分配、合同体系、监管架构等，部分条件如项目范围、收益回报机制等必须明确，否则将为采购阶段带来巨大的不确定性，不利于选择适当的合作方。

实施方案的审核，根据《关于印发政府和社会资本合作模式操作指南（试行）的通知》（财金〔2014〕113号）号文的规定，编制主体为政府或其指定的有关职能部门或事业单位，审核主体为政府方，一般为财政部门或"政府和社会资本合作（PPP）中心"。为提高工作效率，财政部门应当会同相关部门及外部专家建立PPP项目的评审机制，从项目建设的必要性及合规性、PPP模式的适用性、财政承受能力以及价格的合理性等方面，对项目实施方案进行评估，确保"物有所值"。评估通过的由项目实施机构报政府审核，审核通过的按照实施方案推进。实施方案的编制要根据国家项目管理规则，咨询企业接受政府、项目实施机构或社会资本的委托，对PPP项目实施方案进行评审。评审应对项目实施方案进行物有所值和财政承受能力验证，通过验证的，由项目实施机构报政府审核；未通过验证的，可在实施方案调整后重新验证；经重新验证仍不能通过的，不再采用PPP模式。通过验证的实施方案经项目实施机构报地方政府进行方案审核，经过审批后才能组织实施。地方政府或授权的PPP项目工作小组可邀请相关部门和行业专家、法律专家、财务专家对实施方案进行审核，并按照要求对实施方案进行公示。

表3-6是对相关政策文件中关于实施方案编制的相关规定。

文　件	具体内容
《政府和社会资本合作模式操作指南（试行）》（以下简称"财金〔2014〕113号文"）	第10条：县级（含）以上地方人民政府可建立专门协调机制，主要负责项目评审、组织协调和检查督导等工作，实现简化审批流程、提高工作效率的目的。政府或其指定的有关职能部门或事业单位可作为项目实施机构，负责项目准备、采购、监管和移交等工作。 第11条：项目实施机构应组织编制项目实施方案，依次对以下内容进行介绍： 第15条：第十二条财政部门（政府和社会资本合作中心）应对项目实施方案进行物有所值和财政承受能力验证，通过验证的，由项目实施机构报政府审核；未通过验证的，可在实施方案调整后重新验证；经重新验证仍不能通过的，不再采用政府和社会资本合作模式
《基础设施和公用事业特许经营管理办法》	第10条：特许经营项目实施方案应当包括以下内容： （一）项目名称； （二）项目实施机构； （三）项目建设规模、投资总额、实施进度，以及提供公共产品或公共服务的标准等； （四）投资回报、价格及其测算； （五）可行性分析，即降低全生命周期成本和提高公共服务质量效率的分析估算等； （六）特许经营协议框架草案及特许经营期限； （七）特许经营者应当具备的条件及选择方式； （八）政府承诺和保障； （九）特许经营期限届满后资产处置方式； （十）应当明确的其他事项
《国家发改委关于开展政府和社会资本合作的指导意见》（发改投资〔2014〕2724号）	第4条第（二）款规定按照地方政府的相关要求，明确相应的行业管理部门、事业单位、行业运营公司或其他相关机构，作为政府授权的项目实施机构，在授权范围内负责PPP项目的前期评估论证、实施方案编制、合作伙伴选择、项目合同签订、项目组织实施以及合作期满移交等工作

（三）　监管点三：　项目绩效考核机制可行性监管[164~168]

PPP项目的特殊性决定了PPP项目绩效评价与一般的政府投资项目或传统建设项目绩效评价有所不同。Terry Fenrick在1995年提出了"3E"评价准则，即经济性（Economy）、效率性（Effectiveness）和效果性（Efficiency），该准则被用于传统公共项目的财政绩效评价。目前针对PPP项目的特殊性，有学者提出了绩效评价的"4E"原则，在3E的基础上加上了社会公平（Equity）。PPP项目绩效评价是在项目确定实施PPP模式之后，从项目干系人——项目投资人、承包商、项目施工方、供应商等，政府部门、社会公众等的项目干系人要求和关心的项目目标利益出发，对项目实施、运营相关的经济、社会、风险分担、环境和技术等各方面因素，从项目投入、过程控制、结果、影响等角度进行全面和客观的评价。经济性是指项目获取利润及花费成本的合理性；效果性是指项目产出带来的实际影响，即客观的成功；效率性是资源的有效利用，即项目实施过程中投入产出比；而公平是一方面考虑利益相关者的满意度，另一方面考虑社会效益与可持续发展。

PPP 项目持续周期长，PPP 项目的绩效评价分为三阶段进行。在项目准备阶段是建设完成后进行项目的前期绩效评价，主要针对项目前期立项、设计、招标及施工阶段指标的评价。通过此阶段绩效评价，可在运营阶段作出控制运营成本、改革管理方法、调整设备维护期等措施，有效提升项目运营阶段的品质。

项目建设阶段的管理绩效监管，包括对质量、成本、进度等方面的监管；第二是项目运营阶段的运营绩效监管，包括质量、价格、服务水平和财务等方面的监管，保证 PPP 项目建设和运营过程中公共产品的质量和服务的效率；第三是对资金支付的监管，建立资金共管账户；第四是项目移交阶段的移交绩效的监管，包括移交范围的监管、资产的评估和性能测试等方面的监管。

监管内容：做好四控（投资控制、进度控制、质量控制、安全控制），保障工程能按质按量施工，如期交付使用；做好两管（合同管理、信息管理），既能对合同履约情况进行过程化管理，又能保障信息的存储、传递、共享的安全性和效率；一协调（协调项目各方资源），在建设过程中实现参建各方的有效沟通、有序协同，协调项目各方资源实现项目建设目标。

监管指标：投资（价款调整管理：变更、调价、索赔、签证、进度款审批与支付管理、工程结算管理）、进度（年度投资计划，项目进度计划，里程碑进度计划，形象工程进度计划）、质量（工程报监备案，质量问题跟踪，工程报验，主材设备管理）、安全（安全问题跟踪，事故处理记录）、合同管理（合同登记，补充合同，合同支付）。因此，在对 PPP 项目进行绩效评价时，一方面不能通过综合单一结果的进行评价，而是要通过"4E"原则反映项目真实结果；另一方面是通过项目逻辑流程进行实质性的系统评价，从项目投入、项目过程、项目结果、项目影响这一投入产出的逻辑体系去系统性的考核项目，进行项目绩效评价的改进和提高，提高项目的执行效率。

根据《关于规范政府和社会资本合作（PPP）综合信息平台项目库管理的通知》（财办金〔2017〕92 号），严格新项目入库标准，存在下列情形之一的项目，不得入库：

"（三）未建立按效付费机制。包括通过政府付费或可行性缺口补助方式获得回报，但未建立与项目产出绩效相挂钩的付费机制的；政府付费或可行性缺口补助在项目合作期内未连续、平滑支付，导致某一时期内财政支出压力激增的；项目建设成本不参与绩效考核，或实际与绩效考核结果挂钩部分占比不足 30％，固化政府支出责任的。"

基于上述文件规定，则在准备阶段，"两评一案"编制时，要重点关注项目的风险分配和绩效考核，风险分配是否合理，绩效考核机制是否具有可操作性，是否符合相关政策规定，见表 3-7。

文 件	具体内容
国家发展改革委《关于开展政府和社会资本合作的指导意见》（发改投资〔2014〕2724号）	第5条：五、提升专业能力……绩效评价。项目实施过程中，加强工程质量、运营标准的全程监督，确保公共产品和服务的质量、效率和延续性。鼓励推进第三方评价，对公共产品和服务的数量、质量以及资金使用效率等方面进行综合评价，评价结果向社会公示，作为价费标准、财政补贴以及合作期限等调整的参考依据。项目实施结束后，可对项目的成本效益、公众满意度、可持续性等进行后评价，评价结果作为完善 PPP 模式制度体系的参考依据
财政部《政府和社会资本合作模式操作指南（试行）》（财金〔2014〕113号）	第二十六条 项目实施机构应根据项目合同约定，监督社会资本或项目公司履行合同义务，定期监测项目产出绩效指标，编制季报和年报，并报财政部门（政府和社会资本合作中心）备案。政府有支付义务的，项目实施机构应根据项目合同约定的产出说明，按照实际绩效直接或通知财政部门向社会资本或项目公司及时足额支付
财政部《政府和社会资本合作项目财政管理暂行办法》（财金〔2016〕92号）	第二十七条 各级财政部门应当会同行业主管部门在 PPP 项目全生命周期内，按照事先约定的绩效目标，对项目产出、实际效果、成本收益、可持续性等方面进行绩效评价，也可委托第三方专业机构提出评价意见

（四）监管点四：项目风险分配方案合理性监管 [169~171]

财政部印发的《PPP 项目合同指南（试行）》（财金〔2014〕156 号）规定，PPP 项目合同的目的就是要在政府方和项目公司之间合理分配风险，明确合同当事人之间的权利义务关系，以确保 PPP 项目顺利实施和实现物有所值。在设计 PPP 项目合同条款时，要始终遵循上述合同目的，并坚持风险分配的下列基本原则：

（1）通常由政府方承担的风险，包括：①土地获取风险（在特定情形下也可能由项目公司承担）；②项目审批风险（根据项目具体情形不同，可能由政府方承担，也可能由项目公司承担）；③政治不可抗力（包括非因政府方原因且不在政府方控制下的征收征用和法律变更等）。

（2）通常由项目公司承担的风险，包括：①如期完成项目融资的风险；②项目设计、建设和运营维护相关风险，例如完工风险、供应风险、技术风险、运营风险以及移交资产不达标的风险等；③项目审批风险（根据项目具体情形不同，可能由政府方承担，也可能由项目公司承担）；④获得项目相关保险。

（3）通常由双方共担的风险：自然不可抗力。

PPP 项目合作周期长，合同签订时不确定因素较多，建立完善的风险分配机制尤为重要：

① 建立针对整个项目周期的动态风险管理理念。

PPP 项目的整个寿命周期都有发生风险的可能，每个阶段的风险也都不是独立存在的，可能会影响到其他阶段，需要被整体管理。PPP 模式目前的风险分配机制中没有对共同承担的风险需要按照承担风险的比例来进行风险承担的收益分配或对其进行补偿的问题进行具体的分析与引导，同时对发生的不确定风险没有给出解决方法。因此，在 PPP 模式中进行风险分配时，对于现存的风险分配机制要加以补充，对于风险的分配，在预期的风险之外，要允许针对不确定风险进行动态调整，对其所产生的收益或需要的补偿进行动态分析。

② 对 PPP 项目风险建立专门的风险系统管理机构。

良好的风险分配管理需要专门的管理机构。管理部门应为项目建立专门的风险评估模型、确定风险承担、解决和控制能力，做好风险评估与控制。例如可以建立网络信息部门，利用网络信息技术等手段对 PPP 项目风险进行监控，对风险分配进行动态调整，对风险所带来的收益和所造成的损失进行动态分配。

③ 签订项目合同时允许设置动态条款。

签订项目合同时应按照具体情况允许设置动态条款。在项目实施过程中，各个环节的实施都存在不确定性，应允许按照实际发生的风险进行条款调整，以保障合作双方的基本权利和义务分配的平衡。

PPP 项目普遍生命周期长，有的可达到三十年的特许经营期，在如此长的周期内，很可能由于政治、技术等因素变动而导致不可预见的风险发生，这既包括不利于项目实现的负面因素带来的各项成本增加等，也可能包括有利于项目的积极因素而带来的成本减少或利润增加。因此，PPP 模式下，项目风险合理分配是成败的关键因素，也是公共部门和私人部门合作谈判的焦点之一。

PPP 模式下，为保证公共部门和私人部门权利义务的平衡，在分配风险时，应该按照风险分配的基本原则，且在合同中还应该设置动态条款，允许出现不确定风险时，对风险进行再分配。公共部门和私人部门应该针对项目风险共同建立统一管理监控机构和理念，采用有效的管理措施和技术手段，对风险分配进行动态管理，以保证项目的正常进行。

具体 PPP 项目的风险分配需要根据项目实际情况，以及各方的风险承受能力，在谈判过程中确定，在实践中不同 PPP 项目合同中的风险分配安排可能完全不同。相关政策文件中关于项目风险分配的相关规定见表 3-8。

相关政策文件中关于项目风险分配的相关规定　　　　表 3-8

文　件	具体内容
《PPP 项目合同指南（试行）》	第三章第十一条规定了 PPP 项目的风险分配基本框架：即按照风险分配优化、风险收益对等和风险可控等原则，综合考虑政府风险管理能力、项目回报机制和市场风险管理能力等要素，在政府和社会资本间合理分配项目风险。原则上，项目设计、建造、财务和运营维护等商业风险由社会资本承担，法律、政策和最低需求等风险由政府承担，不可抗力等风险由政府和社会资本合理共担
《关于加强中央企业 PPP 业务风险管控的通知》（国资发财管〔2017〕192 号）	对中央企业参与 PPP（政府与社会资本合作）业务提出了更严格的风控要求

文　件	具体内容
财政部《政府和社会资本合作项目财政管理暂行办法》（财金〔2015〕109号）	政府应将PPP项目物有所值评价报告、财政承受能力论证报告、采购文件、合同文本等重要资料和数据录入财政部政府和社会资本综合信息平台。实务中，社会资本方无法直接查询本级政府参与的其他PPP项目及有关财政预算支出负担情况，无法确认因所拟投项目的增加是否触碰了本级政府一般公共预算支出10%的红线，故应要求政府方进行全面准确的信息披露并在协议中设置有关风险防范条款

（五）监管点五：政府变相兜底行为监管[172~174]

PPP项目要求风险在政府和社会资本之间合理分担，要求政府按效付费，严禁固化政府支出责任，因此要重视对实施方案中是否存在"明股实债"、"固定回报"、"回购安排"、"保底承诺"等违规做法进行监管，其中：

明股实债：是指投资回报不与被投资企业的经营业绩挂钩，不是根据企业的投资收益或亏损进行分配，而是向投资者提供保本保收益承诺，根据约定定期向投资者支付固定收益，并在满足特定条件后由被投资企业赎回股权或者偿还本息的投资方式，常见形式包括回购、第三方收购、对赌、定期分红等。

固定回报：是在政府和社会资本之间的概念，是从社会资本的角度来看待的。判断的要点是除社会资本投入的资金外，从政府方获得的额外收益，是否是固定的，是否承担了对应的风险。

回购安排：在PPP项目合同中约定一定期限后由政府方股东或政府指定机构以事先约定好的回购价款回购项目公司股东股权，回购安排的回购价款是事先约定好的固定金额。

保底承诺：其表现形式是政府为推动项目，社会资本为控制风险的目的下，政府可能为社会资本出具承诺函、担保函等文件，从政策优惠、股权回购、债务保证等多个方面给予社会资本以"兜底担保"。

为避免出现上述违规行为，可以采用以下几种方法：

（1）强化项目公司治理体系

政府可通过修改目标公司章程的方式，介入公司董事会，强化对于项目公司日常经营行为的监管，实质上行使股东对于目标公司重大经营事项的知情权、管理权。

（2）原有股东增信措施

政府可以与项目公司社会资本明确约定退出时的股权转让价格条款，从而实质上获得回报保障，同时要求社会资本对于股权回购提供一定的履约担保，全面保障自身的固定收益回报的顺利实现。

（3）设置股权保障条款

在合作协议中，政府可以与社会资本约定相应的保障投资方股权安全性的条款，例如可以设置反稀释条款，以避免社会资本通过低价引入新股东或者低价引入关联方对政府的股权进行稀释；或者设置领售权、随售权条款，最大限度保全投资方退出时的便捷性和安全性。

（4）约定优先清算权利

政府可以与目标公司原有股东约定，如目标公司进入清算阶段，则政府方应优先于原有社会资本获得受偿，从而保障投资方的股权权益，减少损失。

相关政策文件中关于政府变相兜底等的相关规定见表 3-9。

相关政策文件中关于政府变相兜底等的相关规定　　　　　　　　表 3-9

文　件	具体内容
《财政部关于进一步做好政府和社会资本合作项目示范工作的通知》（财金〔2015〕57 号文）	严禁通过保底承诺、回购安排、明股实债等方式进行变相融资，将项目包装成 PPP 项目
《关于加强地方政府性债务管理的意见》（简称"43号文"）	剥离融资平台公司政府融资职能
《关于加强地方政府性债务管理的意见》（简称"6号文"）	不得违规新增地方政府融资平台贷款，严禁接受地方政府担保兜底

（六）　监管点六：　PPP 项目关键参数设置监管 [175～178]

根据财政部于 2015 年 6 月 25 日印发的《关于进一步做好政府和社会资本合作项目示范工作的通知》（财金〔2015〕57 号）的规定：政府和社会资本合作期限原则上不低于 10年。社会资本的目标是追求自身利益最大化，重点关注核心参数指标的设置，这些指标决定了社会资本的利润。合作期、合理利润率、折现率等指标的设置与项目所处的地区、行业有关，具体的：

1. 合作期

PPP 项目的合作期限，属于 PPP 项目合同中的必备条款，也属于关键条款。对于如何设定 PPP 项目的合作期限，不仅需要根据相关政策规定做到合规性，也需要结合具体的 PPP 项目做到合规性。

（1）PPP 最小合作期限的合规性

《关于进一步做好政府和社会资本合作项目示范工作的通知》（财金〔2015〕57 号）的规定：政府和社会资本合作期限原则上不低于 10 年，主要针对申报财政部 PPP 示范项目提出相应的要求，对于不作为示范的 PPP 项目，合作期限是可以低于 10 年的。在财政部于 2014 年 11 月 29 日印发的《财政部关于印发政府和社会资本合作模式操作指南（试行）的通知》（财金〔2014〕113 号）附件 2 对不同运作模式的 PPP 项目的合作期限，作出如此规定："8. 委托运营（Operations & Maintenance，O&M）。合同期限一般不超过8 年。9. 管理合同（Management Contract，MC）。管理合同通常作为转让-运营-移交的过渡方式，合同期限一般不超过 3 年。10. 建设-运营-移交（Build-Operate-Transfer，

BOT）。合同期限一般为 20～30 年。11. 建设-拥有-运营（Build-Own-Operate，BOO），由 BOT 方式演变而来……一般不涉及项目期满移交。12. 转让-运营-移交（Transfer-Operate-Transfer，TOT）。合同期限一般为 20～30 年。13. 改建-运营-移交（Rehabilitate-Operate-Transfer，ROT）。合同期限一般为 20～30 年。"综上，注意到财金〔2014〕113 号是针对所有的 PPP 项目，除了委托运营（O&M）和作为过渡方式的管理合同（MC）的合作期限低于 10 年外，其余方式"合同期限一般为 20～30 年"，但财金〔2015〕57 号文晚于财金〔2014〕113 号文发布，并将"合同期限一般为 20～30 年"调整为"原则上不低于 10 年"。

（2）PPP 项目最大合作期限的合规性

除了前述财金〔2015〕57 号文和财金〔2014〕113 号文对合作期限的"原则上不低于 10 年"和"合同期限一般为 20～30 年"的原则性规定外，在国家发展和改革委员会、财政部、住房和城乡建设部、交通运输部、水利部、中国人民银行于 2015 年 4 月 25 日联合发布的《基础设施和公用事业特许经营管理办法》（国家发展改革委等 6 部委令第 25 号）第六条规定："基础设施和公用事业特许经营期限应当根据行业特点、所提供公共产品或服务需求、项目生命周期、投资回收期等综合因素确定，最长不超过 30 年。对于投资规模大、回报周期长的基础设施和公用事业特许经营项目（以下简称'特许经营项目'）可以由政府或者其授权部门与特许经营者根据项目实际情况，约定超过前款规定的特许经营期限。"因此，在满足特定条件下，PPP 项目的合作期限也是可以超过 30 年的。

（3）PPP 项目合作期限的合理性

根据财政部于 2014 年 12 月 30 日印发的《财政部关于规范政府和社会资本合作合同管理工作的通知》（财金〔2014〕156 号）附件《PPP 项目合同指南（试行）》的规定："项目的合作期限通常应在项目前期论证阶段进行评估。评估时，需要综合考虑以下因素：A 政府所需要的公共产品或服务的供给期间；B 项目资产的经济生命周期以及重要的整修时点；C 项目资产的技术生命周期；D 项目的投资回收期；E 项目设计和建设期间的长短；F 财政承受能力；G 现行法律法规关于项目合作期限的规定。"

因此，在设置具体的 PPP 项目的合作期限时，须根据 PPP 项目的具体特点，从财政部《PPP 项目合同指南（试行）》所规定的 7 个因素中，综合合理考虑设置。

2. 折现率

折现率是指将未来有限期预期收益折算成现值的比率。反映的是货币的时间价值；也是投资者在风险一定的情况下，所期望的投资回报率，反应货币的风险价。

根据《政府和社会资本合作项目财政承受能力论证指引》（财金〔2015〕21 号文），年度折现率应考虑财政补贴支出发生年份，并参照同期地方政府债券收益率合理确定；合理利润率应以商业银行中长期贷款利率水平为基准，充分考虑可用性付费、使用量付费、绩效付费的不同情景，结合风险等因素确定。折现率的确定原则：

折现率的确定应体现这些因素。具体的确定原则如下：

（1）折现率必须高于无风险报酬率

无风险报酬率通常以政府发行的国库券利率、银行储蓄作为参考。折现率高于无风险利报酬率的部分即风险报酬率。

（2）折现率应体现投资回报率

在存在正常的资本市场和产权市场的条件下，任何一项投资的回报不应低于该投资的机会成本，同时资产评估中的折现率反映的是资产的期望收益率。收益率与投资风险成正比，风险越大，期望收益越高；风险越小，期望收益也少。

（3）折现率与所选收益额的计算口径相匹配

在评估实务中，收益额可以因评估目的不同而采用不同的计算口径，如采用净利润、净现金流量等。在预计资产的未来现金流量时已经对资产特定风险的影响做了调整，估计折现率时不需要考虑这些特定风险；如果用于估计折现率的基础是税后的，应当将其调整为税前的折现率。针对不同的收益额进行评估时，只有将收益额与折现率之间计算口径相匹配，才能保证评估结果的合理性。

（4）折现率要能够体现资产的收益风险

一定的资产收益是与一定的资产风险相伴随的，资产未来收益额的不确定性就是资产的收益风险。而且，这种不确定性往往会给投资者带来难以估计的后果。如果两项资产未来能创造等量的收益，但它们可能承担的风险会不一样，这与资产的使用者、使用条件、使用用途密切相关，对这两项资产的评估当然应采用不同的折现率，才能得到切合实际的评估效果。这也体现了资本市场高风险、高回报的市场法则。因此折现率的选取应体现资产的收益风险。

3. 合理利润率

《政府和社会资本合作项目财政承受能力论证指引》（财金〔2015〕156号）在"第三章 支出测算"中提到"合理利润率应以商业银行中长期贷款利率水平为基准，充分考虑可用性付费、使用量付费、绩效付费的不同情景，结合风险等因素确定"。合理利润本质上应该是由市场竞争获得的，但需要政府的正确引导，也就是在项目前期准备阶段，咨询机构应配合政府方对项目的条件做出充分的研究与判断，给出预期合理利润的空间范围，并以此设计竞标标的与竞标方案，鼓励市场投资人参与竞标，形成市场化的合理利润。在实施方案编制时，合作期、合理利润率、折现率等指标的设置可以采用大数据分析的方法，即参考政府和社会资本合作中心CPPPC项目库中同一地区相似项目的指标；设置多种方案分别进行测算，从中选择最优的方案。

（七）监管点七： PPP项目股权结构设置监管[179~182]

现阶段我国PPP项目大多由政府发起，所以在PPP项目准备阶段关于项目公司股权的设计一般以政府方为主导。政府对股东的选择更多地倾向于选择施工、运营一体化的企业作为社会资本，即倾向于选择单一股东来源，形成"A＋B"股权结构，所以在准备阶段的股权结构设计上，政府的主观意愿发挥着较为强大的作用。我国 PPP 项目公司的股东常见类型有：专业金融投资机构；掌握关键技术和具有行业经验的专业技术或管理公司；总承包商；政府和公共部门等。

在 PPP 项目实践中，PPP 项目的发起人通常不会直接作为 PPP 项目的实施主体，一般是以股东身份设立项目公司作为项目的实施载体，负责项目具体投融资、建设和运营，而项目公司股权结构是影响项目实施效率的重要因素。各股东之间的权益比例体现其对项目短期的利益或战略目的，以及项目融资有限追索、风险分担、税务亏损优惠和会计处理方面的综合考虑。

在项目公司股权比例设置的方面，目前各种文件对于 PPP 项目公司的股权比例设置尚没有具体规定，但一般而言政府不得控股，针对 PPP 项目目前的处境和社会现实，我们认为在设立 PPP 项目公司时，股权比例的确定应从以下方面考虑。

1. 政府监管与股权比例的关系

过往的基础设施建设，往往采取 BT 模式进行，社会资本单独成立项目公司独立运作项目，政府仅负责监管和接收，但在项目过程和移交中，社会资本往往遇到的阻力和困难较多。

但在 PPP 模式下，对于一些公用事业领域，其本就是政府职责的一部分，若政府与社会资本共同出资成立项目公司，一方面可以发挥政府在政策制定、管理控制、规范市场行为等方面的作用，另一个方面还可以达到风险共担，降低社会资本风险，提高公共服务质量的目标。

2. 政府的财政承受能力与股权比例的关系

在实践操作中，不少 PPP 项目会采用政府持股的方式，但是否能控股，持股比例多少往往需要对政府的财政投资能力进行考量，这也是财政承受能力评价和物有所值评价的价值所在。

当前地方政府债务普遍存在且负担较重，且准经营性项目和经营性项目较多，对于城建基础设施建设的公益性项目仍需政府通过财政或举债的方式筹措资金，实现新型城镇化的建设。故对于此类公益性项目，社会资本与政府间的持股比例，更多的将受到地方政府项目资本金的限制，即政府可以承受的出资将决定项目公司的股权比例。

3. 关乎国家安全的特殊行业与股权比例的关系

查阅亚洲开发银行编制的《公私合作（PPP）手册》会发现，全球范围内采用 PPP 模式的项目几乎包括所有的基础设施行业和新城开发项目。而我国《外商投资产业指导目录》（2015 年修订）中规定，有些可采用 PPP 模式的行业必须中方控股，比如电网的建设、经营；城市人口 50 万以上的城市燃气、热力和供排水管网的建设、经营；铁路旅客运输公司等。随着越来越多的国外投资者关注并进入我国的基础设施行业，在特定行业的具体项目中，外资所占股权比例有相应的合规要求，一般都需要地方政府进行控股。

4. 市场接受度与股权比例的关系

对于政府而言，项目的股权参与度需要慎重考虑社会资本的接受度和意愿，政府应更多地参与到市场化进程中来，否则可能会出现不被市场接受，社会资本不愿参与投资的情况。

综上所述，在 PPP 项目中，对于项目公司的股权结构设计上没有出现普适性的规则，各地政府需综合考量以上因素，并充分参与到市场中来，做出合理的结构设计和权利义务安排。

根据财政部《关于规范政府和社会资本合作合同管理工作的通知》（财金〔2014〕156号），附件《PPP 项目合同指南》，政府在项目公司中的持股比例应当低于 50％且不具有实际控制力即管理权。

根据《国务院关于调整和完善固定资产投资项目资本金制度的通知》（国发〔2015〕51 号），对各行业固定资产投资项目的最低资本金比例进行了规定，资本金由政府和社会资本根据各自的股权比例进行出资，政府方股权占比越高，社会资本资本金压力相对较低，因此社会资本可能要求政府提高出资比例，因此在实施方案中要合理设置项目公司的股权结构，充分考虑各方需求。

（八）监管点八：PPP 项目实施方案审核监管 [183~185]

PPP 项目全生命周期主要包括项目前期准备阶段、竞争性选择社会投资人阶段、合同执行阶段、终止及移交阶段。目前咨询机构提供的 PPP 咨询主要涉及前两个阶段，通常由政府方聘请专业咨询公司研究项目边界条件，对项目投融资结构、交易结构进行设计，完成物有所值、政府付费额及财政承受能力论证，然后着手编制项目 PPP 实施方案并经常委会审议通过，进而开展社会投资人竞争性采购。基于上述，则 PPP 项目实施方案的审核要点如下：

1. 明确项目基本情况及 PPP 合作内容

根据业主提供的项目方案、总平面布置图、技术指标、相关会议纪要、文件等基础资料了解项目基本情况（投资规模及结构、建设期、特许经营期等）及进展情况（项目土地、选址、立项、设计等进展）。同时理清项目边界条件及项目产品（产出）内容，编制项目产出一览表（含相关资产、设施及配套服务），确定 PPP 合作内容。

2. 确立项目实施机构及社会投资人介入模式

PPP 项目通常由市（区）政府发起，授权行业或行政主管部门（交通局、卫生局、住建局、管委会等）为项目实施机构，委托政府城投公司、控股集团等国有公司为政府方出资代表，以约定的股权比例与社会投资人共同出资组建项目公司，也可以由社会投资人单独出资成立项目公司，确定项目公司注册资本及项目资本金。

根据《关于规范政府和社会资本合作合同管理工作的通知》（财金〔2014〕156 号）附件《PPP 项目合同指南》要求，政府在项目公司中的持股比例应当低于 50％，且不具有实际控制力及管理权。具体比例的确定，可经过市场测试，向潜在感兴趣的社会投资人充分摸底，在综合考虑社会投资人预期及体现政府方对项目重视程度及"诚意"的基础上确定，通常政府方比例控制在 0～20％，或固定出资额。同时，需明确项目资本金、贷款比例、利息测算方法及除注册资本以外的资本金来源方式。

3. 设计项目运作方式及交易结构

（1）运作方式

政府投资项目基本分为经营性、准经营性项目、非经营性三大类。

经营性项目：具有明确的收费基础，并且经营收费能够完全覆盖投资成本的项目，可通过政府授予特许经营权，通常采用建设-运营-移交（BOT）、建设-拥有-运营-移交（BOOT）等模式推进。

准经营性项目：经营收费不足以覆盖投资成本、需政府补贴部分资金或资源的项目，可通过政府授予特许经营权附加部分补贴或直接投资参股等措施，通常采用建设-运营-移交（BOT）、投资-建设-运营-移交（IBOT）、建设-拥有-运营（BOO）等模式推进。

非经营性项目：缺乏"使用者付费"基础，主要依靠"政府付费"回收投资成本的项目，可通过政府购买服务，通常采用建设-拥有-运营（BOO）、委托运营（OM）等市场化模式推进。

不同行业类型的项目需采用不同的运作模式，同行业项目也因为项目的特点和性质的差异而采用不同的运作模式，需具体问题具体分析。以医院类项目为例，由于其运营设施分医疗设施与非医疗设施两部分，其中，医疗设施运营需由专业医疗机构负责，该点对社会投资人提出了一定的限制或者说拓展了项目参与主体。如河南省荥阳市人民医院项目采用"投资、建设、运营一体化＋政府购买服务"的运作模式、独山县人民医院及中医院迁建项目采用 BOO 模式，香港大学深圳医院采用 OM 模式等。

（2）交易结构

PPP 项目投资主体为保证预期效果及盈利，需要采取不同的交易结构和收益实现方式。项目交易结构涉及多方关系，简而言之，就是以 PPP 项目公司（SPV）为核心，根据项目类型及所处行业，梳理所涉及的相关部门及企事业，明确各部门职责内容及与项目的关系，如：政府方、社会投资人、运营单位（如有）、行业主管部门、监管部门、融资机构、财政部门等，具体操作可以从资产流（项目准备-资产形成、移交）、资金流（项目收益分配-付费（补贴））两条线进行梳理，绘出项目交易结构图。

4. 拟定项目采购与竞价方案

（1）资格预审

根据《关于印发政府和社会资本合作模式操作指南（试行）的通知》（财金〔2014〕113 号）文件内容，PPP 项目采购可通过公开招标、竞争性谈判、邀请招标、竞争性磋商和单一来源采购等方式，实践中通常采用公开招标方式采购，并应当实行资格预审（根据法律专家解读，"应当"二字为强制性条件，即必须进行资格预审，同时发布资格预审公告及资格预审文件）。政府采购文件的编制要根据各地方公共资源交易中心网站规定及模板格式进行编制。

社会投资人条件设定主要关注是否接受联合体招标以及社会投资人资信、资金实力、资质业绩、技术管理团队等条件因素，并进行初步界定，与政府方沟通确定后，通过政府采购平台对外发布。

（2）项目竞价方案

项目竞价方案的编制主要为项目采购环节而准备，竞价方案可以从投资回报率报价、工程下浮率报价、可用性付费报价、收益上缴（核减）额报价、成本费用报价等方面开展。具体工作主要分两步：首先，确定项目结算方式、可用性付费计算公式、特许经营期及分年付费方式；其次，编制竞价方案。

审核人员需在满足政府方预期的基础上确定最高投资回报率、最低工程下浮率（不同工程内容可设不同的下浮率）等费率，测算出控制价，各投标人可根据控制价数据，按照不高于控制价的价格进行报价。报价比较时，将各投标人的运营期历年报价按统一折现率（参考地方长期债券票面利率）折现（NPV）比较，净现值越大者，说明其价格越高，反之则越低，越具有竞争力。PPP项目评标通常采用综合评分法，通过技术、资信及商务等综合打分情况确定项目中标人。

5. 开展项目物有所值评价

（1）定性分析

主要是对项目全生命周期整合程度、风险识别与分配、绩效导向与鼓励创新、潜在竞争程度、政府机构能力、可融资性等六项基本指标及细分指标进行定向打分，按照指标权重综合得分，判断项目可行性（大于60分为可行）。在实践过程中，通过聘请财务、法律、工程、管理等专业的专家根据项目情况综合打分，汇总打分结果，判断项目物有所值定性分析的可行性。

（2）定量评价

定量评价是在假定采用PPP模式与政府传统投资方式产出绩效相同的前提下，通过对PPP项目全生命周期内政府方净成本现值PPP值与公共部门比较值PSC值进行比较，判断PPP模式能否降低项目全生命周期成本的过程。

当PPP值小于或等于PSC值的，认定为通过定量评价；PPP值大于PSC值的，认定为未通过定量评价。只有"通过"定性分析及定量分析的PPP项目才可进行财政承受能力论证；否则，需调整实施方案后重新评价，仍未通过的不宜采用PPP模式。

6. 实施财政承受能力论证

参照《政府和社会资本合作项目财政承受能力论证指引》（财金〔2015〕156号）中的财政可承受能力论证的方法和流程，首先识别PPP项目的财政支出责任。通常包括：股权支出责任、运营补贴支出责任、风险承担责任、配套投入支出等四个部分。

股权支出责任：通常根据政府方在项目公司中的股权占比情况承担一定的项目资本金

股权支出责任（如政府方不出资，则不承担股权支出责任）。

运营补贴支出责任：即政府方的直接付费责任，包括可用性付费及运营服务费。如项目可通过自身收益实现财务平衡，政府方不需承担运营补贴支出责任。

风险承担支出责任：指政府方通过风险分担（法律风险、政策风险、一般性税收等风险）所承担的支出责任。通常采用比例法，按照项目全部建设成本一定比例（约 20％）确定政府承担的风险支出责任（5％~20％）。

配套投入支出：指政府提供的项目配套工程等其他投入责任。通常将与项目投资相关的支出已全部列入项目总投资，无其他配套投资，故政府不需承担项目配套工程支出责任。

政府方总支付额＝股权支出＋运营补贴支出＋风险承担支出＋配套投入支出。

政府承担财政支出责任：政府方总支付额在项目特许经营期逐年支付，地区 PPP 项目当年总付费额应不超过同级财政当年公共预算支出的 10％。

项目如实现自身财务平衡，政府仅承担风险支出责任，金额较小。

综上所述，上述六大核心问题是 PPP 实施方案的总体框架，框架搭建完成后，还应增加项目风险分担、项目合同体系、项目监管机制、退出机制等方面的论述，除此之外，需重点关注建设过程中工程变更（工程量、投资额等）、绩效考核机制、项目结算方式等问题，具体问题具体分析，以保证 PPP 项目顺利实施。

（九）监管点九：PPP 项目使用者付费额度设置监管[186~191]

随着 PPP 模式的逐步推行，采用 PPP 模式以吸引并鼓励社会资本参与城乡公用和基础设施建设投资成为"新常态"，允许社会资本方通过特许经营等方式参与城乡基础设施的运营和维护成为新型城镇化建设的有力抓手。然而，社会资本方出于合理回收投资及取得适当收益的目的，往往仅在识别出项目具有较稳定的收益现金流，并且能尽快弥补先期投资的情况下，才有意愿参与到 PPP 项目中。

基于上述前提，实施方案"数据虚高"的问题便集中出现于项目识别与准备阶段，具体表现为：对于回报机制中存在"使用者付费"的项目，政府方或项目实施机构在编制 PPP 项目的实施方案时往往有意提高项目的收益、过高估计项目的使用者付费额度、过多测算项目的使用者数量；与此同时，设置较低的政府可行性缺口补助额度、较少的政府付费项目与额度。

一般认为，项目的收益水平越高，对社会资本参与 PPP 项目的吸引力越大，政府方可在不额外增加政府补贴额度及预算支出的前提下，加快城乡公用及基础设施项目的建设。但对于以"使用者服务"为主的项目，过分拔高项目的收益、过高估计项目的使用者付费额度、过多测算项目的使用者数量，则若项目按此数据与指标通过招标采购环节并投入实际运行、维护后，那么项目将因缺乏有效、稳定的收益现金流，面临收益不足、补贴不提升、运维绩效下降、终至提前终止的恶性循环，最终受损的仍将是公众的利益。

财政部门（政府和社会资本合作中心）将对项目实施方案进行物有所值和财政承受能力验证，通过验证的，由项目实施机构报政府审核；未通过验证的，可在实施方案调整后重新验证；经重新验证仍不能通过的，不再采用政府和社会资本合作模式。实施方案的编制主体为本项目能够通过物有所值与财政承受能力验证并且继续以 PPP 模式推进，需要在一定程度上提高项目的收益，降低政府可行性缺口补助的额度。然而，社会资本在项目采购阶段将对实施方案进行核算，当发现实施方案所记载项目收益严重失实时，将极大影响社会资本的积极性，并且在接下来的磋商或谈判中，将演化为双方的"零和博弈"。导致项目失败，公众利益、社会效益受损。专业从事 PPP 项目的咨询服务机构，应站在中立、独立的角度，寻求政府的社会效益与社会资本方的经济效益的平衡点，需要把握好对社会资本方收益率的确定，使得 PPP 项目保持对社会资本具有一定的诱惑力，同时在兼顾盈利却不暴利的前提下，有效地缓解部分政府方在公用及基础设施建设中的资金紧张状况。具体而言，为避免收益"虚高"，需要结合从业经验、实地调研数据、未来变化情况的合理预判以准确预估项目收益情况。同时，合理调整项目的建设投资额度。在运营收益与建设成本的测算中，做到"增减挂钩"。

PPP 项目前期识别与准备阶段的建设投资一般依据项目估算或概算，并不能准确反映项目的真实建设成本，这便与收益"虚高"形成矛盾：建设成本估计得较高，项目收益也同样预测得较高。为解决上述问题，专业从事 PPP 项目的咨询服务机构需要选用计价依据、合理利用已有的成果性造价资料以避免建设成本同样存在的"虚高"问题。同时，通过广泛的实地调研、对以往数据的数学模型分析来测算运营期收益情况。即将咨询服务机构的工作重心前移，由项目建设期的造价控制向前延展至项目识别与准备阶段的造价预估，并逐步在工程建设领域形成一种向前集成思考的建设项目全新工作思路。

第三节　项目采购阶段的监管内容

一、监管内容识别与分析

项目采购阶段是指 PPP 项目社会资本的采购环节，具体是指资格预审公告发布到社会资本与政府方签订合同，双方达成合作协议。为方便阶段的划分，这里将政府与项目公司签订的 PPP 项目合同也纳入采购阶段。主要的监管里程碑事件包括 PPP 项目资格审查、PPP 项目采购文件编制、社会资本采购评标、PPP 合作协议签订、PPP 项目公司成立、PPP 项目合同签订。

项目采购阶段的监管依据是《中华人民共和国政府采购法》和《中华人民共和国政府采购法实施条例》，采用财政性资金投资的工程项目进行政府采购且采用招标方式采购的依据还有《中华人民共和国招投标法》、《中华人民共和国招投标法实施条例》以及《政府采购竞争性磋商采购方式管理暂行办法》和《政府和社会资本合作项目政府采购管理办法》（财库〔2014〕215号）等。

PPP项目采购首先要确定合理的采购方式，PPP项目采购方式包括公开招标、邀请招标、竞争性谈判、竞争性磋商和单一来源采购。项目实施机构应当根据PPP项目的采购需求特点，依法选择适当的采购方式。

PPP项目采购活动的主要监管内容包括以下几个方面：（1）有关政府采购的法律、行政法规和规章的执行情况；（2）采购范围、采购方式和采购程序的执行情况；（3）政府采购人员的职业素质和专业技能。针对采购环节的不同节点具体的监管内容有所不同。

PPP项目采购阶段的业务流程及监管体系如图3-9所示。

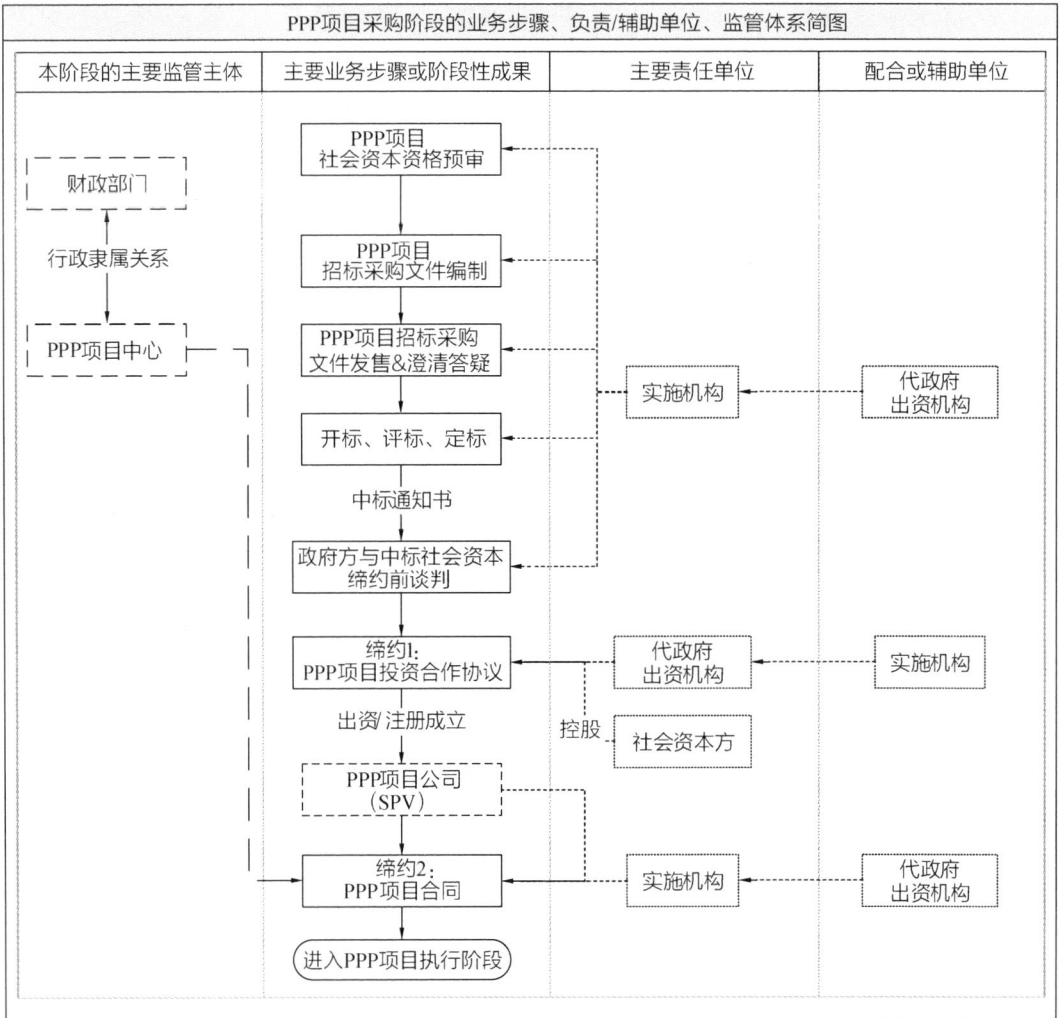

图 3-9 PPP 项目采购阶段业务流程和监管体系

基于上图，结合PPP项目采购阶段情形，监管的重点包括程序的合规性监督和成果性文件的审核，具体为PPP项目资格审查监管、PPP项目采购文件监管、PPP项目开标评标定标监管、项目公司成立监管及 PPP 项目合同监管。

（一） PPP 项目资格审查监管

PPP 项目采购应当实行资格预审。项目实施机构应当根据项目需要准备资格预审文件，发布资格预审公告，邀请社会资本和与其合作的金融机构参与资格预审，验证项目能否获得社会资本响应和实现充分竞争。

社会资本的资格审查原则，一方面体现市场准入的公平性、竞争性，放宽民营资本的进入领域和渠道，为民营资本参与基础设施和公共服务领域提供公平、宽松的投资环境，使其获得与国有企业、中央企业同台竞争的资格和机会，鼓励和引导民营企业参与公私合作，适度开启新企业进入的"闸门"，以发挥竞争机制的积极作用。另一方面，对于准入主体进行合理的资质审查。确保进入主体对项目的胜任能力，防止专业能力差、管理水平低的不符合准入标准的企业进入。

1. 传统监管方式的分析

（1）既有监管体系分析

招标代理机构根据资格预审公告中的要求对社会资本的资格条件进行审查，审查社会资本是否具备投标的资格。

资格预审阶段的监管主要要点见表 3-10。

资格预审监管要点

表 3-10

序号	监管点	具体规定
1	资格预审公告的发布地点	省级及以上人民政府财政部门制定的政府采购媒体
2	资格预审公告的内容	至少包含以下内容：项目授权主体、项目实施机构和项目名称、采购需求、对社会资本的资格要求、是否允许联合体参与采购活动、是否限定参与竞争的合格社会资本的数量及限定的方法和标准、以及社会资本提交资格预审申请文件的时间和地点
3	审查文件的提交日期	自公告发布之日起不得少于 15 个工作日
4	评审专家组	评审小组由项目实施机构代表和评审专家共 5 人以上单数组成，其中评审专家人数不得少于评审小组成员总数的 2/3。评审专家可以由项目实施机构自行选定，但评审专家中至少应当包含 1 名财务专家和 1 名法律专家。项目实施机构代表不得以评审专家身份参加项目的评审
5	资格预审通过的数量	资格预审通过 3 家以上的才能继续进行社会资本的采购，若不足 3 家，可调整资格预审公告后重新举行，若还未足 3 家，则需重新调整采购方式

（2）既有监管问题分析

基于信息不对称理论，资格预审能够有效降低社会资本逆向选择和道德风险的发生概率。但若资格预审未充分发挥应有的作用，将对项目社会资本的选取及项目的落地产生极大的影响。若在资格预审阶段，招标人与投标社会资本方合谋，共同对上级主管部门隐瞒信息或共谋作假，则将对 PPP 项目的实际产出和应有的绩效水平造成极大的损失，也将损害公共利益。因此需要第三方监管介入进行监管。

2. PPP 项目第三方监管分析

（1）监管主客体

监管主体为 PPP 项目监管委员会和其委托第三方机构，监管客体为资格预审的主体，一般为招标代理机构。

（2）监管的内容

审查资格预审的结果是否客观真实，审查资格预审公告中对社会资本的选取是否符合我国政府投资项目投资主体的要求，是否存在以不合理的条件对社会资本实行差别待遇或者歧视待遇，是否存在为某一特定的投标者量身定做招标文件，排斥其他投标者的行为。审核资格预审文件中的条款是否违反法律法规文件中的规定，审查是否存在潜在的合谋行为而影响项目竞争不充分。

（3）监管方式

第三方监管机构可通过监管出具专业意见或者形成报告，供项目实施机构参考和查阅。严格设定投资建设运行企业的技术、人员、业绩等条件，培育公平竞争的市场环境。

（二） PPP 项目采购文件监管

PPP 项目采购需根据项目实际情况选择合适的采购方式编制采购文件。项目采购文件应当包括采购邀请、竞争者须知（包括密封、签署、盖章要求等）、竞争者应当提供的资格、资信及业绩证明文件、采购方式、政府对项目实施机构的授权、实施方案的批复和项目相关审批文件、采购程序、响应文件编制要求、提交响应文件截止时间、开启时间及地点、保证金交纳数额和形式、评审方法、评审标准、政府采购政策要求、PPP 项目合同草案及其他法律文本、采购结果确认谈判中项目合同可变的细节、以及是否允许未参加资格预审的供应商参与竞争并进行资格后审等内容。

1. 传统监管方式的分析

（1）既有监管分析

项目采购文件一般由采购代理机构或政府的咨询服务机构编制，项目采购文件中应当明确项目合同必须报请本级人民政府审核同意，在获得同意前项目合同不得生效。

（2）既有监管问题分析

基于交易成本理论和信息不对称理论，本级人民政府审核采购文件时，若想对文件能够合理合法的审核，给出较为中肯客观的意见，需要大量的精通本行业和专业的人员或者经办各个不同的部门，而政府部门相对于采购文件的撰写者，处于信息劣势的位置，若弥补信息差，必然增加学习成本或信息搜集成本，这一系列活动都势必造成交易成本的增加，因此聘请专业的第三方监管机构进行监管弥补信息劣势差，实现项目绩效的提升。

2. PPP 项目第三方监管分析

（1）监管主客体

监管主体为 PPP 综合监管委员会，监管的客体为 PPP 项目采购文件。

（2）监管内容

根据《中华人民共和国政府采购法》、《中华人民共和国政府采购法实施条例》、《政府和社会资本合作项目政府采购管理办法》（财库〔2014〕215 号）、《政府采购竞争性磋商采购方式管理暂行办法》（财库〔2014〕214 号）、《关于政府采购竞争性磋商采购方式管理暂行办法有关问题的补充通知》（财库〔2015〕124 号）的具体要求，结合项目实施方案、物有所值评价报告及财政承受能力论证报告等具体内容进行评审，尤其关注复核项目总投资。要广泛开展市场分析和调研，并依据项目可行性研究报告、项目实施方案、项目规划及物有所值评价报告、财政承受能力论证报告等资料，对项目投资回报（收益）进行分析测算采购清单及控制价的编制，为采购人设定采购底价提供参考。

具体监管内容包括项目授权主体是否合规；项目采购需求是否为本项目范围内，是否恶意扩大或随意更改；对社会资本的资格要求是否合理，社会资本的其他情况；采购程序是够合法合规，采购时间节点、评标办法、合同范本等是否存在违反法律法规的规定；审查采购文件是否与实际项目情况相符；技术标准是否符合国家强制性标准；招标文件用语是否明确，是否存有歧义等。

（3）监管方式

建立考虑声誉机制在内的招投标模式。有学者研究表明，声誉机制的引入有利于规范招投标中的不合规行为。马理和牛勇通过模型构建与仿真模拟，得出结论，在声誉机制下，无论投标人为何种类型，出于收益最大化目标的考虑，他们均会采取不合谋策略[190]。通过一些隐性激励的手段如设置"特级优秀"等称号来促进双方的交易，减少串标合谋现象。加快信用体系建设，建立失信惩戒和黑名单制度，鼓励和引导专业化规模化企业规范建设和诚信运行。

（三） PPP 项目开标评标定标监管

1. 传统监管方式的分析

开标评标定标的监管方式主要为法律法规监管、行政监管、公众监督。此阶段的工作程序和方法都是按照法律法规文件中的规定进行，评标和定标的流程和方法按照《政府采购法》、《政府采购法实施条例》、《政府采购竞争性磋商采购方式管理暂行办法》规定进行。评标采用评审小组评审、谈判小组确认谈判的方式。

行政监管主要体现在人民政府对于合同文本的审核。

公众监督主要体现在结果公示方面。如：谈判备忘录拟定的项目合同文本在省级以上人民政府财政部门指定的政府采购信息发布媒体上进行公示，公示期不得少于 5 个工作日。中标、成交结果在省级以上人民政府财政部门指定的政府采购信息发布媒体上进行公告。

2. PPP 项目第三方监管分析

本阶段的监管内容和方式都较为合理，不需要新增第三方监管机构进行监管。

（四）项目公司成立监管

1. 传统监管方式的分析

（1）既有监管体系分析

PPP 实践中，社会资本通常不会直接作为 PPP 项目的实施主体，而会专门针对该项目成立项目公司，作为 PPP 项目合同及项目其他相关合同的签约主体，负责项目具体实施。项目公司是依法设立的自主经营、自负盈亏的具有独立法人资格的经营实体。项目公司可以采取有限责任公司、合伙企业或其他形式，可以根据项目的特点为单一实体，也可以设立多重实体公司，分别负责融资、建设、运营、租赁等业务。项目公司能否健康运行，是 PPP 项目成败的关键。项目公司是资本的融合、制度的融合、人才的融合和所有制的融合，对 PPP 项目公司的成立和运行进行合理有效的监管是项目成败的关键。

（2）既有监管问题分析

基于信息不对称理论，项目实施机构由于处于信息的劣势，容易诱发社会资本的道德风险，如社会资本方的资本金出资不足或者不以自有资金而是借贷资金的方式出资，或者在项目运行中转让股权实现快速撤出等行为，短期看此行为损害项目公司的利益，最终还是转嫁到使用者或者政府方头上由其来支付损失，损害公众利益。因此，第三方监管机构通过自身专业的优势识别社会资本机会主义行为以进行信息救济弥补双方的信息差，实现双方的信息平等。

2. PPP 项目第三方监管分析

（1）监管主客体

监管主体为 PPP 项目监管委员会委托的专业第三方机构，监管客体为政府的出资代表和社会资本，项目公司。

（2）监管内容和方式

项目公司成立前，政府可委托第三方监管机构监管项目公司的股权出资情况。监管政府和社会资本方是否按照约定进行股权出资和成立项目公司。审查项目公司是否满足融资交割、审批手续等前提条件，满足条件后方可正式实施项目。这里的资产交割是指项目公司为项目建设融资的目的签署并向融资方提交所有融资文件，并且融资文件要求的就本项目获得资金的所有前提条件得到满足或被豁免。项目保险（主要指建设期保险）是否已经生效。具体的其他监管要点主要依据 PPP 项目合同中的"前提条件"章节，审查项目公司是否已经落实。

项目公司成立时对项目公司的监管主要表现为项目公司的成立是否符合《PPP项目合同》中对于政府出资代表和中选社会资本的约束。重点监管中选的社会资本在《PPP项目合同》约定的期限内在项目所在地注册成立项目公司，同时还应确保项目公司的组织形式、股东出资比例、经营范围和期限等均符合《PPP项目合同》约定。项目实施机构监督项目公司各股东按照约定的进度要求足额完成对项目公司的出资，并有权要求项目公司提交证明出资已完成的相关文件。

项目公司的运转过程中政府方通过向项目公司委派董事、监事、高管，实现对管理过程的监管；通过委派财务人员，实现对资金使用的监管。投资人的利益，项目公司的财务目标，需要在监管的体制下实现。在涉及公共安全和公共利益事项的表决中政府出资代表人具有一票否决权。

（五）PPP项目合同监管

项目合同监管是PPP项目监管的重中之重。科学合理的界定合同双方的权利义务，并明确各自的法律责任和救济方式，将是特许经营合同能否得到切实履行的关键[191]。正如有学者所言："在一个混合行政的时代，在一个对公权力和私权力的创造性互相作用极其依赖的时代，合同乃行政法之核心[192]"。PPP项目中选社会资本确定后，政府方通常为项目实施机构与中选社会资本签订PPP项目投资合作协议（以下简称"合作协议"），待项目公司成立后，项目实施机构与项目公司签订正式的PPP项目合同。本阶段的监管将PPP合作协议与PPP项目合同的监管共同叙述。PPP项目合同一定是第三方监管的要点和重点，具体体系如下。

1. 监管主客体

监管主体为PPP项目监管委员会、项目实施机构；监管客体为政府和社会资本签订的PPP项目合作协议，以及政府和项目公司签订的PPP项目合同。

2. 监管的内容和方式

（1）PPP合作协议

政府和中选社会资本签订合作意向书，表明双方的合作意向，起到约束双方合作意向的作用。主要监管内容为合同签署内容的继承性和流程的合规性。是否违背PPP项目实施方案、PPP项目物有所值、PPP项目财政承受能力论证、PPP项目采购文件和采购响应文件的实质性条款。对于合同流程的合规性监管主要监管合同签约双方是否遵守经政府采购方式确定的采购结果，以及是否按照规定的时间进行公示接受公众监督。

（2）PPP项目合同

PPP项目合作期限一般比较长，牵涉环节多、合同复杂，结合上述规定，实务中PPP项目合同的监管主要从以下四个方面入手：项目合作背景及前期阶段（合规性、合法性）、项目建设阶段、项目运营阶段和移交资产阶段。具体分述如图3-10所示。

1. 总则部分	重点审查合规性和合法性、包括合同相关术语的定义和解释、合同签订的背景和目的、声明和保证、合同生效时间和条件、合同体系构成等
2. 合同主体	审查项目合同各主体资格是否合法，重点审查各主体的主要权利、义务；包括政府主体、社会资本主体、项目公司，通过主体资格审查，合理界定各主体权力义务范围
3. 风险分配	主要审查是否将项目的风险在政府和项目公司间进行合理的分配。分配原则坚持风险承担方具有风险控制能力、风险承担方能够合理转移风险、风险承担方控制风险具有风大的经济利益或动机、风险承担方具有最有效化解方法、风险发生风险分担方不会将风险转移
4. 合作关系	主要是合作范围和合作内容、合作期限（注意建设期和运营期的设置方式）、排他性约定、合作履约保证等
5. 前提条件	主要审查 PPP 项目前提条件的设置是够满足法律法规的规定
6. 项目融资	重点审查项目投资控制、融资条件、投融资监管、再融资条款及违约责任等事项
7. 项目前期	重点审查合作项目前期经费承担及违约责任等事项
8. 项目用地	主要审查项目土地权利的取得、相关费用承担以及土地使用的权利及限制等内容
9. 项目建设	重点审查合作项目工程建设条件，进度安排、质量、安全要求，工程变更管理，实际投资认定，工程竣工验收，工程保险及违约责任等事项
10. 资产移交	重点审查政府向社会资本主体移交托管资产的范围、托管形式（有偿还是无偿）、移交程序及违约责任等
11. 运营服务	重点审查合作项目运营的内外部条件、运营服务标准和要求、更新改造及追加投资约定、服务计量方法、运营期保险购买、政府监管职责、运营外支出及违约责任等事项
12. 项目维护	主要审查项目维护的责任和义务
13. 股权变更	主要审查股权变更的方位和限制条件
14. 项目移交	重点审查社会资本主体向政府移交项目的过渡期、移交范围和标准、移交程序、质量保证及违约责任等
15. 付费机制	主要审查付费机制的选择、付费机制的影响因素
16. 回报机制	重点审查合作项目收入来源、回报方式确定，价格确定和调整方式，财务监管及违约责任等事项
17. 履约担保	主要审查履约担保的形式与额度、保函的提交等
18. 政府承诺	主要审查政府的承诺的内容如付费或补助的形式、是否存在兜底条款
19. 项目保险	主要审查是否购买必要的保险、是否达到最低保险金额
20. 不可抗力	重点审查不可抗力事件范围以及法律变更的处理原则

图 3-10 PPP 项目合同监管要点（一）

21. 政府介入	重点审查 引起政府介入 的原因及介入后的处理原则
22. 合同解除	重点审查合同的退出机制， 明确合同解除事由、解除程序以及合同解除后的清算、项目移交等事项
23. 违约处理	对于合同中涉及违约的各种情形在合同中予以明确规定，并对相应的违约责任进行明确细化
24. 项目移交	移交范围、移交条件和标准、移交程序
25. 争议解决	协商、调解、仲裁或诉讼；管辖仲裁机构或管辖法院
26. 其他约定	审查项目合同的其他未尽事项，包括：合同变更与修订、合同的转让、保密条款、信息披露、廉政和反腐、 通信方式、 送达方式和地点， 合同适用的法律、语言、货币等事项

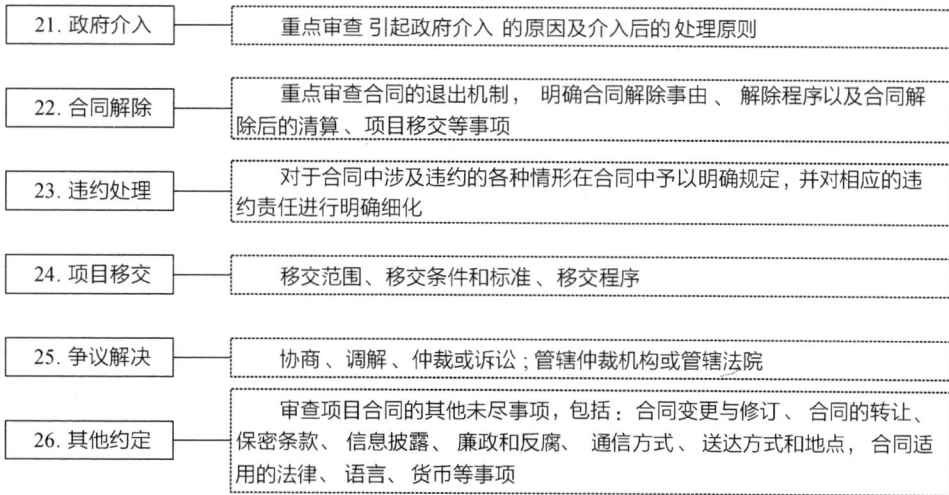

图 3-10　PPP 项目合同监管要点（二）

由于 PPP 合同的重要性，PPP 项目发生纠纷时，采取何种救济途径进行补偿也成为 PPP 合同监管的重要关注点。PPP 纠纷最佳的解决方式为仲裁。据最高人民法院行政庭副庭长王振宇介绍，我国行政诉讼具有原告胜诉率低的特点。10 年前被告败诉率占 30% 左右，近年来下降到 10% 以下，有一些省份甚至只有 2%。仲裁的方式是一种较为折中和适当的选择。首先，仲裁的公正、高效特点符合 PPP 纠纷解决的现实需要。其次，PPP 纠纷的专业性、复杂性适合仲裁方式。再次，PPP 纠纷中常常具有较强的社会敏感性或保密性内容。最后，国外也将仲裁作为 PPP 纠纷解决的主渠道。例如，在英国和美国，行政合同纠纷通常采用仲裁作为纠纷解决的基本方式。

（六）小结

基于上述分析，可给出在 PPP 项目采购阶段的第三方监管体系，具体如图 3-11 所示。

综上可知，在 PPP 项目采购阶段的监管内容主要包括流程型监管和成果文件型监管，流程型监管包括 PPP 项目资格审查监管、开标评标定标监管、项目公司成立监管；成果文件型监管内容包括 PPP 项目资格预审公告监管、PPP 项目采购文件监管、PPP 项目系列合同与协议监管。

基于交易成本和信息不对称理论分析，政府部门审核采购文件时，若想对文件能够合理合法的审核，给出较为中肯客观的意见，需要大量的精通本行业和专业的人员或者经办各个不同的部门，而政府部门相对于采购文件的撰写者，处于信息劣势的位置，若弥补信息差，必然增加学习成本或信息搜集成本，这一系列活动都势必造成交易成本的增加，因此聘请专业的第三方监管机构进行监管弥补信息劣势差，降低交易成本，实现项目绩效的提升。

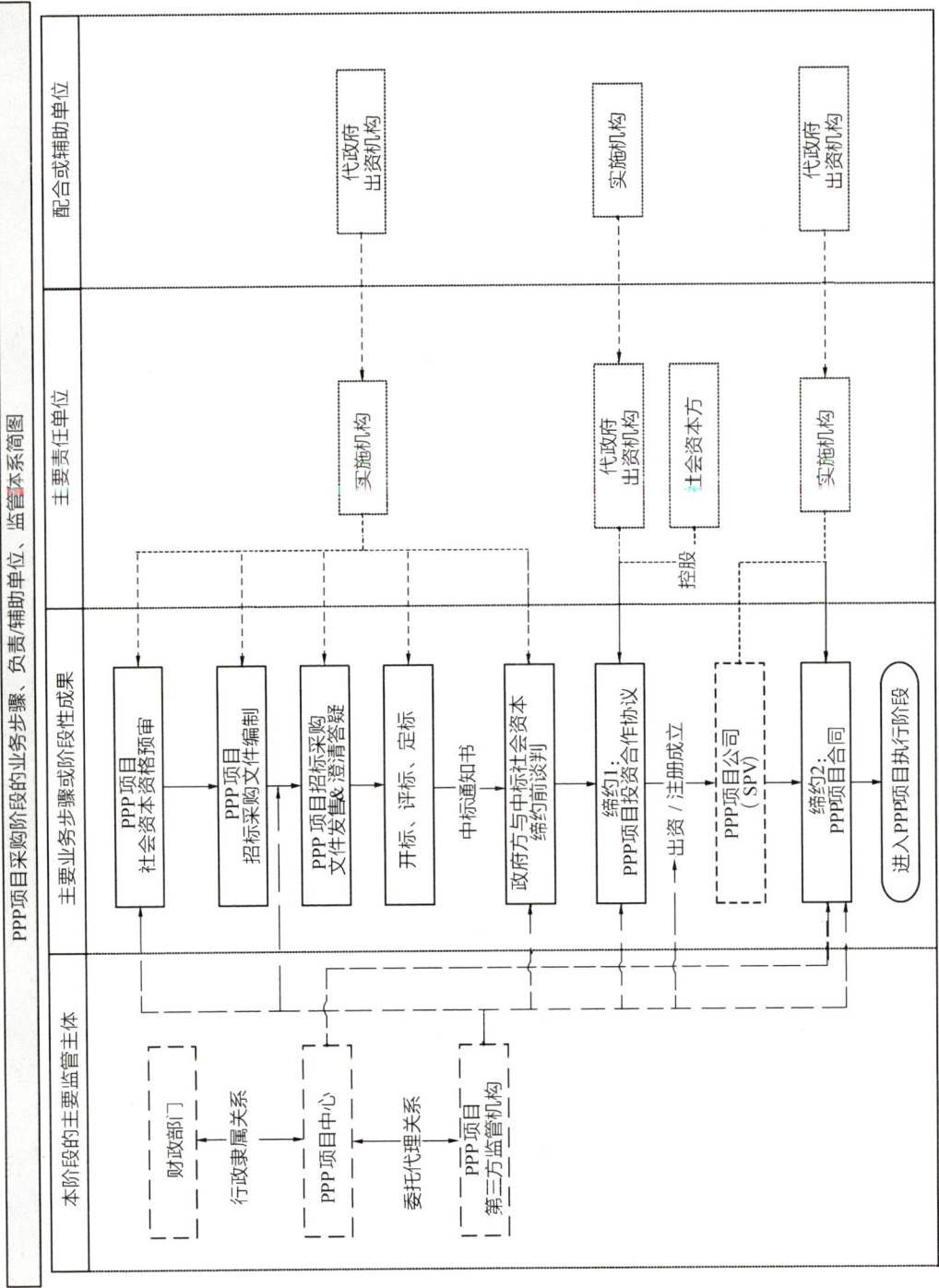

图 3-11　PPP 项目采购阶段业务流程和第三方监管

本阶段中第三方监管包括 PPP 项目资格预审监管，PPP 项目采购文件监管，开标评标定标监管，项目公司成立监管，PPP 项目合同监管。

二、本阶段关键监管点精析

（一）监管点一：PPP 项目采购程序合规是监管的核心之一

PPP 项目采购阶段业务主要包括：资格预审文件编制和协助资格预审、采购文件编制与评审、响应文件的编制、组织响应文件的评审、合同文件设计、协助谈判和签署。PPP 项目采购流程如图 3-12 所示。

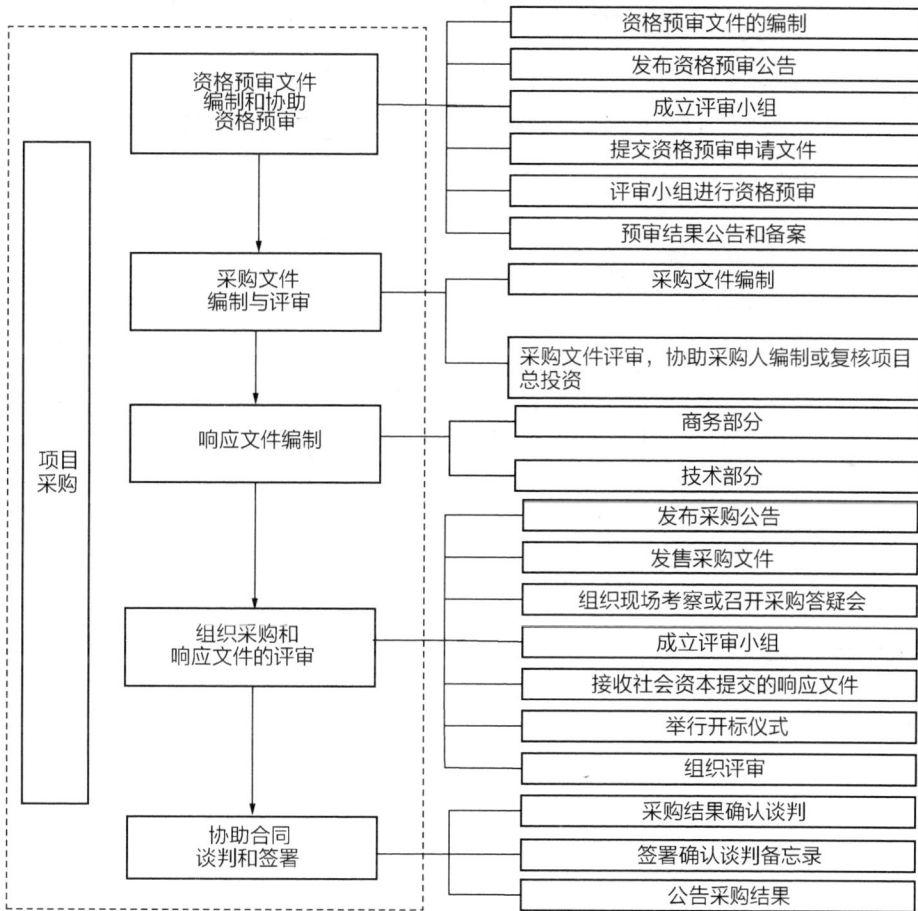

图 3-12 PPP 项目采购流程

1. 资格预审

根据《PPP 项目采购办法》第五条，PPP 项目采购应当实行资格预审。项目实施机构应当根据项目需要准备资格预审文件，发布资格预审公告，邀请社会资本和与其合作的金融机构参与资格预审，验证项目能否获得社会资本响应和实现充分竞争[193]。

一般的政府采购中，资格预审并非采购的必经前置程序，然而，PPP项目中，无论采取何种采购方式，均应进行资格预审程序。我们理解，这是由于PPP项目作为一种新型的政府采购服务、建立了政府与企业间的长期合作关系，政府希望通过前置的资格预审程序，实现项目实施机构对参与PPP项目的社会资本进行更为严格的筛选和把控，保障项目安全。

根据《招标投标法实施条例》、113号文和《PPP项目采购办法》等规定，PPP项目资格预审流程如图3-13所示。

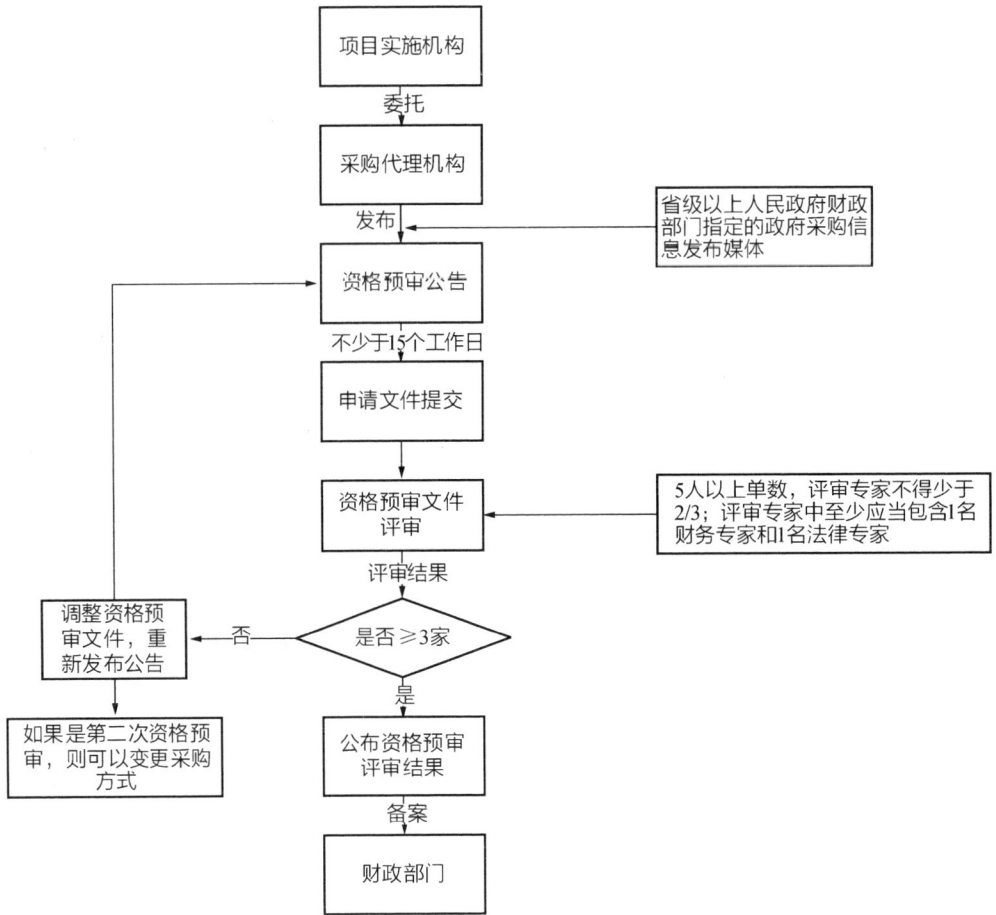

图 3-13　PPP 项目资格预审流程

2. 公开招标和邀请招标

根据《招标投标法》、《招标投标法实施条例》、《政府采购法》、《政府采购法实施条例》、《政府采购货物和服务招标投标管理办法》、113号文和《PPP项目采购办法》等规定，通过公开招标及邀请招标方式采购PPP项目的流程如图3-14所示。

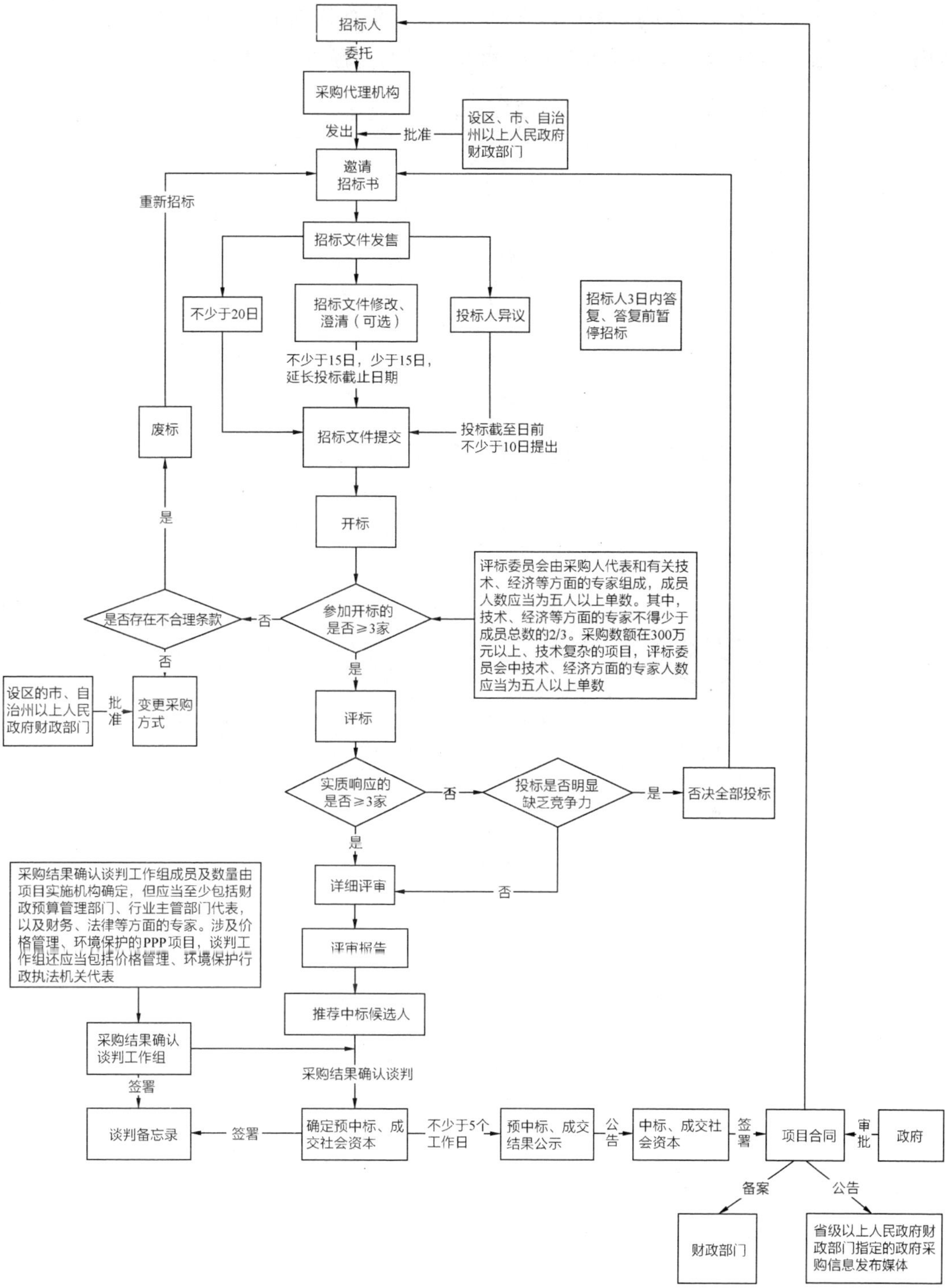

图 3-14　PPP 项目公开招标及邀请招标方式采购流程

3. 竞争性谈判和竞争性磋商

根据《政府采购法》、《政府采购法实施条例》、113 号文、《政府采购非招标采购方式管理办法》和《PPP 项目采购办法》等规定，通过竞争性谈判方式采购 PPP 项目的流程如图 3-15 所示，通过竞争性磋商方式采购 PPP 项目的流程如图 3-16 所示。

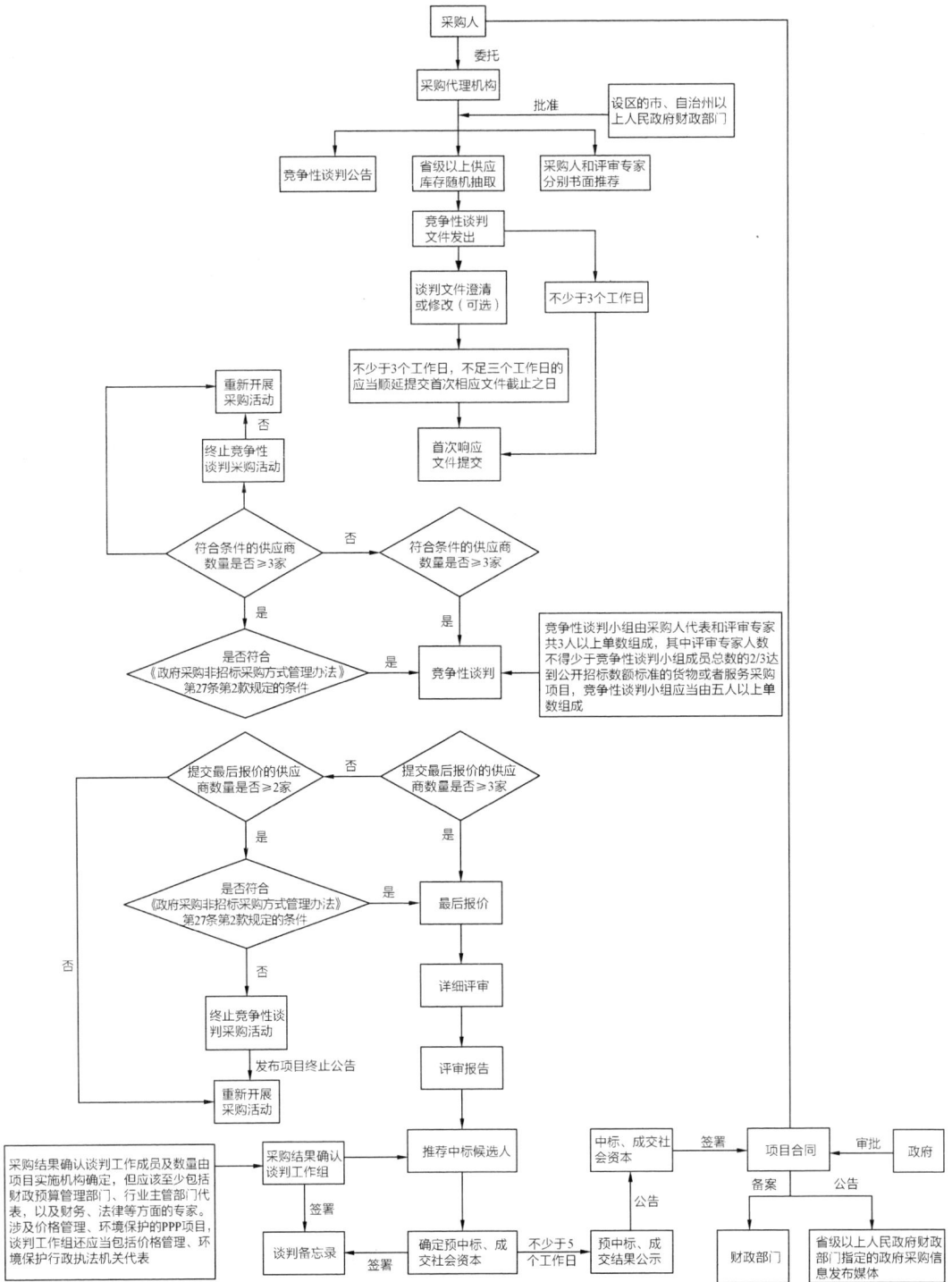

图 3-15　PPP 项目竞争性谈判方式采购流程

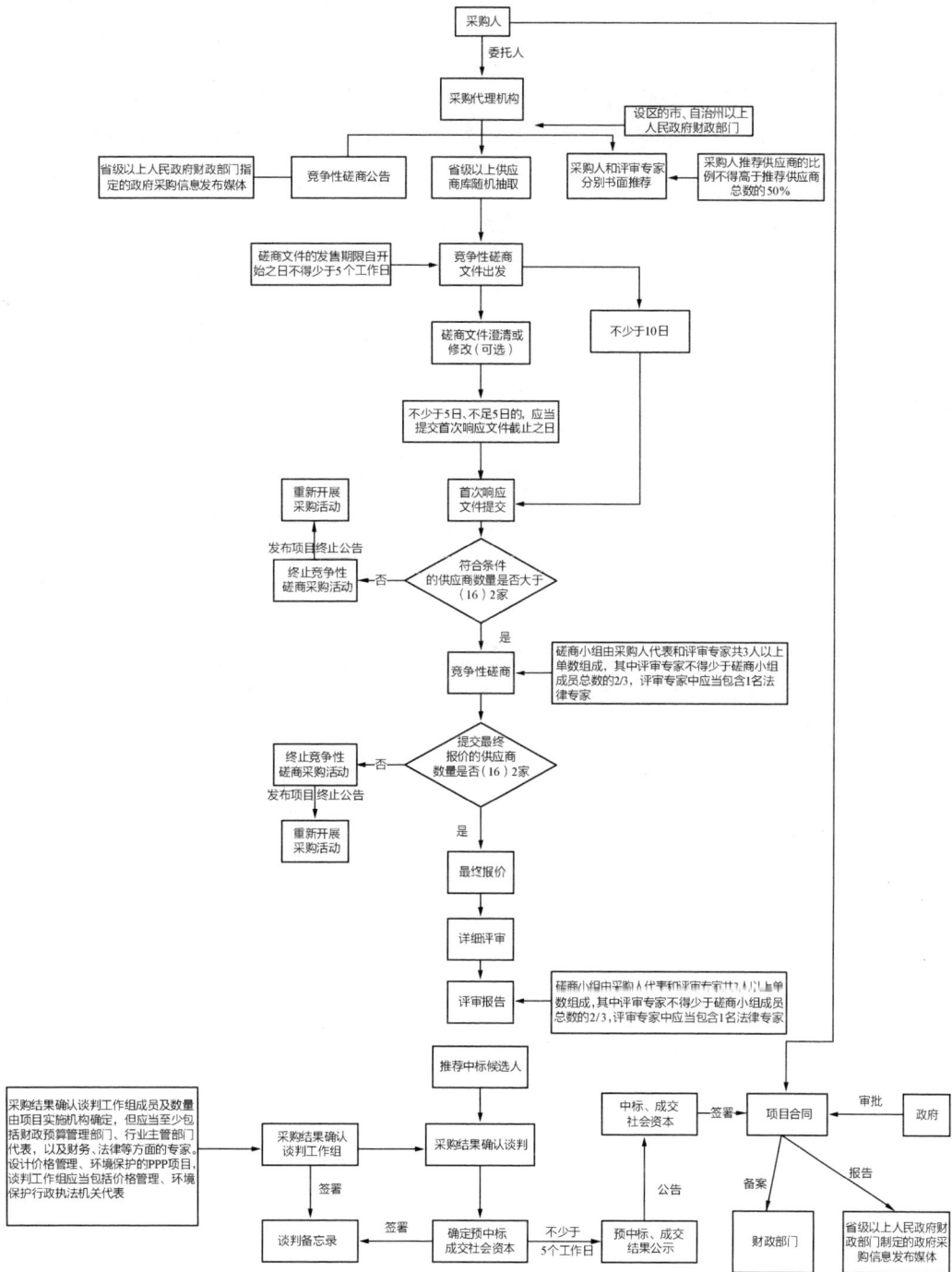

图 3-16　PPP 项目竞争性磋商方式采购流程

　　根据《政府采购法》、《政府采购法实施条例》、113 号文、《政府采购竞争性磋商采购方式管理暂行办法》和《PPP 项目采购办法》等规定，通过竞争性磋商方式采购 PPP 项目的流程如下：

就竞争性谈判和竞争性磋商采购方式，需要特别说明是：

第一，我国《政府采购法》规定的政府采购方式并不包括竞争性磋商，竞争性磋商是财政部于2014年依法创新的政府采购方式。竞争性磋商和竞争性谈判相比，二者关于采购程序、供应商（即PPP项目中的社会资本，下同）来源方式、采购公告要求、响应文件要求、磋商或谈判小组组成等方面的要求基本一致；但是，在采购评审阶段，竞争性磋商采用了类似招标采购方式中的"综合评分法"，从而区别于竞争性谈判的"最低价成交"。财政部有关负责人在就《政府采购竞争性磋商采购方式管理暂行办法》和《PPP项目采购办法》有关问题答记者问中解读："之所以这样设计，就是为了在需求完整、明确的基础上实现合理报价和公平交易，并避免竞争性谈判最低价成交可能导致的恶性竞争，将政府采购制度功能聚焦到'物有所值'的价值目标上来，达到'质量、价格、效率'的统一。"

第二，根据《政府采购非招标采购方式管理办法》和《政府采购竞争性磋商采购方式管理暂行办法》的一般性规定，供应商的来源方式均包括以下三种：（1）采购人/采购代理机构发布公告，（2）采购人/采购代理机构从省级以上财政部门建立的供应商库中随机抽取，（3）采购人和评审专家分别书面推荐的方式邀请符合相应资格的供应商参与采购。但是，针对采用竞争性磋商方式进行采购的PPP项目，113号文第十七条第二款规定，"项目采用竞争性磋商采购方式开展采购的，按照下列基本程序进行：（一）采购公告发布及报名：竞争性磋商公告应在省级以上人民政府财政部门指定的媒体上发布……"——上述113号文规定中，供应商的来源仅涉及通过发布公告一种方式，而并未涉及采购人/采购代理机构从供应商库中随机抽取及采购人和评审专家分别书面推荐邀请两种方式。上述规定究竟为立法疏漏抑或是相关立法针对PPP项目采购的特别规定，财政部目前出台的相关文件中尚未给出答案；而在实务操作中，对于以竞争性磋商方式进行采购的PPP项目，对于上述文件，我们通常从严格解释的角度建议项目实施机构以发布公告作为供应商的唯一来源方式。

4. 单一来源采购

根据《政府采购法》、《政府采购法实施条例》、113号文、《政府采购非招标采购方式管理办法》和《PPP项目采购办法》等规定，通过单一来源采购方式采购PPP项目的流程如图3-17所示。

（二）监管点二：社会资本方的采购方式要合法合规

为规范PPP项目的识别、准备、采购、执行、移交等各环节的操作流程，2014年11月29日，财政部印发了《政府和社会资本合作模式操作指南（试行）》（财金〔2014〕113号）（下称"113号文"）；2015年12月31日，财政部印发《政府和社会资本合作项目政府采购管理办法》（财库〔2014〕215号）（下称"《PPP项目采购办法》"），对政府采购PPP项目的流程进行进一步规范。

根据113号文和《PPP项目采购办法》，PPP项目采购方式包括公开招标、邀请招

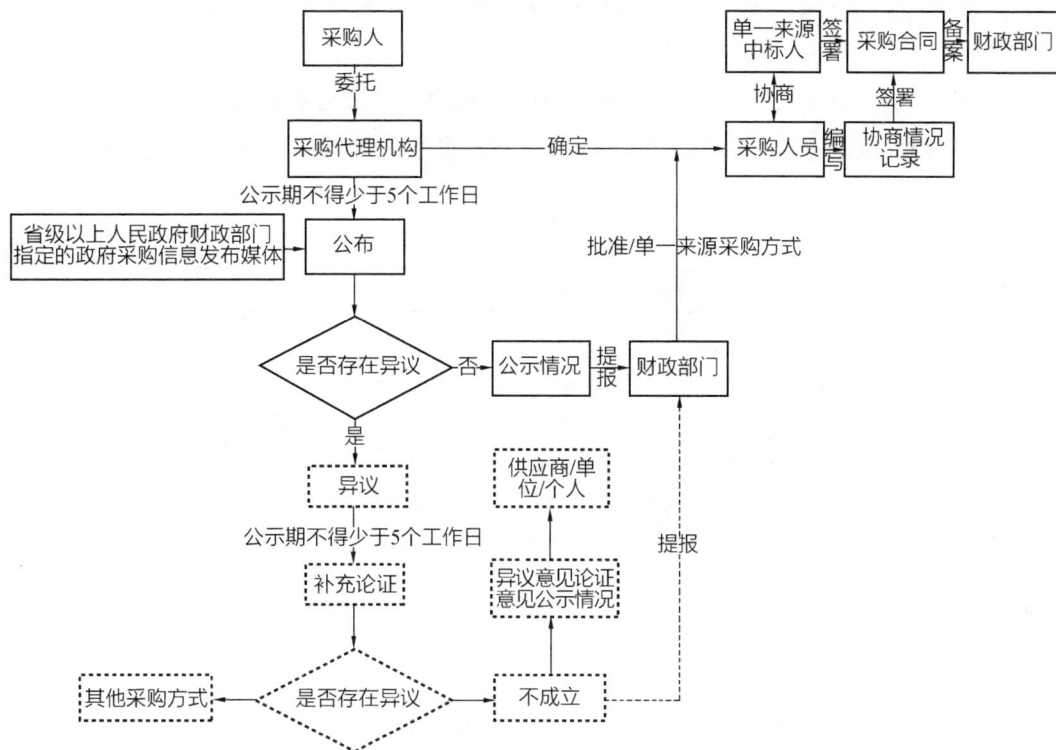

图 3-17 PPP 项目单一来源采购方式采购流程

标、竞争性谈判、竞争性磋商和单一来源采购五种方式；PPP 项目的一般采购流程包括资格预审、采购文件的准备和发布、提交采购响应文件、采购评审、采购结果确认谈判、签署确认谈判备忘录、成交结果及拟定项目合同义本公示、项目合同审核、签署项目合同、项目合同的公告和备案等若干基本环节。

然而，对于上述五种采购方式的适用条件和具体采购流程，113 号文和《PPP 项目采购小法》并木给出进一步的细则行规定。根据 113 号文第十七条第一款，"项目采用公开招标、邀请招标、竞争性谈判、单一来源采购方式开展采购的，按照政府采购法律法规及有关规定执行"；而对于竞争性磋商的采购方式，113 号文第十七条第二款也仅在采购公告发布及报名、资格审查及采购文件发售、采购文件的澄清或修改及响应文件评审等几个环节进行了规定，对于竞争性磋商采购方式的适用条件以及其他采购环节上的流程，113 号文并没有进一步规定。

因此，在实务操作中，113 号文和《PPP 项目采购办法》的现有规定并不能满足 PPP 项目采购的流程性规范需要。为此，我们特对 113 号文、《PPP 项目采购办法》、《招标投标法》（主席令第 21 号）、《招标投标法实施条例》（国务院令第 613 号）、《政府采购法》（主席令第 68 号）、《政府采购法实施条例》（国务院令第 658 号）、《政府采购货物和服务招标投标管理办法》（财政部令第 18 号）、《政府采购非招标采购方式管理办法》（财政部令第 74 号）、《政府采购竞争性磋商采购方式管理暂行办法》（财库〔2014〕214 号）等文件进行了系统性的梳理，旨在厘清 PPP 项目五种采购方式的具体操作流程。

PPP 项目的采购方式的适用条件：

根据《政府采购法》、113 号文、《PPP 项目采购办法》、《政府采购非招标采购方式管理办法》、《政府采购竞争性磋商采购方式管理暂行办法》等规定，PPP 项目五种采购方式的适用条件见表 3-11。

PPP 项目采购方式适用条件

表 3-11

采购方式	适 用 条 件	文件依据
公开招标	（1）公开招标主要适用于核心边界条件和技术经济参数明确、完整、符合国家法律法规和政府采购政策，且采购汇总不做更改的项目； （2）就政府采购的服务项目，各级政府应当制定公开招标的数额标准。达到公开招标数额标准的服务项目，必须采用公开招标的方式进行采购；达到公开招标数额标准的服务项目，拟采用公开招标以外的采购方式的，采购人（即 PPP 项目的实施机构，下同）应当在采购活动开始前，报经主管预算单位同意后，依法向设区的市、自治州以上人民政府财政部门申请批准	《政府采购法》第二十七条、《政府采购货物和服务招标投标管理办法》第四条、《政府采购非招标采购方式管理办法》第四条和《政府采购竞争性磋商采购方式管理暂行办法》第四条等
邀请招标	（1）具有特殊性，只能从有限范围的供应商处采购的； （2）采用公开招标方式的费用占政府采购项目总价值的比例过大的	《政府采购法》
竞争性谈判	（1）符合下列情形之一的货物或服务，可以采用竞争性谈判方式采购： 1）招标后没有供应商投标或者没有合格标的或者重新招标未能成立的； 2）技术复杂或者性质特殊，不能确定详细规格或者具体要求的； 3）采用招标所需时间不能满足用户紧急需要的； 4）不能事先计算价格总额的	《政府采购法》、《政府采购非招标采购方式管理办法》
	（2）采购人、采购代理机构采购以下货物、工程和服务之一的，可以采用竞争性谈判、单一来源采购方式采购： 1）依法指定的集中采购目录以内，且未达到公开招标数额标准的货物、服务； 2）依法指定的集中采购目录以外，采购限额标准以上，且未达到公开招标数额标准的货物、服务； 3）达到公开招标数额标准、经批准采用非公开招标方式的货物、服务； 4）按照招标投标法及其实施条例必须进行招标的工程建设项目以外的政府采购工程	《政府采购法》、《政府采购非招标采购方式管理办法》

采购方式	适　用　条　件	文件依据
竞争性磋商	（1）政府购买服务项目； （2）技术复杂或者性质特殊，不能确定详细规格或者具体要求的； （3）因艺术品采购、专利、专有技术或者服务的时间、数量事先不能确定等原因不能事先计算出价格总额的； （4）市场竞争不充分的科研项目，以及需要扶持的科技成果转化项目； （5）按照招投标法及其实施条例必须进行招标的工程建设项目以外的工程建设项目	《政府采购法》、《政府采购货物和服务招标投标管理办法》、《政府采购非招标采购方式管理办法》和《政府采购竞争性磋商采购方式管理暂行办法》等
单一来源采购	（1）只能从唯一供应商处采购的； （2）发生了不可预见的紧急情况不能从其他供应商处采购的； （3）必须保证原有采购项目一致性或者服务配套的要求，需要继续从原供应商处添购，且添购资金总额不超过原合同采购金额百分之十的	《政府采购法》

以上为我们针对 PPP 项目采购方式及采购流程相关规定进行的概括性、普遍性梳理，实务操作中，在选定某一具体的 PPP 项目采购方式后，还应参照相关规定对于不同采购方式的规定进行进一步的深化研讨和梳理，以确保 PPP 项目的采购方式符合法律、法规及其他规范性文件的各项要求。

（三）监管点三：严格按照资格预审文件/采购文件中对资格条件的要求进行监管

2014 年 12 月 31 日，为了贯彻落实《国务院关于创新重点领域投融资机制鼓励社会投资的指导意见》（国发〔2014〕60 号），推广政府和社会资本合作（PPP）模式，规范 PPP 项目政府采购行为，财政部根据《中华人民共和国政府采购法》和有关法律法规，制定并印发了《政府和社会资本合作项目政府采购管理办法》（财库〔2014〕215 号），该办法第五条规定："PPP 项目采购应当实行资格预审。项目实施机构应当根据项目需要准备资格预审文件，发布资格预审公告，邀请社会资本和与其合作的金融机构参与资格预审，验证项目能否获得社会资本响应和实现充分竞争。"这表明，按照财政部的规定，PPP 项目采购必须实行资格预审，资格预审为"规定动作"，必不可少，且强制使用。

虽然财库〔2014〕215 号有提出"允许进行资格后审，由评审小组在响应文件评审环节对社会资本进行资格审查"，但未明确资格后审的条件。所以 PPP 项目还应以资格预审为常态，资格后审为特例。

《政府采购货物和服务招标投标管理办法》（财政部令第 87 号）"第四十四条 公开招标采购项目开标结束后，采购人或者采购代理机构应当依法对投标人的资格进行审查。"那么 PPP 项目采用公开招标的方式，采购人或者采购代理机构能否对投标人的资格进行审查呢？

根据财库〔2014〕215号文"第十二条 评审小组成员应当按照客观、公正、审慎的原则，根据资格预审公告和采购文件规定的程序、方法和标准进行资格预审和独立评审。"已经明确政府和社会资本合作项目需要评审小组进行审查，215号文是针对PPP项目而出台的管理办法，所以PPP项目应按照215号文的规定来实施；且PPP项目具备多样性、复杂性与专业性，对评审人员的要求相对较高，建议本项工作仍由专家评审小组完成。

（四）监管点四： 明确PPP项目中社会资本方的范围

已建立现代企业制度的境内外企业法人作为社会资本，包括国有企业、民营企业、外国企业和外商投资企业。未剥离政府债务和融资功能的本地融资平台公司不得作为社会资本方，但本地融资平台公司已经建立现代企业制度、实现市场化运营，在其承担的地方政府债务已纳入政府财政预算、得到妥善处置并明确公告今后不再承担地方政府举债融资职能的前提下，可作为社会资本参与当地PPP项目；地方本级国有控股上市公司可参与当地PPP项目；除上述已转型的地方融资平台公司和上市国有企业外，其他类型的地方国有企业不得参与本地PPP项目。

政策文件中社会资本方的定义见表3-12。

政策文件中社会资本方的定义　　　　　　　　　　　　　　表3-12

法 规 文 号	定 义
财金〔2014〕76号	在基础设施及公共服务领域，与政府长期合作的，担任设计、建设、运营、维护基础设施工作，并通过"使用者付费"和"政府付费"方式获得合理回报的一方（从PPP模式的定义演变而来）
财金〔2014〕113号	本指南所称社会资本是指已建立现代企业制度的境内外企业法人，但不包括本级政府所属融资平台公司及其他控股国有企业
发改投资〔2014〕2724号之附件《PPP项目通用合同指南》	签订项目合同的社会资本主体，应是符合条件的国有企业、民营企业、外商投资企业、混合所有制企业、或其他投资、经营主体
财金〔2014〕156号之附件《PPP项目合同指南（试行）》	本指南所称的社会资本是指依法设立且有效存续的具有法人资格的企业，包括民营企业、国有企业、外国企业和外商投资企业，但本级人民政府下属的政府融资平台公司及其控股的其他国有企业（上市公司除外）不得作为社会资本方参与本级政府辖区内的PPP项目
发展改革委、财政部、住建部、交通运输部、水利部、中国人民银行令（第25号）	实施机构应当公平择优选择具有相应管理经验、专业能力、融资实力以及信用状况良好的法人或者其他组织作为特许经营者
国办发〔2015〕42号	作为社会资本的境内外企业、社会组织和中介机构承担公共服务涉及的设计、建设、投资、融资、运营和维护等责任。 对已经建立现代企业制度、实现市场化运营的（融资平台公司），在其承担的地方政府债务已纳入政府财政预算、得到妥善处置并明确公告今后不再承担地方政府举债融资职能的前提下，可作为社会资本参与当地政府和社会资本合作项目，通过与政府签订合同方式，明确责权利关系

简单归纳如下：

1. 社会资本方的内涵

社会资本方的内涵：在基础设施及公共服务领域，与政府长期合作的，担任投融资、设计、建设、运营、维护基础设施工作，并通过"使用者付费"和"政府付费"方式获得合理回报的，依法设立且有效存续的境内外企业法人或其他组织。

2. 社会资本方的外延

社会资本方的外延：民营企业、国有企业、外国企业和外商投资企业、混合所有制企业或其他组织。

需要注意的是：在几个法规之间，对于本级政府所属的融资平台及国有企业能否作为社会资本方参与本级政府的 PPP 项目这一问题，却有着不同的态度：

（1）财政部发布的〔2014〕113 号文和〔2014〕156 号文，持否定态度；

（2）发展改革委发布的〔2014〕2724 号文的附件，对"国有企业"添加了"符合条件的"这一定语，但全文又未说明这一"条件"是什么；

（3）国务院办公厅发布的〔2015〕42 号文，对"融资平台公司"进行了再分类，对其中那些已经实现市场化运营，脱离地方政府支持的自主经营、自负盈亏的一类，持肯定态度。

3. 本级政府融资平台公司或国有企业能否担任社会资本方

国办发〔2015〕42 号文的规定，对于符合"三条件"（条件一：融资平台公司与政府脱钩且已建立健全治理机制，条件二：承担的政府债务已纳入政府财政预算，条件三：公告不再承担地方政府举债融资能力）的融资平台公司，可以作为本级政府 PPP 项目的社会资本方。理由如下：

第一，从选择社会资本方的核心标准来看，符合"三条件"的融资平台势必已拥有较高的资金、运营、管理能力，更重要的是，其已深谙当地建筑市场、金融市场，因此从经验角度上看，反而更适合作为当地 PPP 项目的社会资本方。

第二，从法规的层级，以及发布的时间来看，国办发〔2015〕42 号文属于国务院规范性文件，法规层级略高于财政部发布的部门规范性文件，而且发布时间最晚；

第三，从财政部两则规章的禁止性规定来看，其初衷是为了防止依靠政府财政支持的融资平台公司或国有企业充当社会资本，导致无法实现政府方缓解融资压力的目的。但是，符合上述"三条件"的融资平台公司，属于已脱离政府财政支持的自主经营、自负盈亏的企业，实际上是能够实现政府方缓解融资压力之目的。

（五）监管点五： 竞价指标多样性带来的监管问题

不同的实施方案编制单位和社会资本的采购单位就竞价标的设置会各不相同，本书研究了大量 PPP 项目采购文件，总结大致可以分为这几类政府付费/可行性缺口补助现值之和、年度政府/可行性缺口补助付费额、服务费单价、多指标报价（如建安工程费下浮率、利润率、折现率、融资利率等）、收费年限（收费公路）。

竞价标的设置的不合理会导致采购人选不到合适的社会资本，比如多指标报价造成的不平衡报价、总报价没有报价明细导致的后期规模或者量价调整而无法调整付费等等问题。

1. 付费调整无依据造成

有部分采购文件使用政府年度付费数额、可行性缺口年度补贴额或者政府付费现值之和、可行性缺口补助现值之和等单个指标作为竞价标的，这样可以避免不平衡报价情形出现，但可能出现新的问题。

大多数的 PPP 项目在社会资本采购之前都没有出设计图纸，对于项目规模和投资的估算准确度稍低，如果在报价阶段只是粗略的报一个指标，那么计图纸出来之后若规模调整、投资额的变化，简单地按照投资额比例调整报价会过于简单粗暴。在已经落地的 PPP 项目跟踪审计过程中，陆续出现这些问题，由于采购报价时没有报价明细，影响报价的关键指标及公式没有在投标文件中写明，造成后面合同谈判以及实施过程中的绩效付费，无据可依[194]。在建筑工程项目招标中，投标人报的是总价，总价后面是工程量清单及综合单价，在工程结算时有据可依。那么引用到 PPP 项目的采购也是一个道理，社会资本报的一个总价，在这个总价后面，是详细的指标参数及报价组成，那么在实施阶段及运营阶段，双方可以通过采购文件和投标文件的报价明细表调整实际结算金额。

2. 报价表格的检查工作

上一条也提到了，要把报价做好，就应该附上报价明细表。那么在评审环节，必须要检查社会资本所报价明细的正确性。

下面先看一个例子：生活污水处理 PPP 项目的部分报价明细表，表格的计算式很简单，但是每份响应文件中需要填写的数据超过 300 个，那么要让评委们在短短的几个小时的评审过程中了解报价组成，再把供应商的报价数据内容进行核实汇总，这就是一个比较困难的事情。

那么检查环节到底应该让谁来做才更合法合规又高效呢？按照相关规定应由评委会成员完成此项工作，但是实践中由于评委会对项目 PPP 实施方案和财务测算的理解时间有限，一般评委很难完成这份工作，本书建议在评委会很难完成这项工作的情况，可由代理机构或者咨询机构协助配合评委完成报价的检查环节。

3. 造成不平衡报价

很多 PPP 项目在评分办法中设置了多个竞价因素，将价格分数随意分到几个竞价因素上，这样带来的隐患是由于每个指标对最终结果影响不同，给了社会资本抓住了多指标竞价的漏洞，出现了我们工程招标中常谈的不平衡报价，这样的评分办法可能会给社会资本有机可乘，给政府财政带来了一定的损失。本书认为作为 PPP 采购代理机构一定要能看懂 PPP 实施方案、了解 PPP 项目的测算原理，在设置评分竞价指标，尽量以一个指标，比如全生命周期政府付费/可行性缺口补贴现值之和等作为评分因素；如果需要设置多指标为竞价评审因素，那么必须对各竞价指标进行敏感性分析，科学的设置每个竞价指标的权重。

（六）监管点六：在 PPP 项目中严防低价中标事情发生

目前我国政府采购 PPP 项目可采用的方式包括公开招标、邀请招标、竞争性谈判、单一来源采购方式。而 PPP 招投标过程中通常采用无标底的最低价中标模式，它属于密封式一级价格拍卖理论的反向形式。实践表明，采取最低价中标模式后招投标各方将面临一定问题。

1. 最低价中标不符合市场形态

中国 PPP 模式发展处于爆发式增长状态，随着政府支持力度不断加大，竞争逐渐激烈，政府所提供的 PPP 项目不仅仅是一个经济投资，更多地形成了一种政治角色需求。很多企业为了与当地政府搞好关系，赢得未来更广阔合作空间，可以压低投标机制。对于一些可二次报价的项目，某些企业为了搅乱对手报价节奏而在第一轮以低于成本价报价。由于规则、标准的不明确性，行业内便会出现恶性竞争。然而目前我国的风险控制保障体系尚不健全，若持续出现故意压低价格的投标手段，只会引起更多的社会问题。

2. 最低价中标不利于行业发展

目前 PPP 项目投标企业有些是由原来承接 BT、BOT 等项目含有相关工程资质的企业转型而来。管理混乱、实力差的企业通过挂靠等手段，不切实际地编制项目费用预算，以超乎想象的低价格中标得到无能力实施的项目，这使得一些报价合理、经验丰富的企业错失标的。这种恶性竞争局面与政府原本的初衷背道而驰，给市场带来了严重危机。

3. 恶意最低价投标人可利用最低价中标模式漏洞

恶意最低价投标人可通过串标、代他人投标、贿赂业主和评标人等手段来利用最低价中标模式漏洞，以达到其目的。由于卖标、代为投标仅仅是为了衬托真正投标人，所以他们显然会报价高于真正投标人的报价，于是报价最低的真正投标人就很可能轻而易举地承揽到工程项目。

尤其是规定了中标的条件是"经评审的最低投标价格"，严重地违背了市场经济的本质规律，也极大地造成了诸多不良影响和后果。所以，政府应该明确废除低价中标的可能性，从而规定低价坚决不能中标，而是中间价或者平均价中标。

4. PPP 项目中低价中标的弊端

在目前实施的项目中，恶意低价层出不穷，不断涌现，不但极大地影响了项目的实施，同时也严重损害了 PPP 项目的精髓，违背了 PPP 项目的初衷。

无形中，这样的报价，就是扰乱市场秩序，应该作为废标处理。但是，由于存在最低价中标的法律依据，又似乎无法废除。

尤其是政府采购的项目，更是没有人愿意站出来挑战"法律底线"，去公然反对和抵制这样的低价中标。所以，形成了漫天报价的乱局面。

其次，低价中标后的项目实施中，基本上无法保证质量和项目的推进，为项目的实施留下无穷后患，从而严重影响了社会的稳定运行、质量安全的保障以及环保问题。

在恶意索赔的情况下，企业和政府不断的讲条件，要挟业主，从而引发了诸多纠纷。

PPP 项目规范化操作和监管又该如何面对 PPP 项目低价中标时代的到来呢？

（1）PPP 项目利润区项目的承接

在全面低价中标前，在 PPP 项目利润区承接项目。何谓利润区，指 PPP 项目竞争尚未白热化的区域，比如，PPP 项目开展较为滞后的省份或地市，政府财力一般但尚具备融资条件的市区县。

（2）打造特色运营力，靠专业而非价格承接项目

2/3 的 PPP 项目属于非经营性项目，其主体部分是投资和建设，经营部分不过是维修养护甚至物业管理，所有传统工程企业都可以承接，所以竞争激烈。1/3 的 PPP 项目属于准经营性项目或经营性项目，部分或全部靠使用者付费或资源补偿来获得收入，绝大部分缺乏有运营能力的产业资本，总体上是一片蓝海，基本上没有竞争者。随着地方政府财政承受能力的天花板临近，经营性项目将成为市场的主导项目，市场空间没有限制。

（七）监管点七：银行等金融机构作为社会资本的监管研究

武汉市轨道交通 8 号线一期 PPP 项目社会资本采购内容及招标结果引发了业界的广泛热议。从网上公布的有限资料看出，预成交的供应商为招商银行、光大银行、汉口银行三家组成的联合体。由于该联合体缺乏工程专业性资本，全部为银行等金融资本，导致该PPP 项目的合理性遭到很多 PPP 专业人士的质疑，甚至已上升到怀疑项目的本质问题上，不能以"PPP 模式"来标榜该项目。而且 PPP 项目的特征之一是政府合作社会资本，把部分风险分担给社会资本以降低政府风险，与社会资本共同承担项目风险，但武汉市轨道交通 8 号线一期 PPP 项目中标的社会资本都是银行等金融单位，不能发挥出专业性社会资本的优势，项目实施过程中的风险实际还是由政府方单独承担，无法体现 PPP 项目风险共担的意义。

1. 基于金融风险考量银行作为社会资本的适用性

《商业银行法》规定：商业银行是指依照本法和《中华人民共和国公司法》设立的吸收公众存款、发放贷款、办理结算等业务的企业法人。该法第 43 条规定：商业银行在中华人民共和国境内不得从事信托投资和股票业务，不得投资于非自用不动产，商业银行在中华人民共和国境内不得向非银行金融机构和企业投资。

PPP 项目本质上是由公共部门和私人部门为基础设施和公用事业而达成的长期合同关系，公共部门由在传统方式下公共设施和服务的提供者变为规制者、合作者、购买者和监管者[195]。PPP 项目既非固定资产也非企业，而是一种长期合作关系。许多银行的逐利天性促使他们钻 PPP 项目既非固定资产也非企业的空子，本着"法无禁止皆可为"的原则，大量参与 PPP 项目，急剧的增加了金融风险，极有可能重蹈银行坏账覆辙[196]。

2015年6月，中国邮政储蓄银行中标济青高铁（潍坊段）PPP项目，成为首单引发争议的金融机构独立参与PPP项目。2016年9月，贵阳祥山绿色城市发展基金（有限合伙）和交银国际信托有限公司组成的联合体中标贵阳市轨道交通2号线一期PPP项目。2017年2月，以招商银行股份有限公司、中国光大银行股份有限公司和汉口银行股份有限公司组成的联合体中标武汉市轨道交通8号线一期PPP项目。从以上中标的银行等金融机构可以看出，参与者多为中小银行，四大国有银行并未参与其中，这与当年朱镕基总理应对银行处理坏账，承接银行不良资产，遂将西方战略投资者引入四大银行，控制金融风险不无关系。（注：1999年成立了长城、信达、华融、东方四大资产管理公司，分别对应收购、管理农行、建行、工行和中行的不良资产。然后由四大资产管理公司与债务公司签订债转股协议，实现账面上不良贷款的出清。）

从银行坏账风险角度考虑，中国银行业的坏账问题，一直都是海内外媒体关注的焦点，也成为引发金融危机的最大隐患。在经济结构转型、坏账压力侵袭的宏观环境下，控制银行坏账风险，规范银行商业投资势在必行。据银监会2017年2月22日发布的数据显示：2016年四季度末，商业银行不良贷款余额15123亿元，较第三季度末增加183亿元，中国商业银行不良贷款率为1.74％。银行等金融机构作为社会资本参与PPP项目，银行充当社会资本不具备专业能力，再者考虑到PPP项目的复杂性、长期性、不确定性的系列特点，项目风险大大增加，如不施以风险调控措施，银行产生坏账的风险将进一步提高。

2. 基于PPP模式特性考量银行作为社会资本的适用性分析

《关于在公共服务领域推广政府和社会资本合作模式指导意见的通知》（国办发〔2015〕42号）规定：作为社会资本的境内外企业、社会组织和中介机构承担公共服务涉及的设计、建设、投资、融资、运营和维护等责任，政府作为监督者和合作者，减少对微观事务的直接参与，加强发展战略制定、社会管理、市场监管、绩效考核等职责，有助于解决政府职能错位、越位和缺位的问题，深化投融资体制改革，推进国家治理体系和治理能力现代化。

从以往的PPP项目经验来看，PPP项目规范化操作和监管应更加关注的是社会资本在项目全生命周期内的综合能力，不单单是融资或者建设运营能力，这与国发办［2015］42号文的相关规定也是契合的。并不能简单地以是否为金融机构来判别能否作为社会资本参与PPP项目，关键看其是否仅仅提供资金，是否具有资源整合的能力，是否具有专业能力，是否真正承担项目执行并为社会效益、经济效益负责[197]。

PPP不仅是一种融资手段，而且是一次体制机制变革，涉及行政体制改革、财政体制改革、投融资体制改革。PPP模式有利于充分发挥市场机制作用，提升公共服务的供给质量和效率，实现公共利益最大化，而这一切，更需要有专业能力的社会资本去完成。银行等金融机构能否作为社会资本直接参与PPP项目关键在于金融机构是否具备通过融资能力衍生的整合实力并在项目中真正承担相应风险，能否高效率、优质的提供合格的公共服务或产品，从而成为合格的社会资本。

政府作为公共利益的代表，为广大公众提供必要的公共物品，提供公共物品是政府不可推卸的责任，采用 PPP 模式，政府职能和角色发生转变，采购合格的社会资本替代政府履行义务，便成了关键和首要任务。

PPP 项目最大的特点就是伙伴关系、风险共担，利益共享，达到这三点，社会资本就要满足融智、融制的要求。所谓融智，是将社会资本在基础设施和公共服务领域的专业优势、人才优势和行业优势引进来，弥补国有企业现有模式的不足，吸收智力方面的优势；融制则是用社会资本中的企业管理和制度优势，补充国有企业现有管理制度的不足。融资问题虽可通过金融机构来解决，但从基础设施和公共服务领域来看，金融机构显然不能满足融智和融制的要求，也就不适合单独作为 PPP 项目的社会资本方。

采用 PPP 的模式的本意在于通过引入社会资本方，提升公共物品或服务的供给效率，没有具备项目所需核心能力的专业投资方的参与，不利于优化方案并构建稳定合理的投资回报机制。金融机构应与专业投资方的深度合作，共同参与 PPP 项目，尽最大能力提高融资与建设、运维效率。随着我国大批 PPP 项目的实施落地形成示范效应，金融机构对 PPP 项目的介入热情将会逐步升温，如果能更好的加强对金融机构单独参与 PPP 项目的监管，充分发挥金融机构的融资优势，将会有利于 PPP 模式的推进与发展。

（八）监管点八：PPP 项目开展两标并一标的可行性

依据《招标投标法实施条例》第九条第（三）项规定，PPP 项目是否可以实行两标并一标？PPP 项目是否属于特许经营的范畴？非招标情况下是否可以实行两标并一标？若不采用招标方式如何去控制造价？如何进行审计？PPP 项目虽已如火如荼的开展了这么久，可两标并一标的问题还在困惑着我们，那么 PPP 项目实行两标并一标到底可不可行？

1. 两标并一标，法律保障步步为营

《中华人民共和国招标投标法实施条例》（以下简称《招标投标法实施条例》）第九条第（三）项规定：已通过招标方式选定的特许经营项目投资人依法能够自行建设、生产或者提供的，可以不进行招标。这种合并招标的行为，简称"两标并一标"。

但 PPP 项目为何就可以据此实行两标并一标呢？这还需从以下两个法律说起。

1999 年 8 月 30 日，全国人民代表大会常务委员会颁布《中华人民共和国招标投标法》（以下简称《招标投标法》），其中第二条规定：在中华人民共和国境内进行招标投标活动，适用本法。2002 年 6 月 29 日全国人民代表大会常务委员会又发布了《中华人民共和国政府采购法》（以下简称《政府采购法》），同样第二条也规定了其适用范围：在中华人民共和国境内进行的政府采购适用本法，而其中所称采购，是指以合同方式有偿取得货物、工程和服务的行为。两法一前一后实行之后，在实践中发生了一定的冲突，但在《政府采购法》中第四条规定：政府采购工程进行招标投标的，适用招标投标法。因此，两法

相互区别却又有联系。

PPP项目采购作为一种政府采购行为应适用政府采购的法律规定，即第一标——对社会资本的选择适用《政府采购法》。但是，PPP项目也并非绝对排斥《招标投标法》，PPP项目通常包含工程的施工、设计、监理等内容，其相关单位的选择就应采用招投标方式[198]。依据上述《政府采购法》第四条规定，PPP项目中的第二标——对施工单位的选择就应适用《招标投标法》相关规定。因此，第二标便可依据《招标投标法实施条例》第九条第（三）项规定，实行两标并一标。但需注意的是，该条规定中隐含的前提条件：已通过招标方式选定的特许经营项目投资人。后于2016年10月11日财政部发布的《关于在公共服务领域深入推进政府和社会资本合作工作的通知》（财金〔2016〕90号文）中的第九条又对上述做法给予了肯定。

2. 两标并一标，经济效益至关重要

虽然两标并一标行为有了法律保障，但在实践中仍有地方对该行为存在质疑。法律规定暂且还不能面面俱到，但该行为是否"经济"才是其是否值得认可的要害。下面将从经济学角度探究其存在的必要性。

（1）拉拢社会资本，激励其投标积极性

大型基础建设PPP项目投资较大，回报低。而且PPP项目全生命周期中需要社会资本参与规划设计、投融资、项目建设、运营管理等事宜，对社会资本的综合能力提出了较大的挑战。而基建项目的施工利润往往是较为可观的，因此具备施工能力的社会资本参与PPP项目除了追求合理的投资利润外，施工利润往往是其最为关注的。

基于激励理论，当PPP项目投资利润低、对社会资本吸引力小时，便可以采取"两标并一标"的行为激励承包商积极投标，获取PPP项目合同约定价格及期限的项目施工承包权。只有其主导施工承包权，才可能从施工单位获取一部分收益，以补贴其融资部分亏损。所以含施工部分的PPP项目更受社会资本欢迎，诱惑力更大，更有利于吸引社会资本积极投标。

（2）降低交易成本，提高管理效率

PPP项目中社会资本方的招标程序，以及在符合法定条件下必须进行招标确定的项目施工单位的招标程序较为繁琐，这给PPP项目实践操作在时间上、过程中带来了很大的工作量。根据《招标投标法》及其实施条例规定，从招标公告到投标、评标、定标，完成全部流程一般都需要较长时间，而且招标人若不具备法律规定的招标文件编制能力和评标能力，还需依法委托招标代理机构，并需邀请外部评标专家。在该过程中，政府和各方均需付出大量的时间和成本，这有悖于PPP模式降低全生命周期成本、提高项目管理效率的预期目标。

由于交易的不确定性，二次招标会使得情况变得更加复杂。为此，业主等各方必须付出更多的搜寻成本、信息成本、议价成本等等，交易时间也会延长。由此导致交易成本增加，同时，项目管理的效率也大为降低。因此，采取"两标并一标"的措施，可以改善上述行为。

尽管对于 PPP 项目是否可以实行"两标并一标"各方观点不一，法律存在依据尚未完备，但从经济学和实践效率来说，多数是支持"两标并一标"行为的。因为这既是贿赂社会资本，提高其参与 PPP 项目积极性的有效手段；又有利于降低交易成本、提高管理效率。因此，规范"两标并一标"行为，加强监管，会使其真正发挥作用。

（九）监管点九：联合体参与 PPP 项目的监管要点

1. 鼓励社会资本方组建联合体

第一，从法规角度来看（表 3-13）。

表 3-13

联合体投标相关政策

法规文号	规 定
发改投资〔2016〕1744 号	（第九条）鼓励不同类型的民营企业、外资企业，通过组建联合体等方式共同参与 PPP 项目
发改投资〔2016〕2231 号	（第十二条）鼓励社会资本方成立联合体投标

第二，从选择社会资本方核心标准来看：相较于单个企业，组建后的联合体一般拥有更强的核心能力，资质更高、实力更强，更符合 PPP 项目高标准要求[199]。

2. 联合体资质认定

对如何认定联合体资质，有两种观点：

第一种观点认为，根据各成员的资质等级分配相应的工作，并以此来认定联合体的资质等级。比如还是上述 A、B 两家企业，在联合体协议中约定 A 企业负责设计，B 企业负责施工，则联合体的设计和施工应认定为甲级资质，理由是根据《政府采购法实施条例》第 22 条第 1 款："联合体中有同类资质的供应商按照联合体分工承担相同工作的，应当按照资质等级较低的供应商确定资质等级"的规定，如果分工承担不同的工作，则可以避免按资质较低者来认定资质。

第二种观点认为，联合体的资质按照成员中资质较低的为准。比如，联合体中 A 企业有设计甲级资质和施工乙级资质，而 B 企业有设计乙级资质和施工甲级资质，那么该联合体的设计和施工资质均为乙级资质[200]。理由是《招标投标法》第 31 条第 2 款规定"……由同一专业的单位组成的联合体，按照资质等级较低的单位确定资质等级"。

本书倾向于第二种观点，因为 PPP 项目不仅包括工程建设，还包括投融资、设计、管理、运营等环节，因此按照各成员在不同环节中的分工来认定资质，不仅有助于增强各成员组建联合体的意愿，而且也更符合现实情况，否则对联合体各成员的资质过于苛刻，不利于联合体的组建。

3. 联合体各成员是否对外承担连带责任

如果不设立项目公司，则联合体各成员需对外承担连带责任。原因在于，《招标投标法》第31条和《政府采购法》第24条已明文规定。

如果设立项目公司，则联合体各成员一般不对外承担连带责任。因为：组建项目公司后，由项目公司作为主体完成项目的融资、设计、建设、运营、管理等工作，并对外承担责任，而联合体成员作为项目公司的股东，除非PPP协议另有约定，否则仅在出资额内承担有限责任。

4. 联合体各成员是否均须参股项目公司

对于联合体成员是否均须参股项目公司，目前也有两种观点：

（1）第一种观点认为，联合体各成员均应参股项目公司，理由有二：

①一是PPP项目期限短则10年，长则30年，在如此漫长的过程中，入股项目公司更能制约各成员的履约行为；

②二是在交通部《经营性公路建设项目投资人招标投标管理规定》第20条第2款，也已规定了联合体成员应当在共同投标协议中明确各方的出资比例，因此经营性公路建设项目已有法规可依，而其他类型的PPP项目或可参照适用。

（2）第二种观点认为，除非招标文件或采购文件有明确要求，否则联合体各成员无需全部参股项目公司，理由是：没有法律强制性规定。

对此，本书更倾向于第一种意见。另外，站在施工企业的角度，作为联合体成员的主要目的是参与工程建设并在该阶段获利，而入股项目公司，更能确保目的的实现。因为《招标投标法实施条例》第9条第3款规定："已通过招标方式选定的特许经营项目投资人依法能够自行建设、生产或者提供的可以不进行招标"，可见，若施工企业入股项目公司，则能够作为项目投资人直接参与工程建设，避免了在建设工程招投标中落选的风险。

（十）监管点十：PPP项目投标报价的监管要点研究

1. 投标报价方式说明

投标报价是指承包商采取投标方式承揽工程项目时，计算和确定承包该工程的投标总价格。投标单位有了投标取胜的实力还不够，还需有将这种实力变为投标的技巧。

2. 投标报价的编制依据

①招标文件；

②招标人提供的设计图纸及有关的技术说明书等；

③工程所在地现行的定额及与之配套执行的各种造价信息、规定等；

④招标人书面答复的有关资料；

⑤企业定额、类似工程的成本核算资料；

⑥其他与报价有关的各项政策、规定及调整系数等。

在标价的计算过程中，对于不可预见费用的计算必须慎重考虑，不要遗漏。

3. 报价技巧

投标报价技巧是招投标活动的一大难题，下面就对不同报价方法的应用做一个说明。

（1）不平衡报价法

不平衡报价指的是一个项目的投标报价，在总价基本确定后，如何调整项目内部各个部分的报价，以期望在不提高总价的条件下，既不影响中标，又能在结算时得到更理想的经济效益。这种方法在工程项目中运用得比较普遍，对于工程项目，一般可根据具体情况考虑采用不平衡报价法。

（2）多方案报价法

对一些招标文件，如果发现工程范围不明确，条款不清楚或不公正，或技术规范要求过于苛刻时，要在充分估计投标风险的基础上，按多方案报价法处理。即按原招标文件报一个价，然后再提出："如某条款（如某规范规定）作某些变动，报价可降低多少……"，报一个较低的价。这样可以降低总价，吸引采购方。或是对某部分工程提出按"成本补偿合同"方式处理，其余部分报一个总价。

（3）增加建议方案

有时招标文件中规定，可以提出建议方案，即可以修改原设计方案，提出投标者的方案。这时投标者应组织一批有经验的设计和施工工程师，对原招标文件的设计和施工方案进行仔细研究，提出更合理的方案以吸引采购方，促成自己的方案中标。这种新的建议方案要达到能够降低总造价的效果，并且实现提前竣工或使工程运用更合理的目标。但要注意的是，对原招标方案一定要标价，以供采购方比较。增加建议方案时，不要将方案写得太具体，保留方案的技术关键。防止采购方将此方案交给其他承包商。同时，建议方案一定要成熟，最好包括以往相关的实践经验。因为投标时间不长，如果仅为中标而匆忙提出一些没有把握的建议方案，可能会引起很多的后患。

（4）突然降价法

报价是一件保密性很强的工作，但是对手往往通过各种渠道、手段来刺探情况。因此，在报价时可以采取迷惑对方的手法。即按一般情况报价或表现出自己对该项目兴趣不大，到快投标截止时，再突然降价。采用这种方法时，一定要在准备投标报价的过程中考虑好降价的幅度，在临近投标截止日期，根据情报信息与分析判断，再做最后决策。如果由于采用突然降价法而中标，因为开标只降总价，在签订合同后可采用不平衡报价的方法调整项目内部各项单价或价格，以期取得更好的效益。

（5）先亏后盈法

先亏后盈法是指投标人为了开辟某一市场而不惜代价的低价中标方案。

采取这种手段的投标人必须有较好的资信条件，提出的施工方案要先进可行，并且标书做到"全面响应"。与此同时，要加强对公司优势的宣传力度，让招标人对拟定的施工方案感到满意，并且认为标书中就如何满足招标文件提出工期、质量、环保等要求的措施切实可行。否则即使报价再低，招标人也不一定选用。相反，评标人会认为标书存在重大缺陷。

其他投标人如果遇到这种竞争对手，不一定硬拼，而是按照自己既定的投标报价思路，编制标书，确定报价。如果此次不行，力争在第二、第三标中，依靠自己的经验和信誉争取中标。

对大型分期建设的工程，在第一期工程投标时，可以将部分间接费分摊到第二期工程中去，少计利润以便争取中标，这样在第二期工程招标时，凭借第一期工程经验、临时设施，以及创立的信誉，比较容易拿到第二期工程。但应注意分析获得第二期工程的可能性，如开发前景不明确，后续资金来源不明确，实施第二期工程遥遥无期时，则可以不考虑先亏后盈法。

4. 报价指标分析

有的投标方为了打进某一地区，依靠某国家、某财团和自身的雄厚资本实力，采取一种不惜代价，只求中标的低价报价方案。应用这种手法的投标方必须有较好的资信条件，并且提出的实施方案也要先进可行，同时，要加强对公司情况的宣传，否则即使标价低，采购方也不一定选中。同时如遇其他承包商采取同种方法，可选择放弃硬碰硬，采用迂回战术，争取以第二标、第三标的方式再依靠本身的丰富经验和良好信誉夺标。

修订后的《政府采购货物和服务招标投标管理办法》于 2017 年 10 月 1 日正式实施，对招标投标环节中的资格条件、资格预审公告和招标公告的合并发布、评标委员会人数、报价分值比重、报价限价及得分计算方法等方面作出了详细的规定。此办法的施行对 PPP 项目采购具有重要的指导意义，完善了 PPP 项目的采购环节，使得项目采购流程更加规范可行。

《中华人民共和国政府采购实施条例》第三十四条中指出政府采购招标评标方法分为最低评标价法和综合评分法，PPP 项目中政府方选择社会资本时常采用综合评分法。综合评分法是指投标文件满足招标文件全部实质性要求且按照评审因素的量化指标评审得分最高的供应商为中标候选人的评标方法，评审内容包括技术方案、商务方案、商务报价和法律方案。其中报价比重在《政府采购货物和服务招标投标管理办法》第五十五条中规定货物项目的价格分值占总分值的比重不得低于 30%，服务项目的价格分值占总分值的比重不得低于 10%，由此看出报价部分占比较大。在采购文件中设置的与报价相关的指标主要有：投资回报率、贷款利率、建设项目工程量清单报价、建筑工程和安装工程费下浮率、运营维护费等。实践操作中往往根据项目自身特点进行组合使用。以下为几种报价指标的分析：

（1）投资回报率

采购文件中的投资回报率报价以合理利润率、内部收益率两种方式为主。其中合理利润率是指利润与投资之间的比率，可以理解为投资的回报率。财金〔2014〕21 号文指出合理利润率应以商业银行中长期贷款利率水平为基准，充分考虑可用性付费、使用量付费、绩效付费的不同情景，结合风险等因素确定。在实操中考虑商业银行中长期贷款利率、项目的工程利润、行业市场环境等因素进行充分的市场测试，依据测试结果科学合理地设置合理利润率的报价上限。

内部收益率实质上则是折现率，即财务净现值为零时的折现率。PPP 项目中设置的内部收益率报价又分为项目资本金财务内部收益率和全投资财务内部收益率两种，区别在于两者的现金流量表不同，在现金流出部分，资本金财务内部收益率以资本金投入为流出及其他各项流出，应考虑除资本金部分外其他资金的还本付息，全投资财务内部收益率流出部分是以建设投资为流出及其他各项流出，且不考虑融资成本，两者基准收益率的取值以国家发展和改革委员会、住房和城乡建设部发布的《建设项目基准收益率参数》为基础，在此基础上通过市场测试后搭建财务模型进行计算，最终确定出内部收益率的报价上限。

（2）贷款利率

PPP 项目中的贷款利率主要指除资本金外的项目所需资金的资金成本。此报价指标主要考察社会资本的融资实力，贷款利率高低直接影响整个项目建设期计入建设成本的利息及运营期的财务费用，对于政府付费、可行性缺口补助回报机制下的项目尤为重要。贷款利率报价上限的确定是以中国人民银行发布的 5 年以上中长期贷款基准利率为基础，综合项目的市场竞争性、项目融资难易程度等因素考虑一定的上浮。该报价指标需要与其他报价指标组合使用，适合于各种类型的项目。

（3）建设项目工程量清单报价

BOT、BOO、ROT（含建设内容但不含施工图设计）运作模式下建设项目采用工程量清单计价模式，由采购人编制工程量清单、招标控制价并向投标人提供工程量清单和有关技术说明。投标人按照工程量清单所表述的内容依据企业自身的定额水平和市场价格计算投标价格，自主填报工程量清单所列项目的单价和合价。工程量清单计价优势在于结合项目具体情况、企业技术管理水平和市场价格自主报价，同时能满足采购人对建筑产品质优价廉的要求。

（4）建筑工程和安装工程费下浮率

DBOT（含设计、建设）运作模式下施工图设计是由中选社会资本完成，在采购前无法向社会资本提供工程量清单及相关技术说明，则采用建筑工程和安装工程费下浮率作为报价指标。下浮率是指采用定额投标报价时，投标单位承诺按定额价格下浮一定比率进行结算。此指标主要用于控制社会资本获得的工程利润，希望通过下浮率报价来降低建设成本从而减少政府方的支出责任。在项目实操中根据不同工程的特点，在保证企业获得一定施工利润的前提下确定下浮率限值。该指标需要同其他报价指标组合使用。

（5）运营维护费用

运营维护费用为整个运营期政府方给予项目公司的运营补贴金额，该指标是政府和社会资本方最为关心的，影响到政府的支出责任和项目公司获得的利益。社会资本方在分析政府方提出的项目运营内容、考核标准后，综合考虑收入、成本、资金成本等多方面因素进行报价。运营维护费用报价常用于回报机制为政府付费和可行性缺口补助类型的项目。

以上几种报价指标仅为实务操作中常采用的指标，不代表所有报价指标与报价方式。

（6）如何检查投标文件

对于投标人来说，最痛苦的莫过于辛辛苦苦、加班熬夜做的标书，开标时，可能不到2分钟就被否决。若是公司自身实力原因，还情有可原。但是，通过研究案例发现，大部分投标人被废标的原因是由于投标人对招标文件研究不够深入，细节处理不得当而导致的废标。

因此，如何研究投标文件，对于投标人来说，是至关重要的一件事。投标文件检验内容及方法见表3-14。

投标文件检验内容及方法 表3-14

项目名称：　　　　　　　　　　　　点检日期：

序号	检 验 内 容	检 验 方 法	确认	备注
一	投标文件			
1	项目编号与名称	投标文件整篇项目编号与名称是否正确		
2	投标人名称	投标人名称与营业执照、资质证书、银行资信证明等证明证书一致		
3	投标文件排版	检查文本格式、字体、行数、图片是否模糊歪斜，是否按招标文件要求编辑		
4	投标文件目录	投标文件目录是否完整，页码是否更新		
5	投标文件的完整性	对照目录进行逐项检查		
6	投标内容	符合招标文件规定		
7	页码、页眉、页脚	有无重页和缺页		
8	报价	注意货币单位； 只能有一个有效报价（按招标文件要去提交备选投标方案的除外）； 投标报价没有大于最高投标限价； 纸质版、电了版、上传应都　致		
9	预算书/预算书	预算书符合招标文件"预算书"的范围、数量，符合清单/预算编制的要求		
10	资质文件检查	顺序及完整性检查、有无复印不清楚或歪斜，检查证明材料是否齐全		
11	营业执照、资质、质量认证证书、安全生产许可证	有合格的营业执照，且经营范围与招标项目一致，注册资金和资质符合法律法规和招标文件要求		
12	总工期	总工期（总进度）响应、权利义务响应符合招标文件要求		
13	投标有效期	投标有效期符合招标文件要求		
14	偏差表	没有招标方不能接受的偏差内容		
15	项目经理资格	满足法律法规及招标文件的要求		
16	施工业绩	满足招标文件要求		

序号	检 验 内 容	检 验 方 法	确认	备注
17	工期（关键节点）	符合招标文件的规定		
18	工程质量	符合招标文件及合同的规定		
19	技术标准和要求	符合招标文件"技术标准和要求"规定		
20	其他否决其投标条件	没有法律法规和招标文件规定的其他否决其投标的内容		
二	分项检查			
1	开标文件	按照投标函格式要求逐页检查是否响应、漏页； 投标函中投标金额大小写检查； 单价与总价金额是否正确； 其他		
2	投标保证金	投标保证金是否符合要求，金额是否符合要求		
3	商务部分	商务部分格式是否符合要求，逐页检查是否响应、漏页； 商务标书完整性检查； 商务标书资质证书是否在有效期内； 检查企业资质齐全、有无过期； 检查投标人员信息、证件对应； 其他		
4	技术部分	按照技术部分格式是否符合要求，逐页检查是否响应、漏页； 公司的融资实力、PPP业绩、融资成本、融资方案、运营方案、总投资报价、运营成本报价（根据招标文件）、项目公司组建方案等，如果PPP投资加施工一起投，还得检查施工主要机械安排； 施工范围、施工概况； 施工组织方案、现场组织机构； 安全保障体系及措施； 质量保障体系及措施； 本工程特点施工经历、同规模主体施工经历； 施工总平面布置； 施工网络进度计划； 项目经理情况； 主要技术负责人情况； 主要劳动力组织计划； 其他		

序号	检 验 内 容	检 验 方 法	确认	备注
5	电子光盘	按照招标文件要求检查所需导入文件，三台电脑是否可以读取； 光盘正面填写信息是否正确		
三	投标文件封装和签字、盖章			
1	法定代表人签字和授权代表签字（盖章）检查	每页检查有无签字和盖章、签字是否正确，是否和授权人相符		
2	封装方式及密封纸张检查	检查封装方式、封装纸张是否按照招标文件要求		
3	封装包检查	是否按要求分装（正副本是否分开） 封装包数量___包		
4	投标文件份数	根据招标文件要求，检查投标文件是否写上正本和副本、标书要求是___正___副（电子版___份）		
5	项目编号与名称	投标文件整篇项目编号与名称是否正确		
6	人员名称	授权委托人、投标人名称		
7	密封袋封面	是否按照内封、外封要求填写信息		
8	签字、盖章检查	检查投标文件内需签字、盖章处是否签字、盖章		
9	密封袋（暗本）特殊要求检查	检查招标文件对暗包的特殊要求		
四	文件签署			
1	文件签署	（1）投标函未加盖单位公章或无法定代表人（或委托代理）人签字的； （2）其他投标文件未加盖单位公章或无法定代表人（或委托代理人）签字的； （3）如由委托代理人签字的，未附法定代表人授权委托书的； （4）法定代表人授权委托书未加盖单位公章和法定代表人签字的； （5）投标文件使用投标专用章替代单位公章，缺少投标专用章具备同等效力证明文件的； （6）投标文件未按规定的格式填写，内容不全或关键字迹模糊、无法辨认的； （7）是否加盖骑缝章，骑缝章是否覆盖每页		
2	密封袋封面	是否按照内封、外封要求填写信息		
3	签字、盖章检查	检查投标文件内需签字、盖章处是否签字、盖章		
五	开标现场准备文件			
1	委托人身份证原件授权委托书	是否携带		

序号	检 验 内 容	检 验 方 法	确认	备注
2	投标文件递交登记表	是否携带		
3	投保保证金递交函原件	是否携带		
4	无行贿犯罪记录告知函	是否携带		
5	基本户开户许可证复印	是否携带		
6	开标时间地点	是否通知		
标书检验结果：	A. 可以送出 B. 重新修改，修改原因：			

（7）附：做工程标书的 115 个注意事项

1）封面

①封面格式是否与招标文件要求格式一致，文字打印是否有错字。

②封面标段、里程是否与所投标段、里程一致。

③企业法人或委托代理人是否按照规定签字或盖章，是否按规定加盖单位公章，投标单位名称是否与资格审查时的单位名称相符。

④投标日期是否正确。

2）目录

①目录内容从顺序到文字表述是否与招标文件要求一致。

②目录编号、页码、标题是否与内容编号、页码（内容首页）、标题一致。

3）投标书及投标书附录

①投标书格式、标段、里程是否与招标文件规定相符，建设单位名称与招标单位名称是否正确。

②报价金额是否与"投标报价汇总表合计"、"投标报价汇总表"、"综合报价表"一致，大小写是否一致，国际标中英文标书报价金额是否一致。

③投标书所示工期是否满足招标文件要求。

④投标书是否按已按要求盖公章

⑤法人代表或委托代理人是否按要求签字或盖章。

⑥投标书日期是否正确，是否与封面所示吻合。

4）修改报价的声明书（或降价函）

①修改报价的声明书是否内容与投标书相同。

②降价函是否按招标文件要求装订或单独递送。

5）授权书、银行保函、信贷证明

①授权书、银行保函、信贷证明是否按照招标文件要求格式填写。

②上述三项是否由法人正确签字或盖章。

③委托代理人是否正确签字或盖章。

④委托书日期是否正确。

⑤委托权限是否满足招标文件要求，单位公章加盖完善。

⑥信贷证明中信贷数额是否符合业主明示要求，如业主无明示，是否符合标段总价的一定比例。

6）报价

①报价编制说明要符合招标文件要求，繁简得当。

②报价表格式是否按照招标文件要求格式，子目排序是否正确。

③"投标报价汇总表合计"、"投标报价汇总表"、"综合报价表"及其他报价表是否按照招标文件规定填写，编制人、审核人、投标人是否按规定签字盖章。

④"投标报价汇总表合计"与"投标报价汇总表"的数字是否吻合，是否有算术错误。

⑤"投标报价汇总表"与"综合报价表"的数字是否吻合，是否有算术错误。

⑥"综合报价表"的单价与"单项概预算表"的指标是否吻合，是否有算术错误。"综合报价表"费用是否齐全，特别是来回改动时要特别注意。

⑦"单项概预算表"与"补充单价分析表"、"运杂费单价分析表"的数字是否吻合，工程数量与招标工程量清单是否一致，是否有算术错误。

⑧"补充单价分析表"、"运杂费单价分析表"是否有偏高、偏低现象，分析原因，所用工、料、机单价是否合理、准确，以免产生不平衡报价。

⑨"运杂费单价分析表"所用运距是否符合招标文件规定，是否符合调查实际。

⑩配合辅助工程费是否与标段设计概算相接近，降造幅度是否满足招标文件要求，是否与投标书其他内容的有关说明一致，招标文件要求的其他报价资料是否准确、齐全。

⑪定额套用是否与施工组织设计安排的施工方法一致，机具配置尽量与施工方案相吻合，避免工料机统计表与机具配置表出现较大差异。

⑫定额计量单位、数量与报价项目单位、数量是否相符合。

⑬"工程量清单"表中工程项目所含内容与套用定额是否一致。

⑭"投标报价汇总表"、"工程量清单"采用 Excel 表自动计算，数量乘单价是否等于合价（合价按四舍五入规则取整）。合计项目反求单价，单价保留两位小数。

7）对招标文件及合同条款的确认和承诺

①投标书承诺与招标文件要求是否吻合。

②承诺内容与投标书其他有关内容是否一致。

③承诺是否涵盖了招标文件的所有内容，是否实质上响应了招标文件的全部内容及招标单位的意图。业主在招标文件中隐含的分包工程等要求，投标文件在实质上是否予以响应。

④招标文件要求逐条承诺的内容是否逐条承诺。

⑤对招标文件（含补遗书）及合同条款的确认和承诺，是否确认了全部内容和全部条款，不能只确认、承诺主要条款，用词要确切，不允许有保留或留有其他余地。

8）施工组织及施工进度安排

①工程概况是否准确描述。

②计划开竣工日期是否符合招标文件中工期安排与规定，分项工程的阶段工期、节点工期是否满足招标文件规定。工期提前要合理，要有相应措施，不能提前的决不提前，如铺架工程工期。

③工期的文字叙述、施工顺序安排与"形象进度图"、"横道图"、"网络图"是否一致，特别是铺架工程工期要针对具体情况仔细安排，以免造成与实际情况不符的现象。

④总体部署：施工队伍及主要负责人与资审方案是否一致，文字叙述与"平面图"、"组织机构框图"、"人员简历"及拟人职务等是否吻合。

⑤施工方案与施工方法、工艺是否匹配。

⑥施工方案与招标文件要求、投标书有关承诺是否一致。材料供应是否与甲方要求一致，是否统一代储代运，是否甲方供应或招标采购。临时通信方案是否按招标文件要求办理。（有要求架空线的，不能按无线报价）。施工队伍数量是否按照招标文件规定配置。

⑦工程进度计划：总工期是否满足招标文件要求，关键工程工期是否满足招标文件要求。

⑧特殊工程项目是否有特殊安排：冬期施工的项目措施要得当，影响质量的必须停工，膨胀土雨期要考虑停工，跨越季节性河流的桥涵基础在雨期前要完成，工序、工期安排要合理。

⑨"网络图"工序安排是否合理，关键线路是否正确。

⑩"网络图"如需中断时，是否正确表示，各项目结束是否归到相应位置，虚作业是否合理。

⑪"形象进度图"、"横道图"、"网络图"中工程项目是否齐全：路基、桥涵、轨道或路面、房屋、给排水及站场设备、大型临时设施等。

⑫"平面图"是否按招标文件布置了队伍驻地、施工场地及大型临时设施等位置，驻地、施工场地及大型临时设施工程占地数量及工程数量是否与文字叙述相符。

⑬劳动力、材料计划及机械设备、检测试验仪器表是否齐全。

⑭劳动力、材料是否按照招标要求编制了年、季、月计划。

⑮劳动力配置与劳动力曲线是否吻合，总工日数量与预算表中总工日数量差异要合理。

⑯标书中的施工方案、施工方法描述是否符合设计文件及标书要求，采用的数据是否与设计一致。

⑰施工方法和工艺的描述是否符合现行设计规范和现行设计标准。

⑱是否有防汛措施（如果需要），措施是否有力、具体、可行。

⑲是否有治安、消防措施及农忙季节劳动力调节措施。

⑳主要工程材料数量与预算表工料机统计表数量是否吻合一致。

㉑机械设备、检测试验仪器表中设备种类、型号与施工方法、工艺描述是否一致，数量是否满足工程实施需要。

㉒施工方法、工艺的文字描述及框图与施工方案是否一致，与重点工程施工组织安排的工艺描述是否一致；总进度图与重点工程进度图是否一致。

㉓施工组织及施工进度安排的叙述与质量保证措施、安全保证措施、工期保证措施叙述是否一致。

㉔投标文件的主要工程项目工艺框图是否齐全。

㉕主要工程项目的施工方法与设计单位的建议方案是否一致，理由是否合理、充分。

㉖施工方案、方法是否考虑与相邻标段、前后工序的配合与衔接。

㉗临时工程布置是否合理，数量是否满足施工需要及招标文件要求。临时占地位置及数量是否符合招标文件的规定。

㉘过渡方案是否合理、可行，与招标文件及设计意图是否相符。

9）工程质量

①质量目标与招标文件及合同条款要求是否一致。

②质量目标与质量保证措施"创全优目标管理图"叙述是否一致。

③质量保证体系是否健全，是否运用ISO 9002质量管理模式，是否实行项目负责人对工程质量负终身责任制。

④技术保证措施是否完善，特殊工程项目如膨胀土、集中土石方、软土路基、大型立交、特大桥及长大隧道等是否单独有保证措施。

⑤是否有完善的冬、雨期施工保证措施及特殊地区施工质量保证措施。

10）安全保证措施、环境保护措施及文明施工保证措施。

①安全目标是否与招标文件及企业安全目标要求口径一致。

②确保既有铁路运营及施工安全措施是否符合铁路部门有关规定，投标书是否附有安全责任状。

③安全保证体系及安全生产制度是否健全，责任是否明确。

④安全保证技术措施是否完善，安全工作重点是否单独有保证措施。

⑤环境保护措施是否完善，是否符合环保法规，文明施工措施是否明确、完善。

11）工期保证措施

①工期目标与进度计划叙述是否一致，与"形象进度图"、"横道图"、"网络图"是否吻合。

②工期保证措施是否可行、可靠，并符合招标文件要求。

12）控制（降低）造价措施

①招标文件是否要求有此方面的措施（没有要求不提）。

②若有要求，措施要切实可行，具体可信（不作过度承诺、不夸大事实）。

③遇到特殊有利条件时，要发挥优势，如队伍临近、就近制梁、利用原有大型临时设施等。

13）施工组织机构、队伍组成、主要人员简历及证书

①组织机构框图与拟上的施工队伍是否一致。

②拟上施工队伍是否与施工组织设计文字及"平面图"叙述一致。

③主要技术及管理负责人简历、经历、年限是否满足招标文件强制标准，拟任职务与前述是否一致。

④主要负责人证件是否齐全。

⑤拟上施工队伍的类似工程业绩是否齐全，并满足招标文件要求。

⑥主要技术管理人员简历是否与证书上注明的出生年月日及授予职称时间相符，其学历及工作经历是否符合实际、可行、可信。

⑦主要技术管理人员一览表中各岗位专业人员是否完善，符合标书要求；所列人员及附后的简历、证书有无缺项，是否齐全。

14）企业有关资质、社会信誉

①营业执照、资质证书、法人代表、安全资格、计量合格证是否齐全并满足招标文件要求。

②重合同守信用证书、AAA 证书、ISO 9000 系列证书是否齐全。

③企业近年来从事过的类似工程主要业绩是否满足招标文件要求。

④在建工程及投标工程的数量与企业生产能力是否相符。

⑤财务状况表、近年财务决算表及审计报告是否齐全，数字是否准确、清晰。

⑥报送的优质工程证书是否与业绩相符，是否与投标书的工程对象相符，且有影响性。

15）其他复核检查内容

①投标文件格式、内容是否与招标文件要求一致。

②投标文件是否有缺页、重页、装倒、涂改等错误。

③复印完成后的投标文件如有改动或抽换页，其内容与上下页是否连续。

④工期、机构、设备配置等修改后，与其相关的内容是否修改换页。

⑤投标文件内前后引用的内容，其序号、标题是否相符。

⑥如有综合说明书，其内容与投标文件的叙述是否一致。

⑦招标文件要求逐条承诺的内容是否逐条承诺。

⑧按招标文件要求是否逐页小签，修改处是否由法人或代理人小签。

⑨投标文件的底稿是否齐备、完整，所有投标文件是否建立电子文件。

⑩投标文件是否按规定格式密封包装、加盖正副本章、密封章。

⑪投标文件的纸张大小、页面设置、页边距、页眉、页脚、字体、字号、字形等是否按规定统一。

⑫页眉标识是否与本页内容相符。

⑬页面设置中"字符数/行数"是否使用了默认字符数。

⑭附图的图标、图幅、画面重心平衡，标题字选择得当，颜色搭配悦目，层次合理。

⑮一个工程项目同时投多个标段时，共用部分内容是否与所投标段相符。

⑯国际投标以英文标书为准时，加强中英文对照复核，尤其是对英文标书的重点章节的复核（如工期、质量、造价、承诺等）。

⑰各项图表是否图标齐全，设计、审核、审定人员是否签字。

⑱采用施工组织模块，或摘录其他标书的施工组织内容是否符合本次投标的工程对象。

⑲标书内容描述用语是否符合行业专业语言，打印是否有错别字。

⑳改制后，其相应机构组织名称是否作了相应的修改 。

（十一）监管点十一： 严控咨询服务的采购， 加强咨询机构的各项事宜监管

采购 PPP 项目的咨询等第三方提供专业服务，各地采购单位需要注意两点。一是遵照《政府采购法》及相关法规制度等；二是统筹考虑，将咨询机构的综合能力作为考察点，服务与质量都是需要考察的内容，应该找到专业的咨询机构。

在合同方面，应该加强合同订立工作，一是要明确服务内容、服务标准；二是合理设定关键条款，如咨询人员的现场服务时间；服务提交成果等；三是建立完善咨询服务的绩效评价机制，重视咨询服务的质量，努力逐步实现按效付费。

财政部建立的全国 PPP 咨询机构库已出台《办法》，为便于统一管理，全国各地各级财政部门应该与相关部门一起做好所辖区域内的项目涉及的咨询机构信息录入工作。

同时对 PPP 咨询机构的工作也提出了要求，要求其按照财政部的相关规定，办理入库和退出的申请，并应该及时录入和更新机构的信息，并加强自身管理，依法依规提供咨询服务。

第四节 项目执行阶段的监管内容

一、监管内容识别与分析

项目执行阶段是指通过采购阶段选定社会资本后，PPP 项目协议正式签署完成后的

阶段，该阶段标志着 PPP 项目进入了实质上的运行阶段。具体是指从项目 PPP 合同签订到项目运维期结束前。项目执行阶段是 PPP 项目最长的阶段，也是决胜项目能否顺利完成的关键阶段。在这个阶段主要监管内容包括项目融资监管、建设期监管、运营期监管。项目执行阶段的主要监管点和流程如图 3-18 所示。

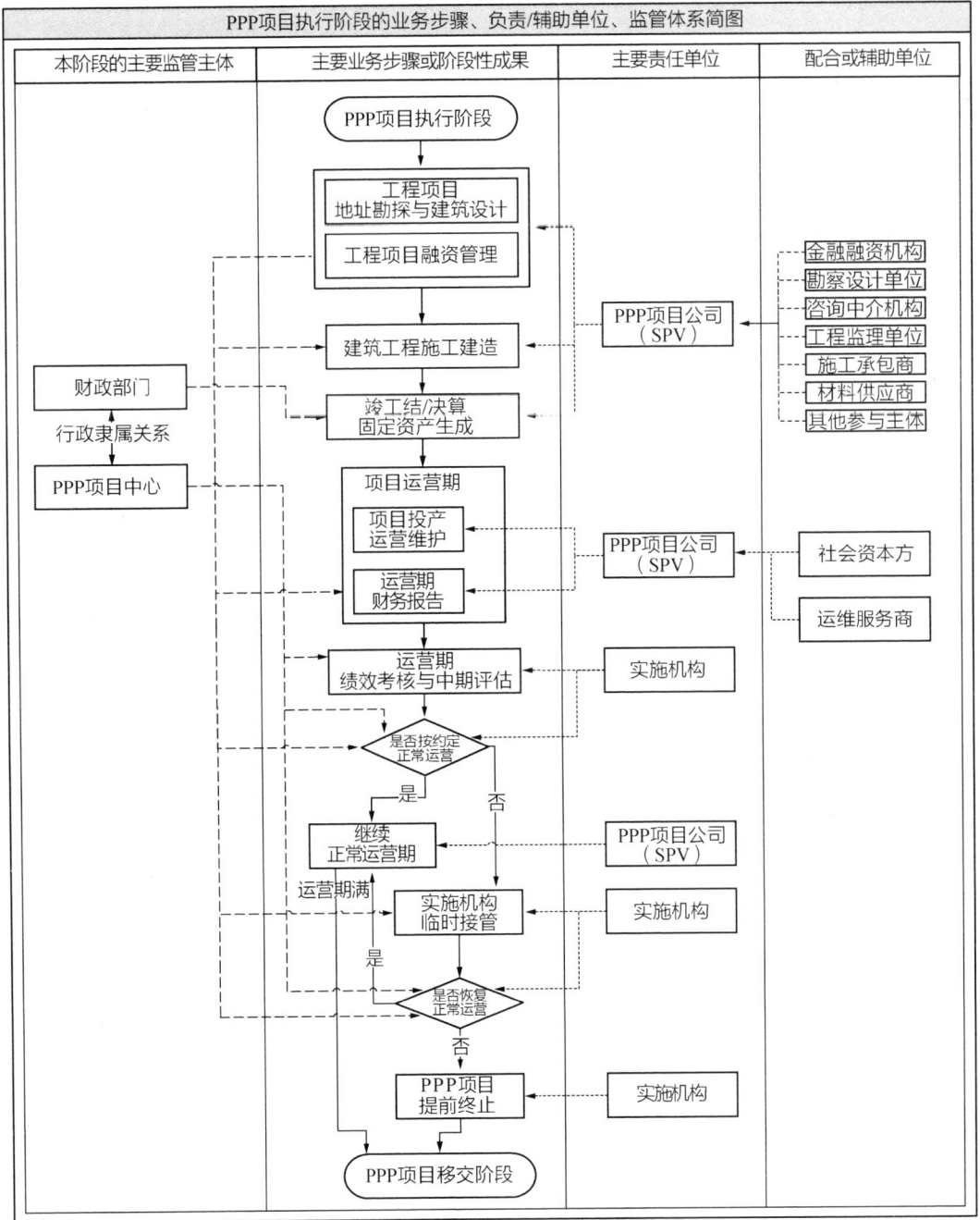

图 3-18　PPP 项目执行阶段监管流程

基于上图，并结合 PPP 项目执行阶段情形，监管的重点为竣工验收监管、运营绩效中期评估和临时接管监管。

（一）PPP 项目融资监管

1. 传统监管方式的分析

（1）既有监管体系分析

PPP 项目融资方面的监管还不健全，银行等金融机构通过对社会资本方的融资准入条件及担保等措施，对 PPP 项目融资产生监管。

（2）既有监管问题分析

PPP 项目融资跨越 PPP 项目治理层次和项目公司治理层，在复杂的治理层次中妥善处理层次交叉容易带来混乱的问题，要清晰地认清监管主体，各自的监管立场和内容，完善监管融资监管的结构。

2. PPP 项目第三方监管分析

（1）监管主客体

在 PPP 治理层次，监管主体为第三方监管部门和行业主管部门；在项目公司治理层次，监管的主体为项目公司和外部的公众。监管客体为地方政府、项目公司和控股的社会资本。

（2）监管内容和方式

在 PPP 项目治理层次的监管中，监管主要内容为融资方式和主体的合理合法合规性。这里以融资主体及融资方式的合法合规性为例。根据目前国务院及各行业部委发布的现行法律法规政策文件 PPP 项目，禁止地方政府通过变相手段假冒 PPP 进行融资，为防止此类项目乱入 PPP 项目，在对 PPP 项目融资主体及方式方面进行第三方监管，第三方监管机构应运用自身专业，识别出融资不合规的项目，肃清 PPP 队伍。从融资主体及融资方式上看，目前存在以下融资禁止行为，见表 3-15。

PPP 项目融资禁行区

表 3-15

行为	文件名称	条款
变相融资	《政府和社会资本合作项目财政管理暂行办法》（财金〔2016〕92 号）	严禁以 PPP 项目名义举借政府债务
	《关于进一步做好政府和社会资本合作项目示范工作的通知》（财金〔2015〕57 号）	严禁通过保底承诺、回购安排、明股实债等方式进行变相融资，将项目包装成 PPP 项目
	《关于在公共服务领域推广政府和社会资本合作模式的指导意见》	严禁融资平台公司通过保底承诺等方式参与政府和社会资本合作项目，进行变相融资

行为	文件名称	条款
土地融资	《关于进一步规范地方政府举债融资行为的通知》（财预〔2017〕50号）	政府不得违法违规出让土地进行融资
	《地方政府土地储备专项债券管理办法（试行）》（财预〔2017〕62号）	地方各级政府不得以土地储备名义为非土地储备机构举借政府债务
		地方各级政府不得通过地方政府债券以外的任何方式举借土地储备债务
		地方各级政府不得以储备土地为任何单位和个人的债务以任何方式提供担保

在项目公司治理层次上，融资监管的重点在于社会资本或项目公司融资能力的监管，项目公司能否提供实施项目所需的有关融资文件及其他证明文件，证明项目公司具备建设项目所需的资金实力，或已完成融资手续。在融资监管中，需注意监管以下几点：

（1）如政府方不出资即社会资本独资成立项目公司，项目公司的账户最优选择是项目实施机构与社会资本共同管理，避免相关股本金到位仅为完成验资工作，而后被轻易移做他用。

（2）政府出资与社会资本共同出资成立项目公司，双方需明确项目公司初始股权出资比例。为充分发挥社会资本的融资实力，社会资本可以为项目公司提供融资支持或股东担保，原则上在项目竣工验收后，社会资本与政府资本双方在融资工作过程中所承担的责任义务情况对项目公司最终股本金进行核定。项目公司可以通过抵押、质押本项目的收费权、在项目公司名下的全部资产、设施和设备等方式来促进融资，但不可作为调增初始股权比例的依据。

（二）PPP项目建设期监管

PPP项目建设期监管的主要内容包括建设工程质量监管及工程造价监管。根据建设工程特点和需求，建设工程质量监管包含设计审图监管、施工阶段工程质量及保修期工程质量监管以及使用期工程质量监管，由于工程的使用阶段和项目运营期存在重叠，遂这里仅讨论设计阶段和施工阶段的工程质量监管，保修和使用期在运营阶段讨论。工程项目建设期间，第三方监管在弥补传统监管方式基础上具体表现为施工图设计审图权、工程质量监理权、工程造价、支付权、竣工结算权的监管。

1. 建设工程质量监管

质量监管是PPP项目监管的重要内容，尤其是非对称信息条件下的质量控制问题已经成为PPP项目管理实际研究的难点。目前，部分大城市在基础设施建设中正在试行PPP建设模式，人们已经开始研究非对称信息下的工程产品质量、质量控制和合作协议问题，系统地研究了质量、信息和合同协议，考虑了社会资本的工程质量评价信息隐匿的情况。

（1）传统监管方式

我国建设工程质量监管在不同时期和不同条件下呈现不同的监管制度和特点。第一阶段，新中国成立到 20 世纪 50 年代，我国实行由施工单位内部控制的单一的质量检查制度。第二阶段，1958～1966 年，我国建设工程质量监管实行的是第二方验收制，在原有基础上增加建设单位作为第二方进行质量验收检查。第三阶段即 20 世纪 80 年代以后，我国建设工程质量实行核验制，由企业自控加建设单位第二方验收加政府第三方监督核验。自 20 世纪 80 年代后期，我国推行由《建筑法》确定的工程监理制度。2000 年国务院《建设工程质量管理条例》确定了施工许可证、设计施工图审查和竣工验收备案制。至此，我国建筑工程质量的质量监管模式基本确定，即为由政府、建设单位和施工单位三个层次，涵盖施工许可、设计施工图审查、工程监理、竣工验收等过程的建筑工程质量监督和控制体系。

（2）传统监管问题分析

PPP 项目中蕴含多层委托代理关系。项目公司在项目实施中作为项目实施主体，一方面受政府委托具体实施项目，履约完成项目建设和运营，提供可用性服务和产品；另一方面，受到政府的监管和约束，防止控股的社会资本主导而发生机会主义行为损害项目公司和公众的利益。政府负有提供公共产品和服务的义务，但实际中却发生质量监管效率不高、不能达到监管目的的行为。尤其对于工程设计施工图的审查、监理单位的审查、竣工验收的审查等。监理单位的聘用和选择对于 PPP 项目的工程质量和管理的成效至关重要。建设项目的监理单位的选取由业主进行，在 PPP 项目中原则上项目公司负责监理单位的选择，但由于社会资本天然的逐利性，由社会资本主导的项目公司在进行监理单位选取时存在合谋的隐患，一旦双方合谋，双方谋取私利的同时可能带来 PPP 项目的失败、造成国有资产的流失以及公众利益的受损。

（3）PPP 项目第三方监管

PPP 项目建设阶段的监管主要体现在工程设计监管（施工图设计审图权的监管）、工程建设质量监管（监理权监管）和工程建设承包商和设备材料监管。

工程设计监管。首先明确工程设计的责任主体，对于社会资本或项目公司负责工程设计的情况，需要审查以下几点：要审查社会资本或项目公司是否按照法定程序选择符合资质的设计单位；审查设计单位编制的初步设计文件和施工图设计文件是否满足工程相关的法律法规文件和具体的技术规范要求；设计单位是否按照规定程序将设计提交省、市等相关审批部门审批；审查项目的地质地勘报告、初步设计和施工图设计文件及其他设计文件的批复文件是否齐全且经备案。

工程建设监管。主要包括工程建设前监管、建设中监管等。工程建设前，审查项目公司是否按照合法合规程序选择勘察单位、设计单位、监理单位、施工单位等与工程建设相关的各个主体；项目建设中，审查工程的质量、进度和安全；定期审查业主单位的施工情况，提醒提交工程进度和监理报告；确保工程项目监管实施符合《PPP项目合同》的相关规定。

根据对建设阶段的监管重点研究，在PPP项目中此阶段的监管尤其注重以下几个方面的要点：

1）施工图设计审图权的监管

项目设计阶段的监管尤其注意对施工图的审查监管。对于PPP项目的设计而言，方案设计和初步设计的施工图设计审图权应以政府为主导去掌握。采用"两标并一标"进行采购的PPP项目通常会采用EPC模式进行建设实施，此时对于项目的方案设计、初步设计、施工图设计的施工图设计审图权应由政府的参与。重点审核项目是否设计超概，设计方案是否达到预期的功能，设计的可施工性，设计方案是否为优选方案、设计图纸是否裕度过大、功能过剩、设计冗余以及建筑图的合规性进行审核。

2）监理权的监管

项目建设施工期间的质量监管尤其注重对监理选择权（简称"监理权"）的监管。依据我国目前现行的建设工程的质量管理制度，工程质量监管中监理单位的作用较为显著和关键。政府投资项目对与工程质量、安全、环保等有关方面的监管职能本应属于政府，为防止政府机构权利的膨胀，项目监督的需求产生，即采用市场化的资源配置方式来代替政府对项目的监管方式。此外，我国经过20多年发展起来的监理队伍也是政府外包工程监督服务可以依托的力量。PPP项目中引入第三方监理或者咨询机构进行工程质量、安全进行监管时，需要着重体现以下事项：

项目建设施工期间的质量监管尤其注重对监理选择权（简称"监理权"）的监管。依据我国目前现行的建设工程的质量管理制度，工程质量监管中监理单位的作用较为显著和关键。政府投资项目对于工程质量、安全、环保等有关方面的监管职能本应属于政府，因现有PPP项目大部分社会资本方为施工企业，项目公司成立后，在项目公司和项目施工单位这两层管理中，存在着大量两层合一的现象，那就势必会产生一种现象，建设单位和施工单位两层管理无法区分，造成监理工作执行混乱和复杂，针对这一现象，作为实施机构委托的第三方监理成为政府行政监督的有力补充，并厘清了项目公司、监理单位、施工单位的三方负责而纠结的关系。PPP项目中引入第三方监理或者咨询机构进行工程质量、安全进行监管时，需要着重体现以下事项：

首先，明确监理的强制范围。对与工程质量、安全、环保等与公共利益相关的方面，政府可以要求对其进行强制监理，而对于不具外部性的其他服务，例如进度、成本管理控制等方面的服务，则不宜采用强制监理服务的形式；

其次，明确监理的委托主体。PPP项目属于政府投资项目，强制监理的委托主体由项目公司委托改为政府委托，并由政府质量安全监管部门直接向业主收取监理费。改监理为政府聘用且由政府向业主直接收取相关费用则可解决监理公正第三方的问题，以实现监管的公正性和客观性。

在进行 PPP 项目工程质量监管时，要注意建立相关制度以利于监管的实施。如在施工前进行施工测量复核制度，施工图现场核对制度、施工技术交底制度、检查表分项分部单位工程质量检查申报和签认制度等，通过制度约束来促进监管的实施。

2. 工程造价监管

（1）传统监管方式（造价监管）

建设项目造价管控根据工程进展的阶段进行造价控制，按照传统建设项目的阶段划分看，主要体现在项目投资阶段的投资估算、设计阶段的初步设计概算、施工图预算、交易阶段招投标价、施工阶段的价款调整、竣工阶段的竣工结算和竣工决算。具体的建设项目的全过程造价控制流程如图 3-19 所示。

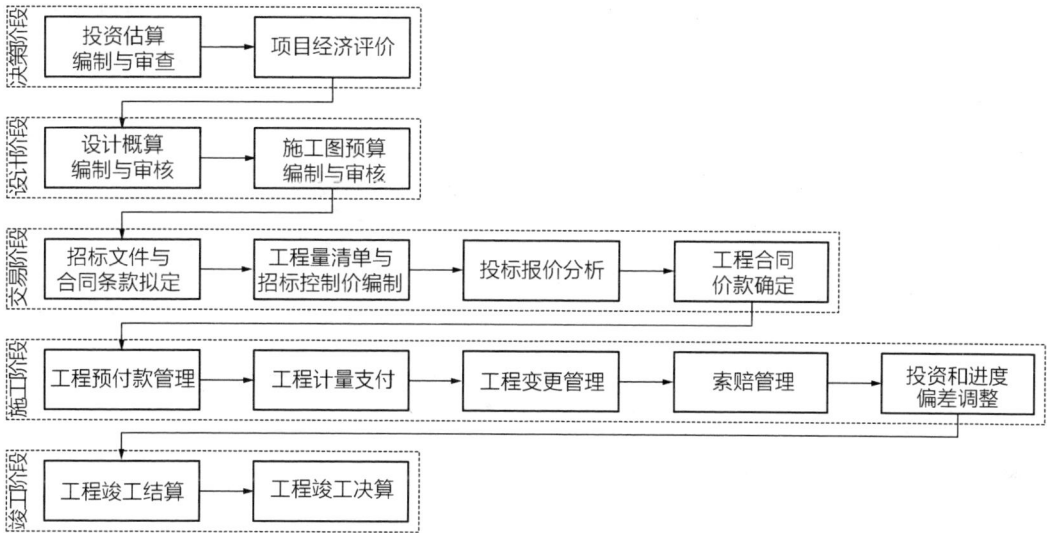

图 3-19　建设项目的全过程造价控制流程图

在建设项目的全流程中，投资控制的重点在各个阶段分别体现出来，随着项目的建设的推进，项目造价控制的力越来越强，针对不同阶段造价控制的精度越来越细，具体如图 3-20 所示。

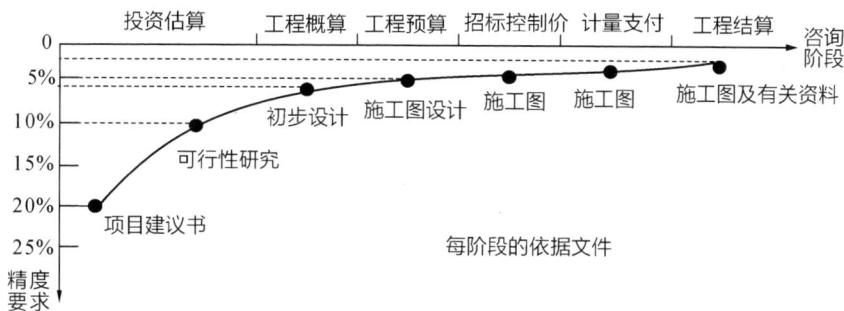

图 3-20　全过程造价控制精度要求

基于以上对造价的精度把控，建设项目形成了较为完善和成熟的造价管控体系。

（2）PPP 项目第三方监管

此阶段的第三方监管主要体现为工程价款支付权和结算的监管。

目前对于 PPP 项目的支付权的分析是指项目公司对施工单位的支付权利，相当于传统建设项目中的进度款支付权。通常由项目施工方向项目监理汇报项目实施进度，项目监理审查认可后，报项目公司审核，由项目公司批复项目的进度款。若中选社会资本具备施工建设能力，项目的施工由社会资本方自行建设，而项目公司中社会资本方是出于控股地位，存在施工承包商和项目公司合谋的隐形风险。

对于 PPP 项目建设期的进度款支付，政府需要聘请专业的第三方监管进行规范，防范项目公司和施工方的合谋，以规范工程款支付权，促进 PPP 项目有序落地。政府委托第三方监管机构进行进度款支付权的监管，项目施工方报项目监理和项目公司审核之后，需要报第三方监管机构进行审核进度款的真实性和合理性，给出支付意见，项目公司方可支付。

对于采用 PPP 模式的项目在进行造价管控中，出现了新的情况和新的造价控制要点和难点。PPP 模式的引入，项目招标时间发生变化。图 3-21 为不同模式下项目的招标和缔约时点示意图。

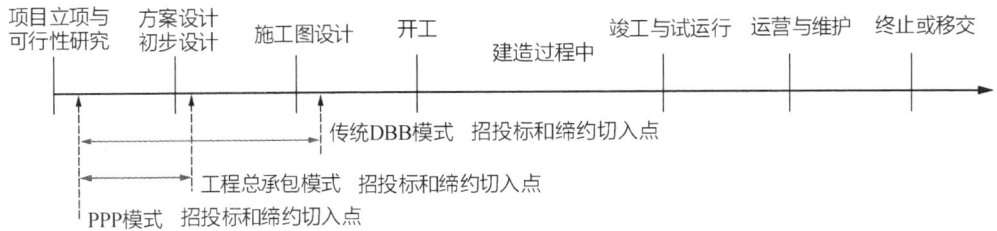

图 3-21 不同模式项目的招标和缔约时点示意图

传统的政府投资项目，DBB（设计－招标－建造）模式下，项目的招标和缔约的时间在施工图设计出图之后，招标之前的投资估算、设计概算和施工图预算都由政府层层审批把关，招标时设置最高投标限价，投标人根据工程量清单进行报价，有些地方在建筑安装成本的基础上设置下浮率进行下浮一定比例来报价，最后中标价格即为签约合同价。在 PPP 项目中，招标的切入时点提前到可行性研究报告之后或者初步设计之后，大多数还是处于可行性研究报告之后初步设计之前。而可行性研究报告中对项目造价的控制精度为投资估算的水平，这距离项目真正的造价约 10% 的左右浮动比例，对于政府付费类的项目，投资估算中的项目总体投资将成为或者部分（扣除政府支付部分）成为政府支付的基数和依据。基于不精确的基数所计算出来的政府付费数额必然与实际存在偏颇。因此对于 PPP 项目而言，前期的造价控制尤其重要，不仅事关项目的前期控制，更关乎后期项目资产的形成、政府的付费、财政可承受以及项目的可实施性。面对以上情形，要加强前期、建设期和运营期的造价控制防止资产虚化。

面对不同付费模式的 PPP 项目造价控制的手段和力度不尽相同。对于使用者付费项目或可行性缺口补助项目，通常是经营性项目或准经营性项目，项目自身通过经营产生一定的现金流，项目公司主要通过提供项目产出的产品或服务来收回资金和获取回报，此种情形下，由于项目的建设成本直接计入项目公司成本，前期对建设项目造价的控制与监管方面，社会资本和政府具有共同的利益目标，政府方可不需要对项目建设过程进行造价监管即可实现投资资金的最优化配置。此类型的 PPP 项目包括城市燃气、电力、垃圾处理、养老社区等。

对于政府付费类项目，多为非经营性项目，项目自身不产生现金流，项目公司的收入来源于政府方的付费，而且政府付费的数额与项目所形成的资产的数量与质量相关，项目资产形成中的各种费用如建安工程费、工程建设其他费、预备费、建设期利息等将与政府的付费数额直接相关。此种情形下，政府对于建设项目的造价监管及资金的使用至关重要。此类型的项目多以城市道路、管网、保障性住房、园区基础设施开发、市民公园、水利基础设施居多。

在 PPP 模式下进行造价监控特别注意：首先，与传统项目比，PPP 项目造价管理的范畴需要扩大到项目总投资，而非建安工程费，包括工程其他费的监督管理、投资环节的流转税、费的监督管理、资本化利息的监督管理等；另外，在 PPP 模式下，项目总投资的形成与最终投资回报支付总额的形成是一个动态的过程，需要将造价监控管理延伸至 PPP 项目特许经营期。

（三）PPP 项目运营期监管

运营期监管主要包括价格监管、运营维护及绩效监管、中期评估及临时接管等。

1. 价格监管

（1）传统监管分析

价格规制是 PPP 模式监管机制的核心。为防止社会资本控股的项目公司利用垄断地位剥削消费者剩余，加强对 PPP 项目的服务价格监管以促进公共服务和产品合理定价是保障公众利益的强有力举措。在政府和社会资本合作的项目中，建立反应灵敏、信号精准、运转健康的价格机制是项目价值和良好政府监管的体现。价格监管主要体现在产品和服务的定价机制监管和调价机制的监管方面。然而政府部门对价格的不灵敏以及对长期市场上定价机制的不明确使政府方监管能力的缺失与匮乏，因此政府价格监管要综合利用第三方监管的力量进行。具体的监管内容如下。

1）定价监管

从综合的角度来看，价格的制定既要使公众能够享受到价廉优质的产品服务，同时应当照顾到社会资本对参与城市基础设施的态度，保证社会资本合理的收益。

定价方面，我国大多数商品和服务价格实行市场调节价，极少数商品和服务价格实行政府指导价或者政府定价。对于定价方式的选取取决于提供的产品和服务的性质，对于以下商品和服务，政府在必要时实行政府指导价或者政府定价。我国价格制定方式主要为以下三种：①政府定价；②政府指导价；③市场定价，政府监督。PPP项目要根据具体竞争性行业和自然垄断性行业的不同性质，实行不同的定价方式。对于竞争性行业，定价的主动权回归市场，由市场供求进行定价，政府放松监管。对于国民经济发展和人民生活关系重大的极少数产品、资源稀缺的少数产品价格、自然垄断经营的产品价格、重要的公用事业价格、重要的公益性服务价格等的制定应遵循公平合理、切实可行的原则，由政府、社会资本、社会公众共同谈判、协调，政府实施价格上限规制。其目的就是通过垄断来实现规模效益，通过集中大量资源来生产促使项目公司产出达到社会最优水平，公众受益。

加强成本调查和社会监督。规范项目公司成本和价格构成，制定符合行业特点的成本规则，加强成本尽职调查和项目跟踪，建立行业成本数据库，力争市场定价类行业的成本透明可视化，规范自然垄断性行业的成本构成；甄别项目必要成本构成，严格控制辅助环节在总成本中的比例，把目前收取的建设基金等各种基金和合理收费纳入价格的构成。因为每个项目的技术特性、投资额及特许期不相同，各项目公司定价的出发点不同，收费标准应兼顾社会各方的利益，以充分发挥项目投资的经济效益与社会效益。宏观上理顺价格管理体制，依法管理价格。

设立科学合理的价格监管机制。建立以成本为基础、综合反映项目公司的融资成本、税金及附加等构成，反映民意的定价模型，能够实现项目公司与社会资本合理收益、政府方提供公共产品的及时性和有效性、社会公平与效率以及社会公众的满意和认可。总之，价格监管机制的设立要以维护公众利益、追求公平与效率、促进企业发展与经济效益为目标。

2）调价监管

实行效率定价原则。促进社会分配效率，刺激投资者生产效率和维护企业发展潜力是政府进行PPP项目价格规制的主要经济依据。由于特许经营时间、项目融资成本、投资回报率、资产评估与折旧方法等没有统一处理技术和计算标准，政府在平衡企业利益和公众利益的问题上处于两难的境地。政府不可能在具体项目上过多关注企业的情况，应站在公众利益的角度，结合行业平均成本和平均利润率来制定合理标准和政策，需要建立公共服务或公共项目运营资源消耗定额，确定价格调整原则。收费定价采用效率定价，可以从社会角度确定公共项目的服务价格，即项目业务量达到使社会边际效益相等的水平，对应的服务价格即为效率价格，必要时政府对项目公司进行补贴。另一种定价方法是投资回报率法的间接定价，这种方法关键是投资回报率的确定，同时需要对投资进行审核，对生产成本进行监督与核算，避免盲目扩大投资或不计成本经营。

不同时期采用不同的管制方法。在项目进行初期，采用边际成本定价；项目业务增长期，可以提高收费价格；当项目运营进入稳定期后，企业进入盈利时期，此时应兼顾企业效益与社会福利，有必要提出限价政策。因为价格过高会使需求降低，不能充分发挥项目的社会效益。具体定价水平应该结合物价涨幅来确定，可用次佳定价，还要注意动态变化的市场结构和静态的政府规制间所可能产生的规制失灵问题。当自然垄断市场结构崩溃时，如果政府的规制依旧，政府的进入规制就成为低效率在位企业的保护者。换言之，由于规制对象的性质发生了变化，由自然垄断转变成为一般低效率垄断或可竞争性市场，政府角色也应该适时及时转换，由自然垄断的保护者变成低效率垄断的反对者，从而承担起反垄断的责任。

（2）第三方监管分析

从综合的角度来看，价格的制定既要使公众能够享受到价廉优质的产品服务，同时应当照顾到私营企业对参与城市基础设施的态度，保证私营企业合理的收益。因此对于价格监管而言，必须设立科学合理的价格监管机制。价格监管机制的设立应当以维护公众利益、追求公平与效率、促进企业发展与经济效益为目标。

PPP项目服务价格的确定涉及地方的价格政策、价格管理制度和价格监督机制等事项，需要在政府价格管理部门和行业规制部门之间进行合理分工，依据价格法和价格规制条例进行价格监管。价格监管的方法与原则如下：

1）根据竞争性业务和自然垄断性业务的不同性质，实行不同的定价方式。对竞争性业务的产品和服务，应逐步放松价格管制，由市场供求决定价格。对自然垄断性业务的产品和服务，其定价方法应遵循公平合理、切实可行的原则，由政府、企业、消费者共同谈判、协调，政府实施价格上限规制。其目的就是在确保垄断企业产出达到社会最优水平，使消费者能够得到由规模经济性带来低成本的好处。

2）加强成本调查和社会监督。规范项目公司成本和价格构成，制定符合行业特点的成本规则，规范自然垄断性业务的成本构成及各种折扣行为，严格控制辅助环节在总成本中的比例，把目前收取的建设基金等各种基金和合理收费纳入价格的构成。宏观上理顺价格管理体制，依法管理价格。

3）实行效率定价原则。促进社会分配效率，刺激投资者生产效率和维护企业发展潜力是政府进行PPP项目价格规制的主要经济依据。由于特许经营时间、项目融资成本、投资回报率、资产评估与折旧方法等没有统一处理技术和计算标准，政府在平衡企业利益和公众利益的问题上处于两难的境地。政府不可能在具体项目上过多关注企业的情况，应站在公众利益的角度，结合行业平均成本和平均利润率来制定合理标准和政策，需要建立公共服务或公共项目运营资源消耗定额，确定价格调整原则。收费定价采用效率定价，可以从社会角度确定公共项目的服务价格，即项目业务量达到使社会边际效益相等的水平，对应的服务价格即为效率价格，必要时政府对项目公司进行补贴。另一种定价方法是投资回报率法的间接定价，这种方法关键是投资回报率的确定，同时需要对投资进行审核，对生产成本进行监督与核算，避免盲目扩大投资或不计成本经营。

4）协调同类项目的服务价格。同类PPP项目的收费价格，或者采取联网统一按流量进行分配收益，限制削弱竞争的行业兼并，避免特许经营公司扩大垄断区域。公共基础设施作为一个系统，甲用户使用设施会影响到乙的利益，因此应协调经营者之间的利益。因为每个项目的技术特性、投资额及特许期不相同，各项目公司定价的出发点不同，收费标准应兼顾社会各方的利益，以充分发挥项目投资的经济效益与社会效益。结合规模大项目与小项目的经营特点，经营环境好的市区项目与偏远山区的项目经营特点，优惠与不优惠的项目及不同管理权限的项目之间的利益冲突，针对项目之间利益不平衡与利益冲突做好有关协调工作。

5）不同时期采用不同的管制方法。在项目进行初期，采用边际成本定价；项目业务增长期，可以提高收费价格；当项目运营进入稳定期后，企业进入盈利时期，此时应兼顾企业效益与社会福利，有必要提出限价政策。因为价格过高会使需求降低，不能充分发挥项目的社会效益。具体定价水平应该结合物价涨幅来确定，可用次佳定价，还要注意动态变化的市场结构和静态的政府规制间所可能产生的规制失灵问题。当自然垄断市场结构崩溃时，如果政府的规制依旧，政府的进入规制就成为低效率在位企业的保护者。换言之，由于规制对象的性质发生了变化，由自然垄断转变成为一般低效率垄断或可竞争性市场，政府角色也应该适时及时转换，由自然垄断的保护者变成低效率垄断的反对者，从而承担起反垄断的责任。

2. 运营维护及绩效监管

PPP 项目运营期的维护和绩效监管是运营监管的重点环节。项目运维监管主要体现为项目公司在特许经营期内的合法经营活动的监管，项目定期维护维修监管。对项目公司在特许经营期的运营监管内容包括对项目的日常运营维护、定期和不定期的年度检查、中修和大修维护监管等。监管的依据为项目公司的《运营维护手册》，其中要清晰的列明项目公司在运营维护期间内的相关维护和维修计划，制定有效的应急措施和应对突发事件的预备方案，维护维修所需人力物力消耗情况以及设备更新换代的方案等。

绩效监管可称为 PPP 项目运营期必不可少的监管内容之一。根据现有学者对 PPP 项目绩效评价的研究，PPP 项目绩效评价是以利益相关者需求为出发点，对项目全生命周期过程的投入、执行、产出等管理工作和目标完成情况的衡量比较以及对社会、经济、环境等的影响进行综合、客观、全面公正的评价。PPP 项目中绩效监管还体现在与付费模式的结合，即"付费要与绩效挂钩"。根据财政部《关于规范政府和社会资本合作（PPP）综合信息平台项目库管理的通知》（财办金〔2017〕92 号）文件中对于"未建立与项目产出绩效相挂钩的付费机制"的项目严禁入库。PPP 项目绩效监管重点关注项目产出标准的设定、项目的绩效执行情况、项目目标达成情况等，定期监测项目产出绩效指标，加强对公共服务日常运维监管，并要求项目公司定期进行检修，确保项目产出符合行业技术标准或服务技术规范和《PPP 项目合同》的约定标准，将监管的情况及时反馈项目公司及财政部门，使得运营绩效监管与付费挂钩。

3. 项目中期评估监管

PPP 项目中期评估是对 PPP 项目公司在运营每 3～5 年进行一次中期的考核和评价，

以期保证项目公司的运营管理在正常的轨道范围内，弥补运营期内先期未预料的问题和错误。

（1）监管主客体

中期评估的监管主体为 PPP 监管委员会及其委托的专业机构，监管客体为项目公司。

（2）监管内容和方式

在合同约定的年限内，经过短期的运行过程，监管项目现行运行状况和项目合同的合规性、适用性和合理性，及时评估已发现问题的风险，制订应对措施。具体表现在：项目在运营中反映的状况是否实现了项目合同所设定的目标；项目公司在运营期内的运营维护状况是否达到运营维护手册的标准；项目运营中出现的突发或重大事故，针对事故项目公司的应急措施是否妥当；项目公司的运行是否存在潜在隐患等。

中期评估采用的主要方式为评估小组在评估工作结束后向实施机构提交评估报告和评估意见。报告内容包括：评估结果、修改 PPP 项目协议的建议。实施机构可根据评估小组所提出的建议对项目协议进行修改，修改的协议条款在随后的运营期内对双方都具有约束力。

4. 临时接管监管

项目运营期内，社会资本或项目公司发生严重违反项目合同和协议的行为，或发生不可抗力或紧急事件，导致国家安全、公众利益受损，项目实施机构有权对项目设施进行临时接管。触发临时接管的违约事件包含：擅自转让、出租项目运营权的，擅自将所运营的财产进行处置或者抵押的；因管理不善、发生重大质量、生产安全事故的；擅自停业、歇业，严重影响到社会公共利益和安全的；法律、法规禁止的其他行为。项目实施临时接管后，项目接管单位（一般为实施机构）应书面通知项目公司并告知其有申请听证的权利。临时接管期间发生的经营成本、费用等均由项目公司承担，项目公司并应向实施机构支付接管费用。

针对临时接管的监管，第三方监管部门（PPP 项目监管委员会）要明确判定事件的发生是否属于临时接管的范畴，临时接管的权属范围真实性以及接管的程序的合法性。

（四）小结

基于上述分析，并结合半结构化访谈及其分析结论，可给出在执行阶段的 PPP 项目执行阶段的第三方监管体系，具体如图 3-22 所示。

综上可知，在 PPP 项目执行阶段的第三方监管主要包括 PPP 项目融资监管、PPP 项目建设期监管包括建设质量监管和造价监管，主要体现为"四权"监管（即监理权、施工图设计审图权、支付权、结算权），PPP 项目运营期质量监管、运营期价格监管、日常维护监管、中期评估、临时接管、财务监管。

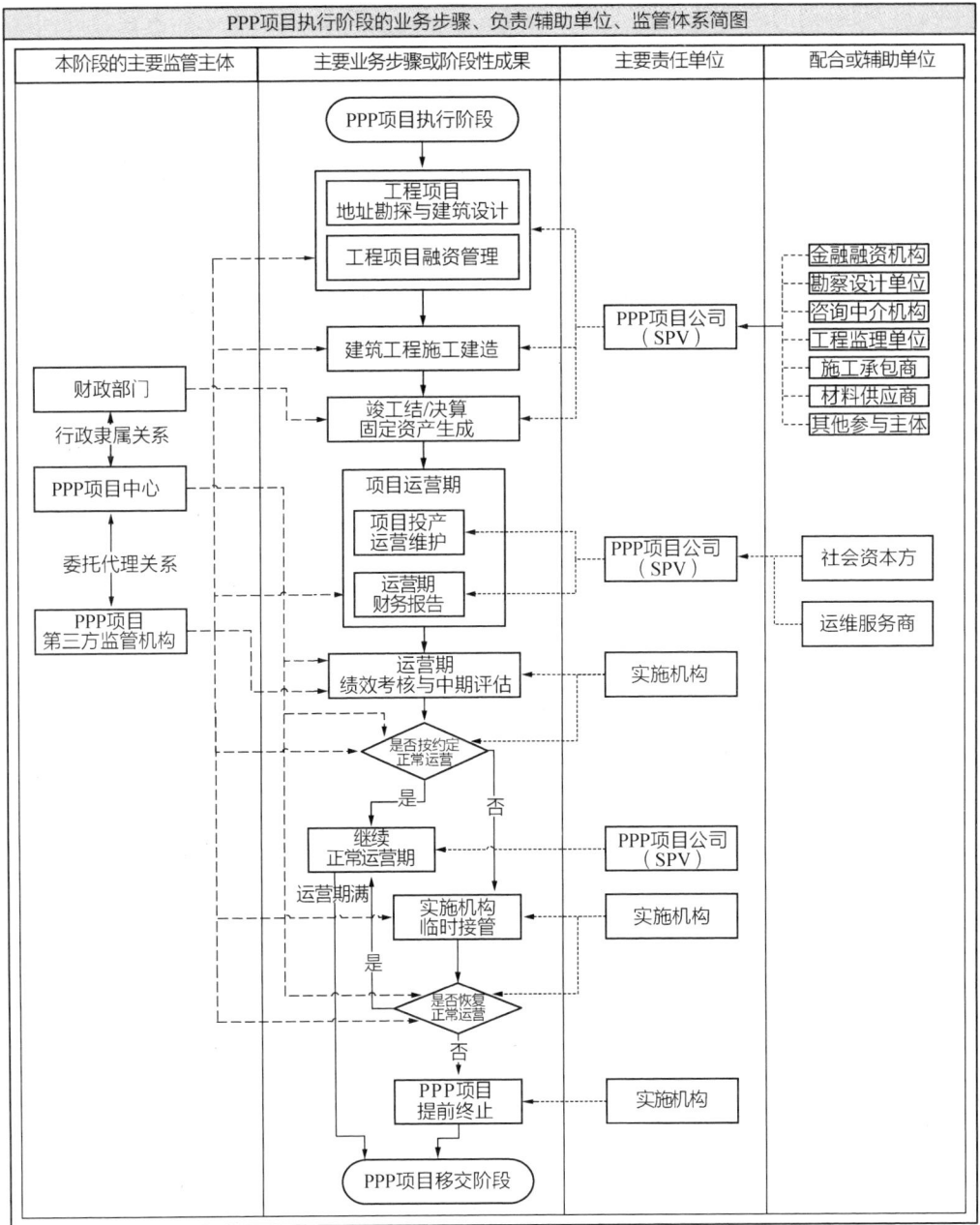

PPP项目执行阶段的业务步骤、负责/辅助单位、监管体系简图			
本阶段的主要监管主体	主要业务步骤或阶段性成果	主要责任单位	配合或辅助单位

图 3-22　PPP 项目执行阶段业务流程和第三方监管

二、本阶段关键监管点精析

（一）监管点一：对 PPP 项目的设计阶段进行审核[201][202]

1. 设计文件适配性

对项目的设计文件进行适配性评价，可通过对设计文件与可行性研究报告、采购文件、PPP合同文件适配性的审查，对设计文件的适配性做出评价。

（1）评价依据包括项目可行性研究报告、采购文件、报价响应文件、项目实施方案、PPP项目合同及相关行业的资料。

（2）咨询企业开展项目设计文件适配性评价时应成立专业组，包括建筑、工艺、设备、电力、仪表等相关专业工程师。

（3）设计文件适配性审查的内容：

1）功能的适配性：建设规模、工艺线路选择、生产能力、产品方案、工厂组成、公用工程及辅助生产装置配套、总图等是否符合要求；

2）安全环保的适配性：项目的防火、防爆、防雷、防震以及环保、"三废"有害物的浓度或排放量是否符合要求；

3）规范的适配性：设计基础资料齐全、准确、有效，设计文件的内容、深度、格式是否符合规范的要求；

4）其他：工程设计文件交付期限是否符合规定要求。

2. 设计文件经济性评价

设计文件经济性评价推荐从以下方面开展：

（1）装置（或项目）年运转时间、原材料及动力消耗指标、能源及动力配置合理性、运行效率、节能措施、能耗水平等是否处于国内同类设计先进水平。

（2）改扩建及技改工程应注意挖潜填平补齐和节能降耗方面的评价。

设计文件的经济性评价应执行国家发展改革委、建设部发布的《建设项目经济评价方法和参数》的有关规定，主要内容为财务评价。财务评价的内容应包括财务分析与财务评价两个部分，财务分析与评价工作包括盈利能力分析、清偿能力分析和不确定性分析。财务评价应遵循以下程序：

1）收集、整理和计算有关财务评价基础数据与参数等资料。

2）估算各期现金流量。

3）编制基本财务报表。

4）进行财务评价指标的计算与分析。

5）进行不确定性分析。

6）做出项目财务评价的最终结论。

盈利能力分析应通过编制全部现金流量表、自有资金现金流量表和损益表等基本财务报表，计算财务内部收益率、财务净现值、投资回收期、投资收益率等指标来进行定量判断。

清偿能力分析应通过编制资金来源与运用表、资产负债表等基本财务报表，计算借款偿还期、资产负债率、流动比率、速动比率等指标来进行定量判断。

不确定性分析应通过盈亏平衡分析、敏感性分析等方法来进行定量判断。

（二）监管点二：PPP项目建设阶段实际造价数据的审计监督[203, 204]

研究现有工程造价管理和审计的方法、工具、手段是否能够满足PPP项目造价监督的需求，并根据研究结论给出 PPP 项目建设期造价审计的作业流程（参考"全过程跟踪审计"、"项目监督"等造价咨询传统服务或国外常用业务。但其审核依据是前期已落实的各项数据和合同条款）。

1. PPP 项目建设程序

（1）概念

PPP 项目建设程序主要审查项目是否按法定的建设程序进行；项目的审批文件，包括项目建议书、可行性研究报告、初步设计、环境影响报告、土地征用、开工报告等文件是否齐全。

（2）审计依据

依据《国家计委关乎重申严格执行基本建设程序和审批规定的通知》（计投资〔1996〕693 号）以及城市总体规划和各类专项规划、传统政府投资建设项目立项相关规定。

（3）审计方法或路径

建设项目前期审批程序审计是保证项目决策科学、设计可行、规模合理的重要手段之一。加强建设项目审计程序审计，可以及时对项目决策过程中出现的问题或可能出现的问题提出审计意见，保障项目合规合法的执行。建设项目程序审计工作重点包括：

① 整个审批程序的完整性。

② 报批文件的真实性。

③ 审批文件的合规性。

④ 审计方法的针对性。

2. 项目概（预）算编制及执行情况

（1）概念

项目概（预）算审计主要审查项目建设是否按批准的初步设计进行；有无概算外项目和提高建设标准，扩大建设规模的问题；概算调整、影响项目建设规模的单项工程投资调整和建设内容重大变更，是否按 PPP 合同约定及相关规定程序报批。

（2）审计依据

PPP 项目识别阶段已审核通过的概（预）算，项目产出说明，PPP 项目合同中约定的有关概算调整、重大变更等条款。

（3）审计方法或路径

1）设计概算编制依据的审计

审查编制依据的合法性，设计概算采用的各种编制依据必须经过国家或授权机关的批准，应符合国家的编制规定。

2）设计概算的编制内容审计

审查概算编制是否符合国家方针政策，是否根据工程项目所在地的自然条件进行编制；审查项目建设规模、标准；审查概算编制所依据的概算定额、概算指标、费用定额、税率是否适用；审查建筑安装工程费、设备相关情况以及工程建设其他费；审查项目"三废"治理方案和投资；审查预备费、建设期贷款利息、流动资金；审查综合概算、总概算的编制内容；审查概算文件的组成内容；审查经济指标是否合理。

3. 二次招标投标

（1）概念

社会资本方依法能够自行建设、生产或者提供服务的，可不进行二次招标。对于涉及工程建设、设备采购或服务外包的 PPP 项目，需要二次招标的，主要审查 PPP 项目工程建设、设备采购或服务外包等的招标文件和招标投标程序是否合法、合规，招标投标管理工作是否规范。

（2）审计依据

《关于在公共服务领域深入推进 PPP 工作的通知》（财金〔2016〕90 号）指出各级财政部门要联合有关部门，加强项目前期立项程序与 PPP 模式操作流程的优化与衔接，进一步减少行政审批环节。对于涉及工程建设、设备采购或服务外包的 PPP 项目，已经依据政府采购法选定社会资本合作方的，合作方依法能够自行建设、生产或者提供服务的，按照《招标投标法实施条例》第九条规定，合作方可以不再进行招标。

以及《招投标法》及实施条例等相关法律法规。

（3）审计方法或路径

对项目二次招标形成的经济合同审计。主要审查项目相关经济合同是否符合国家法律、法规的规定，与招标文件、投标承诺和评标结果是否一致；合同文件内容是否准确完整，签订程序是否合规。

4. 建设资金筹集与使用情况

（1）概念

建设项目资金的筹集与使用情况的审计对于项目的资金的合理合规使用具有重要意义，可防止资金的滥用，保证资金的正常使用。

（2）审计依据

《中央预算内基建建设投资项目前期工作经费管理暂行办法》（财建〔2006〕689 号）以及前期项目投资资金使用计划。

（3）审计方法或路径

主要审查建设资金（含项目资本金，下同）是否落实，是否按投资计划及时到位，能否满足项目建设进度需要；建设资金使用是否合规，有无滞留、转移、侵占、挪用建设资金等问题；建设资金是否和经营性资金严格区别核算。

5. 会计核算情况审计

（1）概念

会计核算审计主要检查各项收入的完整性，是否存在虚增（或截留转移）收入等问题，尤其是抵债资产处置收入是否如实入账；如何检查往来款项大额挂账的真实性，是否存在收入或支出不入账、滥用科目违规垫付款项等问题。

（2）审计依据

《中国注册会计师审计准则第 1101 号——注册会计师的总体目标和审计工作的基本要求》（财会〔2010〕21 号）。

《中国注册会计师审计准则》。

（3）审计方法或路径

主要审查是否按规定设置会计机构，配备会计人员，职责分工是否明确；是否按照概算口径及有关制度规定对有关会计事项办理会计手续，进行会计核算；财务报表是否真实、合法、完整。

6. 政府补贴项目重点审计

（1）概念

对于存在政府补贴类项目，即政府付费和可行性缺口的 PPP 项目，因项目实际投资额将会影响政府实际补贴支出额，则应对项目的实际履行情况、结算和竣工决算等进行详细的审计，以免加大财政支出责任。

（2）审计依据

1）《关于规范政府和社会资本合作合同管理工作的通知》（财金〔2014〕156 号）、《国家发展改革委 PPP 项目通用合同指南（2014 版）》（发改投资〔2014〕2724 号）、《建设工程施工合同（示范文本)》。

2）工程竣工报告、竣工图及竣工验收单；工程施工合同或施工协议书；施工图预算或招标投标工程的合同标价；设计交底及图纸会审记录资料；设计变更通知单及现场施工变更记录；经建设单位签证认可的施工技术组织措施；预算外各种施工签证或施工记录；合同中规定的定额，材料预算价格，构件、成品价格；国家或地区新颁发的有关规定。

3）《基本建设项目竣工决算审计试行办法》。

（3）审计方法或路径

1）合同履行情况。在项目实施过程中，有关单位是否认真履行合同条款，有无违法分包、转包现象，有无因履行合同不当造成损失浪费、质量隐患问题；各类签证、纪要和补充协议是否存在与中标合同实质性内容不一致等问题。

2）工程结算审计。主要审查工程价款结算是否符合国家有关规定和合同约定，有无高估冒算、虚报冒领工程款等问题；设计变更、施工现场签证是否合规、及时、完整和真实；工程价款结算手续是否完善，有无超付或欠付工程款等问题。

3）竣工决算审计。主要审查竣工决算报表和交付使用资产是否真实、合法、完整；移交手续是否齐全、合规；未完工程是否真实、合法；结余资金是否按规定进行处理等。

7. 竣工决算编制与执行情况

工程竣工决算应综合反映竣工项目从筹建开始到项目竣工交付使用为止的全部建设费用、投资效果，正确核定新增资产价值。

竣工决算的内容应包括竣工财务决算说明书、竣工财务决算报表。主要内容包括：

（1）竣工决算报告说明书

1）基本建设项目概况；从项目的批准单位、日期、文号、工程建设起止时间、质量、安全、完成工作量、主要设备、材料消耗量、项目建设规模及试生产情况等方面进行说明。

2）工程总体评价。从工程造价、实际投资与概算投资的比较、历年资金来源和资金占用情况、投资效益、新增生产能力、主要技术经济指标和决算情况等方面进行分析说明。

3）工程施工管理情况包括施工过程中发生的问题和解决办法，施工技术组织措施情况，采用的先进科学技术，取得的经验和教训。

4）会计账务处理、财产物资清理及债权债务的清偿情况。

5）基本建设支出预算、投资计划和资金到位情况。

6）基建结余资金形成等情况。

7）尾工及预留费用情况。

8）历次审计、核查、稽查及整改情况。

9）基本建设项目管理经验、问题和建议。

10）预备费动用情况。

11）招投标情况、工程政府采购情况、合同（协议）履行情况。

12）征地拆迁补偿情况、移民安置情况。

13）需说明的其他事项。

14）编制说明。

（2）竣工财务决算报表

1）封面。

2）基本建设项目概况表。

3）基本建设项目竣工财务决算表。

4）基本建设项目交付使用资产总表。

5）基本建设项目交付使用资产明细表。

（3）编制竣工决算的主要工作

1）对整个工程建设资金的筹集与使用，财务收支情况进行全面的整理和核对。

2）及时清理各项往来款项，落实债权债务，防止工程结束后无人处理。

3）工程竣工，要督促有关部门进行仓库盘点和现场清理工作，及时处理剩余的工程物资，多余的设备、材料要全部退库。

4）做好其他费用项目的分析分摊工作。其他费用项目，因其性质不同，财务上有各种不同的处理方式，对于要增加固定资产价值但分不出为哪一个工程项目支付分摊的共同费用，需要按其不同性质，做出不同的分摊方法。

（4）项目竣工财务决算审计重点

1）竣工决算编制依据。审查决算编制工作有无专门组织，各项清理工作是否全面、彻底，编制依据是否符合国家有关规定，资料是否齐全，手续是否完备，对遗留问题处理是否合规。

2）项目建设及概算执行情况。审查项目建设是否按批准的初步设计进行，各单位工程建设是否严格按批准的概算内容执行，有无概算外项目和提高建设标准、扩大建设规模的问题，有无重大质量事故和经济损失。

3）交付使用财产和在建工程。审查交付使用财产是否真实、完整，是否符合交付条件，移交手续是否齐全、合规；成本核算是否正确，有无挤占成本，提高造价，转移投资的问题；核实在建工程投资完成额，查明未能全部建成的原因，及时交付使用。

4）转出投资、应核销投资及应核销其他支出。审查其列支依据是否充分，手续是否完备，内容是否真实，核算是否合规，有无虚列投资的问题。

5）尾项工程。根据修正总概算和工程形象进度，核实尾项工程的未完工程量，留足投资。防止将新增项目列作尾项项目、增加新的工程内容和自行消化投资包干结余。

6）结余资金。核实结余资金，重点是库存物资，防止隐瞒、转移、挪用或压低库存物资单价，虚列往来欠款，隐匿结余资金的现象。查明器材积压，债权债务未能及时清理的原因，揭示建设管理中存在的问题。

7）基建收入。基建收入的核算是否真实、完整、有无隐瞒、转移收入的问题；是否按国家规定计算分成，足额上交或归还贷款；留成是否按规定交纳"两金"及分配和使用。

8）投资包干结余。根据项目总承包合同核实包干指标，落实包干结余，防止将未完工程的投资作为包干结余参与分配；审查包干结余分配是否合规。

9）竣工决算报表。审查报表的真实性、完整性、合规性。

10）投资效益评价。从物资使用、工期、工程质量、新增生产能力、预测投资回收期等方面全面评价投资效益。

11）其他专项审计，可视项目特点确定。

8. 项目效益评价

（1）概念

PPP项目的产出是否能够达到项目的预期效益对政府投资类项目是否采用PPP模式的重要衡量指标，通过项目的效益评价，能够评判PPP项目是否能够降低全生命周期成本，能够优化风险与分配，提高项目供给效率，实现可持续发展。

（2）审计依据

1）国家发展改革委员会与建设部发布、中国计划出版社出版的《建设项目经济评价方法与参数》（第三版）。

2）有关社会、经济、技术、环境等指标和项目可行性研究报告。

3）项目相关的其他资料。

（3）审计方法或路径

评价建设资金的使用效果和合理利用程度；内部控制制度是否达到预期效果等。

（三）监管点三： 项目公司成立主体的合规合法性[205, 206]

1. 有关PPP项目公司政策一览表（表3-16）

项目公司成立政策一览表　　　　　　　　　　　　　　表3-16

序号	文件	具体内容
1	《政府和社会资本合作模式操作指南（试行）》（财金〔2014〕113号）	项目公司股权情况主要明确是否要设立项目公司以及公司股权结构。社会资本可依法设立项目公司。政府可指定相关机构依法参股项目公司。项目实施机构和财政部门（政府和社会资本合作中心）应监督社会资本按照采购文件和项目合同约定，按时足额出资设立项目公司
2	《PPP项目合同指南（试行）》	"社会资本是PPP项目的实际投资人。但在PPP实践中，社会资本通常不会直接作为PPP项目的实施主体，而会专门针对该项目成立项目公司，作为PPP项目合同及项目其他相关合同的签约主体，负责项目具体实施"
3	《基础设施和公用事业特许经营管理办法》2015年第25号令	"实施机构应当在招标谈判文件中载明是否要求成立特许经营项目公司"
4	《关于规范政府和社会资本合作合同管理工作的通知》（财金〔2014〕156号）	项目公司是依法设立的自主运营、自负盈亏的具有独立法人资格的经营实体。项目公司可以由社会资本（可以是一家企业，也可以是多家企业组成的联合体）出资设立，也可以由政府和社会资本共同出资设立。但政府在项目公司中的持股比例应当低于50%且不具有实际控制力及管理权

2. 实施机构的指定性

政府或其指定的有关职能部门或事业单位作为实施机构，政府融资平台或所属国有企业不得作为政府方代表（实施机构）签约。

3. 作为政府方出资代表的单位及其作用

从政府出资代表角度，以及发挥的功能来讲，政府出资代表是政府委托的履行政府出资行为的代理人，其出资行为及由此引发的法律后果和责任仍归政府，与政府授权的项目实施机构一样，均应属于政府一方，而不能归入社会资本一方，不能成为挂政府方名义的"实际社会资本"。也正是因为出资企业是代表政府出资，才可以由政府直接指定，而不必通过竞争性采购程序获得PPP项目投资资格。因此，在PPP项目中，政府出资代表的身份应当明确地体现政府方的性质。政府出资代表不能以任何投资机构出资的方式，而将社会资本方本应在PPP项目中承担的融资、建设、运营、管理的义务进行剥离，甚至变相转移至政府一方。

政府出资代表应当为公益类国有企业，而非商业类国有企业。从政府出资代表本身性质角度来讲，在国有企业分类改革完成的情况下，政府出资代表由公益性国有企业担任，才能保证与政府出资的公益性质相匹配，才能统一按公益性质国有资产进行监管、定责和考核。

4. 社会资本方设立项目公司的合法性

社会资本可依法设立项目公司。政府可指定相关机构依法参股项目公司。项目实施机构和财政部门（政府和社会资本合作中心）应监督社会资本按照采购文件和项目合同约定，按时足额出资设立项目公司。

（四）监管点四：设立项目公司流程及注意事项[207, 208]

随着 PPP 模式的深入开展，无论是哪种 PPP 项目，都需要通过成立项目公司的方式来进行，这样有利于极大避免 PPP 项目潜在风险，保证 PPP 项目的顺利实施。因此，合理合法地设立项目公司已成为 PPP 项目实施过程中的必要一环。如何使项目公司的设立做到真实、有效、真正落地，尚还需要解决很多现实问题。本书即针对 PPP 项目设立 SPV 公司时需要注意的一些方面及设立流程作出一些说明。

设立项目公司时，应重点关注下列事项：

1. 要满足《公司法》对公司设立的规定

PPP 项目公司的组建依然受《中华人民共和国公司法》的约束。依据《中华人民共和国公司法》的第二十三条和第七十七条的规定，无论是设立有限责任公司还是设立股份有限公司，都应具备《公司法》的相关规定，PPP 项目公司设立时不论是采用何种模式均应满足《公司法》的相关规定方可设立。

2. 明确 PPP 项目公司性质

现行 PPP 项目较常见的采用"有限责任公司"和"股份有限公司"两种形式。因为相较于"合伙制"等其他形式，这两种形式组建公司在理清政府新增债务，隔离风险等方面具有较好的效果。一般新建项目适用"有限责任"形式较多，设立手续较为简便。但若涉及"股权转让"或"增资扩股"等事宜，则一般采用"股份有限"的形式较为适宜，有时仍会涉及存量公司"股改"等敏感问题。

3. 股东协议的签订

股东协议由项目公司的股东签订，用以在股东之间建立长期的、有约束力的合约关系。股东协议通常包括以下主要条款：前提条件、项目公司的设立和融资、项目公司的经营范围、股东权利、履行 PPP 项目合同的股东承诺、股东的商业计划、股权转让、股东会、董事会、监事会组成及其职权范围、股息分配、违约、终止及终止后处理机制、不可抗力、适用法律和争议解决等。这些敏感内容都将成为后期《公司章程》中的重要内容，在工商登记前予以确认。

4. 公司章程

根据 PPP 项目的特征、项目实施方案中的要求及项目合同的约定事项确定公司章程内容。

5. 涉及项目公司存量人员问题及高管任免

项目公司高管人员的构成一直是 PPP 项目合作双方关注的重点内容，通常需在实施方案中明确项目公司的人事任免权、事项决策权等内容。在一些特定项目里，若涉及存量部分改建、扩建、续期等问题时，还会涉及原有项目高管去留的问题，甚至具体的员工安置细节，如员工身份认定、劳动关系确认、经济补偿方案等等。

6. 内控制度体系

内控制度体系通常包括法人治理制度、基础管理制度、职能管理制度和业务管理制度等。在制度体系的构建过程中，明确各项制度的定位，做到层次清晰、结构完整、可操作性强，同时，各项制度相互衔接，避免出现制度之间存在冲突或操作性不强的现象。

（1）设立项目公司时，设立流程有：

1）预审核项目公司名称。

2）确定公司办公地址。

3）编写公司章程及必要文件。

4）办理营业执照（三证合一）。

5）申请开立银行账户。

6）刻章印鉴申请。

（2）设立过程中也应重点关注：

1）整个设立流程的周期及涉及的政府行政部门。

2）注册公司必须按照公司注册登记法律规定的流程，逐次向行政部门申请注册登记。不同类型的公司注册所需时间是不一样的，各个地方注册公司需要的时间也不尽相同。

（五）监管点五：PPP 项目融资成功的准备工作[209,210]

1. 项目公司融资前准备

财预〔2017〕87 号文提出不得利用或虚构政府购买服务合同为建设工程变相举债，不得通过政府购买服务向金融机构、融资租赁公司等非金融机构进行融资，不得以任何方式虚构或超越权限签订应付（收）账款合同帮助融资平台公司等企业融资。财预〔2017〕62 号文第 32 条"地方各级政府不得以土地储备名义为非土地储备机构举借政府债务，不得通过地方政府债券以外的任何方式举借土地储备债务，不得以储备土地为任何单位和个人的债务以任何方式提供担保"。"以前在银行工作总是考虑怎么降低风险，避免出现不良贷款。现在到企业工作，就感觉融资门槛怎么这么高。"曾在农发行担任过分行行长的左志，道出了如今 PPP 项目落地中的头号"拦路虎"——融资难。

融资是一种交易，要平等互利、等价有偿。从整个金融市场来说，资金不只流向基础设施投资市场，还参加资本市场、房地产市场、外汇市场、衍生品市场……而资金就像水一样，总会向低处，即风险低收益高的地方流。除了市场机制不完善，金融机构认识不足，项目公司自身工作不到位也是导致融资难的重要原因之一。项目公司如何才能进行不断增信，实现完美融资呢？项目公司能够更顺利融资的关键是通过降低投资人风险、稳定现金流等增信手段，充分发挥出项目的自身优势。项目公司融资前必修的五大招式。

（1）招式一：确保 SPV 组织完善

1）设立方面

项目公司是基于 PPP 项目而产生的经营实体。所以与一般企业的成立不同，项目公司有许多前期事项。在项目前期，一般会由政府部门和私营企业发起合作意向和谈判。在谈判磋商的基础上形成合作框架性协议、合作备忘录、合作意向书等文件。这些虽然是合作协议的基础，但仍然具有相当程度的法律意义，将其保存完整，相关文件齐全是获得投资人信任的基础。

2）股东构成方面

股东构成与股权结构反映了项目公司出资人的基本情况。应重点确保股东及管理层状态良好，譬如：企业的董事、高级管理人员应符合法律规定的任职资格；董事会、监事会的构成应符合法律规定和章程规定；股东转让股份相关手续应合法等。

3）出资方面

项目公司股东的出资与偿还贷款能力密切相关。项目公司为投资人提供合作各方出资的真实性和合法性资料，严禁发生虚假出资和抽逃出资的情况。对于货币资产出资，应按时缴清；股东承诺的出资按时到位；如果存在增资或减资的情况，其增资或减资程序应符合相关法律规定；对于非货币资产出资，应保证该资产的真实性、合法性等。

（2）招式二：壮大 SPV 资产实力

资产是项目公司实力的体现在某种程度上可以决定其能否顺利实施项目和偿还贷款。不仅要强调主要资产，更要突出其资产的增值和长期收益。

如土地使用权：重点分析土地使用权的性质（划拨或出让）；取得方式（招标、拍卖、挂牌）；及时签订《土地出让合同》；及时缴清土地出让金；及时办理并持有土地使用权证；合理设定担保等。

如房产：重点分析房产（厂房）建设的合法性。譬如，及时取得建设用地规划许可证、建设工程许可证以及施工许可证等相关法律文件；及时办理建设项目竣工验收手续；及时持有房屋产权证等。如果是购买房产，需要分析买卖关系的合法性以及房产权属有无瑕疵等。

如设备：重点分析其权属和法律形态。设备是企业重要的生产资料，但其权属可能存在多种情形。有可能是自购，也有可能是租赁或者是融资租赁。所以，对企业设备的分析，要注重其法律性质、权属状态和实际价值，充分合理体现出自身优势。

（3）招式三：明确 SPV 资金用途

项目公司融资一定有明确或特定用途，必须向贷款人声明的资金用途，确保资金实际用途与融资申请一致，从而降低贷款人风险。如重大交易事项和重大投资。在重大交易事项方面：应结合 PPP 项目的性质以及项目公司的章程、相关政策，严格对重大交易事项进行分析剖析。在此基础上，着重确保交易的合法性和安全性，包括交易结构、交易过程、资金流、与本次融资的关联度等。在重大投资方面：项目公司应从该投资项目本身开始。如：投资项目的合法性、合理性、必要性及可行性等分析；应符合相关产业政策；应及时办理节能、生产安全、水土保持等方面的相关手续。特别应注意环保方面的问题，这是可以行使一票否决权的关键环节。

（4）招式四：规范 SPV 重大合同、债务行为

重大合同、债务一般是针对合同或债务的标的或金额而言，严格规范项目公司债务行为。项目公司应根据实际情况并结合融资规模进行综合分析、研判，确保债务行为真实性、合法性以及准确分析其履行情况、后续履行能力、有无正在被法院执行或将被执行等。严禁以"资金周转""购买原材料"等名义融入资金而实际上被用于借新还旧、抵债、赔偿或支付罚金等。

（5）招式五：强化还款能力及担保措施

还款能力方面应积极分析自身的盈利能力、项目收益情况，严格落实还款计划、担保措施等。如准确绘制项目现金流表、合理分析项目盈利情况、办理政府支出纳入财政年度预算证明等材料，确保项目收益是担保增信的重要手段。根据法律规定，PPP 项目以其项目收益权进行抵押、质押是允许的。而对于贷款人而言，一项长达二三十年的项目收益，无疑是非常稳定的融资担保。

（6）结语

真正好的项目，风险可控的项目，融资还是可行的。对于现金流相对稳定或风险相对可控的项目，不仅要做好项目运用的 PPP 模式的可行性分析，项目公司还要从自身进行反思，使用增信手段，加大融资筹码。随着 PPP 模式的不断发展，项目公司融资的活跃度将不断提高，PPP 项目的完美融资显然不是单纯的担保，它不仅需要完善的市场体制、可行性度高的项目为基础，还需要项目公司本身做好充分的融资准备，合理运用增信机制，发挥自身优势，助力实现最优融资。

2. 项目融资方式

华夏幸福成立于 1998 年，早期致力于河北省内的城市住宅开发。2002 年后，华夏幸福逐渐转型并成为中国顶级的产业新城运营商。2014 年至今，PPP 模式获得了中央政府空前的推动和支持，华夏幸福的产业新城模式也越来越受到重视，在很多地方政府的眼中，华夏幸福俨然成为产业新城运营的不二人选。那么，华夏幸福究竟有怎样的法宝，才能让自己成为政府眼中产业新城运营的"意中人"？

简单来说，华夏幸福的产业新城 PPP 模式可以表述为政府为了促进地方经济发展，将开发辖区以 PPP 模式与华夏进行共同开发（确保政府土地权益），按照华夏幸福招商引资的绩效和合作协议，将落地招商投资额按一定比例返还给华夏幸福（固安工业园项目中这一比例为 45%），同时在招商引资工作中给予华夏幸福政策和服务上支持。在这种模式

下，政府不需要出钱投资，只需要提供土地、政策及税收方面的支持，由华夏幸福全权负责园区业务（"九通一平"、招商引资以及后期的运营等工作）。

不过，采用这种模式也就意味华夏幸福在项目前期需要投入大量的资金，这对华夏幸福的融资能力是极大的挑战。然而，华夏幸福使用多种多样的融资方式，不仅在短期内融到了大量资金，其融资成本也逐年下降（据统计，华夏幸福 2014 年融资成本为 10.32%，2015 年为 9.72%，2016 年已经下降到了 6.97%）。华夏幸福使用多种多样的融资方式不仅有效地解决了自身作为产业新城运营商对资金的需求，对 PPP 项目的融资有很好的参考意义。

接下来，让我们看看华夏幸福在 PPP 项目融资中经常要用到的"三板斧"。

（1）PPP 基金——启动 PPP 项目的钥匙

PPP 基金作为一种夹层融资方式，是指专门投资于 PPP 项目有关企业的产业投资基金，通过非公开方式向合格投资者募集，本质上是一种私募基金。PPP 项目通过引入 PPP 基金，特别是政府主导的 PPP 基金，可以有效利用杠杆作用，同时为项目增信，降低社会资本的后期融资成本，是启动 PPP 项目的"钥匙"。常见的政府主导的 PPP 基金结构如图 3-23 所示。

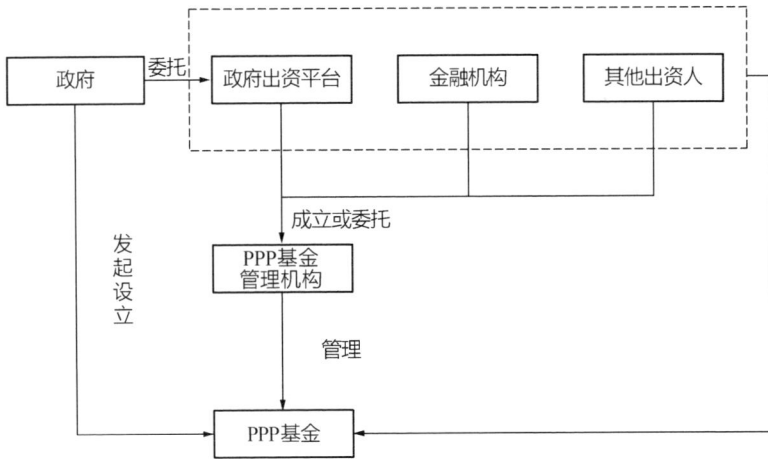

图 3-23　PPP 基金的常见结构

但是，银行、信托、保险等金融机构常以"明股实债"的方式参与 PPP 基金，这些金融机构通常要求固定收益，并有回购承诺。而《关于在公共服务领域深入推进政府和社会资本合作工作的通知》（财金〔2016〕90 号文）第五条明确指出"防止政府以固定回报承诺、回购安排、明股实债等方式承担过度支出责任"，因此采用 PPP 基金进行融资存在一定的合规性风险。

（2）PPP 项目贷款——借亦有道

一般来说，PPP 项目贷款的资金来源于银行资金、信托资金、企业委托资金等。贷款方通常是商业银行、出口信贷机构、多边金融机构、非银行金融机构等。融资方可以是单一机构，也可以是多家组成的银团。不同的贷款渠道其融资成本差异也较大，一般来说在基准利率（五年期以上利率4.9%）下浮10%至上浮30%。由于PPP项目贷款有着有限追索、表外融资、贷款期限较长的优点，是华夏幸福最为常用的一种融资方式，其常用的项目贷款方式如图3-24所示。

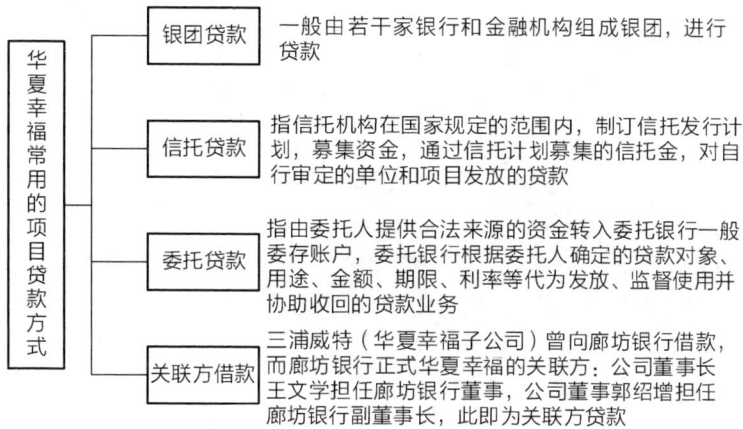

图3-24 华夏幸福常用的项目贷款方式

但是，在PPP项目贷款中，贷款机构主要考察的是项目自身的偿还能力，一般要求PPP项目有着稳定的现金流，而且因为贷款的时间成本和沟通成本都比较高、有些地区融资效率较低，这也都会对PPP项目贷款造成一定的困难。

（3）PPP资产证券化——社会资本的退出之道

目前影响我国PPP模式推进的最大问题之一是社会资本资金回收期长和退出困难，而PPP资产证券化的提出成为了解决这一问题的一次有利尝试。所谓资产证券化，是指以基础资产所产生的现金流为偿付支持，通过结构化等方式进行信用增级，在此基础上发行资产支持证券的业务活动。PPP资产证券化是指以PPP项目为标的物的资产证券化，其基础资产是PPP项目建成后的运营收益，主要为收费收益权。同时，进行资产证券化的PPP项目要求已经完成并正常运行2年以上且有连续操作条件的能力。可以说，资产证券化是PPP项目拓宽融资渠道、降低融资成本、丰富退出方式的重要手段之一，常见的资产证券化结构如图3-25所示。

但是，PPP资产证券化有着较高的准入门槛，要求项目有稳定的现金流，以华夏幸福固安工业园区新型城镇化PPP项目供热收费收益权资产支持专项计划为例，该项目就是以供热服务而取得使用者付费收入的收益权为基础资产。而对于那些低收益率或非稳定运营类的PPP项目，目前进行资产证券化就不太可行。

采用PPP模式不单单是为了融资，但融资是PPP项目中最重要的环节之一。如果没有资金，PPP所追求的管理和运营都将成为空谈。因此，只有不断创新融资模式，探索适合的融资方式，方能为PPP项目后期建设、运营的成功打下坚实基础。

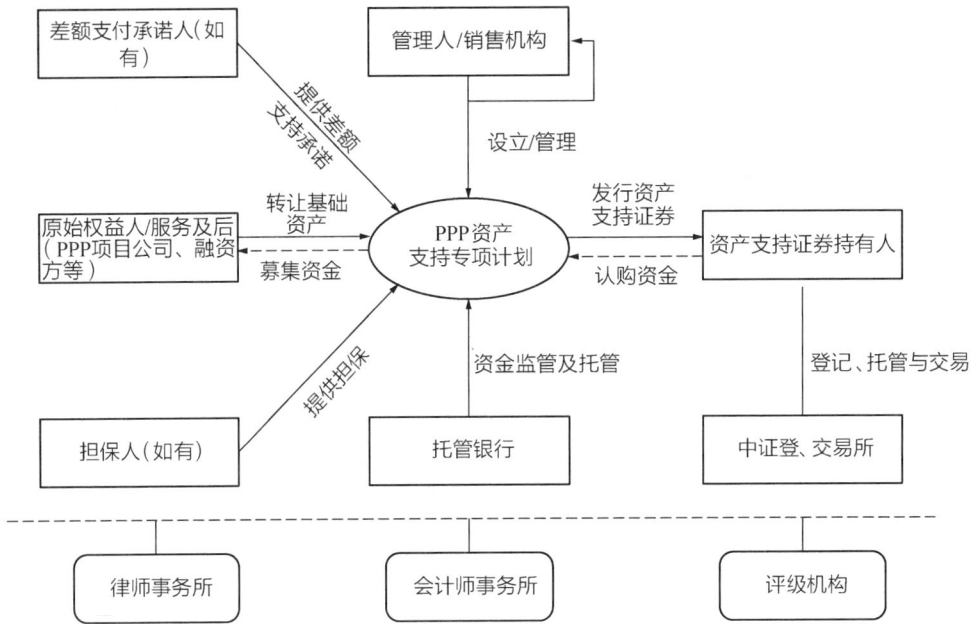

图 3-25　资产证券化一般结构

（六）监管点六：PPP 项目中实行明股实债的违规性 [211,212]

1. 股票与债券的区别

对投资者来说，公司通过公开发行股票和债券都是募集资本的融资手段，实质上都属于资本证券。两者区别见表 3-17。

股票与债券的区别 表 3-17

序号	名称	股票	债券
1	风险性与收益性	风险高，收益高	风险低，收益低
2	融资成本	高	低
3	与公司经营状况的关系	有关系，参与公司经营	无关系，不参与公司经营
4	权属关系	作为公司股东，享有表决权	作为公司债权人，无表决权
5	对控制权影响	稀释控制权	不影响
6	收益稳定性	不稳定，随盈利水平而变化	稳定，可以获得固定收益
7	保本能力	无期限，股票与公司共存亡	债券到期可回收本金和利息
8	会计处理	形成资本，溢价计入资本积金	计入公司债务
9	对企业的作用	正常经营和抵御风险的基础，增信增誉	获得资金的杠杆收益

2. 明股实债的含义

作为一种创新型的投资方式，按照表面文字意思，明股实债可理解为"表面是股权投资，实质上是债权投资"。主要表达了融资模式的内在契约性与双方权利义务关系的逻辑性。

所谓明股实债，是一种兼具股权债权的双重性质的融资工具。主要指投资方虽然是以股权的方式投资于目标公司，但是其交易的实质却属于与借贷类似的债券债务关系。在明股实债中，投资者缔结项目公司"股权融资"的承诺系以股权投资本金的远期有效退出和约定利息收益的刚性实现为要约条件，即以股权投资的形式，表现为债务融资的实质，即明股实债具有刚性兑付的保本约定。

3. 明股实债的意义

对于投资者而言，一方面可以规避放贷资质的法律限制，另一方面项目公司提供的远期收购股权的承诺，可以使投资者承担较低的风险获得稳定的收益；对于目标公司（融资方）而言，可以满足自身融资的需求，有效降低企业的资产负债比率，同时实现目标公司的资本充足度与优化资本结构，增强企业的信用；对于资金管理方（包括但不限于资产管理公司、信托公司、资管计划等）而言，其在该模式中主要是通过提供通道，在扩大自身管理规模的同时，还可以获取相应的管理费。

4. 明股实债的特点

（1）投资者虽为股东，但不具有选举权或被选举权。

（2）不参与经营管理与分红。

投资者虽然为融资目标公司的股东，但是不参与融资目标公司的日常经营管理以及股利分配，仍主要靠原股东进行经营管理，投资者仅享有知情权与监督权力。

（3）投资者对于融资的目标公司净资产不拥有所有权。

（4）固定收益安排。

固定收益安排即投资者能够从原股东或者目标公司获得固定的收益。一般会在投资合同或协议中约定利率定期支付利息（或定期支付保底利息、固定利润、固定利息）。

（5）股权回购安排。

股权回购安排指股份转让协议中会明确约定原来企业的股东会在一定的条件下回购投资方所受让的股权。此外，在协议中也会约定一定的投资期限或特定的投资条件，并在投资期满或者满足特定投资条件后，被融资目标公司赎回投资或偿还本金。

（6）明股实债纠纷中，投融资双方的主要争议焦点在于一系列交易文件所建构的法律关系究竟是股权转让法律关系还是借款法律关系。司法实践中，明股实债纠纷主要围绕股权回购条款展开。

（七）监管点七： PPP 项目争议和纠纷处理[213~216]

特许经营运作方式系 PPP 项目运作方式中非常重要的一种方式，目前在许多 PPP 项目中都得到运用。2015 年 4 月，最高人民法院公布了《关于适用〈中华人民共和国行政诉讼法〉若干问题的解释》，其中第 11 条将政府特许经营协议列为行政协议，产生纠纷时要走行政诉讼的程序，这使得司法实践中对采用特许经营运作方式的 PPP 项目合同纠纷解决机制是应适用行政诉讼方式，还是适用民事诉讼或仲裁方式存在争议，本文将结合相关案例对此问题进行初步探讨。

（1）采用特许经营运作方式的 PPP 项目对特许经营内容的合同安排。

1）特许经营是 PPP 中的一种重要运作方式，采用特许经营方式的 PPP 项目应签订特许经营协议。

从特许经营到如今的 PPP 热潮，目前还没有一部法律法规明确界定特许经营与 PPP 二者之间的关系，给实践带来诸多误导和掣肘。

国家发展改革委在《关于开展政府和社会资本合作的指导意见》中规定，PPP 模式的运作方式有特许经营、购买服务、股权合作等。国家发展改革委、财政部和人民银行在《关于在公共服务领域推广政府和社会资本合作模式的指导意见》中明确公共服务领域鼓励采用政府和社会资本合作模式，在能源、交通运输、水利、环境保护、市政工程等特定领域需要实施特许经营的，按《基础设施和公用事业特许经营管理办法》执行，《基础设施和公用事业特许经营管理办法》第十八条规定："实施机构应当与依法选定的特许经营者签订特许经营协议。需要成立项目公司的，实施机构应当与依法选定的投资人签订初步协议，约定其在规定期限内注册成立项目公司，并与项目公司签订特许经营协议。"根据上述规定，特许经营是 PPP 项目的一种重要运作方式，实施机构应当与依法选定的特许经营者或项目公司签订特许经营协议。

2）目前 PPP 实务中，常见的合同安排是将特许经营的内容直接作为整个 PPP 合同的一部分，不单独在 PPP 合同之外再签订特许经营协议。

根据财政部下发的《PPP 项目合同指南（试行）》中第二节合同体系中，只表明 PPP 项目合同是整个 PPP 项目合同体系的基础和核心，并未提及是否需要单独签订特许经营协议。

特许经营方式的 PPP 项目运作实践中，存在社会资本方与政府方只签订了 PPP 项目合同，合同中对特许经营部分做了相应约定，双方并未另外单独签订特许经营协议。目前本书所接触和了解到的采用特许经营方式运作的 PPP 项目，也是把特许经营的内容作为 PPP 合同的一个章节或一部分，并不单独在 PPP 合同之前，再单独签署特许经营协议。

（2）关于采用特许经营运作方式的 PPP 合同性质的争议。

采用特许经营运作方式的 PPP 项目合同发生争议如何定性，目前存在以下争议：

1）观点一：PPP 项目合同争议属于民商事合同争议，可采用民事诉讼或仲裁的解决方式。

根据：

① 财政部关于印发《政府和社会资本合作模式操作指南（试行）》的通知中规定："在项目实施过程中，按照项目合同约定，项目实施机构、社会资本或项目公司可就发生

争议且无法协商达成一致的事项，依法申请仲裁或提起民事诉讼。"

② 财政部下发的《政府和社会资本合作项目政府采购管理办法》第 22 条规定："项目实施机构和中标、成交社会资本在 PPP 项目合同履行中发生争议且无法协商一致的，可以依法申请仲裁或者提起民事诉讼。"

③《财政部关于规范政府和社会资本合作合同管理工作的通知》规定："在 PPP 模式下，政府与社会资本是基于 PPP 项目合同的平等法律主体，双方法律地位平等、权利义务对等，应在充分协商、互利互惠的基础上订立合同，并依法平等地主张合同权利、履行合同义务。"

④ 发展改革委下发的《关于开展政府和社会资本合作的指导意见》中明确提及政府要从公共产品的直接"提供者"转变为社会资本的"合作者"，双方在平等协商、依法合规的基础上订立项目合同。

上述文件，把 PPP 项目合同明确界定为"平等主体之间的民商事合同"。PPP 模式中社会资本方与政府方是平等的民事法律关系主体，且双方合同履行过程中发生争议的解决方式可申请仲裁或提起民事诉讼。

2）观点二：PPP 项目合同争议属于行政协议纠纷，只能采用行政诉讼解决。

根据：

①《行政许可法》第十二条规定，有限自然资源开发利用、公共资源配置以及直接关系公共利益的特定行业的市场准入等，需要赋予特定权利的事项，可以设定行政许可。基础设施和公用事业特许经营项目属于公共资源配置范畴，政府授予特许经营权的这种行为具备的行政许可的性质，而政府授权的依据是行政法规范，政府方与特许经营者之间应为行政法律关系。

②《行政诉讼法》第十二条规定，认为行政机关不依法履行、未按照约定履行或者违法变更、解除政府特许经营协议的作为行政诉讼案件对待。2015 年 4 月，最高人民法院颁布了《关于适用〈中华人民共和国行政诉讼法〉若干问题的解释》（以下简称：《解释》），其中第 11 条规定，行政机关为实现公共利益或者行政管理目标，在法定职责范围内，与公民、法人或者其他组织协商订立的具有行政法上权利义务内容的协议，属于行政诉讼法第十二条第一款第十一项规定的行政协议。

上述法律及司法解释，特许经营的 PPP 项目中，政府方是官、社会资本方是民，二者是行政关系，而不是平等的民事关系，以后因 PPP 合同争议产生的诉讼纠纷归于行政诉讼范畴。

③《解释》实施后，对于特许经营协议的定性上，司法实践的相关判例不尽一致。

特许经营协议纠纷是否一定纳入行政诉讼范畴，本书查找了《解释》出台后，对于特许经营协议定性上相关的两个案例。

① 河南新陵公路建设投资有限公司（以下简称：新陵公司）诉被告辉县市人民政府（以下简称：辉县市政府）合同纠纷案

辉县市政府在提交答辩状期间对管辖权提出异议，提出双方的公路建设协议书，系采取 BOT 模式的政府特许经营协议，该合同是行政合同而非民事合同，应提起行政诉讼，应移交新乡市中院管辖。《民事裁定书》（〔2015〕豫法民一初字第 1-1 号）中，一审法院河南省高级人民法院认为，河南省高院作为民事案件受理此案并不违反法律规定。

之后，辉县市政府对管辖权异议一案提出上诉，《民事裁定书》（〔2015〕民一终字第 244 号）中，最高人民法院认为，本案是典型的 BOT 模式的政府特许经营协议。该项目具有营利性，协议书系辉县市政府作为合同主体与新陵公司的意思自治及平等协商一致的合意表达，协议书未仅就行政审批或行政许可事项本身进行约定，涉及相关行政审批和行政许可等其他内容为合同履行行为之一，属于合同的组成部分，不能决定涉案合同的性质。从协议书的目的、职责、主体、行为、内容等方面看，其具有明显的民商事法律关系性质，应当定性为民商事合同，不属于行诉法修订及司法解释中的行政协议范畴。

河南省高院和最高院的裁定中，从民商事合同主体平等性以及意思自治角度对涉案政府特许经营协议予以分析，从而将涉案合同界定为民商事合同，认为此案作为民事案件受理并不违反法律规定。

② 和田市人民政府与和田市天瑞燃气有限责任公司、新疆兴源建设集团有限公司其他合同纠纷案

和田市政府代理人认为本案双方当事人之间签订的《和田市天然气利用项目合同》及其《补充合同》是具有一定的行政属性的特许经营合同。《民事裁定书》（〔2014〕民二终字第 12 号）中，最高院认为，本案所涉《和田市天然气利用项目合同》及其《补充合同》系由和田市政府作为一方当事人根据其行政机关公权力所签订，合同以及当事人之间讼争的法律关系虽然存在一定民事因素，但双方并非平等主体之间所形成的民事法律关系，因此本案不属于人民法院民事案件受理范围，当事人可依据相关行政法规定另行提起行政诉讼。

综上两个案例，其对于特许经营协议性质上的不同认定，可以看出，A. 在司法实践中，对于特许经营协议的定性上并不完全一致，存在不确定性。B. 本书认为，在以特许经营方式实施的 PPP 项目合同中约定仲裁或民事诉讼的争议解决方式，虽然并不一定违法或无效，但仍有潜在风险，需要适当予以规避。

3）观点三：采用特许经营运作方式的 PPP 项目合同纠纷解决方式选择建议

本书认为，特许经营运作方式的 PPP 项目合同具有民事和行政的双重性质。建议在签署 PPP 合同时，将涉及特许经营权的部分单独签订特许经营协议。

采取特许经营方式的 PPP 项目合同中，政府方扮演了三种角色，包括《国家发展改革委关于开展政府和社会资本合作的指导意见》中提及的社会资本的"合作者"、PPP 项目的"监管者"以及根据《基础设施和公用事业特许经营管理办法》文件精神，政府方为特许经营权的"授予者"。根据《PPP 项目合同指南（试行）》编制说明中提及，PPP 合同

的主要内容是政府与社会资本建立的一种平等合作关系，构成民事主体之间的民事法律关系。同时，政府作为公共事务的管理者，在履行 PPP 项目的规划、管理、监督等行政职能时，与社会资本之间构成行政法律关系。针对采用特许经营运作方式的 PPP 项目必然会涉及特许经营权授予、延长、收回时，通常认为这些属于行政行为。

为避免争议及法院审理过程对民事或行政内容难以作出界分，从社会资本方角度考虑，本书建议对于以特许经营方式实施的 PPP 项目，分别签订 PPP 项目合同、特许经营合同，PPP 项目合同可以采用民商事争议解决方式，特许经营合同采取行政诉讼方式解决。对于没有包含特许经营的 PPP 项目，因不涉及特许经营内容，签订的 PPP 项目合同，可以采用民商事争议解决方式。

（3）以特许经营方式实施的 PPP 项目合同纠纷定性为行政协议纠纷，不利于吸引社会资本方。

近来各地政府推出数以千计的 PPP 项目，然而社会资本愿意参与的不多，参与的大多也是大型国企央企，民营资本参与程度很小。本书认为，2015 年国家发展改革委首次向社会推介 1043 个 PPP 项目以来，距今时间尚短，落地的 PPP 项目推进过程中，社会资本方与政府方之间的可能存在的"摩擦"尚未凸显，大多数社会资本采取的仍是观望状态。若将特许经营方式的 PPP 项目合同纠纷定性为行政协议纠纷，不利于吸引社会资本方，主要原因如下：

1）争议解决方式无法选择，行政协议不能进行仲裁，这将限制 PPP 项目合同纠纷争议解决机制的灵活性，且很多民营资本倾向选择仲裁这一纠纷解决方式。另外，行政诉讼不适用调解，这也减少了 PPP 合同双方主体协商解决渠道。

2）受理法院层级上受到限制，根据《最高人民法院关于调整高级人民法院和中级人民法院管辖第一审民商事案件标准的通知》（法发〔2015〕7 号）文件规定，考虑 PPP 项目政府方大多位于三四线城市，则 1 亿～5 亿元以上民商事争议案件一审法院多由高院管辖，PPP 合同标的金额一般较大，按照民事合同打官司，二审法院可至最高院，社会资本获得公平裁判的保障性更大。如果 PPP 协议是行政合同，就只能在当地基层法院或中院打官司，社会资本方可能有地方保护主义的担心。

3）社会资本对依法解决争议信心不足。目前国内司法实践中，行政诉讼的胜诉率一般较低。社会资本方担心一旦政府方违约，若定性为"民告官"，很难通过司法途径解决问题。

对于以特许经营方式实施的 PPP 项目，社会资本方与政府方分别签订 PPP 项目合同和特许经营合同，PPP 项目合同可以采用民商事争议解决方式，特许经营合同采取行政诉讼方式解决。但是，上述实践操作的建议方式，存在不确定性风险，为在我国 PPP 法尚未出台下的权宜之计。现阶段，不管是发展改革委、财政部等部门规定，还是最高人民法院的判例，均不是法律，PPP 项目推进目前属于"无法可依"的现状。建议国家未来尽快制定完善 PPP 相关法律法规，统一全国司法、行政等对 PPP 项目合同争议解决方式的认识，减少争议。

（八）监管点八： PPP 项目合同期再谈判 [217, 218]

2014 年起，我国以政府为主导在基础设施和公用事业等领域大力推广 PPP 模式，PPP 模式能够有效地提高公共产品及服务的供给效率，在我国基础设施建设中发挥重要作用。

财政部于 2017 年 11 月 10 日发布《财政部办公厅关于规范政府和社会资本合作（PPP）综合信息平台项目库管理的通知》（以下简称"92 号文"），通过项目库全面整顿 PPP 项目；国资委于 2017 年 11 月 17 日发布《关于加强中央企业 PPP 业务风险管控的通知》（以下简称"192 号文"），严格规范中央企业参与 PPP 项目。在 92 号文和 192 号文明确提出新要求，要求"清退""整改""协商谈判""停止"的情况下，相关主体亟需纠正 PPP 项目中的各项违法、违规操作，这必将涉及针对 PPP 合同、融资协议、施工合同等合同文件的修改。目前我国 PPP 项目实践中更多关注的是 PPP 项目的建设阶段，而没有更好地考虑运营和维护阶段，由于 PPP 项目特许经营期长、所处环境复杂多变等原因，PPP 合同具有天然的不完备性，一旦双方针对此类为约定事件发生争议和纠纷，事后的再谈判是解决问题的主要方式之一。

1. PPP 项目合同期再谈判的概念

PPP 项目再谈判可以由政府或者社会资本中任一方发起，甚至由双方共同发起，但过于频繁的再谈判会给项目的建设及运营带来一系列的不利影响，如项目运营成本增加、项目管理效率降低等。

PPP 项目中的再谈判主要是指在 PPP 特许权授予后，由于原合同的设计漏洞或者突发事件的影响等，公共部门与民营部门在利益分配或者投资比重上产生分歧，从而进行二次或者多次谈判。PPP 项目再谈判与一般项目再谈判的区别在于：从项目治理理论的角度来看，一般承发包模式只存在合同治理结构，PPP 存在两种治理结构，即 PPP 模式治理结构与传统承发包模式治理结构。PPP 模式治理贯穿于 PPP 项目特许经营期；传统承发包模式治理仅仅存在于项目建设全过程中。

2. PPP 项目的特殊性决定再谈判的发生在所难免

随着 PPP 项目的实施，再谈判发生率呈现递增趋势，其原因主要是随着 PPP 项目的进行，政府和社会资本的分歧逐渐显化，初始合同在一定程度上不能适应环境变化，再谈判程序不得不启动用于处理不可预见的问题。由于合同的不完全性加之 PPP 项目的长期性等特征决定了 PPP 项目履约过程中的再谈判在所难免，且 PPP 项目再谈判涉及人员多、再谈判问题复杂、再谈判双方社会立场也存在差异，导致再谈判效率低下或者再谈判结果与再谈判初衷相背离，在一定程度损害双方或者终端用户的利益，而关于 PPP 项目再谈判过程影响因素的研究尚处于不成熟状态。再谈判的破裂会带来 PPP 合同的提前终止或者是 PPP 项目的取消。其中表 3-18 是 1985～2000 年拉丁美洲及加勒比海地区 PPP

项目再谈判情况的统计。

1985～2000 年拉丁美洲及加勒比海地区 PPP 项目再谈判情况 　表 3-18

序号	地区/国家	部门	再谈判率
1	拉丁美洲及加勒比海地区	总计	68%
		电力	41%
		交通	78%
		水务	92%
2	美国	高速公路	40%
3	法国	高速公路	50%
		停车场	73%
4	英国	所有项目	22%
5	英国（苏格兰地区）	所有项目	51%

备注：再谈判率=发生再谈判项目/所有项目

3. PPP 项目再谈判结果常常与本质想背离

本书认为有必要对 PPP 项目再谈判过程的影响因素进行识别，并验证其对于再谈判效果的影响路径，进而完善 PPP 模式在基础设施建设中的应用提供借鉴，完善 PPP 再谈判机制、降低再谈判的发生对 PPP 项目的不利影响，从而提升公共服务的供给效率。

再谈判是具有合作性的，当谈判双方十分重视现在以及未来的双边合作关系时，他们更倾向于采用对彼此有利且可持续的方案来解决问题，外界环境的不断变化为双方通过再谈判实现提升福利提供机会，一旦再谈判机会出现，具有机会主义倾向的一方就会抓住这个机会进行谈判，尽管其出发点是对自身利益的考虑，但在再谈判阶段，他们仍会选择实现最大化共同利益的解决方案。

4. PPP 项目再谈判过程的管理措施

实践中政府与社会资本双方对 PPP 项目再谈判问题关注仍显不够。借鉴其他国家 PPP 项目的应用，如何基于中国的国情逐步完善 PPP 模式在我国基础设施及公用事业中的应用需要不断地积淀经验。本书通过研究 PPP 项目中再谈判过程的影响机理，得到以下管理措施。

（1）措施一：针对不同类型的项目建立不同的再谈判机制

谈判互动和谈判氛围相较谈判人员属性对于再谈判效率的影响较大，谈判人员属性相较谈判互动和谈判氛围对于再谈判结果的影响较大。由此推断，对于一些用户需求较大，项目再谈判带来的损失或者影响较大的项目（例如城市供水、污水处理等项目），应首先考虑再谈判效率的提高，即通过完善谈判互动和谈判氛围进而提高再谈判的效率，降低再谈判成本；而对于一些项目停工或者暂停服务对于用户或者相关方影响较小的项目，则首先考虑再谈判结果的提高，尽量实现再谈判双方共赢的局面，即通过提高谈判人员的属性，选取具有较高谈判能力或谈判经验的谈判者为争取谈判结果而努力。

（2）措施二：设立专门的 PPP 项目再谈判管理机制

PPP 项目再谈判效率和结果受谈判人员的属性、谈判过程中的互动以及谈判氛围等影响，并有可能存在信任等因素的中介作用，即再谈判影响机制复杂，而政府与社会资本多未经过专业的谈判技能训练，对于再谈判过程中的突发情况或者僵局等不利于再谈判协议达成的现象往往不能以最小的成本投入解决。在美国，公用事业规制委员会（Utility Regulation Commission，URC）是专门负责规范化管理私人资本所参与的基础设施经营的机构。URC 是独立于特许经营授予机构和特许经营企业的机构，可以独立自主的决定费率、惩罚以及其他事项，不受政府（特许权授予机构）和特许经营企业的影响。这种独立的监管机构的存在，能够有效遏制特许经营权授予机构的寻租行为，并在基础设施特许经营合约再谈判中做到公平和公正。

（九）监管点九：PPP 项目实行绩效评价的必要性[219,220]

最严新规：《关于规范政府和社会资本合作（PPP）综合信息平台项目库管理的通知》（财办金〔2017〕92 号文）。

对新申请纳入项目管理库的项目进行严格把关，存在下列情形之一的项目不得入库：

（1）通过政府付费或可行性缺口补助方式获得回报，但未建立与项目产出绩效相挂钩的付费机制的。

（2）政府付费或可行性缺口补助在项目合作期内未连续、平滑支付，导致某一时期内财政支出压力激增的。

（3）项目建设成本不参与绩效考核，或实际与绩效考核结果挂钩部分占比不足 30%，固化政府支出责任的。

绩效评价政策一览表见表 3-19。

绩效评价政策一览表　　　　　　　　　　　　　　　　表 3-19

序号	文件	具体内容
1	财政部《政府和社会资本合作模式操作指南（试行）》（财金〔2014〕113 号）	项目实际绩效优于约定标准的，项目实施机构应执行项目合同约定的奖励条款，并可将其作为项目期满合同能否展期的依据；未达到约定标准的，项目实施机构应执行项目合同约定的惩处条款或救济措施
2	国家发展改革委《关于开展政府和社会资本合作的指导意见》（发改投资〔2014〕2724 号）	项目实施过程中，加强工程质量、运营标准的全程监督，确保公共产品和服务的质量、效率和延续性。鼓励推进第三方评价，对公共产品和服务的数量、质量以及资金使用效率等方面进行综合评价，结果向社会公示评价，作为价费标准、财政补贴以及合作期限等调整的参考依据。项目实施结束后，可对项目的成本效益、公众满意度、可持续性等进行后评价，评价结果作为完善 PPP 模式制度体系的参考依据

序号	文件	具体内容
3	财政部《PPP项目合同指南（试行）》（财金〔2014〕156号）	在按绩效付费的项目中，政府与项目公司通常会明确约定项目的绩效标准，并将政府付费与项目公司的绩效表现挂钩，如果项目公司未能达到约定的绩效标准，则会扣减相应的付费
4	《基础设施和公用事业特许经营管理办法》（六部委25号令）	"实施机构应当建立根据绩效评价结果、按照特许经营协议约定对价格或财政补贴进行调整的机制。保障所提供公共产品或公共服务的质量和效率。实施机构应当将社会公众意见作为监测分析和绩效评价的重要内容"
5	《关于在公共服务领域推广政府和社会资本合作模式指导意见的通知》（国办发〔2015〕42号）	政府和社会资本合作模式是公共服务供给机制的重大创新，政府依据公共服务绩效评价结果向社会资本支付相应对价，保证社会资本获得合理收益。明确PPP项目实行绩效考核下的政府付费，避免出现固定收益、保底承诺等政策文件禁止事项

PPP项目绩效评价的基本要素：

1）确定绩效评价指标

为了筛选出关键的绩效评价相关指标，对事前已进行汇总的影响PPP项目战略目标实现的关键成功因素进行评价。

2）确定绩效评价指标评分标准

度量项目绩效实现程度的"标尺"，可采用层次分析法确定各绩效评价指标的权重，对于定性指标以其定义作为评分原则，而对于定量指标可参考相关已有标准作为其评分依据。

3）划分绩效评价等级及设置付费系数

回收实地访谈或调查问卷数据，对数据进行科学处理后得绩效评价结果，根据结果分优、良、中、次、差五个等级，如90～100为优、80～90为良、70～80为中、60～70为次、60以下为差，每个等级设置相应的付费系数。

（十）监管点十：PPP项目要严格执行建立按效付费机制[221～223]

《关于规范政府和社会资本合作（PPP）综合信息平台项目库管理的通知》（财办金〔2017〕92号）出台，其中严格新项目入库标准提出的"未建立按效付费机制"情形备受关注。该文件指出，未建立按效付费机制的项目将不得入库，同时该文件将未按效付费的情况分为三种，本节要点九已详细阐述，此处不再赘述。

但是，对于"按效付费"机制如何设计、绩效考核如何实施等问题，还未有明确的操作方案，本书将探讨"按效付费"的意义以及如何实行"按效付费"，并结合具体案例加以说明。

1. "按效付费"的必要性

（1）防止 PPP 异化为拉长版 BT

财政部系列讲话中曾多次提到，在推动项目建立按效付费机制方面，要求政府付费与项目绩效考核结果挂钩，强化项目产出绩效对社会资本回报的激励约束效果，防止政府对项目各项支出承担无条件的支付义务，使 PPP 异化为拉长版 BT。换句话说，部分 PPP 项目缺乏运营和绩效考核，实质上是拉长版 BT。这些做法影响 PPP 模式的规范推广，也增加了地方政府债务风险隐患。

此外，"92 号文"还要求政府承担的项目建设成本与运营成本均应根据绩效考核结果进行支付，且建设成本中参与绩效考核的部分占比不得低于 30%，防止当前部分 PPP 项目通过所谓"工程可用性付费"方式，以"项目竣工即应支付"的名义，提前锁定政府对建设成本的无条件支付义务，弱化项目运营绩效考核的约束力。

（2）打破 PPP 支出责任"固化"

PPP 项目的支出责任"固化"表现为一些地方政府为了吸引社会资本和金融机构快上、多上项目，通过 BT、政府回购、承诺固定投资回报等明股实债方式，实施 PPP 项目。一些政府付费类项目，通过"工程可用性付费"＋少量"运营绩效付费"方式，提前锁定政府大部分支出责任。这实际上就是由政府兜底项目风险。

对于"工程可用性付费"＋少量"运营绩效付费"方式，可用性付费比重大、运营绩效付费占比微乎其微的现象并不鲜见。甚至一些采用可行性缺口补助机制的 PPP 项目也变相成为政府付费占绝大多数比重的情形。还有另外一种情况是少数 PPP 项目中规定社会资本和政府方代表共同出资成立项目公司，但在某些条款或补充协议中约定项目运营维护由项目公司委托政府方代表负责。这种情形实质上与 PPP 本意引入专业的社会资本负责项目运营维护的初衷相悖，借 PPP 模式实现公共服务供给质量和效率提升的目的将落空。为了解决这样的问题，就需要突出绩效导向、按效付费，改变"重建设、轻运营"的局面，降低可用性付费比例、相应提高运维绩效付费比例。

2. "按效付费"的合理设置

可以看到，对于大多数纯政府付费类项目或政府提供的补贴占项目公司收入大部分的可行性缺口补助项目，在进行绩效考核时都会采用"工程可用性付费"＋少量"运营绩效付费"方式。对于此类项目，建立以项目目标为导向的"按效付费"评价机制就极为重要。

（1）围绕项目的目标建立绩效考核指标体系

首先，建议建立项目绩效评价体系，突出项目目标导向的理念，围绕项目面向社会提供的功能和服务目标，建立绩效评价指标体系。项目目标可层次化设置，但需抓住主要目标。比如对于城市道路项目，项目主要目标是为城市车辆和行人提供"交通通道服务"，以此为出发点，可将现行的分阶段"可用性"付费考核扩展至全周期整体性的"可用性"考核付费。"可用性"的内涵由"竣工验收合格"调整为"提供合格的通道服务"。相应

"按效付费"的计量考核标准可按年度内实现合格"通道服务"的天数予以设置，以此为核心指标再辅以其他次级目标指标建立相应的绩效评价方法。不同的 PPP 项目功能目标各异，体现目标要求的技术特性各异，针对不同项目准确识别项目目标并进行相应的处理，这是建立以目标导向的绩效评价指标体系的关键性和基础性工作。

（2）根据项目特点设置合理的按效付费体系

1）关于"收益稳定型"项目

"收益稳定型"项目，即经营成本和收入较为稳定、容易预测的项目，如污水处理设施、垃圾处理设施等，此类项目在市场上存在着成熟的操作主体，实施着成熟的操作模式，因而通过合理的设置，社会资本方只要按部就班操作就可以达到绩效考核的要求，违约风险很小。

2）关于"收益不稳定型"项目

这种项目与"收益稳定型"项目的特点截然相反，收益既难以预测，又十分的不稳定，例如医疗、文化旅游、养老、养生、特色小镇等项目，即使是行业龙头仍然不能保证持续的盈利。因此，在这种项目中，如何设定"绩效考核指标"，将成为一个棘手的难题。

对于此类项目，如果从经营收益来进行考核，显然会让社会资本方如履薄冰；如果用运营成本、设施维护和客户评价等来进行考核，显然又是本末倒置，失去了对社会资本方的激励和鞭策，无益于运营的提高；而如果从行业利润率等行业横向对比角度看，由于细分行业的领域不同，不同区域的环境和因素不同，又不具有合理的对比性。

3）关于"无收益型"项目

"无收益型"项目，即纯政府付费型项目，例如市政道路、环境治理、海绵城市等项目，对于此类项目，社会资本无法通过运营取得使用者收入，只能通过政府补贴获得合理收益。此类项目实现按效付费的途径就是加大项目公司的可用性服务费划入运营维护服务费的比例。避免社会资本方重视可用性绩效，忽视运营绩效的问题，促使其站在全生命周期范围内投融资、设计、建设、运营好项目，尤其重视加强建设环节工程质量，促使运营期成本的节约，真正实现项目建设、运营全生命周期关联性绩效考核。

例如，某海绵城市 PPP 项目考核指标的制定如下：

"由表及里"：在建设区域内设置相应的观测点，根据观测点的重要程度，设置不同的权重，检测六大基本指标（水生态、水环境、水资源、水安全、制度建设及执行情况、显示度。），若项目无法满足整体表象指标，显然是失败的，政府方可拒绝付费。

"点、线、面相结合"：在重要的区域设立监测点（尤其针对水处理等子项目），不同的监测点组成检测线（针对流域），不同的检测线组成检测面（针对整个区域），同时对不同的监测点和不同检测层级的观测指标依据其对项目系统的重要性赋予相应的考核权重。

"一分货一分钱"：绩效考核还应落脚在"绩效"二字。当海绵城市 PPP 项目检测的六大基本指标合格时，政府方应付基础费用；当项目各点、线、面检测指标表现优秀时，再支付绩效费用。

综上所述，"按效付费"作为一种监督机制是对 PPP 项目的完善。然而，在面对着纷繁复杂的 PPP 项目类型的情形下，尤其在"纯政府付费"项目或"收益不稳定"项目中，如何科学、合理地设定出绩效考核指标，从而既能起到政府监督作用、维护公共利益，又能对社会资本方公平合理，更能促进融资完成、确保项目落地，将是一个具有极大难度的课题。

（十一）监管点十一：创新完善 PPP 项目社会资本退出机制 [224, 225]

社会资本在运营期满后完成移交是 PPP 项目最为理想的结果。然而 PPP 项目高投资的长期合同使社会资本面临巨大的风险。在严禁政府兜底的新政下，如何创新开拓退出渠道是 PPP 模式深化发展必须解决的难题。本书在剖析 PPP 项目退出机制设计动因的基础上，依据 PPP 退出机制的相关规定，确定灵活的 PPP 项目退出机制，以推动我国 PPP 模式深入发展。

1. 退出机制是 PPP 项目市场机制发展的现实需求

现阶段我国 PPP 项目实施的实际情况是作为社会资本，多数施工单位本不具备项目运营经验，利润主要来源于建设期收益，大量资金沉淀于项目使施工单位背负了沉重的经营负担。而 PPP 项目综合性、复杂性和长期性的特点促使具有不同优势的主体组成联合体参与项目，这种长期的合作关系与企业生存周期可能存在不匹配的现象，甚至还会影响联合体发挥各自的优势。因此，选择合适的退出机制成为社会资本参与 PPP 模式的现实需求，已成为不可忽视的一项。

2. PPP 项目的相关规定——重准入保障，轻退出安排

PPP 相关政策关于社会资本退出机制的规定如下：

（1）《国务院关于创新重点领域投融资机制鼓励社会投资的指导意见》（国发〔2014〕60 号）指出："政府要与投资者明确 PPP 项目的退出路径，保障项目持续稳定运行。"

（2）《财政部关于规范政府和社会资本合作合同管理工作的通知》（财金〔2014〕156 号）指出："要兼顾灵活，合理设置一些关于期限变更、内容变更、主体变更的灵活调整机制，为未来可能长达 20～30 年的合同执行期预留调整和变更空间。"

（3）《国家发展改革委关于开展政府和社会资本合作的指导意见》（发改投资〔2014〕2724 号）中进一步指出："要依托各类产权、股权交易市场，为社会资本提供多元化、规范化、市场化的退出渠道。"由此看来，社会资本的退出机制已经纳入国家部委 PPP 机制的应由之义，并在此基础上制定退出机制的规范性框架。

3. 基于柔性的 PPP 项目退出机制设计

设计灵活的 PPP 退出机制，可以保证社会资本按照意愿进出。完备的 PPP 退出机制可以在交易市场中转移风险。不仅能够避免将 PPP 投资风险转嫁给政府，也有望解决民间投资者的后顾之忧，增强民间投资的积极性。因此，完善的退出机制能够使 PPP 项目获得长期持续资金的支持，进而推动 PPP 项目的向前发展。

（1）股权转让——PPP 项目主要而非最优的退出方式

股权转让是 PPP 项目传统的退出机制，社会资本在合作期结束之后将其持有的项目公司股权转让给地方融资平台或政府指定的运营单位。政府通常会在《PPP 项目合同》中设置股权转让锁定期以保证社会资本初始履行合同义务，在合作期结束后可通过股权转让给政府实现退出。因此，股权转让是我国 PPP 项目的主要退出方式，但其并非为最优途径。

（2）公开上市——PPP 项目回报率最高而非普遍适用的退出方式

公开上市是回报率最高的投资退出机制。公开上市退出机制是指 PPP 项目公司首次面向非特定社会公众公开发行股票以获得大量资金。在满足项目公司后续资金需求的同时，为投资者带来丰厚的回报。但是目前我国资本市场体系尚不成熟，股票发行公开上市时间长、门槛高、成本高，海外上市条件更高。一旦上市不成功项目公司前期成本支出将沉没，同时社会资本以公开上市方式退出的先例也实属凤毛麟角。因此，公开上市退出机制暂时还不具有普适性。

（3）发行债券——PPP 项目以债还贷的理想退出途径

发行公司（企业）债券是 PPP 项目公司"以债还贷"的理想途径，但法律法规对公司、企业发行债券存在较高要求，通常 PPP 项目公司往往难以达到此要求，且债券发行额度也不足以满足其融资需求。更重要的是公司（企业）债券仍然十分看重投资者的信用，这将加大 PPP 项目社会资本的财务负担。其中，项目收益债是一种与项目投资者信用相隔离的债券，偿债资金来源于项目本身收益，是国家发展改革委重点鼓励的债券品种。

（4）资产证券化——PPP 项目中国家重点支持且最优的社会资本退出选择

PPP 项目具有明确的特许经营权转让和必要的政府补贴要求，往往具有稳定的可预测的现金流。国家发展改革委、中国证监会《关于推进传统基础设施领域政府和社会资本合作（PPP）项目资产证券化相关工作的通知发改投资〔2016〕2698 号》使得 PPP 项目资产证券化已不存在法律障碍，属于国家政策重点支持业务，是目前 PPP 项目社会资本退出的最优选择。

将社会资本退出机制作为 PPP 项目合同预设的一种柔性存在，是社会资本参与 PPP 项目的重要保障。以上对股权转让、公开上市、发行债券、资产证券化四种退出机制的适用前景依次作出的分析，可以看出每种方式的可用性和未来的可完善性。

（十二）监管点十二：设置 PPP 项目提前终止机制[226, 227]

由于社会资本的角色不同，施工类企业、财务投资人、产业投资人等对于项目退出机制的诉求并不相同。PPP 项目进行监管时可重点关注：

（1）关注实施方案或者政府方对社会资本退出的限制，以及在项目协议项下的具体规定及相关违约成本。

（2）考虑"退出"的渠道。例如在项目公司股权层面不允许退出，是否可在项目公司股东的层面设定退出安排，或者在项目公司股权层面进行特别约定，以实现退出的目的或实质性效果。

（3）考虑退出安排的合法性与合规性。退出机制的设定要在法律、法规允许的范围内，最大程度体现社会资本的诉求。

（4）在合法合规的前提下，在交易结构中创造、设计和适用政府方及其他相关各方可以提供或协助提供的与退出机制有关的增信措施。

根据 PPP 项目的合作契约精神，提前终止补偿应遵循公开、公平、公正的基本原则。《PPP 项目合同指南（试行）》规定了政府方违约、项目公司违约和不可抗力三种情况下导致项目提前终止的补偿原则："对因政府方违约、法律变更或政府行为，或政府选择终止所导致的 PPP 项目合同提前终止的，一般的补偿原则是确保项目公司不会因项目提前终止而受损或获得额外利益""对于因项目公司违约事件导致项目合同提前终止的，一般原则是尽可能避免政府不当得利并且能够吸引融资方的项目融资""由于自然不可抗力属于双方均无过错的事件，一般原则是由双方共同分摊风险"。

基于上述事由产生的终止，在终止后的处理机制上也会有所不同。通常是采用政府回购的方式解决。在政府方违约事件、政治不可抗力以及政府方选择终止时，政府方一般会具有补偿的义务，之前双方签订的 PPP 项目合同中也会约定政府必须提供回购补偿。但是，由于 PPP 项目一般前期投资巨大，融资贷款利率较高，项目特许经营期一般会是超过 10 年的期限，在政府提供回购补偿时相应就会带来巨大的财政压力，甚至超出了政府的财政支出能力。回购的难度大必然会对项目的进展产生重大的影响，对投资方的利益和社会公众的利益也会产生严重的损害。

PPP 项目合同提前终止，根据不同的终止原因、提前终止时项目所处的不同阶段，所涉及的问题和利益比较复杂。在提前终止的应对机制上，目前有两种：一种是根据《财政部 PPP 合同指南》的要求，政府提供整体回购和回购补偿的方式；另一种是引进新的社会资本继续完成剩下的项目。另外，PPP 项目合同条款中对于提前终止的原因、价款计算支付期限等虽然做出了相应的约定，但是一旦真的发生提前终止时，回购补偿的计算问题、新的社会资本的承接问题、股权转让问题、合同承继问题等，恐怕仍然不能有效解决顺利终止。所以，关于 PPP 项目提前终止后各利益方的应对机制问题，是个需要继续研究的课题。

第五节　项目移交阶段的监管内容

一、监管内容识别与分析

项目移交阶段，PPP 项目的主要工作内容包括移交准备、性能测试、资产清算和评估、项目后评价直到项目的结束。对于移交工作，项目实施机构会同行业主管部门、PPP项目公司、社会资本方组成移交工作组具体负责项目的移交工作。主要完成项目的移交准备、性能测试、资产清算和资产交割的工作。财政部门组织实施PPP项目后评价工作。根据目前相关规定，移交阶段的监管还不足，需要第三方监管机构加强监管。具体的监管包括性能测试监管、资产清算和评估监管、项目后评价监管。PPP项目移交阶段的第三方监管流程如图3-26所示。

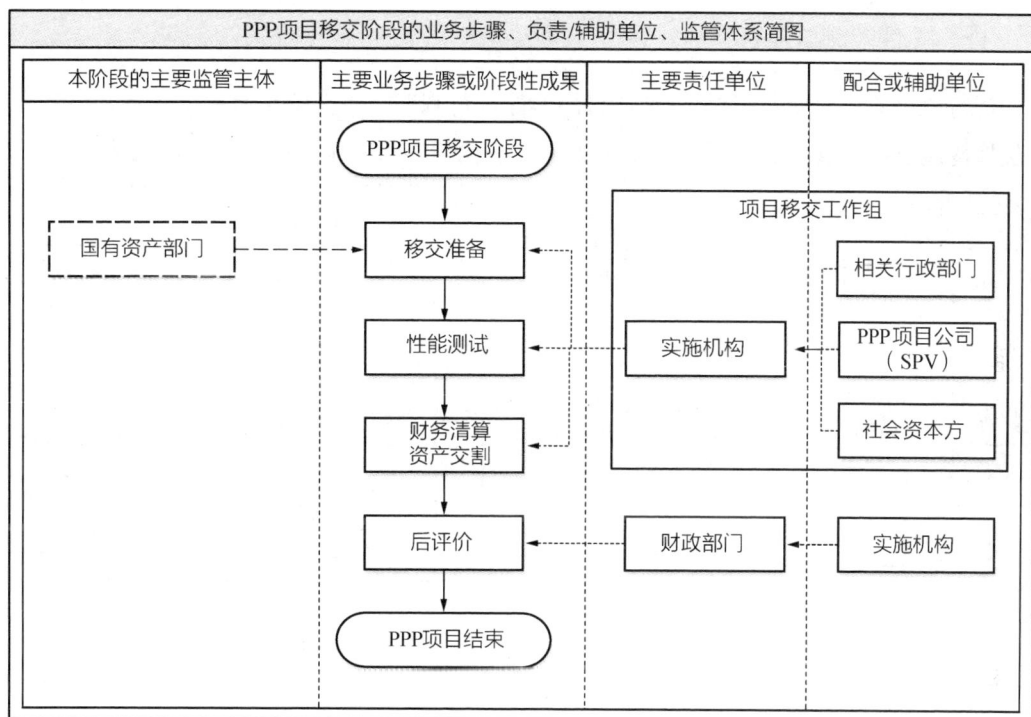

图 3-26　PPP项目移交阶段第三方监管流程

政府对城市基础设施事业经营者退出市场的监管主要分下面两种情况，包括正常的市场退出和非正常市场退出。

（1）正常退出监管

正常退出包含两种情形：一是特许经营期限届满，经营者未提出续期申请的；二是合同双方当事人提前终止合同但双方达成一致协议；在这两种情况下，在项目期满之前项目公司会前提前告知政府，政府可按事先签订的特许经营合同对有关项目进行综合评估，落实资产的移交、普遍服务承继等有关事项，项目公司须如实提交项目资产的相关资料，以便监管机构可以根据被监管企业的现实情况进行监管。

（2）非正常退出监管

对于非正常市场退出项目，一般是指依照法律、法规的规定，政府可以依法终止经营者特许经营权的情况，通常包括社会资本违约情况导致。在项目移交之前主要监管是否存在以下行为：项目存在重大安全隐患拒不整改，擅自转让、出租特许经营权，危及或者可能危及公共利益、公共安全的等。监管方式方面，第三方监管机构就应当建立和完善相对应的应急保障制度和临时接管制度，将可能出现的影响和损失尽可能地降到最低。

无论正常的市场退出还是非正常方式退出，一般移交阶段都包含性能测试监管、资产清算和评估监管、项目后评价监管内容。

（一） 性能测试监管

项目移交前，移交小组对 PPP 项目的性能进行测试，以保障项目移交后能正常运行。为确保性能测试的真实、客观性，第三方监管机构要参与其中，具体监管的内容和流程如图 3-27 所示。

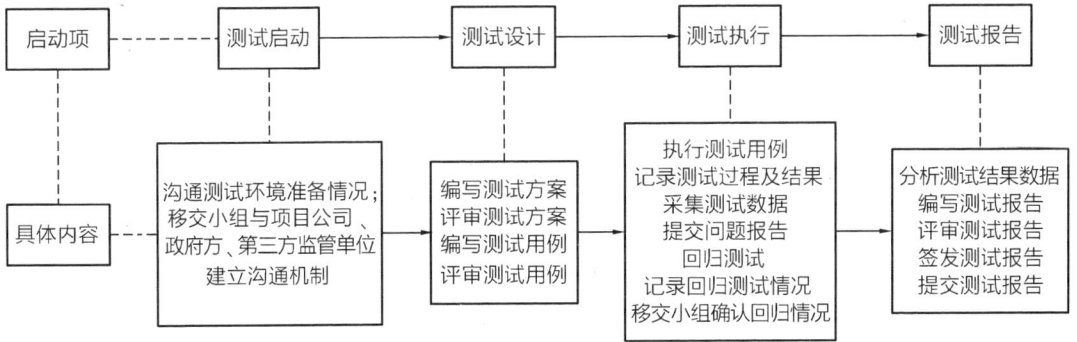

图 3-27 PPP 项目性能测试第三方监管流程及监管内容示意图

（二） 资产清算和评估监管

1. 传统监管分析

传统项目无项目移交监管。

2. 第三方监管分析

第三方监管机构协助政府开展 PPP 项目移交前的资产清查时，通常关注的流程和内容见表 3-20。

第三方监管机构协助政府开展 PPP 项目移交前的资产评估时，需要重点关注下列内容：

（1）明确移交资产范围，根据移交资产范围准确界定资产评估范围和对象。

（2）根据移交资产的特点、价值类型、资料搜集情况等条件，合理选择一种或多种方法进行评估。

（3）应充分考虑移交资产的物理性能状况、可用状态和范围及资产剩余经济寿命期对评估结果的影响。

移交程序	内　容
成立专门的资产清查组	资产清查组成员应包括具备熟悉项目行业运营专家的第三方监管机构清查人员、项目公司成员、政府或项目实施机构代表
制定资产清查方案	具体包括清查时间、清查范围和对象、清查方法、人员组织及分工、清查要求等
清查盘点资产	核验资产的数量、规格型号、性能、产权等是否与移交资产清单内容一致，不一致的应特别注明并在清查报告中重点披露
	收集主要资产的运营日记、强制检测报告和维修记录等资料。在可能的情况下，观察项目实际运营时主要资产的运转使用情况
	需要关注实物资产、清查与资产相关的文档、知识产权和技术法律文件等，以及项目合同或移交方案中明确的应当保留的资产状况，如设备完好率、最短可使用年限等指标
性能测试	明确需要进行性能测试的，清查人员应严格按照性能测试方案和移交标准进行性能测试
签字确认	现场清查工作完毕时，所有参与资产清查的人员在清查盘点表上签字确认
编制资产清查报告	资产清查报告中应披露清查时间、清查内容、具体清查方法、性能测试、清查结果等，重点披露与移交清单不一致的地方

（三）　项目后评价监管

项目移交完成后，项目实施机构或者监管部门组织其他相关部门对项目产出、成本效益、公众满意度、监管成效、可持续性、政府和社会资本合作模式应用等进行绩效评价，评价结果作为完善 PPP 模式制度体系的参考依据。

第三方监管机构协助政府开展 PPP 项目绩效评价工作时，应当结合 PPP 项目的特点，对项目绩效进行科学、客观、公正的评价。绩效评价工作通常结合 PPP 项目预先设定的绩效目标，运用科学的评价标准、指标和方法开展评价。项目绩效评价通常以项目目标为导向，对项目全过程进行综合评价，全面考察项目的设计、实施、管理、结果及影响，旨在为改进项目设计、完善项目管理、提升项目绩效、优化政府决策和有效推广PPP 模式提供信息。

（四）　小结

基于上述分析，并结合半结构化访谈及其分析结论，可给出在移交阶段的 PPP 项目移交阶段的第三方监管体系，具体如图 3-28 所示。

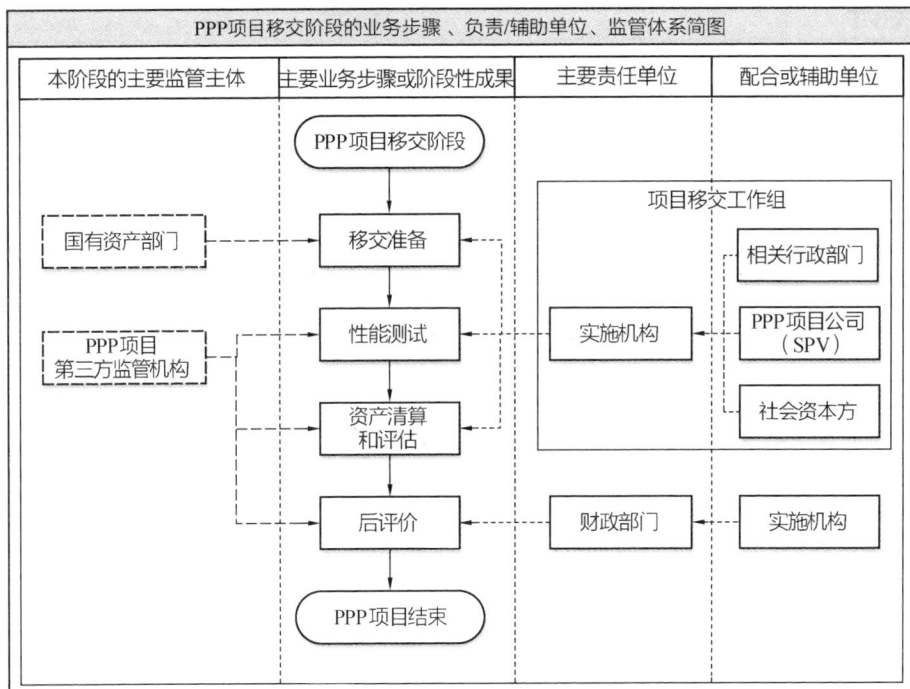

图 3-28　PPP 项目移交阶段的业务流程和第三方监管

综上可知，在 PPP 项目移交阶段的监管内容主要包括流性能测试监管、资产清算和评估监管、项目后评价监管。

政府部门进行移交监管时，对于移交资产的性能和资产的价值不得而知，需要专业的第三方监管机构监管项目移交的前的性能情况，以防止资产虚化和流失，保障公众的利益。本阶段中第三方监管包括 PPP 项目性能测试、资产评估、项目后评价。

二、本阶段关键监管点精析

（一）监管点一：PPP 项目移交阶段进行绩效评价[228]

1. 针对财政部门

（1）财政部门组织最后一期绩效评价时，需根据评价结果完成最后一期政府付费支出。

（2）财政部门要组织项目移交后整个合作周期绩效评价，总结项目经验和不足，持续提升 PPP 项目管理水平和资金使用效益。

（3）财政部门要将 PPP 项目绩效评价结果向社会公布，接受公众监督。

2. 针对咨询机构

（1）协助财政部门完成最后一期绩效评价，出具绩效评价报告。

（2）协助财政部门完成项目整体绩效评价，对项目的总体绩效目标实现程度、成本效益、可持续性、公众满意度等进行评价，评价结果作为完善 PPP 政策措施、提高项目决策和管理水平的参考依据。

（3）协助财政部门将 PPP 项目绩效评价结果向社会公布，接受公众监督。

（4）其他委托事项。

PPP 项目通常要求项目公司在合作期限结束或者合作协议提前终止后，将项目资产、技术、人员、资料和相关权益移交给政府方。在 PPP 项目的移交过程中，社会资本可重点关注：

（1）是否所有的项目资产均可移交，不可移交的部分（例如项目公司无法取得所有权的知识产权、项目公司从非政府方租赁的设施设备）应提前明确。

（2）结合政府方对移交的要求，对移交环节可能附带的成本进行测算（例如是否要进行恢复性大修、是否要承担缺陷保证责任、是否要提供备品备件），对于社会资本成本测算中无法覆盖但又属于政府方要求的部分，可考虑要求政府方支付合理对价或者给予补偿。

（3）有关提前移交，应考虑约定"按现状移交"，并且不宜接受缺陷责任的适用。

3. 针对评估机构

评估机构开展 PPP 项目绩效评价工作时，应当结合 PPP 项目的特点，对项目绩效进行科学、客观、公正的评价。绩效评价工作通常结合 PPP 项目预先设定的绩效目标，运用科学的评价标准、指标和方法开展评价。项目绩效评价通常以项目目标为导向，对项目全过程进行综合评价，全面考察项目的设计、实施、管理、结果及影响，旨在为改进项目设计、完善项目管理、提升项目绩效、优化政府决策和有效推广 PPP 模式提供信息。

（二）监管点二：PPP 项目资产清查的流程及注意事项[229]

评估机构开展 PPP 项目移交前的资产清查时，通常关注下列内容：

（1）成立专门的资产清查组。资产清查组成员应包括第三方机构清查人员、项目公司人员、政府或项目实施机构代表。第三方机构清查人员中，需要有熟悉项目行业资产运营的专家。

（2）根据项目特点及项目要求制定资产清查方案，具体包括清查时间、清查范围和对象、清查方法、人员组织及分工、清查要求等。

（3）注意资产的数量、规格型号、性能、产权等是否与移交资产清单内容一致，不一致的应特别注明并在清查报告中重点披露。

（4）根据移交的资产清单，逐项进行清查盘点。收集主要资产的运营日记、强制检测报告和维修记录等资料。在可能的情况下，观察项目实际运营时主要资产的运转使用情况。

（5）清查时，需要关注实物资产、清查与资产相关的文档、知识产权和技术法律文件等，以及项目合同或移交方案中明确的应当保留的资产状况，如设备完好率、最短可使用年限等指标。

（6）明确需要进行性能测试的，清查人员应严格按照性能测试方案和移交标准进行性能测试。

（7）现场清查工作完毕时，所有参与资产清查的人员在清查盘点表上签字确认。

（8）在资产清查报告中应披露清查时间、清查内容、具体清查方法、性能测试、清查结果等，重点披露与移交清单不一致的地方。

（9）在将存量项目交给项目公司时，相关资产清查工作也可按照上述要求进行资产清查。

（三）监管点三：PPP 项目资产评估流程及注意事项 [230，231]

评估机构在开展 PPP 项目涉及的资产评估服务时，需要根据具体评估准则的要求，并结合 PPP 项目的特殊性开展业务。

PPP 项目涉及的资产评估及相关参数测算业务通常包括：项目收益权、合同权益、特许经营权等权益的测算与评估；项目净现值、合同期限运营补贴单价或金额、使用者付费单价或金额、最低需求量、利润率、折现率以及风险分担等相关参数的测算与评估；土地使用权、无形资产、房屋、建筑物、构筑物（非货币性资产）、项目公司整体价值、股东权益价值的资产评估等。

项目移交工作组应委托具有相关资质的资产评估机构，按照项目合同约定的评估方式，对移交资产进行资产评估，作为确定补偿金额的依据。

1. 组建与评聘 PPP 项目公司所移交项目的价值评估机构

在 PPP 项目公司移交项目的价值评估工作中，由于所涉及的基础设施建设项目的规模较大、专业性较强，因此应按最初协议的规定由项目公司或所在国政府出面聘用、双方均认同的第三方完成所移交项目的价值评估工作。也可以由项目公司与所在国政府分别推举若干专家组成评估机构完成相关的价值评估工作。

无论 PPP 项目公司移交项目的价值评估机构如何组成，PPP 项目公司移交项目价值评估机构都要以公平、公正为原则。这样，PPP 项目公司移交项目价值评估机构才能真正站在第三方的角度对所移交项目在移交时的价值做出公允合理的评估结论。但由于评估结论对双方来说都会涉及利益问题，所以，PPP 项目公司移交项目的价值评估机构欲做到公平、公正还要克服来自于各方面的压力与诱惑，这就对 PPP 项目公司移交项目价值评估机构提出了具体要求。

2. 确定 PPP 项目公司移交项目价值评估的组织工作

（1）由评估机构制定 PPP 项目公司移交项目价值评估的评估计划。

（2）遴选 PPP 项目公司移交项目价值评估所需资料。

（3）确定 PPP 项目公司移交项目价值评估的范围等。

（4）完成评估报告。

评估机构开展 PPP 项目移交前的资产评估时，需要重点关注下列内容：

（1）明确移交资产范围，根据移交资产范围准确界定资产评估范围和对象。

（2）根据移交资产的特点、价值类型、资料搜集情况等条件，合理选择一种或多种方法进行评估。

（3）应充分考虑移交资产的物理性能状况、可用状态和范围及资产剩余经济寿命期对评估结果的影响。

（四）监管点四：关于 PPP 项目的移交风险 [232]

财金〔2014〕113 号《财政部关于印发政府和社会资本合作模式操作指南（试行）的通知》和财金〔2014〕156 号《关于规范政府和社会资本合作合同管理工作的通知》两部文件具体规定了 PPP 项目的风险分配原则。

通常情况下，PPP 项目全生命周期范围内可能发生的风险主要有政治风险、建造风险、经营风险、法律风险和金融风险五类。其中在 PPP 项目移交阶段涉及的风险主要为：政治风险中的法律变更风险、政局稳定风险、行业规定变化风险、政府诚信风险、腐败风险；经营风险中的移交后设备状况风险、设备维护状况风险；法律风险中的文件合同冲突风险、违约风险；金融风险中的通货膨胀风险、利率变化风险、外汇风险；其他风险中的不可抗力风险、残值风险、移交资产不达标风险、环保风险、转让风险。

1. 法律变更风险

当法律发生变更，对 PPP 项目移交有风险。中央层面的法律变更和地方政府层面的法律变更都会一定程度的出现《PPP 项目合同》中约定的移交内容不符合现行法律的情况，所以说法律变更会对 PPP 项目移交阶段造成影响。

2. 政局稳定风险

政局稳定指的是政治局势稳定，是 PPP 顺利开展的基础，也是 PPP 项目移交的基础。因此，政局稳定风险也一定程度影响 PPP 项目移交阶段。

3. 行业规定变化风险

建筑、交通、能源、农业等领域都有其相应的行业规定，是由我国各主管部、委（局）批准发布的。如果行业规定发生变化，可能造成《PPP 项目合同》规定的参与方的权利义务发生变化，从而对 PPP 项目移交阶段产生一定影响。

4. 政府诚信风险

政府诚信风险是指政府不履行或拒绝履行合同约定的责任和义务而给项目带来直接或间接的危害。在项目移交阶段，可能由于政府诚信问题而不验收应移交的资产、设备及文件等内容，对移交阶段造成一定程度的影响。

5. 腐败风险

项目移交阶段的腐败风险，主要是指政府官员或代表采用不合法的方式要求或索取移交资产以外的不合法的财物，而直接导致项目公司在关系维持方面的成本增加，同时也加大了政府在将来的违约风险。

6. 移交后设备状况风险

根据财金〔2014〕156号《PPP项目合同指南（试行）》规定，移交阶段移交与项目相关的设备，所以移交设备状况也会一定程度上给移交阶段带来风险。

7. 设备维护状况风险

在移交阶段移交项目设备前，应该进行设备维护维修，保证设备在移交阶段完好、运行良好，设备的频繁维护和维修都会带来成本增加，从而在一定程度上影响PPP项目移交。

（五）监管点五：PPP项目移交方式[233]

在实际的PPP方案中，移交方式的设计既可采取项目公司清算并移交资产的方式，也可采取股权移交的方式。

在清算移交的方式中，重点可能涉及资产转让相关税收的问题。而采用股权移交的方式，往往是由于将股权转让给政府的平台公司或国有企业，因而还需考虑国有资产管理相关法规的衔接。限于篇幅，本书仅就与国有资产评估相关法规的衔接问题进一步说明，在设定移交方案时，不应机械地采用"无偿移交"的方式。

根据《国有资产法》规定的"资产评估"程序性规定，凡是涉及国有股权转让的行为，必须经过资产评估的程序来确定该转让股权的交易价格。由于在PPP合同结束时，项目公司作为特殊目的公司就不再具备经营基础和业务前景。对于这类公司的股权估值，按照通行的评估原则，评估师会采用成本法（即在企业各项资产价值和负债的基础上确定股权价值）对股权价值进行评估。

由于经营期间未出现减资情况（除事先达成共识，并在PPP合同及融资协议中做出特殊约定，通常项目公司很难在经营期间进行减资操作），在所有者权益中仍然包含股东项目期初所投入的资本，同时实操层面，按照《公司法》第166条规定："公司分配当年税后利润时，应当提取利润的百分之十列入公司法定公积金。公司法定公积金累计额为公司注册资本的百分之五十以上的，可以不再提取。"项目公司的所有者权益当中还会包括大量的法定盈余公积。按照相关会计准则的规定，项目运营所需资产通常已在项目运营期内折旧或摊销完毕，同时也已按照融资协议的约定完成了相应融资债务的偿还，且不存在其他挂账往来的情况下，账面所有者权益所对应的资产，往往就是现金（银行存款）或现金等价物。此类资产的评估值，通常就是账面值。

因此，项目公司在经营期末的股权价值的评估值基本等同于账面现金或现金等价物的账面值。若在设计PPP方案时简单套用"无偿移交"方式，要求社会投资人按"零价格"向政府方转让股权，涉嫌与《国有资产法》规定的定价程序要求相违背，且与前文所述的移交资产的经济实质不符。政府方接收企业时应当以评估值（即现金及现金等价物账面余额）为依据，有偿从社会资本方处购买项目公司股权。这也与在以清算方式移交时，把账面现金及现金等价物分配给社会资本的经济逻辑一致，也能够符合相关的国有资产管理法规。

PPP 项目的方案设计是一项非常复杂的系统性工程，需要全面考虑投资、建设、运营、移交的全流程，平衡好政府、社会资本方以及融资方的多元化诉求。不管是作为 PPP 项目的顾问机构还是实施机构，对包括移交资产内容和方式在内的细节安排，要充分考虑包括业务模式特点、收入模式、项目结构、合理回报水平、风险分配方案在内的诸多项目自身特点，并细致考虑财务、税务、法律的相关规定及影响，务求体现合理的商业逻辑和经济实质，使得 PPP 项目既能顺利落地实施，又能够顺利稳健地度过数十年的运营期并最终平稳移交，实现其应有的社会与经济价值。

（六）监管点六：PPP 项目移交范围 [233]

项目公司在运营期的资产可分为项目运营所需资产和企业经营所得形成的资产。项目运营所需资产指的是为满足项目公司运营基本条件所需的资产，而企业经营所得形成的资产指的是通过经营上述资产获得经济收益积累的资产，是企业的经营所得。从经济实质上讲，运营期满后项目公司需移交的资产仅为项目运营所需资产，而企业经营所得形成的资产，无需移交政府，而应作为企业的经营所得分配给股东。关于项目移交，财政部《PPP 合同指南》中有如下说明："项目移交通常是指在项目合作期限结束或者项目合同提前终止后，项目公司将全部项目设施及相关权益以合同约定的条件和程序移交给政府或者政府指定的其他机构。"项目移交的基本原则是项目公司必须确保项目符合政府回收项目的基本要求，要求范围通常包括：

（1）项目设施。

（2）项目土地使用权及项目用地相关的其他权利。

（3）与项目设施相关的设备、机器、装备、零部件、备品备件以及其他动产。

（4）项目实施相关人员。

（5）运营维护项目设施所要求的技术和技术信息。

（6）与项目设施有关的手册、图纸、文件和资料（书面文件和电子文档）。

（7）移交项目所需的其他文件。

上述《PPP 合同指南》中的说明与国际上 PPP 项目的通常做法完全一致，项目公司在运营期末需移交的资产主要是满足项目运营所需的各种有形及无形资产（包括技术、文件等），但并不包括项目公司的现金（包括银行存款等现金等价物）余额。原因正是运营所需资产是由项目公司的股权及债权投资人在项目前期的投入（包括资本金和贷款）而形成的，而在后续运营期间，由政府或第三方使用者以补贴或付费的形式，使相关投资人收回投入并获得合理的回报。如在运营期结束时，这些运营所需资产仍有经济使用价值，这些资产就应当自然地无偿移交政府（因政府或第三方使用者已在运营期向投资人给付了足额对价）。然而项目公司的账面现金是其在协议期内的经营所得，是由于种种限制而未及时分配给投资人所积累形成的资产。

从经济实质上来说，账面现金资产就应归属于投资人，而不是移交资产的一部分。此外，即使对于应移交的资产来说，按照《财政部关于印发政府和社会资本合作模式操作指南（试行）的通知》（财金〔2014〕113号）中的规定，"项目合同中应明确约定移交形式、补偿方式、移交内容和移交标准。移交形式包括期满终止移交和提前终止移交；补偿方式包括无偿移交和有偿移交"。该规定与国际PPP的惯例也是高度一致的，项目运营期末的资产移交方式未必均为无偿移交，也可能是有偿移交。具体采取无偿移交还是有偿移交的方式，仍应结合项目的具体方案、特点，从经济实质的角度出发来做出判断。本书注意到在某些PPP案例中，由于某些资产经济使用价值极高，其实际经济使用寿命远超PPP合同的期限。若在合同期内将该资产折旧完毕，会导致项目公司出现较大亏损，而政府如需根据付费或补贴机制对该亏损进行补偿，则将支付较高的费用和补贴。

为降低项目期间（特别是项目前期）政府的财政压力，项目实施方选择将资产按照实际经济使用寿命折旧，但在最后资产移交时按照资产的账面净值（或评估值，考虑这类资产的性质和经济使用寿命，通常评估值与账面净值差异不大）进行有偿移交。本书认为这不失为解决项目初期财政压力过大的好办法，但应特别强调的是，是否进行有偿移交的必要前提是要仔细分析付费机制的设计。必要时应对社会资本可能获得的回报率进行测算，根据测算验证的结果做决定，不能简单地因为在协议期内资产未能折旧摊销完毕，就采用有偿移交的方式。本书就研究相关案例发现，若政府采用可用性付费模式，具体公式采用的是目前很多实例中运用的、基于中标收益率的年金公式，其经济实质已为项目符合可用性标准时，政府的付费额已经保证项目投资人可按照中标收益率收回投资并获取回报。

因此，从经济实质上讲，项目公司的投资人所能获得的回报与项目资产是否在协议期限内折旧摊销完毕无关，即使项目资产还有账面净值，进行移交时也无需就未折旧完毕的资产给予项目公司投资人任何补偿。而在监管资产回报模式下，资产折旧额是作为确认收入水平的重要参数，此时如果项目资产未完全折旧，这意味着项目公司所获得的收入未足额满足投入回报，因此，应根据项目资产的账面净值进行有偿移交。同时，在实际操作案例中当然还有税收、新增投资等一系列细节问题需在方案中予以细化完善并加以解决。

综上所述，PPP项目在运营期末时需移交的资产应当是运营所需资产（包括动产、不动产以及相关资料、文件、许可等）。若项目公司对于运营所需资产没有所有权时（在很多特许经营项目中，运营所需资产的所有权（包括划拨土地使用权等）均归政府或政府平台所有），应移交运营所需资产的使用权及占有权，而项目公司的现金（银行存款）余额作为经营所得资产，是社会资本股权收回及回报的来源，应当在合同期末分配给项目公司股东。

（七） 监管点七： PPP 项目移交方案的编制 [234]

1. 项目移交的基本原则

项目公司必须确保项目符合政府回收项目的基本要求。项目合作期限届满或项目合同提前终止后，政府需要对项目进行重新采购或自行运营的，项目公司必须尽可能减少移交对公共产品或公共服务供给的影响，确保项目持续运营。

2. 移交范围

项目移交的范围通常包括：项目设施，项目土地使用权及项目用地相关的其他权利，与项目设施相关的设备、机器、装置、零部件、备品备件以及其他动产，项目实施相关人员，运营维护项目设施所要求的技术信息，与项目设施有关的手册、图纸、文件和资料（书面文件和电子文档），移交项目所需的其他文件。

3. 移交的条件和标准

移交方案通常明确移交权利和技术方面的条件和标准：

（1）项目移交时权利方面的条件和标准主要包括：项目设施、土地及所涉及的任何资产不存在权利瑕疵，其未设置任何担保及其他第三人的权利。但在提前终止导致移交的情形下，如移交时尚有未清偿的项目贷款，就该未清偿贷款所设置的担保除外。

（2）项目移交时技术方面的条件和标准主要包括：项目设施应符合双方约定的技术、安全和环保标准，并处于良好的运营状况。

4. 移交程序

（1）评估和测试

PPP 项目移交前，通常需要对项目的资产状况进行评估并对项目状况能否达到合同约定的移交条件和标准进行测试。评估和测试工作通常由政府或项目实施机构委托的独立专家或者由政府或项目实施机构和项目公司共同组成的移交工作组负责。

经评估和测试，项目状况不符合约定的移交条件和标准的，政府或项目实施机构有权提取移交维修保函，并要求项目公司对项目设施进行相应的恢复性修理、更新重置，以确保项目在移交时满足约定要求。

（2）移交手续办理

由哪一方负责办理移交相关的资产过户和合同转让等手续主要取决于合同的约定，多数情况下由项目公司负责。

（3）移交费用（含税费）承担

承担移交的相关费用，通常取决于双方的谈判结果，常见的做法包括：

1）由项目公司承担移交手续的相关费用。

2）由政府或项目实施机构和项目公司共同承担移交手续的相关费用。

3）如果因为一方违约事件导致项目终止而需要提前移交，可以约定由违约方来承担移交费用。

5. 其他事项

因为一方违约导致项目终止并需要提前移交时，政府或项目实施机构应该按照协议要求收购项目公司的资产，移交方案中通常还需包含补偿原则及标准。

（八）监管点八：PPP项目移交方案的相关内容[235，236]

1. PPP项目移交一般要求

（1）项目特许经营期满，项目公司应按照PPP项目合同约定将项目设施（含为项目设施正常使用所必需的各类项目设施、设备、各信息系统、维护手册等）无偿移交给政府或其指定机构。

（2）项目公司应确保移交的项目设施不存在任何抵押、质押等担保权益或所有权约束，亦不得存在任何种类和性质的索赔权。

（3）政府成立由国资、财政、建设、行业管理部门及项目公司等组成的移交委员会，办理资产移交。将项目设施及内业资料移交给相关行业主管部门接收管理。

（4）项目公司应确保最后一次维护绩效考核指标达到正常使用移交标准。如发现存在缺陷的，未能达到移交标准的，则项目公司应在30日内修复完毕。如项目公司拒不修复，则扣除当年全部政府可行性缺口补助及提取维护保函所有费用。如任一方对是否达到移交标准有异议的，则由移交委员会聘请第三方机构进行评定。如果评定结果达到移交标准，聘请费用由政府承担；如果评定结果未达到移交标准，则聘请费用由项目公司承担。

2. PPP项目移交程序

评估和测试在移交日之前，移交委员会应进行PPP项目设施的性能测试。项目公司有责任使测试所得各项性能参数都能符合正常运行的技术规范的要求。如果所测参数仍有差距，政府有权从运维和移交维修保函中支取相应费用以修正上述缺陷。如果保函金额不足的，政府承担费用以后有权向项目公司追偿。办理PPP项目移交过程中的资产过户和合同转让等相关移交手续由项目公司负责办理。移交费用：应按照适时的适用法律法规负责各自接收人移交和转让发生的费用和支出。项目移交过程中涉及的税费由项目公司承担。如果因一方违约事件导致项目终止而需要提前移交，则由违约方来承担移交费用。

3. 移交前的准备

合同期满前，政府或其指定机构和项目公司应按照PPP项目协议的约定共同成立移交委员会，共同商定项目设施移交的详细程序、培训计划的实施和将移交的设备、设施、物品、零配件和备件等的详细清单。合同期满，项目设施（含为项目设施正常运营所必须的各类项目设施、设备、土地使用权、各信息系统、维护手册等）应按照项目协议的约定无偿移交给政府或其指定机构。且项目公司需确保移交的项目设施不存在任何抵押、质押等担保权益或产权约束，亦不得存在任何种类和性质的索赔权。

4. 移交条件和标准

移交资产在向政府或政府指定机构移交时应不存在任何权利瑕疵或任何种类的第三人

权利以及司法限制。PPP 项目场地在移交日应不存在任何环境问题和环境遗留问题。技术方面的权利和标准项目设施应符合双方约定的技术、安全和环保标准，并处于良好的运营状态，需满足项目正常运营使用，且达到项目《绩效考核标准》要求，其他未尽事宜由政府与项目公司另行约定。

5. 移交的具体内容

（1）设施设备的性能测试

项目公司应当在移交日前十（10）日内向政府或其授权机构发出检验通知，邀请政府或其授权机构在检验通知指定的日期参与项目设施的性能检测，如果政府或其授权机构明确以书面方式谢绝该邀请，或者在检验通知指定的日期怠于答复，项目公司可以在政府或其授权机构缺席的情况下进行性能测试。

（2）项目公司应确保所有项目设施工况良好，性能测试所得各项性能参数都能符合相关技术规范的要求。如果所测参数不符合上述要求，政府有权从移交维修保函中支取相应费用以修正上述缺陷。如果移交维修保函不足使用的，政府承担费用之后有权向项目公司追偿。

（3）如果项目设施的缺陷或损坏不符合移交标准，政府或其授权机构有权就此获得赔偿。

（4）建筑物、附属设施及项目资产的移交

项目公司向政府移交的各项建筑物应确保建筑物外观整洁，结构无损坏，能够满足安全使用的要求；书籍、乐器等各项资产符合日常使用标准；另电梯、绿化、消防等附属设施、设备均符合物业管理绩效考核达 80 分以上的标准。

6. 移交范围

项目合作期满，项目公司应向政府或政府指定机构无偿移交 PPP 项目，移交内容包括：

（1）政府投入及因 PPP 项目产生的无形资产。

（2）PPP 项目设施、资产、文件等全部资产和权益。

（3）与 PPP 项目设施使用相关的所有机械和设备。

（4）所有零备件和配件以及其他动产。

（5）关于 PPP 项目的全部运营、维护、修理记录、移交记录和其他资料。

（6）运营和维护项目设施所要求的所有技术和技术诀窍、知识产权等无形资产（包括以许可方式取得的）。

（7）在用的各类管理章程和运营手册包括专有技术、生产档案、技术档案、文秘档案、图书资料、设计图纸、文件和其他资料，以使项目能平稳地正常地继续运营。

（8）与 PPP 项目有关的其他权利。

7. 最后恢复性大修

项目设施移交前对项目做最后恢复性大修，确保设备整体完好率达到 99%，项目构筑物不存在质量缺陷、建筑物能正常使用、建筑装饰装修完整整洁、城市道路质量合格。如 BOT 投资人的最后恢复性大修达不到相关要求，政府或其指定机构有权兑取相应维护保函金额自行进行大修。在此情况下，政府或其指定机构应向投资人提供所发生的支出的详细记录。

8. 移交验收

在移交日期之前，政府应在接收人和项目公司代表在场时对 PPP 项目进行移交验收。如发现存在缺陷的，未能达到 PPP 合同所述移交标准的，则项目公司应及时修复直至达到移交标准。

如任一方对是否达到移交标准有异议的，则由移交委员会聘请第三方机构进行评定，费用由项目公司承担。如果未能达到验收标准（含异议情形下，经第三方机构认定未能达到验收标准的），且项目公司不能自前次验收日起三十（30）日或双方同意的更长时间内修正任何上述缺陷，则政府可以自行修正，由项目公司承担风险和费用。政府应有权从项目公司运维与移交维修保函中支取费用以补偿修正上述缺陷的支出，但是需将发生的支出详细记录提交给项目公司。

9. 移交保证

在移交日期，项目公司应保证 PPP 项目处于良好的使用状况且处于无负债状态，得到良好运营维护。

10. 保险的转让

在移交时，项目公司应将所有保险单、暂保单和保险单批单转让给接收人。接收人应支付上述移交之后保险期间的保险费或退还项目公司在上述移交之前已提交上述移交之后保险期间的保险费用给项目公司。

11. 技术转让

项目公司应向接收人移交项目公司在运营期间形成的一切商标、专利、软件、版权、专有技术及所有知识产权或无形资产的文件。接收人将无偿拥有该等知识产权或无形资产的使用权，且仅有权将该等知识产权用于 PPP 项目及项目的扩建工程，而项目公司仍为知识产权的所有权人。

12. 合同期限

项目公司在与第三方签订运营维护合同、设备合同及其他合同时，应努力使得该等合同的有效期届满日不超过 PPP 项目特许经营期限届满日。如在移交日前，项目公司需签订运营维护合同、设备合同及其他合同的，且该等合同在 PPP 项目特许经营期届满后仍为有效的，则项目公司应在该等合同签订前报经政府同意。未经政府同意的，由项目公司承担相应责任。

13. 移走项目公司相关的物品

除非另有协议，项目公司应于移交日期之后六十（60）天内，自费移走仅限于项目公司员工的个人用品以及与 PPP 项目运营维护无关的物品，不包括移交清单所列的项目设备、备品备件、技术资料或者项目设施营运和维护的必需物品。如果项目公司在上述时间内没有移走这些物品，政府在通知项目公司之后，可以移走并将物品转运至适当的地点以便安全保管。项目公司应承担搬移、运输和保管的合理费用和风险。

项目公司应向接收人无偿移交项目正常维护需要的消耗性备件和事故修理备品备件。消耗性备件应根据《运营维护手册》确定。提供的事故抢修备品备件应与项目公司向设备生产商购买设备时所获得的随机备品备件水平相同（水平相同系指规格一致，且质量不低于、数量不少于随机配件）。

14. 雇员的接收与培训

（1）运营期结束的六个月之前，项目公司应提交一份当时的雇员名单，包括每个雇员的资格、职位和收入的细节。项目公司还应说明在移交日之后这些雇员将可以被接收人聘用。

（2）接收人如需在移交日之前派驻人员进行培训或学习的，应不迟于移交日前六个月向项目公司说明情况，并提供及拟派驻人员名单及简历，项目公司应免费负责为上述人员提供培训。

（3）项目公司应允许接收人在合理情况下与这些雇员进行面谈和面试。接收人有权自主选择在移交日之后其愿意聘用的雇员，而无义务聘用全部或任何的项目公司雇员。

（4）如果接收人有意解聘部分项目公司雇员，项目公司应积极予以协助配合，并根据适用法律支付该等雇员的经济补偿金。

15. 合同的转让

项目移交时，项目公司在项目建设和运营阶段签订的一系列尚未履行完毕的合同（包括工程承包合同、运营服务合同、原料供应合同、产品或服务购买合同、融资租赁合同、保险合同以及租赁合同等），由项目公司转让给政府或政府指定的其他机构。政府有权根据上述合同对于项目运营的重要性，决定合同是否转让，如上述合同包含尚未期满的相关担保，应根据政府要求一并转让。

为能够履行上述义务，项目公司应在签署这些合同时即与相关合同方（如承包商或运营商）明确约定，在项目移交时同意项目公司将所涉合同转让给政府或政府指定的其他机构。

关于技术转让，在移交日，项目公司应将与项目运营和维护有关的所有技术，全部无偿移交给政府或政府指定机构，并确保政府或政府指定机构不会因使用这些技术而承担任何侵权责任。如果上述技术的使用权到移交日已期满，项目公司有义务协助政府以不高于项目公司在移交日前使用此等技术时所付出的代价取得这些技术的使用权，如政府无法以同等代价取得，项目公司须承担政府由此多付出的代价，相关费用在项目公司的履约保函中扣除。

16. 风险转移

政府承担移交日后项目的全部或部分损失或损坏的风险，除非损失或损坏是由项目公司的过错或违约所致。

17. 移交委员会

特许经营期届满十二（12）个月前，政府成立由国资、财政、建设、行业管理部门及项目公司等组成的移交委员会。移交委员会应定期会谈，必要时经双方同意可随时会谈，以便于商定项目设施移交的详尽程序及将移交的设施、物品和备品备件的详细清单等。在会谈中，项目公司应提交负责移交的代表名单，政府应告知项目公司其负责接收移交的代表名单。移交委员会应在移交之前的第三（3）个月开会以准备移交仪式。

18. 本合同移交后的效力

自移交日期开始，项目公司在 PPP 合同项下的权利和义务即应终止，PPP 合同另有规定或移交日之前发生及未付的债务除外。接收人应接管项目的运营及本合同明示或默示的，因 PPP 合同产生的于合同终止后仍然有效的任何其他权利和义务。

第四章 PPP项目第三方监管工具一览

第一节 基于信息纰漏的监管工具匹配

一、综述监管的工具

监管体系的构建应当包含具体可行的监管工具和实施手段。现阶段的PPP项目监管包括行政监督、履约监管和公众监督，传统的PPP项目监管不能克服学习成本高升、信息搜集成本高企、监管成本高昂的问题。而PPP项目第三方监管的实施，需要在一定程度上克服上述问题，则选择合适的监管工具和方法，恰是解决上述问题的突破口之一。

所谓工具，原指工作时所需用的器具，后引申为达到、完成或促进某一事物的手段。工具是一个相对概念，因为其概念不是一个具体的物质，所以只要能使物质发生改变的物质，相对于那个能被它改变的物质而言就是工具。

根据目前对监管工具的研究，尽职调查工具、BIM监管平台都有在监管中的应用。则根据识别出的第三方监管需求，第三方监管需求内化到PPP项目各个阶段后的监管内容和监管方法的构建，本章节在此基础上对PPP项目的第三方机构需求与监管内容进行分类，并配备对应的监管工具。具体的划分内容如图4-1所示。

对于上图中的尽职调查、BIM监管平台、质量审核表等监管工具的进一步分析如下文所示。

二、监管工具

（一）尽职调查

PPP项目尽职调查是受政府方或社会资本的委托，根据项目的具体要求，运用案卷研究、访谈、现场勘查、书面核实等方法，对标的公司或项目的背景、财务、业务、法律或其他专门事项进行客观、公正的调查、研究和核实，并形成书面报告的过程。尽职调查可作为项目在实施第三方监管时必不可少的工具。在PPP项目实施过程中，常见的尽职调查通常包括新建项目尽职调查、存量项目（包括改建或扩建等）尽职调查及社会资本尽职调查三种形式。

PPP项目全生命周期业务流程（监管客体） | **PPP项目第三方监管内容（三级指标）** | **监管工具**

左侧纵向：PPP 项目第三方监管体系

识别阶段

- 项目新建/改扩建需求通规
- 立项建议书
- 可行性研究报告
- PPP项目发起
  - 政府方发起 PPP项目建议书
  - 社会资本发起 PPP项目建议书

监管内容：规划许可、项目选址、项目建议书、可行性研究、用地审批、环境评价、节能评价 → 项目立项监管

准备阶段

- 社会资本编制 PPP项目实施方案 / 实施机构编制 PPP项目实施方案
- 财政部门开展
  - PPP项目 物有所值（VfM）评价
  - PPP项目 财政承受能力（FA）评价
- PPP项目实施方案论证评价会议（VfM与FA联合评审）
- "PPP项目 一构评一案" 评审通过 并获得行政批复

监管内容：市场测试、物有所值、财政承受能力、财务可行性 → PPP模式准入监管

采购阶段

- 招标准备
  - PPP项目 社会资本资格审查
  - PPP项目 招标采购文件编制
  - PPP项目招标采购 文件发售&澄清答疑
  - 开标、评标、定标
  - 政府方与中标社会资本 缔约前谈判
  - PPP项目合同 提交相关部门审核
  - 缔约1：PPP项目投资合作协议
  - 成立PPP项目公司（SPV）
  - 缔约2：PPP项目合同

监管内容：资格审查、招标采购筹划、开标评标 → 项目方案监管

合同主客体、合作内容、融资方案、资产管理、工程建设、运营及维护、项目公司管理、付费机制、回报机制、履约担保、争议解决、合同终止、再谈判机制、风险分配、运作方式、交易结构、保险、监管架构 → 社会资本招标监管 / PPP项目合同监管

工程设计、工艺合理、主材质量、隐蔽工程、安全与环保 → 建设工程质量

执行阶段

- 项目管理
  - 项目融资由社会资本或项目公司负责
  - 完成融资的政府握取覆取的保函
  - 遇重大经营或财务风险政府及时介入
  - 涉及政府支付义务纳入同级政府预算
  - 违反项目合约定启动项目终止程序
- 绩效监测与支付
  - 财政部门和项目实施机构监督管理
  - 建立政府综合财务报告制度
  - 实施机构编制绩效指标财政向备案
  - 若威胁公共产品供给的政府临时接管
- 中期评估
  - 每3-5年对项目进行中期评价
  - 分析项目运行情况
  - 发现问题及风险
  - 报PPP项目备案
  - 依法公开项目信息

监管内容：产出达标、服务效率、运营效果、社会影响 → 运营服务质量监管；咨询招标控制价、咨询效率、咨询准价 → 咨询服务价格；项目概算、工程预算、进度款管理、工程结算 → 工程投资监管；运营成本、定价合规、调价合理 → 运营服务价格

移交阶段

- 移交准备
  - 组建项目移交工作组
  - 确认移交情形和补偿方式
  - 制定资产评估和性能测试方案
  - 对移交资产进行资产评估
- 性能测试
  - 制定性能测试方案和移交标准
  - 未达标的进行恢复性修理或更新重置
- 资产交割
- 绩效评价
  - 测试达标的办交户和管理权移交手续
  - 财政部门进行绩效评价
  - 在媒体公开评价结果

监管内容：失败归责、临时接管、赔偿机制、资产评估、权属存续、资产移交 → 提前移交监管 / 正常移交监管

右侧汇总：准入监管、质量监管、价格监管、退出监管

监管工具：建筑信息模型（BIM技术）、尽职调查（Due Diligence）

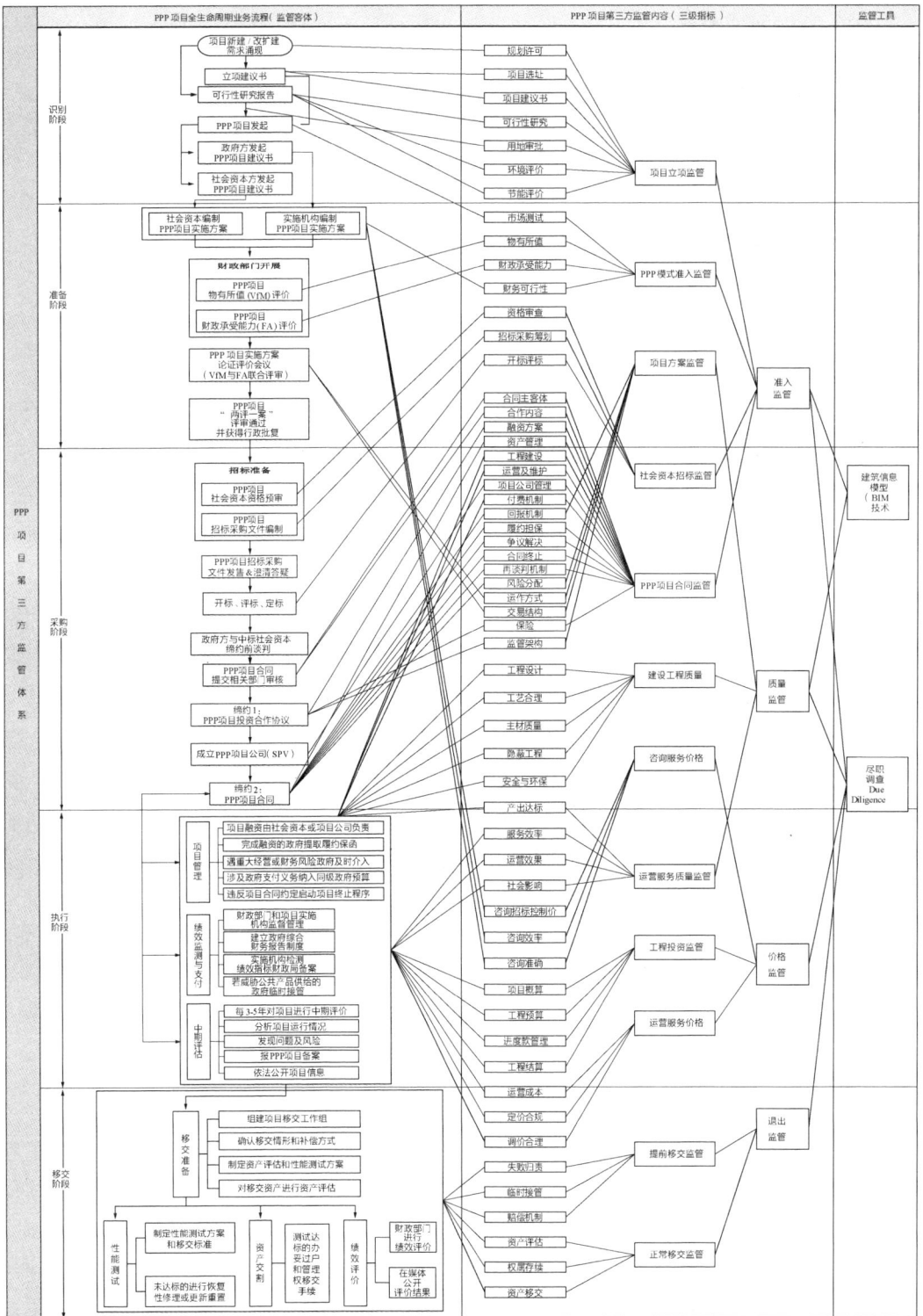

图 4-1　PPP 项目第三方监管机制

（二）BIM 监管平台

建筑信息模型 BIM（Building Information Modeling）是以建筑工程项目的各项相关信息数据作为模型的基础，进行建筑模型的建立，通过数字信息仿真模拟建筑物所具有的真实信息。它具有可视化、协调性、模拟性、优化性和出图性五大特点。BIM 的定义："BIM 是设施物理和功能特性的数字表达；BIM 是一个共享的知识资源，是一个分享有关这个设施的信息，为该设施从概念到拆除的全寿命周期中的所有决策提供可靠依据的过程；在项目不同阶段，不同利益相关方通过在 BIM 中插入、提取、更新和修改信息，以支持和反映各自职责的协同工作。"[237] 运营 BIM 技术建立基于 BIM 的监管平台是进行第三方监管的有效工具。

第二节　尽职调查在第三方监管中的应用

尽职调查的方法是 PPP 项目第三方监管中较为常用的监管工具。在项目立项和识别阶段，通过尽职调查，充分了解项目开展的背景、项目概况、项目进展、运作方式、风险分配、回报机制等，客观判断是否适合采用 PPP 模式实施及项目实施和落地的可行性。项目准备和采购阶段，通过对社会资本开展尽职调查的目的，便于政府遴选出合格、适当的 PPP 项目主要参与者和实施者，从而推进 PPP 项目顺利实施，防止舞弊行为。项目执行阶段，通过 PPP 项目的建设和运营日常实际情况进行调查，充分了解项目建设的施工条件，对建设期成本、质量、进度进行管控，对运营标准和绩效进行检验和考核。项目移交阶段，对 PPP 项目资产及运营中的重大事件进行尽职调查，防止国有资产流失；对项目公司的经营和股东持股情况进行调查，防止资产转移。

一、尽职调查方式选取

（一）案卷研究

案卷研究主要是重点对处于同一行业的不同地区的数据进行对比核实，如果通过分析发现不同来源的数据之间有所差异，就需要采取措施对分析差异存在的原因进行分析，并且在实地调研与访谈中进行核查，以便最后能精确地选择所要使用的数据。

（二）现场勘察

现场工作对于尽职调查非常重要。调查人员通常需要亲临 PPP 项目所在地或调查目的地，详细查看项目地理方位、交通条件、环境设施、项目实施进度等，增强项目的感性认识，获得项目的第一手资料。

（三） 书面核实

在尽职调查中，对 PPP 项目的批准文件、产权证明、财务报表等资料进行收集，调查人员需要核对原件。对于书面文件，调查人员需要注意甄别真伪，确认书面资料的真实性、准确性和可靠性。对于部分资料，调查人员还可以前往出具文件的单位或部门进行独立验证。

（四） 其他必要的方式

对于专业技术性较强的调查内容，调查人员可以借助函证、计算、分析性复核、第三方佐证等方式进行调查核实，确保调查内容的客观真实。

尽职调查主要包括新建项目尽职调查、存量项目尽职调查和社会资本的尽职调查。

二、新建项目尽职调查

（一） 新建项目尽职调查的资料收集

在开展新建 PPP 项目的尽职调查时，需要获取关于项目的一系列基础资料如下：

（1） 与项目相关的法律法规、规章制度及政策；

（2） 宏观经济、区域经济、产业发展动态等相关资料；

（3） 项目在建设和运营有关的技术指标与要求；

（4） 银行利率及汇率、税收政策及税收优惠；

（5） 项目列入开发计划、列作示范项目的相关支持文件；

（6） 项目相关批复文件、项目可研报告、项目产出说明、项目初步实施方案；

（7） 项目物有所值评价报告和项目财政承受能力评价报告；

（8） 对项目实施行政管理监管和执行监管管理的部门布置情况；

（9） 与项目相关的其他资料。

（二） 新建项目尽职调查的主要内容及操作要求

评估机构受社会资本委托对新建 PPP 项目尽职调查时，通常对 PPP 项目的下列内容进行调查了解：

1. 项目基本情况

对项目基本情况的调查了解，主要包括项目名称、项目发起方、项目建设规模、项目总投资额、项目产出涉及的具体公共产品或公共服务内容、项目合作期、项目回报及其调整机制、项目风险分配等内容。通过对项目基本情况的了解，大致把握项目的总体概况。

2. 项目背景及区域状况

项目背景主要包括拟实施的 PPP 项目公共产品或公共服务的需求及供给情况、实施

PPP 项目的必要性和意义。项目区域状况包括项目区域位置，区域人口状况，区域经济发展状况，社会发展状况，市政、交通及公共服务发展情况，地方政府关于土地、产业投资、税收等方面的优惠政策，相关收费标准等。

3. 项目实施的可行性

根据项目的可研报告及其他调研资料，从拟实施 PPP 项目的自然环境、原料供应、交通运输、项目工艺路线、资金筹措、项目建设、运营管理、市场需求、市场竞争等方面调研项目的可行性，考虑 PPP 项目全生命周期内可能遇到的重大节点问题对项目实施的影响程度，最终对项目实施的可行性做出客观分析。

4. 项目实施的主要内容

社会资本特别关注 PPP 项目的具体实施内容和方式，一般包括对社会资本选择的条件和方式、项目风险内容及风险分配原则、项目拟采用的运作方式及项目合作期限、项目建设投资总额、项目回报及现金流测算、项目定价机制及调整方式、业绩考核内容及标准、项目投融资结构及相关配套安排、PPP 项目合同的主要权利义务内容、政府或项目实施机构等对项目的监管内容及方式等。上述内容主要从项目（初步）实施方案中获得，也可直接与政府相关部门、项目实施机构进行沟通获取。

项目实施的主要内容，需要明确各个细节，做到边界清晰、权利义务内容详尽具体，尚未完全调查了解清楚的事项做好备忘，防止遗漏。

5. 项目的可融资性

PPP 项目投资总额大、期限长，建设运营资金主要通过融资获得，除了自身的融资能力外，社会资本更关注项目在设计、建设、运营阶段项目自身的融资可行性，包括能否利用项目收益权和项目资产进行抵质押融资、能否通过发行项目收益债等方式融资。在调查项目可融资性时，通常还关注 PPP 项目对增资扩股或股权转让等方式的特殊限制等。

6. 项目市场调查及现金流测算

建设和运营 PPP 项目，都是为了适应和满足市场需求。但在 PPP 项目实施前，应对影响市场需求的各方面因素进行客观、合理分析，进而做好项目现金流测算。

在进行项目市场调查时，需要对影响供给和需求的各个因素进行调查分析，影响需求的因素一般包括公共产品或公共服务的价格、替代品的价格、消费者收入水平、消费者的数量和习惯偏好、消费者的预期等。影响供给的因素一般包括现有的生产供应能力、生产成本构成、技术水平等。分析时，可以通过时间序列的纵向比较，发现相应的规律和趋势，也可以通过横向比较，反映市场竞争格局和态势。

在完成市场分析时，需要结合 PPP 项目自身的实际情况，对现金流测算进行复核，应做到有依有据、客观合理，符合项目实际、行业当前情况及客观发展规律。

7. 项目的付费机制及价格调整机制

项目的付费机制是政府、社会资本、使用者等重点关注的核心内容，涉及相关各方的核心利益。在对 PPP 项目尽职调查时，根据 PPP 项目的行业、运作方式及具体情况的不同，需要明确该项目拟采取政府付费、使用者付费、可行性缺口补助中的哪一种付费机制，各种付费机制下具体的条件、绩效标准、扣减机制、定价方式、计算方式、唯一性条款、补助形式等如何确定，调整机制是否设定明确的条件和标准等。如在政府付费机制下，具体依据项目的可用性、使用量和绩效指标中的哪种具体方式向项目公司付费，如采用可用性付费方式，可用性与不可用性应有清晰的界定；采用绩效付费方式，应设定详细的绩效标准等。

同时，还应了解在各种付费机制下，设置的定价和调价机制，以明确项目定价的依据、标准，调价的条件、方法和程序等内容。

对项目的付费机制和调整机制，一定要有明确的操作方式和标准，便于准确测算项目回报，减少项目实施纠纷。

8. 项目相关配套安排

PPP 项目往往涉及社会公共产品或公共服务，需要政府协调并提供与 PPP 项目匹配的政策措施及设施，包括项目用地、税收优惠、信贷扶持、项目审批、水电气路等连接设施。

9. 项目退出机制

社会资本退出包括项目合作期满时的正常退出和非正常退出。需要调查了解项目正常退出时的移交标准、移交方式、移交内容，是否存在补偿及补偿如何测算。在非正常退出时，需要事先约定相关事项和处置措施。

10. 项目可能面临的风险

PPP 项目时间跨度长、参与方多、涉及因素复杂。在尽职调查中，需要全面调查分析 PPP 项目可能面临的各阶段风险、各种类别风险，识别包括政策风险、市场风险、安全风险、财务风险、质量风险、不可抗力风险等各项风险内容，并对风险按照重要性和可能性分类后做恰当分析，提示项目相关方合理分配及防范，关注相关方风险与收益是否对等。

11. 社会资本参与 PPP 项目的可能性与优劣势分析

通过对上述 PPP 项目各个项目进行调查了解后，需要关注类似项目的传统投资模式、传统投资模式下各参与方的角色定位和大致运行情况、社会资本在 PPP 模式下的资源整合能力、主观能动性，比较优势和劣势。

12. 项目调查总体结论

调查结论主要包括 PPP 项目的可行性、社会资本参与 PPP 项目的效率和效益、项目主要风险、分配及防范，以及对项目存在的问题和不足提出改进措施和建议。

13. 其他内容

三、存量项目尽职调查

（一）存量项目尽职调查的资料收集

对存量 PPP 项目尽职调查时，在收集新建 PPP 项目资料同时还需收集如下资料：

（1）存量资产的相关批文、规划设计、建设及竣工验收资料；

（2）项目用地资料，包括用地红线图、用地批文、宗地规划条件资料；

（3）项目已建设内容、已投资金额、项目已形成资产相关产权证明文件；

（4）项目后续建设内容及投资额；

（5）项目历史运营资料；

（6）项目财务资料及审计报告；

（7）其他相关资料。

（二）存量项目尽职调查的内容及主要关注点

对存量 PPP 项目尽职调查时，还需要对下列内容进行调查了解：

1. 项目进展情况

通常，存量 PPP 项目已经开始项目的建设或者部分已经开始运营，在对该类项目进行调查时调查清楚历史投资情况、建设内容和进度、工程完成程度和价款支付情况等，确实了解项目所处实际阶段。

2. 历史运营和收益情况

针对存量 PPP 项目，有必要掌握项目调查时点已经完成的投资情况与项目已经运营的情况，并以现场勘察实际运行状况、资产投入和使用状况、整理项目运营记录、项目财务相关材料等方式，准确明晰项目实际的运转状况，尤其关注项目在执行阶段中已存在的主要问题和法律纠纷，剖析问题的原因及影响后果，为下一阶段开展 PPP 合作模式提供真实、有效、客观的基础材料。

3. 衔接风险

由于存量 PPP 项目在调查时点已经存在，在调查时通常考虑与自身的协同效应、存量 PPP 项目整合的成本与风险。一般情况下，应考虑存量 PPP 项目在审批文件、产权转移、用工合同接续、岗位交接和调整、合同对接等方面的延续性和可操作性，充分识别存量 PPP 项目的可整合性和衔接风险。

四、社会资本尽职调查

（一）对社会资本尽职调查的资料

收集对社会资本尽职调查时，通常收集如下资料：

（1）企业基本情况、组织机构、公司章程、历次验资报告、营业执照及相关资质；

（2）企业财务报表及审计报告、主要资产（知识产权）及投资情况表、长短期借款合同；

（3）企业主要产品资料、销售合同情况表；

（4）员工名册及社保缴纳情况表；

（5）主要管理制度和激励制度，会议纪要、年度工作总结；

（6）已经签订和实施的PPP项目合同、项目实施的基本情况及PPP项目经验；

（7）其他相关资料。

（二）对社会资本尽职调查的主要内容及关注点

评估机构对社会资本进行尽职调查时，需要关注如下主要内容：

（1）企业概况主要包括企业工商注册情况、历史沿革及历次股权变化、企业主营业务及产品、组织结构及下属分子公司情况、行业资质获得情况、管理层及员工构成、主要荣誉等。

（2）企业财务状况：

1）资产权属、是否存在虚增资产，主要资产运营的情况，应付款、借款以及或有事项或表外事项等负债管理情况；

2）所有者权益中实缴资本、资本公积、盈余公积等的合理合规性；

3）近几年营业收入、主营业务成本、期间费用、非正常损益、税收、现金流量等企业运营情况；

4）重大投资及分子公司经营等情况。

（3）人员及管理情况：

主要包括：人员总数、构成（性别构成、年龄构成、学历构成、职业职称构成）、管理团队、技术研发团队、管理模式。

（4）行业情况及企业在行业中的竞争地位：

主要包括行业政策、行业需求及其影响因素、目前行业竞争格局、主要竞争对手情况、企业在行业及区域中的竞争地位、优劣势分析等。

（5）企业在相关行业领域的业绩、经验、能力和优势：

主要包括企业从事相关行业项目业绩（客户名称、签约情况、完成进度、结算情况）、业主评价反馈意见书、经验总结、企业承接PPP项目的能力和优势分析。

（6）企业的融资能力分析：

PPP项目投资额巨大，通常社会资本需要具有强大的融资能力。在调查企业融资能力时，可基于财务调查情况计算资产负债率、速动比率、利息保障倍数，了解其负债程度和潜在融资空间，并需要了解企业主要资产的抵押情况、授信额度及其使用、银企关系、通过发行债券和股票等方式融资的可行性、控股股东的资金实力和可担保情况等。

（7）对企业产生重大影响的有关抵押、担保、诉讼及或有关事项：

通过查询会议纪要、借款合同、律师函等，了解企业存在的有关抵押、担保、诉讼事项，同时还应关注安全、环保、税务、协议（义务）约定等可能产生的其他或有事项对企业的重大影响。

（三）对社会资本尽职调查报告的披露要求

社会资本的尽职调查除了本章第一节所提的内容外还需要增加如下内容：

1. 财务情况调查

主要对社会资本的资产负债情况、主要资产情况、盈利情况、现金流情况等进行调查和分析。

2. 业务情况调查

对社会资本的主要经营业务、行业竞争状况、行业地位进行调查和分析。

3. 法律情况调查

对社会资本的主体资格、合同签订、债权债务、知识产权、重大诉讼等情况进行调查和分析。

4. 从事 PPP 相关行业的资源和能力

通常需要对社会资本在近几年从事与 PPP 项目相关的业务情况进行重点调查，包括已签订的合同及履约情况、客户评价反馈情况、从事 PPP 项目相关业务的资源、能力和经验等。

5. 风险提示

尽职调查报告通常披露根据上述尽职调查所发现的异常事项，并进行风险提示。

尽职调查工具可应用于 PPP 项目第三方监管的全生命周期，可称之为"万能钥匙"，通过尽职调查能够充分了解项目相关方、项目实施所处环境的事宜，能有效对信息弱势一方进行信息补救，促进监管的实施和发挥作用，是任何监管都不可或缺的工具。

第三节　BIM 技术在第三方监管中的应用

一、BIM 技术在监管中的应用

基于对 PPP 项目监管需求的分析，可认为 PPP 项目的第三方监管机构应具有独立性与专业性，具备独立和专业执行监管业务的能力；并且第三方监管机构能够聚合行业管理专家、经济学家、技术专家、法学家、用户代表等组成统一团队，提供更为严谨中立的监管意见与高效专业的技术支持；另外，第三方监管定位于项目的全生命周期，承担从项目识别到项目执行过程中的政策咨询、成果审核、技术支持、过程监督等工作。

面对上述对于第三方监管机构的定位，则 PPP 项目的全生命周期信息集成管理是重中之重，即在 PPP 项目全生命周期的各个阶段将项目所需或所产生的数据进行真实收集、传递和共享，并在此基础上整理和分析以供监管所用，打破由于 PPP 项目分阶段管理而形成的信息孤岛[238]，避免信息在传递过程中的扭曲与衰减，预防因公私双方信息不对称造成的不良后果，以满足 PPP 项目监管的需求。

鉴于此，本书认为 20 世纪 70 年代提出观念并在 20 世纪 90 年代得到确立的建筑信息模型（Building Information Modeling，简称 BIM）可以集中解决上述信息集成问题。将 BIM 技术引入 PPP 项目第三方监管中主要体现在基于 BIM 技术的第三方监管平台的构建。在这个平台中通过利用一系列的信息技术软件或方法，以全生命周期为视角，将设计、施工、运营等 PPP 项目各阶段的相关信息与数据采集录入并进行集成化处理，集中体现在监管平台实施全过程动态监管，实现对项目参与各方、全生命周期的监管。

BIM 技术是实现在工程项目全生命周期中对信息的全面管理的关键工具与思路，亦是建筑业产业化、集成化、一体化目标实现的必要手段。目前，BIM 技术已被国际工程界公认为是影响建筑业发展的革命性技术，美国 Building Smart Alliance 组织对 BIM 在美国的项目筹划、设计、施工等领域的应用进行了调研分析，总结出项目全生命周期中 BIM 技术的不同应用点及其应用范围，如图 4-2 所示。

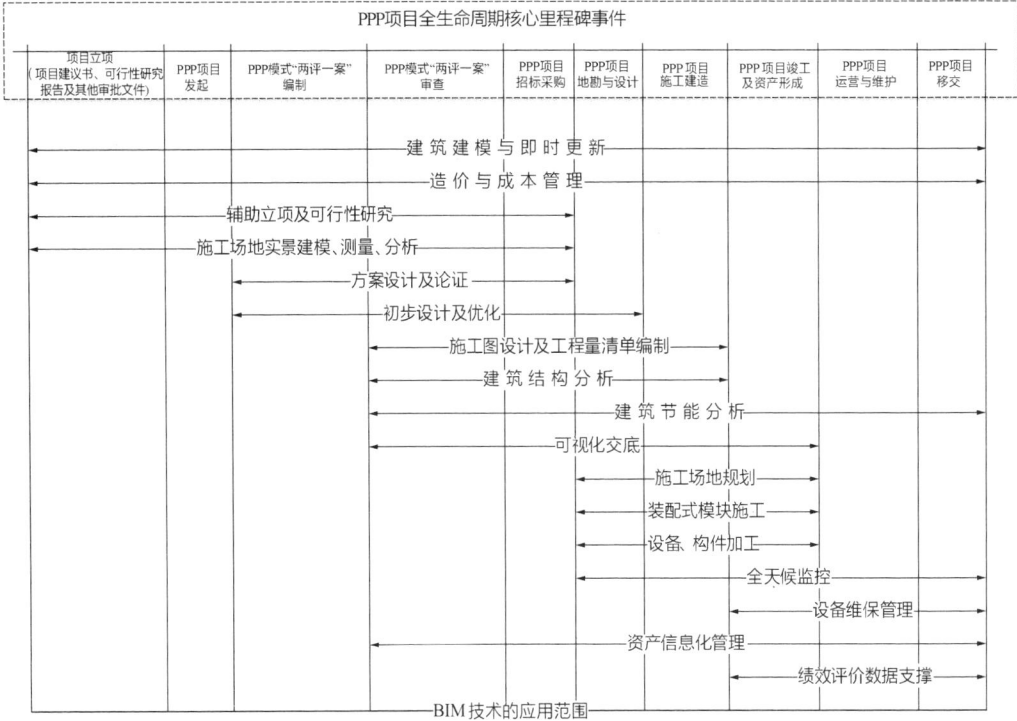

图 4-2　项目全生命周期中 BIM 技术的应用及范围

BIM 技术所处理的 PPP 项目信息与数据呈现出"大数据"特征，将 BIM 技术与以大数据为代表的数字技术相结合，PPP 项目的信息共享与集成将进入一个新的发展阶段。综上，BIM 技术配合大数据分析与云计算技术并形成 PPP 项目信息协同作业平台或网络，能够大幅度提高 PPP 项目的信息集成化程度以及各利益相关者的工作效率，减少 PPP 项目多头监管、重复考核、循环再谈判所带来的资源无谓消耗。更重要的是 BIM 技术能够减少信息在转换、传递或调整中的遗漏丢失以及信息重建的劳动消耗，显著提高 PPP 项目全生命周期的质量、效益及项目价值[239]。

二、基于 BIM 技术的监管平台

PPP 项目第三方监管机构在开展面向 PPP 项目第三方监管业务时，可利用 BIM 技术构建 PPP 项目信息管理系统。

此外，在信息管理的基础上构建能服务于项目各参与方的基于 BIM 技术的 PPP 项目监管平台——确保项目各参与方实时把握项目真实数据和动态，弥补 PPP 项目多头管理或缺位等监管问题。

本文提议建立一个基于 BIM 技术的 PPP 项目全生命周期监管平台，以促进 PPP 项目第三方监管这一全新业务流程的有效落实和执行。该系统将重点为尽职调查、价值工程（VE）、绩效评价与项目监督、资产管理等业务模块提供数据收集、存储、整理提炼与分析的平台和技术路径，以期通过高效的信息集成管理为 PPP 项目监管提供支撑、对 PPP 项目价值提升提供有力保障。

PPP 项目的全生命周期监管平台及数据采集主要包含四个方面：监管主体、监管对象、BIM 监管内容和监管标准，监管平台的运作如图 4-3 所示。

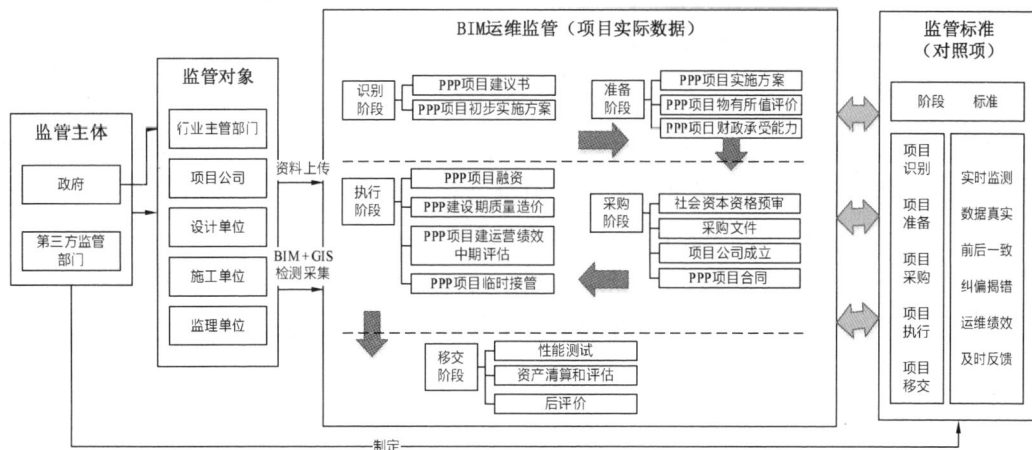

图 4-3　基于 BIM 技术的监管平台

在基于 BIM 技术的 PPP 项目全生命周期监管平台中，平台用户包含监管主体和监管对象。监管主体包含政府和第三方监管部门。在平台运作过程中，根据项目不同的参与主体的责任义务的划分，设置不同的登录系统和平台信息公开权限。对于监管主体而言，具有最高的权限范围，他们通过登录平台系统制定监管标准，实时监测被监管对象和项目的进展情况，政府能够在平台上实现数据读取、发送和变更等行为，对于项目中的进展情况随时把握，如监管中发现问题可在平台下达命令，也可根据监管实际情况设置相应的激励机制进行奖励。对于第三方监管机构，可读取数据，及时反馈给政府部门或被监管者。在基于 BIM 技术的 PPP 项目全生命周期监管平台中，监管对象为 PPP 项目被监管者，被监管者通过上传 PPP 项目全生命周期内与 PPP 项目数据和资料，实现被监管的环节。另外项目的数据获取还依赖于 BIM＋GIS（全称为 Geographic Information System 地理信息系统）（地理信息系统是将计算机硬件、软件、地理数据以及系统管理人员组织而成的对任一形式的地理信息进行高效获取、存储、更新、操作、分析及显示的集成）技术，通过传感器、芯片等对项目实施监测，获取数据。被监管者在此平台的用户登录中可以上传、读取与项目相关的信息，并可接收监管主体下达的命令和监管惩罚或者奖励。在基于 BIM 技术的 PPP 项目全生命周期监管平台中，监管内容为 PPP 项目全生命周期的活动，监管的内容和指标由系统自创建时设置，监管主体和监管对象还可根据实际情况自行的补充监管题项，不断完善监管的内容。在平台运作之初，监管主体对于系统内部的监管题项设置一定的监管标准，在运营过程中，项目实际中的某些监管指标距离目标所允许的阈值相差程度，系统自动发出不同的警示信号，以便于监管。

这里针对项目执行阶段的建造阶段与运维阶段以及移交阶段为例，将其划分为两个环节进行监管数据获取及监管内容的说明。其中：

第一个重点环节是项目建造阶段的管理绩效监管，包括对质量、成本、进度、安全与可持续发展等方面的监管，保证 PPP 项目建造过程中的高质量、高效率及有效的投资控制。

第二个重点环节是项目运营阶段的运营绩效监管，包括产品质量、服务水平、财务收支等方面的监管，保证 PPP 项目运营过程中公共产品的质量和服务的效率。

第三是项目移交阶段的移交绩效的监管，包括移交范围的监管，资产的评估和性能测试等方面的监管，保证 PPP 项目移交过程中符合合同中的移交内容和精确的移交标准。上述重点环节的数据采集方向和具体采集内容如图 4-4 所示。

通过建设基于 BIM 的 PPP 项目全生命周期监管平台，可以为 PPP 项目第三方监管提供一个稳定的技术支撑平台[240]。总体而言，BIM 技术融合实时采集与传递的传感设备、无线互联与云存储、大数据分析与三维呈现等技术，能够实现对 PPP 项目的远距离、不间断监管。本文认为，不仅 PPP 项目第三方监管机构可通过 BIM 技术进行 PPP 项目的数据管理与项目监管，国家层面同样可以通过设立基于 BIM 技术的部委、省、市、县四级信息平台对 PPP 项目进行同步监管：各级平台纵向相联，从上至下调阅数据、实施监管；从下至上汇报数据、请示工作；各平台横向间独立开展监管工作，但数据相联可供互为借鉴和对比；平台监管方式为：实行本行政区域 PPP 项目设计文件 BIM 化，采集信息远程化，监管意见指令化等管理模式。当然，工程 PPP 项目第三方监管机构仅凭一己之力建

基于BIM的PPP项目全生命周期信息系统重点环节数据采集方向与内容

PPP项目执行阶段

PPP项目移交阶段

PPP项目建造环节

PPP项目运维环节

数据管理方向

（1）"三控"信息：对项目的投资控制、进度控制、质量控制、安全控制相关信息进行采集，保障工程能按质按量施工，如期交付使用

（2）"三管"信息（合同管理、信息管理、SHE管理），既能对合同履约情况进行过程化管理，又能保障信息的存储、传递、共享的安全性和效率

（3）"一协调"（协调项目各方及资源），在建设过程中实现参建各方的有效沟通、有序协同，协调项目各方资源实现项目建设目标

数据管理方向

（1）产品或服务质量信息：PPP项目的产出质量或服务水平应由社会资本方负责，但对产品或服务质量的监管是由项目实施机构负责，且社会公众有权通过政府方提供的渠道进行项目社会监督。因此产品或服务质量信息是PPP项目运维阶段绩效评价的主要采集方向

（2）项目收支信息：对PPP项目的服务价格在合作期内受到通货膨胀、汇率、原材料及燃料价格、利息率等影响而变动，对上述数据进行采集，有助于项目动态调整/调价机制的顺利落实

（3）项目公司财务状况：在每一财务年度内对项目公司的财务状况进行监管，是为避免社会资本方的投机行为，例如抽逃资本金和未经政府方同意的抵/质押项目资产及项目相关权益。但PPP项目相关合同或协议中约定资本金退出年限或最低持有额或再融资的除外

数据管理方向

（1）与性能测试相关的数据：PPP项目的移交阶段一般要求按照性能测试方案和移交标准对移交资产进行性能测试，作为移交的重要指标。则应对项目移交阶段反映项目产出水平和质量、资源消耗和利用能力的信息数据进行采集与管理

（2）移交内容与资产现况：移交内容包括项目资产、人员、文档和知识产权等，并应按照移交标准保证设备完好率和最短使用年限等

数据具体采集内容

（1）项目投资相关数据（如，价款调整管理；变更、调价、索赔、签证，进度款审批与支付管理，工程结算）

（2）项目进度相关数据（如，年度投资计划，项目进度计划，里程碑进度计划，形象工程进度计划）

（3）项目质量相关数据（如，技术规范，工程报告备案，质量问题跟踪，工程报验，主材设备管理）

（4）SHE管理相关数据（如，安全问题跟踪，事故处理记录，排污记录，卫生检疫记录等）

（5）合同管理相关信息（合同，补充协议，相关签认证明文件）

数据具体采集内容

（1）产品或服务标准质量（如，行业标准、产品或服务技术规范）

（2）实际产出绩效信息（根据不同类别项目的特点及绩效考评办法进行采集，例如污水处理PPP项目：出水质量、入水量和出水量、设备运转状态、工人在岗状态；公路修建PPP项目：路面平整度、交通设施完善度、主体工程与交通安全）

（3）价格及财务信息（会计数据、财务核算、年度财务审计报告）

数据具体采集内容

（1）移交内容相关信息（如，项目资产、设施、人员、文档和知识产权，设备完好率、最短使用年限等）

（2）性能测试相关信息（依照性能测试方案进行）

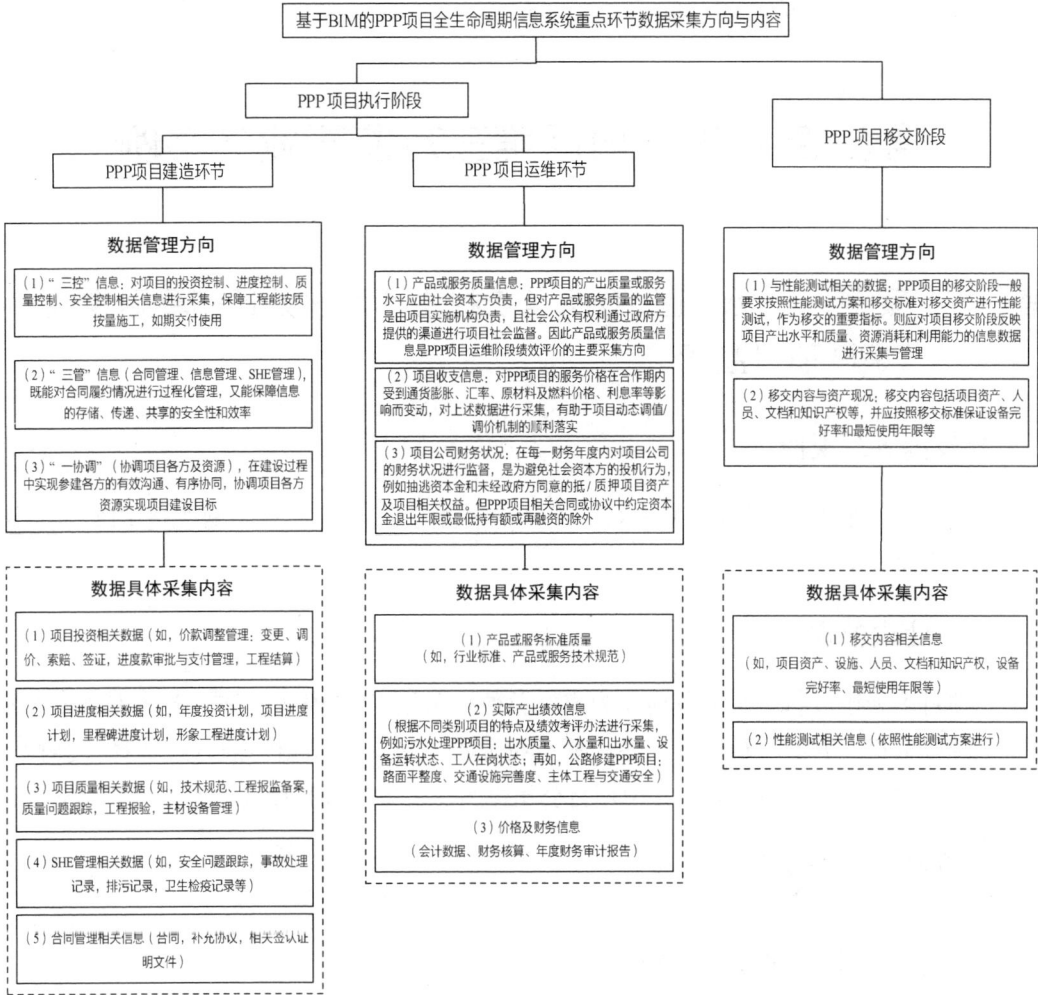

图 4-4　基于 BIM 的 PPP 项目全生命周期信息系统重点环节数据采集方向与内容

立上述平台体系是颇具难度的，但此研究结论可为我国未来较长一段时期的 PPP 项目监督提供借鉴。

就具体的 PPP 项目第三方监管而言，由于所构建的项目监管平台可以为多个 PPP 项目提供服务，则虽然构建平台需要一定的成本，但其为各类 PPP 项目及咨询服务供应商提供了一个全生命周期信息集成的平台，满足了 PPP 项目全生命周期数据整合、项目监督以及咨询服务供应商的信息管理需求，其实现意义将远大于成本投入，这对于 PPP 项目的管理绩效及项目绩效提升是有帮助的，能够实现 PPP 项目的增值。

第五章　PPP 项目第三方监管业务案例

第一节　案例一：　AA 区 2017 年农村生活污水处理和旱厕改造 PPP 项目监管

一、建设内容及规模

根据 AA 区水务局提供的 AA 区 2017 年农村生活污水处理和旱厕改造 PPP 项目资料，该项目总投资 133352.94 万元。

二、项目建设模式

本项目由天津市 AA 区水务局作为实施单位，采用 PPP 模式实施。天津市 AA 区水务局选择咨询机构编制项目两评一案，根据批复的两评一案用招标的方式选择社会投资人，由社会投资人组建项目公司，由项目公司作为建设单位进行投资建设及运营移交。

三、咨询服务范围及内容

（一）项目建设期第三方监管

包含项目公司组建监管，受 AA 区水务局委托在项目建设期对项目公司的工作进行监管，为 AA 区水务局提供建设实施阶段和竣工结算阶段等全过程项目监管服务。

1. 项目公司组建监管

（1）在项目公司成立后，要求项目公司上报年度管理费用预算（房租、人员、车辆、办公等），监管单位负责审核项目公司的年度管理费用预算（人员、车辆、接待、办公），上述费用由监管公司进行审核，审核后呈报水务局，若无水务局审批不纳入成本）。

（2）监管单位根据项目实际情况，明确项目公司存续期间的法人治理结构以及经营管理机制等事项，考核项目公司的注册资金、住所、组织形式、股东结构、董事会、监事会、决策机制安排、实际控制权、重要人士发生变化的处理方式，保证项目公司能够较好地完成项目建设；确定项目公司对项目设施的"控制权"。

（3）监督项目公司建立有效的质量管理体系及管理细则。

2. 项目融资监管

监管融资方案是否符合法律规定。在融资活动开展前，及时向水务局提交融资方案，监管单位负责审核融资方案。根据 PPP 项目合同的要求，对项目公司的融资程序进行监管。监管单位负责审核融资方案中的资本金是否真实有效，保证最低资本金比例按规定执行，明确债务资金的规模、来源及融资条件，确认各类资金的到位计划。

3. 财务监管

根据目前收集的 PPP 案例，在项目实施过程中存在挪用资金的风险，例如四川省某已实施 PPP 项目，项目公司擅自挪用融资款项，用于项目以外，最终导致项目资金链断裂，项目失败连带造成信访等不稳定因素。

针对本项目，进行如下监管：

（1）项目资本金的注入：按照 PPP 合同的约定，要求公司股东方及时按计划注资，如未按计划完成则需要及时汇报，并采取合同约定的方式进行处理。

（2）项目公司资金的监管，采用项目公司专用账户的监管模式，要求项目公司支付合同价款前，将相应请付款文件报监管公司审核，监管公司根据合同约定及合同执行情况出具审核意见，水务局根据审核意见进行审批。若无水务局审批，项目公司自行支付，则水务局有权拒绝该费用计入项目总投资。

（3）财务制度的建立，要求项目公司建立严格的财务制度，在项目实施过程中，监管公司要对项目公司财务进行抽查，重点考察其是否按财务制度办理。

4. 设计监管

负责对项目公司的设计变更、竣工图等进行监管，严格控制设计标准及设计变更，保证变更按流程执行，要求项目公司发生变更前将拟变更图报监管公司审核，监管公司审核后，提报水务局审批后方可实施，若无水务局审批，项目公司擅自实施，则此部分费用不予计入项目总投资。同时监管项目公司履行变更程序，变更资料及时归档，保证竣工图的准确性，确保项目的设计变更在控制范围之内。

5. 招标监管

按照国家和天津市有关招标投标法律法规，监督项目公司履行招标程序。监管内容主要包括：监督项目公司执行招标计划、履行招标程序。

6. 合同监管

监管公司将针对与 AA 区水务局、项目公司相关的合同进行审核，负责对 AA 区水务局所签订的合同进行管理，监管项目公司合同签订过程是否符合 PPP 合同及相关法律法规的要求，监督合同的履行情况。

（1）签订监管

针对水务局签订的合同，在合同签订前，监管单位对合同文本进行审核，审核无误后方呈报水务局签署。

针对水务局已签订且需变更主体为项目公司的合同，项目公司组织相关单位起草主体变更合同，在合同签订前，监管公司对合同文本进行审核，审核无误后呈报水务局审批后方可签署。

针对项目公司对外签订的合同，要求项目公司签订合同前报监管公司审核，监管公司出具审核意见提报水务局审批或备案，若未进行审批或备案，则水务局不认可该合同，不予计入项目总投资。在此过程中监管公司出具合同审核意见，水务局根据监管公司意见对合同进行审批或备案。

（2）合同执行监管

1）监管公司监督项目公司及合同签约各方按照合同约定履行合同义务，并定期进行合同履行情况的监督检查。

2）监督项目公司有关人员严格按合同进行工作，随时检查、记录合同的实际履行情况，定期上报水务局。

7. 投资监管

监管项目公司的设计变更及合同实施情况，对项目建设过程中的设计变更、增项等进行控制，保证建设投资控制在概算批复范围之内，防止资产虚化。主要监管内容如下：

（1）施工过程中发生的设计变更、增项等审核，在本项目模式中，建设单位为项目公司，按照正常的建设流程，变更通过项目公司签发后即可实施，在此过程中存在投资失控的风险。针对本项目要求项目公司实施变更前必须将变更文件报监管公司，监管公司出具审核意见并提报水务局，水务局审批后方可实施并计入项目总投资。

（2）施工过程中验工计价，在本项目PPP模式下，项目公司实际操控者即为施工单位，在此存在项目公司超额付款的风险。在此过程中要求项目公司、监理公司每月严格进行验工计价，项目公司将请付款申请文件报监管公司审核，监管公司审核后提报水务局，水务局审批完成后方可付款。

（3）工程结算，在PPP模式下，存在投资人做大结算提前抽走投资的风险。在此过程中，项目公司上报结算后，监管公司严格进行审核，过程中未申报审批的一律不予认可，制定原则后坚持执行。

（4）审核项目总投资，监管单位审核项目公司编制的总投资，及时向水务局反馈审核意见，并提出合理化建议。

8. 进度监管

进度监管主要是监督项目公司按照PPP合同编制详细的进度计划，并报监管公司审核后，提报水务局审批，实施过程中监督项目公司按照批准的计划实施，若发生偏移，及时采取纠偏措施。

（1）结合本项目实际情况及运作方式，根据融资、建设等进展情况，要求项目公司编制项目整体进度计划；

（2）计划编制完成后项目公司报送监管公司审核，审核完成后报水务局审批。审批通过的项目总控计划为进度监管的目标文件；

（3）实施过程中监管公司及时跟踪检查、收集实际进度情况与总控计划进行对比，分析计划执行的情况。定期组织协调会，对计划执行过程中存在的问题进行分析，提出解决问题的方法和措施。

9. 质量监管

监督项目公司的质量保证体系运行情况，督促项目公司主动地对工程质量进行自我检查和自觉控制，从而形成一个责权利分明、互相协作、互相促进和互相监督的质量管理体系。

10. 安全与文明施工监管

监督项目公司制定《项目安全与文明施工管理细则》，实现安全监管的制度化、规范化，加大日常检查、联检频次，现场抽查，监督管理，监管相关单位安全问题整改的时效性，消除安全隐患。

11. 资料监管

监督项目公司制定资料管理流程，明确各类型资料的形成时间和编制单位，明确过程资料的最终收集整理和存档单位，并对资料的编制标准进行统一，确立定期资料检查制度形成报告。

12. 工程验收监管

全部工程项目施工完成后，由监管公司督促项目公司组织施工单位、设计单位、监理单位、建设工程质量监督部门共同进行竣工验收，竣工验收由建设单位（项目公司）主持，竣工验收之前需完成项目完工验收。

13. 可用性绩效考核报告编制

绩效考核是为了保障项目更好更快地推进，加强政府付费的管理，强化支出责任。建立科学、合理的财政支出绩效考核管理体系，可提高财政资金使用效益。通过对 PPP 项目的绩效考核，可以清楚地了解该项目的建设目标达标情况以及财政资金的使用情况。建设期，监管公司负责对项目公司进行可用性绩效考核，并形成可用性绩效考核报告，绩效考核报告主要包括：

（1）项目基本概况

① 项目背景。

② 项目实施情况。

③ 项目财务投资状况。

④ 绩效目标及实现程度。

（2）绩效考核指标体系、评价标准和评价方法

① 绩效考核指标体系的设定原则以及具体内容。

② 绩效考核的具体标准与方法。

（3）绩效考核的组织实施情况

① 绩效考核目的。

② 绩效考核实施过程。

③ 绩效评价人员构成。

④ 数据收集方法。

⑤ 绩效考核的局限性。

（4）绩效分析与考核结论

① 项目绩效分析。

② 考核结论（考核得分、绩效系数等）。

（5）主要经验与做法

（6）存在问题与原因分析

（7）改进建议

（8）其他需要说明的问题

通过上述全过程的监管，根据 PPP 实施方案及项目合同的考评机制，对项目公司进行建设期绩效考核，并上报水务局。

（二） 运营期第三方监管

1. 成本审核

（1）运营成本

监管公司要求项目公司记录项目运营成本，审核运营成本是否合理，形成审核报告，确定超支原因，并上报相关单位责令限期整改。

（2）管理成本

审核管理制度和计划是否完善，管理费用的开支是否合理，若超支要查明原因，并审核凭证的真实性和合法性。

2. 管理制度监管

督促项目公司制定运行维护管理实施办法、建立管理构架，制定日常管理制度并明确分管领导和具体负责人；设立投诉电话并有专人负责受理、记录；建立建设移交台账、运行维护台账。

监督项目公司运营期的运营情况，考核其运营期间在管理办法，日常维护制度，向上级主管部门的信息传递，台账资料等方面的执行情况。

3. 保障措施监管

督促项目公司建立协调机制、镇村的考核办法，并组织考核；开展培训及技术服务；突发事件处置措施；资金保障等。

4. 工作实效监管

（1）督促项目公司建立监督巡查机制，制定措施，并形成档案资料，监管公司将不定期对执行情况进行抽查。

（2）监管公司不定期查看设备是否完好，运转正常，能源消耗正常等，确定配套设备完好率，确定因设备破损引起的污染范围，测算据此造成的损失，提出解决方案。

（3）水质检测。

1）进水水质检测

根据标准对污水进水水质进行抽检，采取现场抽样、视频记录，送有资质单位化验，与执行标准进行核对，测算因污染过量导致消耗药品增加而引起的成本增加。

2）出水水质检测

出水水质的抽检，与执行标准进行核对，确定出水水质是否合格，若不满足标准，提出整改要求，并要求项目公司出具解决方案。

5. 社会评价

运营期内监管公司对使用者进行满意度测评，对信访情况、市级以上部门通报批评情况及有无重大安全事故等进行综合评价。

6. 加分内容

运营期内监管公司对对市（区）级主管部门通报表扬、副区级以上领导批示肯定等情况进行综合评价，确定加分情况。

7. 运营维护绩效评价报告

根据上述监管内容，监管公司对项目公司管理制度建设、保障措施落实情况、工作实效和社会综合评价等方面进行季度绩效考核，根据考核标准进行打分，确定季度绩效考核系数，按季度形成运营维护绩效评价报告，年终时根据季度运营维护绩效评价报告确定年度运营维护绩效系数。

天津泰达工程管理咨询有限公司

2018 年 5 月 23 日

第二节　案例二：九园公路（梅丰公路—宝新公路）改建工程 PPP 项目监管

一、项目建设内容及投资

项目建设内容为天津市宝坻区九园公路（梅丰公路—宝新公路）改建工程及其附属设施，附属设施包括保护、养护公路和保障公路安全畅通所设置的防护、排水、养护、管理、服务、交通安全、监控、通信等设施、设备以及专用建筑物、构筑物等。本项目建设投资为 14.6372 亿元。

二、项目建设模式

本项目由天津市宝坻区交通局作为实施机构，天津市宝通路桥建设有限公司代表政府方投资入股，采用 PPP 模式实施。天津市宝坻区交通局委托 PPP 咨询机构编制项目两评一案，根据批复的两评一案采用招标的方式选择社会投资人，由社会投资人和天津市宝通路桥建设有限公司共同组建项目公司，由项目公司作为建设单位进行建设及运营维护。

三、项目监管服务范围

受宝坻区交通局委托在项目建设期对项目公司的工作进行监管，包括协助组建项目公司，为宝坻区交通局提供项目前期决策、建设实施、交工竣工验收及竣工结算等阶段的全过程项目建设期监管服务。

（一）协助组建项目公司

（1）PPP项目社会投资人采购完成后，拟定PPP项目合同及其补充协议，组织签订PPP项目合同。

（2）与各方沟通，根据各方提出的意见及建议，拟定合资协议、项目公司章程等变更文件。

（3）在项目公司运作中，监管单位负责审核项目公司运营的基本费用（人员、车辆、接待、办公等），保证公司运转费用控制在预算范围内（上述费用由监管公司进行审核，审核后呈报交通局，若无交通局确认不纳入项目总投资）。

（4）监管单位根据项目实际情况，明确项目公司存续期间的法人治理结构以及经营管理机制等事项，考核项目公司的注册资金、住所、组织形式、股东结构、董事会、监事会、决策机制安排、实际控制权、重要人士发生变化的处理方式，保证项目公司能够较好地完成九园公路改建项目，确定项目公司对项目设施的"控制权"。

（二）投融资阶段监管

（1）监管融资方案是否符合法律规定。在融资活动开展前，及时向交通局提交融资方案，监管单位负责审核融资方案及相关机构接洽工作。根据《国务院关于调整固定资产项目资本金比例的通知》（国发〔2009〕27号）文件要求，对项目公司的融资程序进行监督管理。监管单位负责审核融资方案中的资本金是否真实有效，保证最低资本金比例按规定执行，避免将公益性资产作为资本金注入投融资平台，明确债务资金的规模、来源及融资条件，确认各类资金的到位计划。

（2）考核融资方案合理性。考核融资方案的可行性及实操性，避免项目公司因融资结构不合理、资金筹措困难等因素造成融资困难，致使项目无法继续实施。如果在给定的融资期限内SPV未能完成融资，则应采取相应应对措施。

（3）考核投资计划的合理性。审核社会投资人对本项目的投资计划，结合在招标引进社会资本过程中所考察的社会投资人公司的盈利能力、资产负债关系、注册资本金等相关数据，核实该投资计划是否可行，向交通局提出合理化建议。

（4）审核项目总投资概算，监管单位审核项目公司编制的总投资概算，及时向交通局反馈审核意见，并提出合理化建议。

（三） 招标代理服务

（1）监管单位根据相关法律法规要求，编制招标文件及招标控制价，报项目公司审核，审核完成后报交通局审批，若无交通局审批，监管公司不发布招标公告进行实质工作。通过监管公司对招标过程的把控，确保招标结果对项目有利。

（2）相关单位中标后，协助项目公司审核签订的服务合同及付费机制，深化服务条款，建立明确的违约处理机制。审核通过后，项目公司完成合同签订、备案工作。

（四） 设计监管

（1）监管单位组织各专业工程师，根据国家及天津市的各项规范要求，监督管理施工图审查手续办理。

（2）工程实施过程中，对设计变更进行监管。在项目实施过程中若发生设计变更，要求项目公司将设计单位出具的变更图报送监管单位进行评估，监管单位将评估意见反馈交通局，交通局批准后项目公司方可实施变更，若无交通局批准项目公司擅自实施，交通局有权拒绝将此部分费用纳入总投资。

（五） 造价监管

项目造价总的来说分为概算、预算、标底、施工过程中变更审核、施工过程中验工计价、结算等等。针对上述业务以及采用的 PPP 模式，计划指定审批流程规范申报，流程如下：

（1）概算监管，现概算已申报并获得批复。

（2）预算监管，在此过程中作为实施机构的交通局存在资产虚化的风险，传统模式下项目预算由交通局委托其认可的造价咨询机构进行编制，报财政局审核较为可控。因本项目采用 PPP 模式，项目预算由 SPV 公司自行编制，投资人为达到利益最大化的目的必定会做大项目预算，在此过程中需要发挥监管公司的作用，设立审批流程，要求 SPV 公司预算编制完成后，必须经监管公司审核，审核后报交通局审批，审批完成后方可上报。

（3）标底编制监管，此部分主要针对二类费用，目前二类费的市场价较国家收费标准有较大的差距。在此部分费用在标底编制发布过程中，要求 SPV 公司申报，监管公司进行市场调研出具审核文件，得到交通局审批后方可作为控制价发布，否则不认可并不予计入总投资。

（4）施工中变更审核，在本项目模式中，建设单位为 SPV 公司，按照正常的建设流程，变更通过 SPV 签发后即可实施，在此过程中存在投资失控的风险。针对本项目要求 SPV 公司实施变更前必须将变更文件报监管公司，监管公司进行造价审核并提报交通局，交通局审批后方可实施并按审核价款计入总投资。

（5）施工过程中全过程造价控制，在本项目 PPP 模式下，项目公司实际操控者即为施工单位，在此存在 SPV 公司超额付款的风险。在此过程中要求 SPV 公司、监理公司每月严格进行验工计价，SPV 公司将付款申请文件报监管公司审核，监管公司复核当月完成工程量并按合同约定付款方式核对付款文件，审核后提报交通局，交通局审核完成后方可付款。

（6）结算，在 PPP 模式下，存在投资人做大结算提前抽走投资的风险。在此过程中，要求交工验收后 SPV 公司上报结算至交通局，由监管公司根据 PPP 合同、EPC 合同等严格进行审核，过程中未申报交通局审批的一律不做认可，制定原则后坚持执行。

（7）拆迁资金监管，本项目中主要配合交通局、国土局等部门工作，监管公司配合 SPV 公司、交通局、国土等对地上物进行详细调查，收集各方的需求，协调确定补偿标准及金额。各方认可后交由 SPV 公司安排付款至交通局，监管公司协助交通局对各补偿单位进行支付。

（六） 财务监管

根据目前收集的 PPP 案例，在项目实施过程中存在挪用资金的风险，例如四川省某已实施 PPP 项目，SPV 公司擅自挪用融资款项，用于项目以外，最终导致项目资金链断裂，项目失败连带造成信访等不稳定因素。

针对本项目，建议进行如下监管：

（1）项目资本金的注入：按照 PPP 合同的约定，要求公司股东方及时按计划注资，如未按计划完成则需要及时汇报，并采取合同约定的方式进行处理。

（2）项目公司资金的监管，要求项目公司进行资金支付程序时须由交通局审核备案，不经备案的资金不计入投资。交通局有权在不影响项目公司运营的情况下随时对公司财务状况进行检查，并将检查结果计入绩效考核之中。

（3）财务制度的建立，要求项目公司建立严格的财务制度，在项目实施过程中，监管公司要对项目公司财务进行抽查，重点考察其是否按财务制度办理。

（七） 合同监管

针对与宝坻区交通局、项目公司相关的合同进行审核，负责对宝坻区交通局所签订的合同进行管理，监管项目公司合同签订过程是否符合 PPP 合同及相关法律法规的要求，监督合同的履行情况。

1. 签订监管

针对交通局签订的合同，在合同签订前，监管单位对合同文本进行审核，审核无误后方呈报交通局签署。

针对项目公司对外签订的合同，一是根据公司章程要求合同上董事会研究，在此过程中监管公司将合同审核意见反馈宝通路桥，由宝通路桥派出代表提议，二是要求项目公司签订的合同报交通局审核备案，若未进行审核备案，则交通局不认可该合同，不予计入项目总投资，在此过程中监管公司出具合同审查意见，提报交通局，交通局根据监管公司意见对合同进行备案。

2. 合同执行监管

（1）协助宝坻区交通局监督项目公司及合同签约各方按照合同约定履行合同义务，并定期进行合同履行情况的监督检查。

（2）督促有关人员严格按合同进行工作，随时检查、记录合同的实际履行情况，定期上报宝坻区交通局。

（3）在收到项目公司的信函、文书后，协助宝坻区交通局制定对策。

（4）及时、积极地收集、整理、保存有关合同履行中的书面签证，往来信函、文书、会议纪要等资料。

（八） 对监理公司的监管

（1）在本项目模式下，监理单位由监管公司按上述招标服务内容及流程进行采购，在交通局的监督指导下完成采购。

（2）监管公司代表交通局对监理公司进行监管。

（3）监管公司严格按合同约定，要求监理公司配置人员、设备、实验室，并不定期对其人员设备实验等进行抽查，并将结果报告交通局，若不满足合同约定，监管公司汇报交通局后建议项目公司扣除相应费用。

（4）项目实施过程中，监管公司将按规范要求监理公司编制大纲、方案等指导性文件，并按其批准的大纲方案对其工作进行监管考核。

（九） 进度监管

（1）结合本项目实际情况以及运作方式，综合设计、征地拆迁、融资、报建等进展的情况，要求项目公司编制项目整体进度计划。

（2）计划编制完成后项目公司报送监管公司审核，审核完成后报交通局审批。审批通过的项目总控计划为进度监管的目标文件。

（3）实施过程中监管公司及时跟踪检查、收集实际进度情况与总控计划进行对比，分析计划执行的情况。定期组织协调会，对计划执行过程中存在的问题进行分析，提出解决问题的方法和措施。

（十） 质量安全监管

（1）监管公司随时对项目公司、施工单位、监理单位的各项施工资料及质量保证措施、质量通病防治措施、安全措施、文明施工方案等执行情况进行检查，对工程关键部位的施工质量等进行抽查。

（2）监管公司不定期的对项目现场质量安全等进行巡检，并形成巡检报告，对日常巡检过程中所提出的问题要求项目公司、监理公司、施工单位等相关单位限期整改。

（十一）绩效考核报告编制

绩效考核是为了保障项目更好更快地推进，加强政府付费的管理，强化支出责任。建立科学、合理的财政支出绩效考核管理体系，可提高财政资金使用效益。通过对 PPP 项目的绩效考核，可以清楚地了解该项目的建设目标达标情况以及财政资金的使用情况，从而提高项目的决策水平，监管公司负责对项目公司进行绩效考核，并形成绩效考核报告，绩效考核报告主要包括：

1. 项目基本概况

（1）项目背景；

（2）项目实施情况；

（3）项目财务投资状况；

（4）绩效目标及实现程度。

2. 绩效考核的组织实施情况

（1）绩效考核目的；

（2）绩效考核实施过程；

（3）绩效评价人员构成；

（4）数据收集方法；

（5）绩效考核的局限性。

3. 绩效考核指标体系、评价标准和评价方法

（1）绩效考核指标体系的设定原则以及具体内容；

（2）绩效考核的具体标准与方法。

4. 绩效分析与考核结论

（1）项目绩效分析；

（2）考核结论。

5. 主要经验与做法

6. 存在问题与原因分析

7. 改进建议

8. 其他需要说明的问题

通过上述全过程的监管，根据 PPP 实施方案及项目合同的考评机制，对项目公司进行建设期绩效考核，并上报实施机构。

天津泰达工程管理咨询有限公司

2018 年 1 月 15 日

参 考 文 献

[1] 陈双，夏志坚. 浅析 PPP 模式在中国的发展[J]. 经济论坛，2010(11)：39-42.

[2] 周正祥，张秀芳，张平. 新常态下 PPP 模式应用存在的问题及对策[J]. 中国软科学，2015(9)：82-95.

[3] 陈志敏，张明，司丹. 中国的 PPP 实践：发展、模式、困境与出路[J]. 国际经济评论，2015(4)：68-84＋5.

[4] 鲁庆成. 公私合伙(PPP)模式与我国城市公用事业的发展研究[D]. 武汉：华中科技大学，2008.

[5] 赵阳. 公私合作模式(PPP)在中国的发展现状及面临问题分析[J]. 时代金融，2016(6)：109-110＋115.

[6] 王守清. PPP 在中国—内涵、现状与发展趋势. [J/OL]. [2018-07-20]. http：//www. sohu. com/a/231523749_558434. html.

[7] 胡卫星，徐多，赵苗苗. 基于技术成熟度曲线的教育信息化发展热点分析[J]. 现代教育技术，2018，28(1)：38-44.

[8] 孙东琪，陈明星，陈玉福，等. 2015—2030 年中国新型城镇化发展及其资金需求预测[J]. 地理学报，2016，71(6)：1025-1044.

[9] Cieṣlak Rafał, Zdanukiewicz Julia, Jolanta Gliniecka. Hybrid PPP Projects in the Programming Periods of 2007 - 2013 and 2014 - 2020[J]. Financial Law Review，2016，1(2)：53-66.

[10] 曹启龙，盛昭瀚，周晶，等. 契约视角下 PPP 项目寻租行为与激励监督模型[J]. 科学决策，2015(9)：51-67.

[11] Takano G. Public-Private Partnerships as rent-seeking opportunities：A case study on anunsolicited proposal in Lima，Peru[J]. Utilities Policy，2017，48.

[12] WORLD BANK. "Private participation in infrastructure projects database."[R/ OL]. [2017-11-27]. http：//ppi. worldbank. org/customquery.

[13] 付亚楠. PPP 项目提前终止回购补偿决策研究[D]. 大连：大连理工大学，2016.

[14] Kim J H. Ex-post Management and Renegotiation of PPPs in Korea[R]. OECD Second Annual Meeting on Public Private Partnerships，Paris：OECD Conference Center，2009.

[15] 宋金波，常静，靳璐璐. BOT 项目提前终止关键影响因素——基于多案例的研究[J]. 管理案例研究与评论，2014，7(1)：86-95.

[16] 亓霞，柯永建，王守清. 基于案例的中国 PPP 项目的主要风险因素分析[J]. 中国软科学，2009(5)：107-113.

[17] 王守清. "一带一路" PPP 项目的政治风险管理[J]. 施工企业管理，2017(11)：58-60.

[18] 王秋菲，石丹，常春光. 多案例的 PPP 项目风险分析与防范[J]. 沈阳建筑大学学报(社会科学版)，2016，18(5)：494-500.

[19] 张红平，叶苏东. 公私合作（PPP）项目提前终止致因模型研究[J]. 财经论丛，2017（7）：104-112.

[20] 余群舟. 基于风险分担的垃圾焚烧 BOT 项目特许期政府决策[D]. 武汉：华中科技大学，2012.

[21] Belassi W，Tukel O I. A new framework for determining critical success/failure factors in projects [J]. International Journal of Project Management，1996，14(3)：141-151.

[22] 王秋菲，石丹，常春光. 多案例的 PPP 项目风险分析与防范[J]. 沈阳建筑大学学报（社会科学版），2016，18(5)：494-500.

[23] 刘强. 垃圾焚烧产业中邻避效应的形成机理与治理政策[D]. 杭州：浙江财经大学，2017.

[24] O'Hare M. "Not On My Block You Don't" - Facilities Siting and the Strategic Importance of Compensation[C]// 1977.

[25] 何艳玲. "邻避冲突"及其解决：基于一次城市集体抗争的分析[J]. 公共管理研究，2006(00)：93-103.

[26] 赵小燕. 国外邻避冲突研究文献综述[J]. 湖北经济学院学报（人文社会科学版），2014，11(2)：26-27.

[27] Stigler G J. The Economics of Information [J]. Collected Papers of Kenneth J Arrow，1995，21(1)：213.

[28] Stephen Breyer. Supervision and Its Reform [M]. Cambridge：Harvard University Press，1982：23-26.

[29] Christian Lohmann，Peter G. Rötzel. Opportunistic Behavior in Renegotiations Between Public-Private Partnerships and Government Institutions：Data on Public-Private Partnerships of the German Armed Forces[J]. International Public Management Journal，2014，17(3)：1413-22.

[30] Mota J，Moreira A C. The importance of non-financial determinants on public – private partnerships in Europe[J]. International Journal of Project Management，2015，33(7)：1563-1575.

[31] Zhijie Dong，Meicheng Wang，Xianfeng Yang. Comparative study of China and USA public private partnerships in public transportation [J]. Journal of Modern Transportation，2016，24(3)：215-223.

[32] Sanni A O. Factors determining the success of public private partnership projects in Nigeria[J]. 2016，16(2)：42.

[33] Liu T，Wang Y，Wilkinson S. Identifying critical factors affecting the effectiveness and efficiency of tendering processes in Public – Private Partnerships (PPPs)：A comparative analysis of Australia and China[J]. International Journal of Project Management，2016，34(4)：701-716.

[34] Yun S，Jung W，Han S H，et al. Critical organizational success factors for public private partnership projects-a comparison of solicited and unsolicited proposals[J]. Statyba，2015，21(2)：131-143.

[35] Robinson B. Paying the proper price to manage risk. Balance sheet [M]. MCB university press，2001.

[36] Laffont，Jean Tirole. Competition in Telecommunications[M]. The Congress of Cataloging publication，2001.

［37］ European Commission. Guidelines for Successful Public-Private Partnerships［R］. Brussels：European Commission，2003.

［38］ Hahm and Junglim. Private Participation in the Infrastructure Program of the Republic of Korea［J］. Transport and Communications Bulletin for Asia and the Pacific. 2003(72).

［39］ Hahm and Junglim. Private Participation in the Infrastructure Program of the Republic of Korea．［J］. Transport and Communications Bulletin for Asia and the Pacific. 2003(72).

［40］ 裴俊巍，曾志敏. 地方自主与中央主导：国外 PPP 监管模式研究［J］. 中国行政管理，2017，(3)：151-156.

［41］ 严玲，尹贻林，范道津. 公共项目治理理论概念模型的建立［J］. 中国软科学，2004(6)：130-135.

［42］ 王华，尹贻林. 基于委托代理的工程项目治理结构及其优化［J］. 中国软科学，2004(11)：93-96.

［43］ 陈帆. 基于契约关系的 PPP 项目治理机制研究［D］. 长沙：中南大学，2010.

［44］ 陈菡. 中国情境下的 PPP 项目治理机制——正式契约与关系契约整合视角［J］. 开发研究，2016(2)：64-66.

［45］ 何寿奎. 公共项目公私伙伴关系合作机理与监管政策研究［D］. 重庆：重庆大学，2009.

［46］ 王凯，岳国喆，李盼盼. 基于网络化治理视角的 PPP 项目治理结构研究［J］. 招标采购管理，2016 (11)：22-25.

［47］ 陈婉玲. 公私合作制的源流、价值与政府责任［J］. 上海财经大学学报，2014，16(5)：75-83.

［48］ 陈婉玲. 基础设施产业 PPP 模式独立监管研究［J］. 上海财经大学学报，2015，17(6)：47-56.

［49］ 陈少英. 中国 PPP 本土化的公共服务创新［J］. 晋阳学刊，2017(4)：121-130.

［50］ Masu Uekusa. Micro-Economics of Supervision［M］. Tokyo：Yuhikaku Publishing，1992.

［51］ Daniel F. Spulber. Supervision and Market ［M］. Washington D. C.：Economy of US Press，1995.

［52］ 薛颖洁. 政策设置视角下的我国网络监管［D］. 上海：复旦大学，2010.

［53］ 王俊豪. 政府管制经济学导论［M］. 北京：商务印书馆，2017.

［54］ 刘亚梅. 基于委托代理的 PPP 项目政府监管机制研究［D］. 武汉：华中科技大学，2016.

［55］ Ke Y，Wang S Q，Chan A P C，et al. Preferred risk allocation in China's public－private partnership (PPP) projects［J］. International Journal of Project Management，2010，28(5)：482-492.

［56］ 严玲. 公共项目治理理论与代建制绩效改善研究［D］. 天津. 天津大学，2005.

［57］ 严玲，尹贻林. 政府投资项目代建制绩效改善途径：基于项目治理的观点［J］. 水利水电技术，2006(1)：98-103.

［58］ 兰定筠. 政府投资项目代建制制度设计研究［D］. 重庆：重庆大学，2008.

［59］ 何寿奎. 公共项目公私伙伴关系合作机理与监管政策研究［D］. 重庆：重庆大学，2009.

［60］ 申宽宽. 基于产权结构和政府监管的 PPP 项目治理机制研究［D］. 天津：天津大学，2012.

［61］ 杨飞雪，汪海舰，尹贻林. 项目治理结构初探［J］. 中国软科学，2004(3).

［62］ Stigler G J. The Theory of Economic Regulation［J］. Bell Journal of Economics & Management Science，1971，2(1)：3-21.

［63］ Posner R A. Theories of Economic Regulation［J］. Bell Journal of Economics & Management Science，1974，5(2)：335-358.

[64] Stigler G J. The Theory of Economic Regulation[J]. Bell Journal of Economics & Management Science, 1971, 2(1): 3-21.

[65] Jordan W A. Producer Protection, Prior Market Structure and the Effects of Government Regulation[J]. Journal of Law & Economics, 1972, 15(1): 151-176.

[66] Eads G C. Owen and Braeutigam's The Regulation Game: Strategic Use of the Administrative Process[J]. Bell Journal of Economics, 1979, 10(1): 391-394.

[67] Peltzman S. Toward a More General Theory of Regulation[J]. Nber Working Papers, 1976, 19(2): 245-248.

[68] Becker G S. A Theory of Competition Among Pressure Groups for Political Influence[J]. Quarterly Journal of Economics, 1983, 98(3): 371-400.

[69] Becker G S. Public policies, pressure groups, and dead weight costs[J]. Journal of Public Economics, 1985, 28(3): 329-347.

[70] 刘华涛. 政府激励性规制理论述评[J]. 行政论坛, 2007(2): 11-13.

[71] Yatchew A. Incentive Regulation of Distributing Utilities Using Yardstick Competition[J]. Electricity Journal, 2001, 14(1): 56-60.

[72] 刘华涛. 政府激励性规制理论述评[J]. 行政论坛, 2007(2): 11-13.

[73] 李川. 基于委托代理理论的政府投资项目代建制研究[D]. 重庆: 重庆大学, 2013.

[74] Ross S A. The Economic Theory of Agency: The Principal's Problem[J]. American Economic Review, 1973, 63(2): 134-139.

[75] Mirrlees J A. Notes on Welfare Economics, Information and Uncertainty [J]. Essays on economic behavior under uncertainty, 1974, 88: 243.

[76] 淮建军, 刘新梅. 委托代理模型在管制研究中的应用[J]. 经济评论, 2006(6): 115-119.

[77] 张维迎. 博弈论与信息经济学[M]. 上海: 上海三联书店, 上海人民出版社, 2008: 235-347.

[78] 颜炜. 基于委托代理理论的工程合同激励研究[D]. 大连: 东北财经大学, 2012.

[79] Patel D. Why executives should care about project governance: What your peers are doing about it [J]. PM World Today, 2007, 9(4): 165-187.

[80] Management AFP. Directing Change. A guide to governance of project management[EB/OL]. [2004-06-06]. http: //www. totalmetrics. com/process-improvement/Project-Governance-Guide. pdf.

[81] 严玲, 尹贻林. 公共项目治理[M]. 天津: 天津大学出版社, 2006.

[82] Rodney Tuerner. Towards a Theory of Project Management: The Nature of the Project Governance and Project Management[J]. International Journal of Project Management, 2006: 93-95.

[83] Keith Lambert. Project Governance[J]. World Project Management Week, 2003(27): 45-48. .

[84] 拉尔夫·穆勒. 项目治理[M]. 北京: 电子工业出版社, 2011.

[85] Bekker M, Steyn H. Defining 'project governance' for large capital projects[C]//AFRICON 2007. IEEE, 2007: 1-13.

[86] Man A P D, Roijakkers N. Alliance Governance: Balancing Control and Trust in Dealing with Risk [J]. Long Range Planning, 2009, 42(1): 75-95.

[87] Ekaterina Osipova, Per Erik Eriksson. Balancing control and flexibility in joint risk management:

Lessons learned from two construction projects[J]. International Journal of Project Management，2013：391-399.

[88] Ahola T，Ruuska I，Artto K，et al. What is project governance and what are its origins? [J]. International Journal of Project Management，2014，32(8)：1321-1332.

[89] 杨飞雪，汪海舰，尹贻林. 项目治理结构初探[J]. 中国软科学. 2004(3)：80-84.

[90] 严玲，尹贻林，范道津. 公共项目治理理论概念模型的建立[J]. 中国软科学，2004（6)：130-135.

[91] 严玲，赵黎明. 论项目治理理论体系的构建[J]. 上海经济研究，2005(11)：106-112.

[92] 汤伟钢，严玲，尹贻林. 公共项目交易中的治理模式研究[J]. 财经问题研究，2006(7)：71-77.

[93] 杜亚灵，尹贻林. 治理对公共项目管理绩效改善的实证研究——以企业型代建项目为例[J]. 土木工程学报，2011，44(12)：132-137.

[94] 丁荣贵，高航，张宁. 项目治理相关概念辨析[J]. 山东大学学报(哲学社会科学版)，2013(2)：132-142.

[95] 郑传军，徐芬，成虎. 基于项目治理视角的 PPP 治理结构研究[J]. 建筑经济，2016，37(4)：25-29.

[96] 王磊. 项目治理风险的网络动力分析[D]. 济南：山东大学，2017.

[97] 王佳伟. 基于交易成本的工程合同争端解决机制分析[D]. 天津：天津大学，2008.

[98] 黄立君. 康芒斯的法经济学思想及其贡献[J]. 中南财经政法大学学报，2006(5)：92-96＋144.

[99] 姜琳. 面向工程建设项目业主决策的交易费用相关问题研究[D]. 天津：天津大学，2009.

[100] 科斯，诺思，威廉姆森. 制度、契约与组织：从新制度经济学角度的透视[M]. 北京：经济科学出版社，2003.

[101] 王佳伟. 基于交易成本的工程合同争端解决机制分析[D]. 天津：天津大学，2008.

[102] 王瑶瑶. 基于交易成本理论的大型建设项目施工合同管理研究——以陕西省为例[D]. 西安：西安建筑科技大学，2016.

[103] 张维迎. 博弈论与信息经济学[M]. 上海：上海三联书店、上海人民出版社，2008：235-347.

[104] 科斯，诺思，威廉姆森. 制度、契约与组织：从新制度经济学角度的透视[M]. 北京：经济科学出版社，2003.

[105] 蒋影明. 交易成本理论的缺陷及其负面影响[J]. 理论与改革，2008(1)：90-93.

[106] 王瑶瑶. 基于交易成本理论的大型建设项目施工合同管理研究——以陕西省为例[D]. 西安：西安建筑科技大学，2016.

[107] 卡罗尔·哈洛，理查德·罗林斯. 法律与行政[M]. 北京：商务印书馆，2004.

[108] 仵志忠. 信息不对称理论及其经济学意义[J]. 经济学动态，1997(1)：66-69.

[109] 赵晓菊. 信息不对称与金融风险的控制管理[J]. 国际金融研究，1999(5)：58-62.

[110] 曾国安. 论信息不对称产生的原因与经济后果[J]. 经济学动态，1999(11)：58-60.

[111] 路小红. 信息不对称理论及实例[J]. 情报理论与实践，2000(5)：337-339.

[112] 刘华涛. 发达国家政府管制的改革趋势及其启示[J]. 行政论坛，2010，17(2)：93-96.

[113] 唐文燕. 国有质检机构政府监管研究[D]. 沈阳：东北大学，2014.

[114] 尹晨，贺学会. 西方监管经济学研究的新进展[J]. 南京社会科学，2004(9)：28-32.

[115] 岳彩申，王俊. 监管理论的发展与证券监管制度完善的路径选巧[J]. 现代法学，2006(2)：116-123.

[116] 王东. PPP 主体关系中的政府：角色定位与行为机制框架[J]. 中国政府采购，2015(3)：74-79.

[117] 刘力，杨嫦涵. PPP 模式监管主体之现实困境及其改造[J]. 中国政府采购，2015(12)：77-80.

[118] 赵新博. PPP 项目绩效评价研究[D]. 北京：清华大学，2009.

[119] Koen Verhoest，Ole Helby Petersen，Walter Scherrer，Raden Murwantara Soecipto，张帆. 政府如何支持公私合营模式发展——20 个欧洲国家 PPP 的政府支持情况评估比较[J]. 城市交通，2015，13(4)：82-95＋29.

[120] 陈晓. 论我国 PPP(公私合营)模式的法律框架[D]. 北京：中国政法大学，2010.

[121] 杭怀年，王建平. PPP 模式公私博弈框架和合作机制构建[J]. 建筑经济，2008(9)：40-42.

[122] 张炜. PPP 模式下的城市基础设施政府监管机制研究[D]. 济南：山东建筑大学，2017.

[123] 黄腾，柯永建，李湛湛，等. 中外 PPP 模式的政府管理比较分析[J]. 项目管理技术，2009(1)：9-13.

[124] 李亢. 从分散到统一：澳大利亚公私伙伴关系制度及启示[J]. 理论月刊，2010(1)：154-157

[125] 王守清，刘婷. PPP 模式监管：国内外经验和政策建议[J]. 地方财政研究，2014(9)：7-8.

[126] 杜唯平，张茂轩，聂登俊. 建立绩效导向的 PPP 项目监管机制研究[J]. 经济研究参考，2017(61)：59-64.

[127] 陆宁. 建设项目评价[M]. 北京：化学工业出版社，2009.

[128] 佚名. 政策导航·本月财经法规制度(上)[J]. 财政监督，2016(7)：115-116.

[129] 国务院. 国务院关于加强地方政府性债务管理的意见[M]. 北京：人民出版社，2014

[130] 财政部. 关于规范政府和社会资本合作(PPP)综合信息平台项目库管理的通知[R/OL]. (2017-11-10)[2018-07-20].

[131] 徐叠元. 基于实物期权的城市轨道交通 PPP 项目政府补偿决策研究[D]. 天津：天津理工大学，2017.

[132] 关于联合公布第三批政府和社会资本合作示范项目 加快推动示范项目建设的通知[J]. 中国政府采购，2016(10)：16.

[133] 刘成云. 城市综合开发领域 PPP 模式的适用性与创新研究[J]. 建筑经济，2017，38(6)：14-18.

[134] 崔凤. 社会保障进社区的过程与影响[M]. 青岛：中国海洋大学出版社，2005.

[135] 财政部关于规范政府和社会资本合作(PPP)综合信息平台项目库管理的通知[J]. 交通财会，2017(12)：82-83.

[136] 谭杜君，徐梅桂. PPP 项目物有所值及财政承受能力评估法律初探——以广东省中山市 PPP 项目为例[J]. 学理论，2017(9)：152-155.

[137] 赵小燕. 邻避冲突治理的困境及其化解途径[J]. 城市问题，2013(11)：74-78.

[138] 杨秋波. 邻避设施决策中公众参与的作用机理与行为分析研究[D]. 天津：天津大学，2012.

[139] 李永展. 邻避设施冲突管理之研究[J]. 台湾大学建筑与城乡研究所学报，1998.

[140] Ekmekçioǧlu M，Kaya T，Kahraman C. Fuzzy multicriteria disposal method and site selection for

municipal solid waste[J]. Waste Management，2010，30(8-9)：1729.

[141]　杭正芳. 邻避设施的区位选择与社会影响研究[D]. 西安：西北大学，2013.

[142]　Portney K E. Allaying the NIMBY Syndrome：The Potential for Compensation in Hazardous Waste Treatment Facility Siting[J]. Hazardous Waste，1984，1(3)：411-421.

[143]　Simsek C，Elci A，Gunduz O，et al. An improved landfill site screening procedure under NIMBY syndrome constraints[J]. Landscape & Urban Planning，2014，132(12)：1-15.

[144]　Goklany I. Clearing the Air：The Real Story of the War on Air Pollution[J]. Studia De Doctorum Institutione，2000，8(5)：39-46.

[145]　侯光辉，陈通，王颖，等. 公众参与悖论与空间权博弈——重视邻避冲突背后的权利逻辑[J]. 吉首大学学报(社会科学版)，2017，38(1)：117-123.

[146]　李永展. 邻避设施冲突管理之研究[J]. 台湾大学建筑与城乡研究所学报，1998.

[147]　Ekmekçioǧlu M，Kaya T，Kahraman C. Fuzzy multicriteria disposal method and site selection for municipal solid waste[J]. Waste management，2010，30(8)：1729-1736.

[148]　杭正芳. 邻避设施的区位选择与社会影响研究[D]. 西北大学，2013.

[149]　Portney K E. Allaying the NIMBY syndrome：The potential for compensation in hazardous waste treatment facility siting[J]. Hazardous Waste，1984，1(3)：411-421.

[150]　Simsek C，Elci A，Gunduz O，et al. An improved landfill site screening procedure under NIMBY syndrome constraints[J]. Landscape and urban planning，2014，132：1-15.

[151]　Goklany I. Clearing the Air：The Real Story of the War on Air Pollution [M]. Washington，DC：Cato Institute，1999.

[152]　侯光辉，陈通，王颖，等. 公众参与悖论与空间权博弈——重视邻避冲突背后的权利逻辑[J]. 吉首大学学报(社会科学版)，2017，38(1)：117-123.

[153]　莫吕群，王苗苗，郭霁月，等. 环境治理 PPP 项目运作方式分析[J]. 项目管理技术，2016，14(9)：7-12.

[154]　秦建春，罗贤明. 浅谈我国 PPP 项目物有所值(VFM)评价[J]. 水利水电施工，2017(6)：118-121.

[155]　彭素. PPP 模式物有所值评价体系研究[J]. 现代商贸工业，2017(5)：127-129.

[156]　赵仕坤. 加强自身建设 服务 PPP 项目全过程[J]. 中国资产评估，2017(1)：35-39.

[157]　王金萍. 我国城市基础设施 PPP 项目的政府监管问题研究[D]. 徐州：中国矿业大学，2016.

[158]　陈益刊. 近三成 PPP 项目走不过评审第一关[N]. 第一财经日报，2015-10-12(A03).

[159]　梁舰，姚海林. 浅析 PPP 项目确认谈判涉及的几个法律问题[J]. 中国建设信息化，2017(12)：31-35.

[160]　吕汉阳，张志强. PPP 项目操作流程与运作要点之项目准备篇[J]. 中国政府采购，2015(9)：64-66.

[161]　王千惠. 刍议物有所值理论在 PPP 项目决策中的适用——缘起于 PPP 热潮下价值分析的缺位及《操作指南》的应用[J]. 知识经济，2015(14)：32-33＋35.

[162]　郭云波. 刍议公立医院 PPP 项目运作流程与操作要点[J]. 财会月刊，2016(19)：50-52.

[163]　毛林繁. 谈 PPP 项目实施方案审批[J]. 招标与投标，2017(9)：7-9.

[164] 杨远哲. PPP 绩效评价及绩效考核方案设计要点[EB/OL]. [2018-07-20]. http：//www. 360doc. com/content/16/1210/15/35369996_613546826. shtml.

[165] 财政部关于规范政府和社会资本合作（PPP）综合信息平台项目库管理的通知[J]. 交通财会，2017(12)：82-83.

[166] 赵新博. PPP 项目绩效评价研究[D]. 北京：清华大学，2009.

[167] 严丹良. 公私合作项目绩效评价研究[D]. 西安：西安建筑科技大学，2014.

[168] 张凡. 公私合作项目的业绩评价对石油上游企业业绩评价的借鉴意义[J]. 会计师，2016(20)：76-77.

[169] 李寒哲，苏振民，吉临凤. IPD 模式下的 PPP 项目风险分配[J]. 土木工程与管理学报，2017，34(4)：119-124.

[170] 马宏利，宦文祥. PPP 项目风险分配原则在争议解决中的适用[J]. 法制与经济，2017(7)：40-41.

[171] 高玮. 我国光伏产业融资问题研究[J]. 海南金融，2014(3)：85-88.

[172] 郭昌盛. 明股实债的税法规制[J]. 税收经济研究，2017，22(3)：52-62.

[173] 李玉斌. 明股实债的是与非探析[J]. 法制与经济，2017(3)：97-99.

[174] 杜金. 银行介入 PPP 慎之又慎[N]. 金融时报，2015-07-30(005).

[175] 戴悠悠. 我国 PPP 模式法律问题研究[D]. 广州：广东外语外贸大学，2016.

[176] 姚菁. 政府在 PPP 项目中的作用研讨[J]. 中华建设，2017(10)：90-91.

[177] 周芬. PPP 公共采购法律规制的理论与政策[D]. 北京：中央财经大学，2015.

[178] 乔松青，赵发章，刘中，等. PPP 模式在甘肃两徽高速公路项目中的应用与实践[J]. 公路，2017，62(7)：232-237.

[179] 盛和太. PPP/BOT 项目的资本结构选择研究[D]. 北京：清华大学，2013.

[180] 蔡建升. 浅议 PPP 项目股权结构设计[N]. 中国建设报，2015-04-17(006).

[181] 郭实，周林. PPP 模式下项目收益类债券的运作与展望[J]. 债券，2015(6)：13-17.

[182] 李飞. 北京兴延高速公路 PPP 项目的成功实践[J]. 中国财政，2016(22)：14-16.

[183] 赵红波. 创新 PPP 系列贷款产品 服务实体经济发展[J]. 工程经济，2015(5)：109-113.

[184] 郭坤. 论 PPP 项目物有所值评价[J]. 中外企业家，2016(26)：1-3.

[185] 綦淇. PPP 投融资模式特点及其绩效评价[D]. 昆明：云南大学，2016.

[186] 翟媛. 关于准公益性和公益性水利项目 PPP 回报机制的探索[J]. 水利规划与设计，2017(6)：150-153.

[187] 贾康杰. 棚户区改造项目中政府与公司合作协议法律问题研究[D]. 呼和浩特：内蒙古大学，2017.

[188] 郭燕芬. 公私合作伙伴关系（PPP）事前评估——基于中国和澳大利亚的对比分析[J]. 当代经济管理，2017，39(12)：53-61.

[189] 綦淇. PPP 投融资模式特点及其绩效评价[D]. 昆明：云南大学，2016.

[190] 马理，牛勇. 基于声誉约束的合谋防范机制研究[J]. 武汉理工大学学报(社会科学版)，2012，25(6)：835-839.

[191] 尹少成. PPP 模式下公用事业政府监管的挑战及应对[J]. 行政法学研究，2017(6)：114-124.

[192] ［英］卡罗尔·哈洛，理查德·罗林斯. 法律与行政［M］. 杨伟东等译. 北京：商务印书馆，2004.

[193] 张继峰. 论 PPP 项目中的社会资本适格性问题［EB/OL］. ［2018-07-20］. http：//www. ccgp. govcn/ppp/llyj/201705/t20170502 _ 8181298. htm.

[194] 戴国华. 建筑企业集团参与 PPP 项目风险管控的思考［J］. 财务与会计，2016(12)：8-12.

[195] 余文恭. PPP 模式与结构化融资［M］. 经济日报出版社，2017：88-90.

[196] 王树海. 建筑企业参与 PPP 项目的融资问题及解决策略［J］. 工程建设与设计，2015(12)：11-12.

[197] 金震华，彭月云. 金融机构单独作为社会资本方参与 PPP 项目的相关问题分析——兼评武汉市轨道交通 8 号线一期 PPP 项目不规范操作问题［EB/OL］. ［2018-07-20］. http：//www. newp-pp. com/show/9442. htm.

[198] 汪金敏. PPP 项目施工二次招标风险及防控［J］. 施工企业管理，2016(5)：111-112.

[199] 刘晓军，焦军. PPP 项目社会资本方联合体组成及责任简析［EB/OL］. ［2018-07-20］. http：//www. sohu. com/a/128262030 _ 480400.

[200] 唐琳. 社会资本联合体参与 PPP 项目的实践分享［EB/OL］. ［2018-7-20］.

[201] 雷小琼. 建设项目的全过程造价动态控制［J］. 企业导报，2011(15)：49-50.

[202] 湖北省住房和城乡建设厅. 湖北省建设工程造价咨询质量控制规程(试行). ［R/OL］. ［2018-07-20］. http：//jz. docin. com/p-1031255816. html.

[203] 县委投资追踪审计规定. ［R/OL］. ［2018-07-20］. http：//www. xchen. com. cn/zhidu/glgd/603154. html.

[204] 财政部. 关于在公共服务领域深入推进 PPP 工作的通知. ［R/OL］. ［2018-07-20］. http：//www. xmcz. gov. cn/zt/PPP/zcfb/2016/10/21/92944. html.

[205] 财政部. 政府和社会资本合作模式操作指南(试行). ［R/OL］. ［2018-07-20］. http：//jrs. mof. gov. cn/zhengwuxinxi/zhengcefabu/201412/t20141204 _ 1162965. html.

[206] 财政部. PPP 项目合同指南(试行). ［R/OL］. ［2018-07-20］. https：//wenku. baidu. com/view/37535093ad02de80d4d840d9. html.

[207] 吴赟. 设立 PPP 项目公司注意事项［J］. 中国招标，2017(05)：19-20.

[208] 财政部. PPP 项目合同指南(试行). ［R/OL］. ［2018-07-20］. https：//wenku. baidu. com/view/37535093ad02de80d4d840d9. html.

[209] 于振冬. 财政部"点名"的违规举债涉 30 项产品信托计划居多. ［EB/OL］. ［2018-07-20］. http：//trust. hexun. com/2017-06-10/189568405. html.

[210] 刘尚希，赵轶军，樊轶侠，周景彤. 民间资本参与积极性不足 PPP 发展尚需破解融资难［J］. 中国中小企业，2016(07)：24-28.

[211] 陈帅. 浅析"明股实债"的主要风险与防控［J］. 发展改革理论与实践，2017(2)：47-51＋61.

[212] 用益研究. 一场猫和老鼠的游戏—"明股实债"实务问题探究. ［EB/OL］. ［2018-07-20］. http：//www. cclycs. com/n394630. html.

[213] 财政部. 政府和社会资本合作项目政府采购管理办法. ［R/OL］. ［2018-07-20］. http：//www. mof. gov. cn/zhengwuxinxi/caizhengwengao/wg2015/wg201502/201506/t20150611 _ 1256071.

html.

[214] 国家发展和改革委员会. 基础设施和公用事业特许经营管理办法. ［R/OL］. ［2018-07-20］. http：//www. 360doc. com/content/17/1228/15/50345680 _ 717134083. shtml.

[215] 瀚海. PPP 中公私法融合的纠纷解决机制研究[D]. 呼和浩特：内蒙古大学，2017.

[216] 宋媛媛. PPP 案件激增呼唤法律规制. ［N/OL］. 法制周末报. 2017-12-02［2018-07-20］. https：//www. sohu. com/a/208073946 _ 744278.

[217] 王丝丝. PPP 项目再谈判过程影响因素的识别及其对再谈判效果的影响[D]. 天津：天津理工大学，2017.

[218] 崔智鹏. PPP 项目中再谈判对履约绩效影响研究[D]. 天津：天津理工大学，2016.

[219] 财政部. 关于规范政府和社会资本合作(PPP)综合信息平台项目库管理的通知[R/OL]. 2017-11-10. http：//jrs. mof. gov. cn/zhengwuxinxi/zhengcefabu/201711/t20171116 _ 2751258. html.

[220] 戴一璟，杜亚灵，温莎娜，等. PPP 项目政府付费扣减问题研究——基于财金〔2014〕156 号文[J]. 建筑经济，2016，37(11)：38-42.

[221] 财政部. 关于规范政府和社会资本合作(PPP)综合信息平台项目库管理的通知[R/OL]. 2017-11-10. http：//jrs. mof. gov. cn/zhengwuxinxi/zhengcefabu/201711/t20171116 _ 2751258. html.

[222] 张钟尹. 财政部推动 PPP 项目按效付费 防止政府承担无条件支出义务. ［EB/OL］. ［2018-07-20］. http：//www. ccgp. gov. cn/specialtopic/pppzt/news/201712/t20171201 _ 9259514. htm.

[223] 陈宏能. PPP 项目绩效评价机制应以目标为导向[J]. 中国投资，2017(15)：84-85.

[224] 国务院. 关于创新重点领域投融资机制鼓励社会投资的指导意见. ［R/OL］. ［2018-07-20］. http：//www. gov. cn/zhengce/content/2014-11/26/content _ 9260. htm.

[225] 阿苦日歪. 浅谈 PPP 模式在公共服务领域的应用[J]. 经营管理者，2017(6).

[226] 财政部. PPP 项目合同指南(试行). ［R/OL］. ［2018-07-20］. https：//wenku. baidu. com/view/37535093ad02de80d4d840d9. html.

[227] 吴金兰. 浅谈 PPP 项目合同提前终止的应对机制. ［EB/OL］. ［2018-07-20］. http：//www. 360doc. com/content/17/0322/18/33479191 _ 639231347. shtml.

[228] 中评协. PPP 项目资产评估及相关咨询业务操作指引. ［R/OL］. ［2018-07-20］. https：//wenku. baidu. com/view/264fbc9e6429647d27284b73f242336c1eb93009. html.

[229] 财政部. 政府和社会资本合作模式操作指南(试行). ［R/OL］. ［2018-07-20］. http：//jrs. mof. gov. cn/zhengwuxinxi/zhengcefabu/201412/t20141204 _ 1162965. html.

[230] 王唯，杜军功. PPP 项目移交阶段的风险应对[J]. 中国经贸导刊，2016(35)：59-61.

[231] 刘烨. 详解 PPP 项目中的资产移交问题[J]. 首席财务官，2017(3)：64-67.

[232] 爱问共享资料. (地下管廊)综合开发建设 PPP 项目合同. ［EB/OL］. ［2018-07-20］. http：//ishare. iask. sina. com. cn/f/j6QX1o36TA. html.

[233] 住房城乡建设部办公厅. 关于征求《城市污水处理特许经营示范文本》(征求意见稿)意见的函. ［EB/OL］. ［2018-07-20］. http：//www. 110. com/fagui/law _ 107489. html.

[234] United States National Building Information Modeling Standard，Versionl-PartI[R]. Washington DC：National Institute of Buiding Sciences，2007.

[235] 金承泽，王涵，张樱梳. 基于 BIM 的工程项目信息流整合[J]. 江苏科技信息，2014，（22）：114-115.

[236] 林庆. BIM 技术在工程造价咨询业的应用研究[D]. 广州：华南理工大学，2014.

[237] ［英］卡罗尔·哈洛，理查德·罗林斯. 法律与行政[M]. 杨伟东等译. 北京：商务印书馆，2004：554.